한국목간학회총서 11

木簡과 文字 연구

11

| 한국목간학회 엮음 |

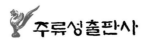
주류성출판사

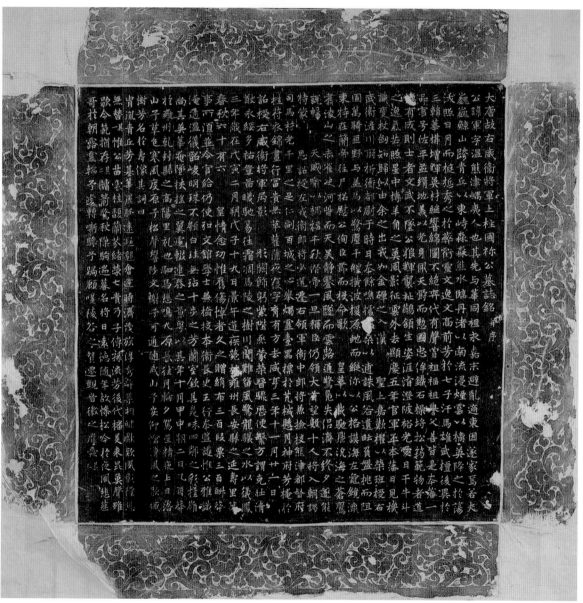

禰君墓誌銘 및 蓋石 拓本(김영관 선생님 소장)

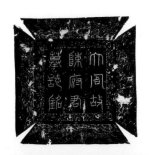

陳法子墓誌銘 및 蓋石 拓本(胡戟・榮新江 主編, 2012『大唐西市博物館藏墓誌』上, 北京大學出版社)

勿部珣功德記 拓本(北京圖書館金石組, 1990『北京圖書館藏 中國歷代石刻拓本匯編』20册, 中州古籍出版社)

勿部珣功德記 殘片 拓本(李裕群·李剛, 2003『天龍山石屈』科學出版社, p.170)

神奈川県・本村居村 B 遺跡 出土 木簡 (사진)

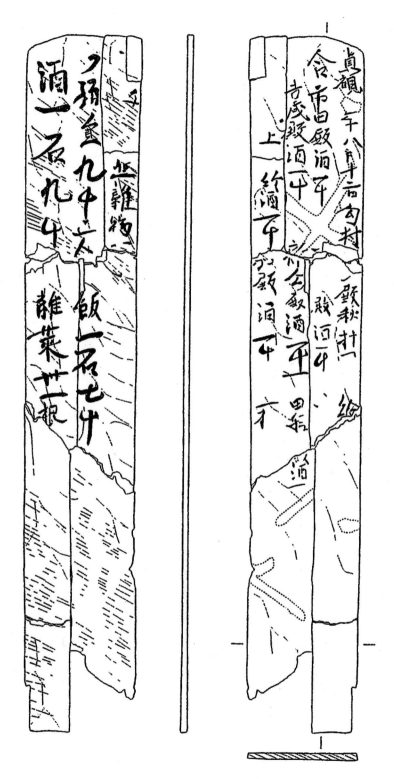

神奈川県・本村居村 B 遺跡 出土 木簡 (모사도)

반딧불을
쫓는이들에게
반딧불은
불을비춰주네

갑오년복간한회를
기념하며
경후 김단희

갑오(甲午)년 신년휘호(景候 김단희, 2014. 1. 10. 제18회 정기발표장에서)

8

木簡과 文字

第12號

|차 례|

논/문

백제 印刻瓦 서풍 연구

신라의 발효식품에 대하여

「禰軍 墓誌」의 연구 동향과 전망

백제 印刻瓦 서풍 연구

이은솔*

〈국문 초록〉

　백제 인각와는 사비기의 출토된 문자 자료로 干支, 행정구역, 五部名, 간지+집단, 다양한 문양 등을 나타내어 백제의 문자 자료로서 중요한 위치에 있다. 하지만 지금까지 백제 인각와 서풍에 관한 연구는 미진한 상태이다. 이에 필자는 백제와 중국과의 교류 관계를 말미암아 백제 인각와 전후의 백제 楷書風의 전개 과정을 정리하여 살펴본 뒤 인각와 서풍의 특징을 살펴보았다. 백제의 대표적인 해서로는 〈武寧王誌石〉(525), 〈武寧王妃誌石〉(529), 〈昌王銘石造舍利龕〉(567), 〈王興寺址靑銅製舍利函〉(577), 〈彌勒寺址金製舍利奉迎記〉(639), 〈砂宅智積碑〉(654)를 들 수 있다. 이들은 공통적으로 南北朝風 또는 隋唐풍과 일치했고 隷書 또는 行書의 필의, 異體字 등을 구사함으로써 과도기적 해서풍을 보여주었다. 이것은 중국의 위진남북조와 수당시기에 해서를 漢隷와 구분하지 않은 과도기적 시기와도 일치하여 그들과의 교류를 통한 영향이라는 것을 확인할 수 있었다. 백제 인각와 역시 마찬가지로 남북조풍의 해서, 예서의 필의를 가진 글자, 한 인각부에 두 서체를 혼용하여 쓰는 등 과도기적 서풍이라는 것을 볼 수 있었다. 물론 인각와는 간단한 글자들로 구성되어 있기에 서풍의 다양성을 고찰하는데 한계가 있고, 다른 백제의 해서들은 귀족적인 성격이 강한데 반해 백제 인각와는 관영에서 쓰이던 서풍으로 그 수준에 있어 약간의 상이함이 있을 것이다. 하지만 전체적인 서풍을 두고 보았을 때 같은 영향권 아래 있었음을

---

*　원광대학교 박사과정

추론할 수 있다.

▶ 핵심어 : 백제 서예, 백제 해서, 인각와, 남북조풍, 과도기적 해서

Ⅰ. 머리말

인각와는 기와의 등면에 원형 또는 방형의 2~3㎝ 테두리 안에 1~6자의 문자나 기호가 있는 문자 자료이다. 이러한 형태의 명문 기와는 고구려의 大成山城이나 발해의 유적, 일본의 헤이죠교(平城京) 등지에서 발견된 예도 있으나 백제 유적에서 발견된 인각와는 출토 수가 상당하여 백제 문자 자료에서도 중요성이 크다고 볼 수 있다. 인각와는 형태적 측면에 의한 분류 기준으로는 인각부의 수, 평면 형태와 문자의 음양각, 捲線의 유무, 문자 수 등으로 현재 판독 가능한 인각와의 종류는 약 90종이다.

백제 인각와의 지역적 출토 양상을 살펴보면 부여, 익산, 공주, 논산, 정읍, 청주, 대전, 금산, 장수, 여수, 순천, 광양 등이다. 특히 사비기 도성과 연관이 깊은 익산의 미륵사지와 왕궁리 유적 등에서 전체 인각와의 96% 정도가 집중적으로 출토되었다. 또 도성 지역과는 다른 종류의 인각와가 공주, 논산, 정읍 등 백제 五方城으로 추정되는 거점지역과 신라와의 접경지대인 청주, 대전, 금산, 장수, 여수, 순천, 광양 등지에서도 출토되었다.[1]

그리고 이것의 제작 시기는 성왕 이후 6세기대에 출현하여 소수 사용되다가 무왕과 의자왕대인 7세기에 집중적으로 제작된 것으로 보고 인각와 사용의 시작은 웅진기, 일반화된 시점은 사비기로 보고 있다. 인각와의 명칭에 관해서는 처음 일본 학자 齋藤忠에 의해 '刻印瓦'라고 붙여졌지만[2] 우리나라에서는 이를 채택하지 않고 인장와, 인각와, 인명와 등으로 통용하고 있는 실정이다.[3] 본고에서는 "인각와"라고 통칭하겠다.

이와 같이 백제의 문자 자료로서 중요한 위치에 있는 것임에도 불구하고, 다수의 역사학 연구자에 의해서의 연구성과[4]가 보여지고 있으나, 서체 또는 서풍에 관한 서예학적 연구는 부분적으로 언급될

---

1) 자세한 사항은 沈相六, 2010, 「백제 印刻瓦에 대하여」, 『목간과 문자』5, 한국목간학회 정기발표회.
2) 齋藤忠, 1954, 「百濟平瓦に見られる刻印銘について」, 『考古學雜誌』29-5.
3) 홍재선, 1981, 「백제 사비성 연구」, 동국대학교 석사학위논문.
　文化財管理局, 1989, 『미륵사』, 한국 문화재연구소 유적조사연구실.
　심상육, 2005, 『백제시대 인각와에 관한 연구』, 공주대학교대학원 문학석사학위논문.
　국립부여문화재연구소, 2011, 『정림사지』, 국립부여문화재연구소 학예연구실, 정자영, 남호현, 박은선.
4) 齋藤忠, 1939, 「百濟平瓦に見られる刻印銘に就いて」, 『考古學雜誌』第29券 5號.
　藤澤一夫, 1976, 「百濟 別都 益山 王宮里 廢寺卽 大官寺考」, 『馬韓·百濟文化』第2, 圓光大學校 馬韓百濟文化硏究所.
　洪在善, 1981, 「百濟 泗沘城 硏究」, 東國大學校大學院 碩士學位論文.
　이다운, 1999, 「百濟五部名刻印瓦について」, 『古文化談叢』第43集.

뿐 구체적인 연구는 이루어지지 않은 실정이다. 이와 같은 이유는 백제 인각와의 명문이 다양하지만 단순한 약자 혹은 기호화된 문자로 이루어져 서풍에 대한 언급 자체가 모호하여 연구의 미진함이 있었을 것으로 추측된다. 이에 필자는 가능한 한 판독에 이견이 없으면서도 시대적인 특징이 보이는 명문들로 백제 인각와의 서풍을 논하도록 하겠다.

Ⅱ. 중국과의 대외교섭과 백제 해서풍의 전개

백제 인각와의 변년은 대부분 무왕 시기로 사비기에 속하여 〈사택지직비〉와 함께 백제 시예 시기의 거의 마지막 부분에 속한다. 이번 장에서는 백제 인각와의 서풍을 살펴보기에 앞서 백제와 중국과의 대외교섭과 백제 인각와 출현 전후 시기의 백제 해서풍의 전체 흐름을 살펴볼 것이다. 이와 같은 구체적인 상황 전개를 파악한 후 다음 장에서 인각와 서풍에 대하여 자세히 논하도록 하겠다.

1. 중국과의 대외교섭

한반도의 한자와 한문의 유입은 대게 기원전 3세기 전후로 본다. 역사적으로는 고구려가 가장 먼저 받아들였고, 후에 백제와 신라 순인 것으로 추정한다.[5] 그렇게 받아들여진 한자와 한문이 고대의 삼국에서는 대체로 나라의 위업을 알리기 위한 서사적 기능을 담당하면서 주로 금석문이나 역사서 편찬 등의 공적인 방면에 활용되었다.[6] 백제에서는 〈무령왕지석〉, 〈무령왕비지석〉등이 대표적이다. 이러한 공적인 방면의 문자 자료 외에도 왕족 또는 귀족들의 불교관련 봉양기와 석비, 사리감 등 다양한 방면으로 활용하여 백제의 높은 문자 활용 수준들을 엿볼 수 있다. 백제가 중국과의 교섭을 시작한 때는 근초고왕에 이르러서이다. 『三國史記』 근초고왕 본기 말미에 "백제는 개국 이래 문자로 국가의 일을 기록한 적이 없었는데, 이에 이르러 '博士高興'을 얻어 비로소 '書記'가 있게 되었다"[7]라고 하였다. 후에

姜鍾元, 2004, 「錦山 栢嶺山城 出土 銘文瓦 檢討」, 『百濟研究』第39輯, 忠南大學校百濟研究所.

沈相六, 2005, 「百濟時代 印刻瓦에 關한 研究」, 公州大學校大學院 文學碩士學位論文.

김병희, 2005, 「淸州 父母山城 出土 百濟 印刻瓦에 대한 研究」, 『先史와 古代』23, 한국고대학회.

김선기, 2006, 「益山 帝釋寺址 百濟 기와에 대하여」, 『전남의 기와-광양 마로산성출토 기와를 중심으로-』, 한국기와학회.

김영심, 2007, 「백제의 지방통치에 관한 몇 가지 재검토 木簡, 銘文瓦 등의 문자자료를 통하여」, 『한국고대사』487, 한국고대사학회.

노기환, 2007, 「미륵사지 출토 백제 인각와 연구」, 전북대학교대학원 석사학위논문.

김선기, 2010, 「益山地域 百濟 寺址 研究」, 동아대학교대학원 박사학위논문.

이병호, 2013, 「금산 백령산성 출토 문자기와의 명문에 대하여 백제 지방통치체제의 한 측면」, 『백제문화』49, 공주대학교 백제문화연구소.

5) 장원철, 2004, 「삼국·남북국 시대의 언어생활과 문학활동」, 『대동한문학』20, 대동한문학회 참조.

6) 황위주, 2003, 「한문의 초기정착과정연구(3)」, 『동방한문학』24, 동방한문학회 참조.

백제는 본격적으로 중국과 교류한 흔적으로 한성기(B.C18-475)에는 東晉(357-420)과 8회, 南朝의 宋 (420-479)과 18회 교류하였고 웅진기(475-538)에는 남조의 宋과 2회, 齊(479-502)와 10회, 梁(502-557)과 7회 교류하였다. 사비기(538-663)에는 남조의 梁과 4회, 陳(557-589)과 5회, 隋(581-618)와 18회, 唐(618-660)과 36회 교류한 것으로 나타난다.[8] 구체적으로 각각의 시기적 배경들을 살펴보자면, 한성기에는 남조와 여러 차례 교류가 이루어질 만큼 우호적인 관계를 유지하고 있었다. 하지만 북위와의 교섭은 3회 정도 확인되며 그 전에는 북위와의 교섭이 한 번도 이루어지지 않았다는 것이 이례적이다. 백제가 북위와 교섭한 목적은 고구려의 장수왕의 남하와 관련하여 백제가 북위에 군대를 요청한 것이다.[9] 그러나 북위는 이를 거절하였고 백제와 북위와의 관계는 거의 단절된다. 이와 같이 북위와의 교류가 어려워져 상대적으로 남조와의 직접 교류가 활발하였다. 당시 『宋書』의 백제전 기사를 보면 백제왕이 신하들에게 왕·후호와 장군호를 수여하였다는 기사가 나오는데,[10] 이것은 중국의 제도를 전범으로 하여 만들어진 것으로[11] 한성기 때부터 남조에 대해서는 정치제도는 물론 사상, 종교, 학문과 기술 등 여러 문화들을 받아들이기 시작한 것으로 보인다.

웅진기 초기에 약간의 혼란기를 맞았으나 동성왕이 즉위한 후 차츰 진정되고 그 뒤를 이은 무령왕은 왕권을 강화하고 본격적인 재도약을 준비한다. 중국과의 교섭관계에서는 북조와 남조 모두 교섭을 가지는 다변 외교를 실시하였다.[12] 먼저 502년에 梁武帝가 梁을 세웠을 당시 무령왕은 梁에 사신을 파견하면서 그 선진 문화를 받아들였는데, 이를 잘 보여주는 것이 무령왕릉에

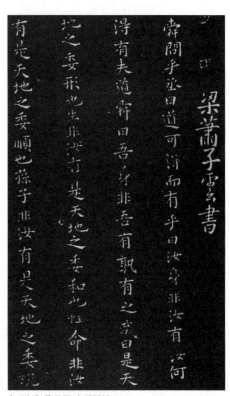

〈그림 1〉 蕭子雲의 舜問帖

---

7) 『三國史記』卷24 百濟本紀2 近肖古王27年條. "古記云. 百濟開國已來. 未有以文字記事. 至是得博士高興. 始有書記."
8) 유원재, 1996, 「백제의 대외관계」, 『백제의 역사와 문화』, 학연문화사, 표 참조.
9) 『魏書』卷100, 列傳 88 「百濟」延興 2年.
10) 『宋書』卷97 列傳 第57 夷蠻 百濟傳의 "(大明)二年 慶遺使上表曰…臣國累葉偏受殊恩. 文武良輔 世蒙朝爵 行冠軍將軍右賢 王餘紀等十一人 忠勤宜在顯進 伏願垂愍 竝廳賜除 仍以行冠軍將軍右賢王餘紀爲冠軍將軍 以行征虜將軍左賢王餘昆 行征 虜將軍量竝爲征虜將軍 以行輔國將軍餘都恭又竝爲輔國將軍 以行龍驤將軍沐衿餘爵竝爲龍驤將軍 以行寧朔將軍餘流糜 貴竝爲寧朔將軍 以行建武將軍于西餘婁 竝爲建武將軍" 참조.
11) 양기석, 1984, 「5세기 백제의 왕·후·태수제에 대하여」, 『사학연구』38, 사학연구회; 노중국, 2012, 「백제의 왕·후호, 장 국호제와 그 운영」, 『백제연구』55, 충남대 백제연구소.
12) 노중국, 앞의 책, p.286.

서 출토된 "…사 임진년작(…士 壬辰年作)"이 새겨진 벽돌과 송산리 6호분에서 출토된 "양관와위사의 (梁官瓦爲師矣)"가 새겨진 벽돌이다. 무령왕릉의 남조식 묘제, 도교적 내세관의 상징물인 매지권, 진묘수, 철제 오수전 등의 상장의례 또한 남조 문화의 영향을 받은 것으로 볼 수 있다. 서예 문화에서는 蕭子雲의 글씨가 백제에 큰 반향을 일으켰다. 이에 최치원의 論書時 注에서 "남조의 소자운이 글씨를 잘 썼는데 백제의 사신이 그의 작품을 구하여 나라의 보물로 삼았다."[13]는 기록이 있으며, 『南史』에서도 백제가 소자운의 글씨 30점을 수백만금을 주고 샀다는 기록이 있어 당시 백제인의 서예에 대한 열망을 엿볼 수 있다. 소자운의 글씨 〈그림 1〉를 보면 알 수 있듯이 남조의 글씨는 유려하면서도 단아한 서풍이다. 이러한 남조 글씨의 영향이 〈무령왕지석〉, 〈무령왕비지석〉에도 고스란히 묻어 나온다는 것을 확인할 수 있다.

한편 북조와의 관계에서는 472년 개로왕이 북위에 사신을 보내 도움을 요청하였다가 거절당한 이후 백제와 북조의 관계는 동성왕대에 이르기까지 갈등 관계에 있었다. 더욱이 484년과 490년에 벌어진 전쟁은 두 나라의 관계를 더욱 심화시켰다. 그러나 이러한 갈등은 무령왕대에 무령왕이 북위와의 적극적인 외교 정책으로 갈등 상황을 약화시켰다. 북조와의 교류는 남조에 비해 적게 나타나기는 하나 정림사지에서 출토된 籠冠, 능산리 폐사지에서 출토된 백자녹채장경병, 〈창왕명석조사리감〉에서 나오는 '兄'에 관한 서풍 등은 북위와 백제의 문화를 받아들인 증거라고 볼 수 있다.[14]

사비기에도 백제는 남조와 지속적인 교류를 유지하고 있었다. 성왕은 사비로 천도 후 541년 梁에 사신을 파견하여 毛詩博士, 涅槃經 등의 義疏, 工匠, 畵師 등을 보내줄 것을 요청하였고, 梁은 요청을 받아들여[15] 두 나라 사이에 활발한 교류들을 확인할 수 있다. 하지만 6세기 중반에 이르러 중국은 동위가 北齊(550-577), 西魏가 北周(556-581)로 교체되고 남조에서는 梁을 대신하여 陳(557-589)이 들어서는 복잡한 상황에도 불구하고 위덕왕은 남조, 북조 모두 동시 외교를 하며 관계를 유지시킨다. 한편 이때, 581년 수나라가 남북조를 통일하자 백제 위덕왕은 수나라에 사신을 파견하였다. 그 이후에도 위덕왕은 582년, 584년에도 수나라에 사신을 보내며 교류에 박차를 가한다. 당시 수나라는 종구품 아래에 書學博士 제도를 두었다고 한다. 이것은 당시 교육제도와 과거제도의 시행과도 관련이 있는데, 해서의 발전에 큰 영향을 끼쳤을 것이다. 앞서 〈미륵사지금제사리봉영기〉, 〈사택지적비〉의 서풍이 이러한 수나라의 서학제도가 백제에 영향을 주었다고 생각된다. 이듬해 585년에 백제는 陳에도 사신을 보내며 등거리 외교를 유지하는데, 백제가 陳과 등거리 외교를 한 것으로 말미암아 수는 백제의 사신 파견을 자제 시키며 두 나라의 외교는 소원하게 된다.

얼마 지나지 않아 수가 멸망하고 唐이 다시 서게 되자 무왕은 621년 당에 사신을 보내며 외교를 시작하게 된다. 하지만 당시 고구려, 백제, 신라 삼국이 앞 다투어 당과의 외교에 적극적이었는데, 백제

---

13) 『桂苑筆耕』 卷17 참조.
14) 노중국, 앞의 책, pp.361~362.
15) 『三國史記』 卷 第26 百濟本紀 聖王 19年條 및 『梁書』 卷54 列傳 第48 諸夷 百濟傳.

는 640년에 자제를 당의 국학에 입학하기를 청하기도 하였다.[16] 무왕에 이어 의자왕대까지도 당과의 외교는 순탄하게 이루어졌으나 백제와 신라의 관계 악화, 그로 인한 백제와 고구려의 화친, 자연스레 신라와 당이 손을 잡게 되면서 660년 백제가 멸망함과 동시에 당나라와의 외교 또한 끝나게 된다.

이러한 백제와 중국의 교섭 상황을 보았을 때, 한성기와 웅진기에 남북조와의 교류 빈도가 높아서 자연스럽게 그 제도를 받아들이고 서풍 또한 영향을 많이 받을 수밖에 없었을 것으로 추측한다. 후에 수나라와 당나라 초기에는 정치적으로 혼란이 가중되었기에 그에 따른 교류 횟수도 많지 않았고, 그 영향을 받기는 했으나 남북조의 서사법이 남아 있는 상태의 과도기적인 모습이 나타났을 것이라 추정해 본다.

2. 백재 해서풍의 전개

1) 〈무령왕지석〉, 〈무령왕비지석〉

〈무령왕지석〉은 연도(羨道) 중앙에 있는 진묘수 앞에서 왕비 지석과 함께 발견되었다. 두 지석의 관계를 보면, 대체로 왕 지석 후면과 왕비 지석 후면은 모두 왕의 장례 때 이미 작성되었으며 현실 연도 중간에 놓아두었다가 왕비 합장 시 왕비 지석 한 면에 왕비에 관한 기사를 추각한 것으로 보인다. 두 지석 모두 중앙 약간 위쪽에 지름 1.1㎝의 구멍이 있다. 왕의 지석 전면에 음각으로 세로로 7행을 만들어 6행까지 52자의 명문을 음각으로 새겼다. 행간은 5㎝ 정도이며 글자의 지름은 2.5㎝이다. 후면에는 간지도가 있는데 이것의 성격을 방위도 혹은 능역도로 보기도 한다. 가장자리에는 음각으로 직선을 새기고 그 안쪽에 십간과 십이지를 지름 1.5㎝의 크기로 새겼다.

〈무령왕비지석〉은 지석 상하에 음각으로 가로선을 치고 그 사이에 세로선으로 약 3㎝ 너비의 15행을 만들고 그중에서 우측 4행에 걸쳐 41자의 왕비 묘지명이 음각되어 있는데 글자의 지름은 2㎝이다. 이면에 있는 왕의 매지권은 음각의 세로선으로 약 4.5㎝ 너비의 칸을 만들고 우측부터 총 6행 58자의 명문이 새겨져 있으며 글자의 지름은 2~3㎝이다.

〈표 1〉의 〈무령왕지석〉은 유려하면서도 세련되어 백제 글씨의 정수를 보여주는 웅진시기의 대표적 해서이다. 남북조 서풍이 혼합된 서풍으로 평가되어 오고 있다. 寧, 斯, 辰자는 수나라와 당나라에서는 볼 수 없는, 남북조에서만 나타나는 자체로 그 영향을 받았음을 확실히 증명하는 글자다. 또 麻, 月, 成, 左 네 글자는 남북조의 서사 습관을 보여주는 글자로 麻의 세 번째 획, 月의 첫 번째 획, 成의 두 번째 획, 左의 두 번째 획 모두 收筆을 위로 올리는 서사 습관이 남북조에서 나타난다. 전체적으로 북조의 강건한 서풍과 남조의 온화한 서풍이 잘 조화된 글씨라 할 수 있다.

왕의 매지권 서풍은 왕의 지석과 흡사하다. 〈표 2〉의 매지권과 〈무령왕비지석〉을 보면 寧, 爲, 葬자

---

16) 『三國史記』 卷 第27 百濟本紀 武王 5年條.

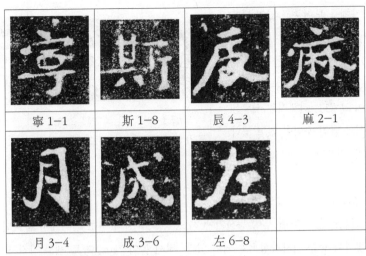

寧 1-1	斯 1-8	辰 4-3	麻 2-1
月 3-4	成 3-6	左 6-8	

〈표 1〉 남북조풍의 〈무령왕지석〉

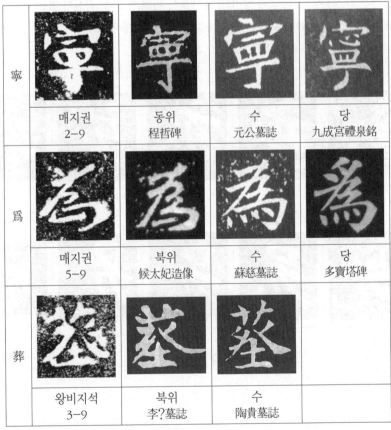

寧	매지권 2-9	동위 程哲碑	수 元公墓誌	당 九成宮禮泉銘
爲	매지권 5-9	북위 候太妃造像	수 蘇慈墓誌	당 多寶塔碑
葬	왕비지석 3-9	북위 李?墓誌	수 陶貴墓誌	

〈표 2〉 남북조풍의 매지권과 〈무령왕비지석〉

는 거의 북조의 자체를 보여주고 있어 남북
조의 영향을 받았음을 확인할 수 있다. 또
〈무령왕비지석〉은 행서의 필의를 지닌 글
자들이 많은데 〈표 3〉에서 濟의 氵변, 終의
糸변, 改의 己변이 그렇다. 전체적인 서풍은
세련된 왕의 지석과 달리 꾸밈이 없고 고박
한 서풍이라 할 수 있겠다.

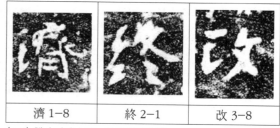

濟 1-8	終 2-1	改 3-8

〈표 3〉 행서 필의가 있는 〈무령왕비지석〉

2) 〈창왕명석조사리감〉

〈창왕명석조사리감〉은 1995년 부여 능산리 능사 중앙 목탑지의 심초석 위에서 출토되었다. 사리감
은 화강암으로 윗면이 둥근 직사각형으로 되어 있다. 전체 높이 74㎝, 가로·세로 각각 50㎝이다. 감실
의 높이 45㎝, 너비 25.3㎝, 깊이 24.5㎝로 만들어졌는데 문턱 4㎝를 제외하면 실제로 사리장엄구를 넣
을 수 있는 깊이는 21.5㎝가 된다. 조사 당시 감실 내부는 비어 있었다. 감실이 있는 전면의 양쪽 면에
각각 10글자씩 오른쪽에서 왼쪽으로 새겼다. 명문을 살펴보면 창왕은 성왕의 아들 위덕왕이며 이 사리
감은 창왕의 누이 또는 누이 부부에 의해 조성되었다는 것이다.

		북위 元顯儁墓誌	북위 李璧墓誌	수 元公墓誌	당 道因法師碑
亥	2-2				
兄	2-4	북위 耿壽姬墓誌	북제 張龍伯造像	수 甯贊碑	당 顔勤禮碑

〈표 4〉 〈창왕명석조사리감〉 남북조풍의 글자

〈창왕명석조사리감〉의 서체를 예서로 분류하는 의견[17]도 있으나 대부분 예서의 필의가 많은 해서로
보고 있다. 가로획이 수평에 가깝고 예서의 필의가 있는 글자로는 公과 昌을 들 수 있는데, 특히 公의
厶의 경우 예서의 字體이다. 〈창왕명석조사리감〉은 대체적으로 起筆과 收筆부분이 도톰하면서도 칼로

깎아낸 듯한 方筆로 남조보다 북조에 가까운 서풍이라 볼 수 있는데, 특히 兄, 亥자가 북제 또는 북위에서 볼 수 있는 字體로 나타나 더욱이 북조의 영향을 받은 것이라 할 수 있다.

| 公 2-5 | 昌 1-3 |

〈표 5〉 〈창왕명석조사리감〉에서 필의가 있는 글자

3) 〈왕흥사지청동제사리함〉

부여 왕흥사는 백제 왕실의 중요한 원찰이었는데 '왕흥'이라는 이름에는 왕실의 흥융을 기원하는 목적의식이 뚜렷이 나타나 있다. 왕흥사지는 1941년 현 부여군 신리 일원에서 "王興"이라는 고려시대 기와편이 수습되면서 그 위치를 비정할 수 있게 되었다.[18]

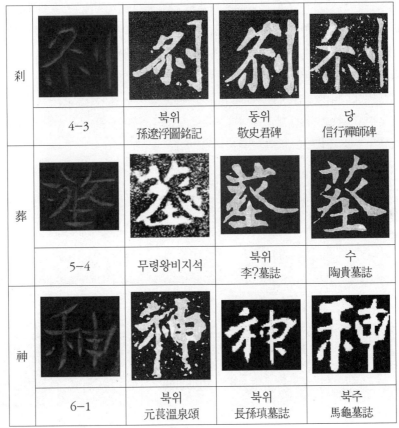

刹	4-3	북위 孫遼浮圖銘記	동위 敬史君碑	당 信行禪師碑
葬	5-4	무령왕비지석	북위 李?墓誌	수 陶貴墓誌
神	6-1	북위 元萇溫泉頌	북위 長孫瑱墓誌	북주 馬龜墓誌

〈표 6〉 〈왕흥사지청동제사리함〉 남북조풍의 글자

---

17) 이성배, 2004, 「백제 서예와 목간의 서풍」, 『백제연구』40, p.241.

18) 국립부여문화재연구소, 2002, 『왕흥사 : 발굴중간보고서 1』.

왕흥사지청동제사리함은 금제사리병-은제사리호-청동사리합의 3중 구조로 안치되어 있고 외면에
는 청동사리함 외면에는 5자 6행 29자의 명문이 음각으로 새겨져 있는데 명문의 위아래로 두 줄의 평
행선으로 둘러져 있다.

〈왕흥사지청동제사리함〉의 명문 역시 예서의 필의가 있는 해서로 서풍은 남북조풍이다. 이 명문에
서 〈표 6〉의 刹, 葬, 神자의 字體를 보면 북조의 영향을 받은 것도 보이고 혹 수나라의 영향을 받은 것
으로 보이는 글자도 있어 약간의 과도기적인 성향이 있다. 〈왕흥사지청동제사리함〉 명문의 전체적인
서풍은 露鋒이 많고 획의 단면이 둥글어 유려하면서도 풍부한 느낌을 준다. 결구에도 변화가 많아 자유
자재하지만 졸박한 편이다.

4) 〈미륵사지금제사리봉영기〉

익산 미륵사는 백제 말기인 무왕 때 조성된 王寺로, 2009년 1월 해체 공사 중 미륵사지 서탑의 1층
심주석 상면 중앙의 사리공 개석이 처음 열렸다. 여기에서 금제사리호, 금제사리봉영기 등 사리장엄 유
물 505점이 출토되었다. 사리봉영기는 금판 앞뒷면에 刀子를 이용하여 음각하고 새겨진 획을 따라 朱
墨을 칠했다. 각 면 11행으로 앞면에 99자, 뒷면에 94자 전체 193자를 새겼다.

명문은 좌평 사택적덕의 딸인 백제 무왕의 왕후가 재물을 희사하여 가람을 청건하고 639년에 사리를
봉영한다는 것을 기록하고 있다. 왕과 왕비의 장수와 왕조의 영원무궁을 빌고 있어 미륵사는 왕사로서
왕권을 강화하기 위한 목적으로 창건되었다는 것을 말해준다.

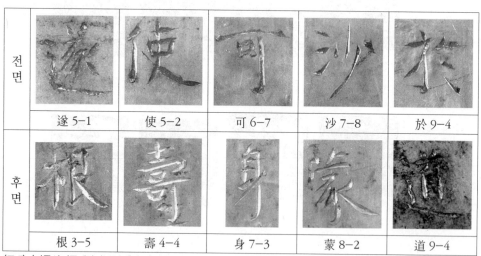

전면	遂 5-1	使 5-2	可 6-7	沙 7-8	於 9-4
후면	根 3-5	壽 4-4	身 7-3	蒙 8-2	道 9-4

〈표 7〉 〈미륵사지금제사리봉영기〉 初唐 해서풍의 글자

〈미륵사지금제사리봉영기〉 역시 노봉이 주를 이룬 장방형의 해서다. 백제의 글씨로는 드물게 장방형
을 취하고 있어 初唐 해서의 형태라고 볼 수 있다. 〈미륵사지금제사리봉영기〉는 〈왕흥사지청동제사리

剛			
	후면 8-8	북위 劉根等造像	수 龍山公墓誌	당 多寶塔碑
等			
	후면 8-9	북위 孫秋生造像	수 龍華寺碑	당 孔子廟堂碑
이체 자 亥			
	전면 11-9		

〈표 8〉〈미륵사지금제사리봉영기〉 북조의 서사 습관이 남은 剛과 等, 이체자

함〉의 자유자재하고 졸박한 명문과 다르게 세련되고 우아한 백제 해서풍을 보여주고 있다. 〈표 7〉과 같이 初唐 해서의 정연한 풍이 있는 반면에 〈표 8〉의 剛, 等과 같이 북조의 서사습관이 남아 있는 글자들도 있다. 또 亥자와 같은 이체자도 보여 다른 백제의 문자 자료에 비해 풍부한 서풍들을 확인할 수 있다.

5) 〈사택지적비〉

1948년 부여읍 관북리 도로변에서 발견되었다. 그러나 발견된 것은 비의 일부로 높이 102㎝, 폭 38㎝, 두께 29㎝이다. 양질의 화강암에 가로, 세로로 井間을 구획하여 그 안에 글자를 음각하였으며, 1행은 14자로 이루어져 있는데, 현존하는 것은 앞부분에 해당하는 4행까지로서 모두 56자이다. 비의 우측면 상부에는 음양설에 따라 원 안에 봉황문(혹은 주작, 삼족오)이 음각한 것과 붉은 칠을 한 흔적이 있다. 문장은 중국 육조시대의 四六駢儷體이다. 명문의 내용은 사택지적이란 인물이 늙어가는 것을 탄식하여, 불교에 귀의하고 원찰을 건립했다는 것이다.

〈사택지적비〉는 초기에 구양순풍이라 비정한 이후[19] 사학계의 대부분이 이 의견을 따랐다.[20] 하지만 후에 서예학계에서 남북조풍이라는 의견과[21] 남북조풍과 수·당풍을 함께 갖추고 있다는 의견[22]이

나오면서 최근에는 서예학계의 두 의견으로 굳어지고 있다.

명문을 자세히 살펴보면 장방형의 결구는 초당풍이라 할 수 있다. 〈표 9〉의 圓筆의 전절은 남조풍이라 할 수 있으나 도톰하면서도 칼로 밴 듯한 方筆의 획들은 북위풍 해서와 닮았다. 또 〈표 10〉에서는 군데군데 예서와 행서의 필의가 있는 글자들과 이체자를 사용하여 다양한 변화가 있는 풍을 보여준다. 전체적으로 당나라 해서풍의 영향을 받았지만 〈미륵사지금제사리봉영기〉와 같이 남북조의 서사 습관이 남아 있는 것으로 보인다. 하지만 백제 금석문 글씨 중 가장 규범적이고 세련된 서풍이라 평가할 만하다.

지금까지 백제 해서의 전개 과정을 살펴 본 결과 웅진기에는 남북조풍의 영향을 받은 것이 대부분이라 역시 남북조와의 교류 영향이 컸음을 확인할 수 있었다. 후에 사비기로 갈수록 수나라풍 해서와 당나라풍 해서를 받아들이는 것을 볼 수 있었는데, 군데군데 남북조의 서사습관이 남아 있어 그 영향을 완전히 벗어나지 못함을 알 수 있었다.

이러한 서사 문화의 영향이 중국 해서의 변천과도 연관이 있을 것으로 보인다. 중국 해서의 변천은 크게 발생기, 완성기, 준법기, 쇠퇴기로 나누어 본다. 발생기는 한나라까지이고 완성기는 魏楷로 대표되는 위진남북조 시기이다. 준법기로는 唐楷로 대표되는 隋唐시기이다. 하지만 실제로 위진남북조와

---

19) 홍사준, 1954, 「백제 사택지적비에 대하여」, 『역사학보』6. 참조.

20) 서영대, 1992, 「사택지적비」, 『역주한국고대금석문』1권, 한국고대사회연구소 편, 가락국사적개발연구원.

안동주, 1998, 「백제 한문학 자료에 대한 재고찰」, 『호남대학교논문집』19.

문동석, 2004, 「백제 노귀족의 불심, 사택지적비」, 『고대로부터의 통신』, 푸른역사.

조경철, 2004, 「백제 사택지적비에 나타난 불교신앙」, 『역사와 현실』52, 한국역사연구회.

조경철, 2011, 「백제 사택지적비의 연구사와 사상경향」, 『백제문화』45, 공주대백제문화연구소.

21) 임창순, 1985, 「한국의 서예」, 『국보』12 서예·전적, 천혜봉, 예경산업사.

김응현, 1995, 『서여기인』, 동방연서회.

채용복, 1998, 「금석문을 통해 본 서에 대한 조형의식」, 『옛 탁본의 아름다움, 그리고 우리 역사』한국서예사특별전18 논문집, 우일출판사.

방재호, 2003, 「백제의 서예-금석문을 중심으로」, 단국대학교 디자인대학원 석사학위논문.

정현숙, 2010, 「삼국시대의 서풍」, 『옛 글씨의 아름다운-그 속에서 역사를 보다-』, 이천시립미술관.

장긍긍, 2011, 「중국 북조비와 한국 삼국시대비의 비교연구」, 원광대학교대학원 석사학위논문.

22) 이성미, 1998, 「백제시대 서화의 대회교섭」, 『백제 미술의 대외교섭』, 예경.

조수현, 1998, 『백제무령왕릉지석·사택지적비, 신라 단양적성비·영천청제비』한국금석문서법선집 1, 이화문화출판사.

조수현, 1998, 「고운 최치원의 서체특징과 동인의식」, 『한국사상과 문화』50, 한국사상문화학회.

최완수, 1998, 「옛 탁본의 아름다움, 그리고 우리 역사」한국서예사특별전 18 논문집, 우일출판사.

고광헌, 2000, 「백제 금석문의 서예사적 연구」, 원광대학교대학원 석사학위논문.

이규복, 2001, 『한국서예사 1』, 이화문화출판사.

고광의, 2008, 「文字資料를 통해서 본 中國과 三國의 書寫文化 교류」, 『고구려발해연구』30, 고구려발해학회.

이성배, 2008, 「백제와 남조·수·당의 서예비교」, 『서예학연구』13, 한국서예학회.

사택지적비 서풍에 관한 자세한 연구는 정현숙, 2012, 「백제 〈사택지적비〉의 서풍과 그 형성배경」, 『백제연구』56, 충남대학교 백제연구소 참조.

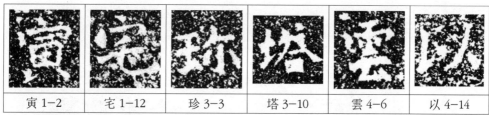

| 寅 1-2 | 宅 1-12 | 珎 3-3 | 塔 3-10 | 雲 4-6 | 以 4-14 |

〈표 9〉〈사택지적비〉 남북조풍 글자

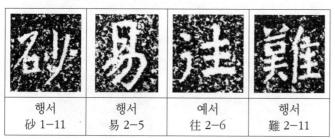

| 행서
砂 1-11 | 행서
易 2-5 | 예서
往 2-6 | 행서
難 2-11 |

〈표 10〉〈사택지적비〉 예·행서 필의가 있는 글자

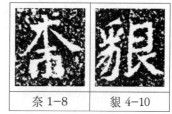

| 奈 1-8 | 狠 4-10 |

〈표 11〉 이체자

수당시기에는 해서를 漢隷와 구분하지 않고 예서를 해서와 행서 모두 지칭할 만큼 해서의 명칭과 개념이 확립되지 않은 과도기적 시기라고 한다. 그리고 송나라 때 이후로는 행서와 초서가 대표적 서체로 존재하면서 해서는 臺閣體와 館閣體의 형태로 남아 쇠퇴기를 맞이하게 된다.[23]

여기에서 웅진, 사비기의 백제는 중국 해서 변천기에서 발생기와 준법기에 해당된다. 앞서 살펴본 백제 해서에서 남북조풍, 수·당풍 이외에도 예서와 행서의 필의가 있는 글자, 이체자 등 과도기적인 형태가 중국 해서의 과도기적인 시기인 위진남북조, 수당시기와 일치하여 그 영향 관계를 이해할 수 있다.

Ⅲ. 백제 인각와 서풍의 특징

백제 인각와의 자형은 대부분 정방형 또는 편방형으로 원필과 방필이 혼용되어 있다. 대부분의 획이 도톰하고 굵기에 변화가 거의 없는 것이 특징이다. 이러한 서풍의 특징은 중국의 남북조풍의 영향을 받았다고 볼 수 있는데, 모든 시대가 그렇듯 한 시대 안에는 여러 서체와 서풍이 존재한다. 백제 인각와는 해서이면서 주로 남북조풍의 영향을 많이 받았다. 그러나 그 안에는 남북조풍 외에도 그 앞·뒤 시대의 서풍이 존재하기도 하고, 해서 외에도 다른 여러 서체가 있다는 것도 알 수 있다. 이에 본 장에서는 서체의 다양성을 고찰해 봄과 동시에 어떤 서풍의 영향을 받은 것인지 분류하여 살펴보겠다. 백제 인각

---

23) 배규하, 1999, 『中國 書法 藝術史』, 이화문화출판사, pp.360~361.

와를 살펴보기에 앞서 인각와는 다양한 형태와 종류로 나타나고 있지만 그중 판독에 이견이 없고 온전한 상태의 것들로만 중점적으로 살펴보기로 하겠다.

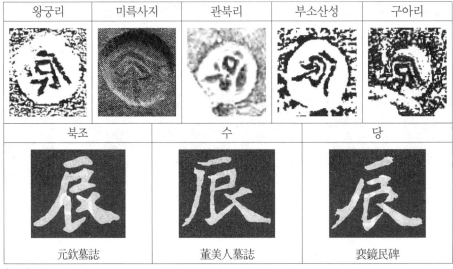

〈표 12〉辰

백제 인각와의 辰은 모두 左書로 찍혀 있다. 十二支 중 辰에 해당하는 것으로 보고 있다. 글자의 형태는 수나라와 거의 흡사하나, 획의 도톰함과 투박스러운 듯 한 점은 북위와 비슷하다. 특히 〈표 12〉의 부소산성 辰명은 리듬감 있는 유려함을, 왕궁리·관북리 辰명은 풍만한 획을 구사하여 같은 글자 안에서도 다양한 서풍을 보여주고 있다.

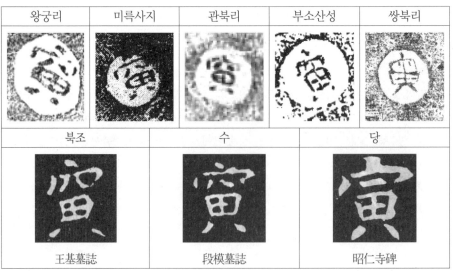

〈표 13〉寅

〈표 13〉의 백제 인각와 寅은 十二支 중 寅에 해당하는 것으로 보고 있다. 네 번째 획인 가로획이 '八'
의 형태로 새겨져 특이한 면모를 보이는데, 이것은 중국 북조와 수나라에 걸쳐 이와 같은 획의 형태를
취했다는 것을 확인할 수 있다. 당나라와는 확연히 다른 모습을 하고 있다. 백제 인각와의 무왕대 편년
에 맞추어 보면 수나라를 따랐을 것으로 추측되나 남북조의 서사습관이 남아 있는 것이라고도 볼 수 있
다. 백제 인각와 寅에서 田의 형태가 둥근 인각와의 테두리와 같이 向勢로 쓰거나 쌍북리와 같이 점과
획 모두 직선에 가깝게 쓰는 등 여러 가지의 풍들을 볼 수 있다.

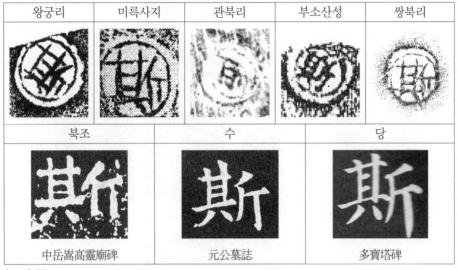

〈표 14〉 斯

　〈표 14〉의 백제 인각와 斯는 공급 혹은 기증집단을 나타내는 것으로 추정하고 있다.[24] 글자의 형태
적인 면에서 북조와 가장 유사하며, 도톰하면서도 직선의 평평한 획 또한 수당의 풍과는 전혀 달라 북
조풍의 서사 습관이 남아 있음을 확인할 수 있다.

　〈표 15〉의 백제 인각와 丙은 十干 중 丙에 해당한다고 보고 있다. 글자의 형태와 도톰한 획 모두 북
위와 유사하다. 丙은 간단한 획들로 이루어져 있지만 백제와 북조 모두 다양한 형태의 풍을 보여주고
있다. 첫째, 冂의 안에 있는 획 人을 첫 번째 가로획까지 올려 쓰지 않은 점. 둘째, 冂의 안에 있는 획
人을 세 번에 나누어 쓴 점. 셋째, 획의 삐침이 거의 보이지 않게 올려 쓰지 않은 점이 공통된 형태이면
서 특이점이라 할 수 있다. 이러한 풍은 수나라에서는 찾아 볼 수 있는 자료가 없었고, 당나라는 글자
의 형태·획 모두 유사점을 찾기가 힘들어 북조풍의 서사습관이 남아 있는 것이라 할 수 있겠다.

　〈표 16〉의 백제 인각와 官은 의미를 파악할 근거가 전혀 없으므로 그 기능 또한 파악할 수 없다는 의

---

24) 심상육, 2005, 『백제시대 인각와에 관한 연구』, 공주대학교대학원 문학석사학위논문, p.45.

왕궁리	미륵사지	관북리	부소산성
쌍북리	백령산성	북조	당
		吳高梁墓誌 吳光墓誌 叶谷渾璣墓誌	李文墓誌

〈표 15〉 丙

견이 있으나,[25] 유적 내에 백제의 官衙가 있었을 가능성을 제시하기도 하였다.[26] 백제 인각와의 官은 冖이 하나의 가로획으로 생략된 형태에 점이 붙어 있어 특이한 형태라고 할 수 있다. 이러한 글자의 형태는 북조와 매우 비슷하여 이 또한 북조의 서사 습관이 남아 있다고 생각되며 수나라, 당나라와는 전혀 다른 형태를 보이고 있다.

〈표 17〉의 백제 인각와 前명 또한 의미를 파악 할 수 없는 것으로 나타난다. 백제 인각와 前의 字體를 살펴보면 月의 형태가 日의 형태로 서사했다. 이러한 형태는 북조의 東魏에서 유사한 형태로 같은

25) 심상육, 2005, 「백제시대 인각와에 관한 연구」, 공주대학교대학원 문학석사학위논문, p.48.
26) 윤선태, 2008, 「익산 왕궁리 왕궁평성 출토 기와의 명문」, 『百濟史資料譯註集 : 韓國篇 1』, 충청남도역사문화원, p.780.

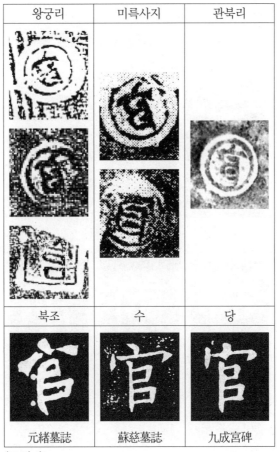

왕궁리	미륵사지	관북리
북조	수	당
元緒墓誌	蘇慈墓誌	九成宮碑

〈표 16〉 官

시기에 수나라와 당나라의 字體와는 일치하지 않아 북조의 서사 습관이 남은 것으로 볼 수 있다. 백제 인각와의 前은 방필보다 원필의 획이 많아 圓潤한 필체를 느낄 수 있다.

〈표 18〉의 功명 또한 의미를 파악할 수 없는 것으로 나타난다. 백제 인각와 功의 결체가 力을 刀로 서사하였는데 이것 역시 북조의 字體와 일치하여 북조의 영향이라 하겠다. 백제 인각와의 功은 起筆부분과 轉折부분이 방필로 강건하고 엄정한 느낌의 풍모를 보여준다.

大通명은 공주 반죽동과 부여 부소산성에서 출토되었다. 대통은 중국 남조인 무제 8년(527)에 사용된 연호이며『三國遺事』에는 '대통 원년에 梁帝를 위하여 熊川州에 절을 창건했다'[27]라는 기록이 있어 공주 반죽동이 大通寺址임이 밝혀졌다. 백제 인각와 大通 두 글자 중 通자를 보면, 책받침 변을 제외한 甬의 윗부분이 생략되어 있다. 이 명문 역시 다른 인각와와 마찬가지로 북조와 같은 형태로 서사하였다

---

27)『三國遺事』卷3 興法3 原宗興法厭髑滅身 條.

부모산성		
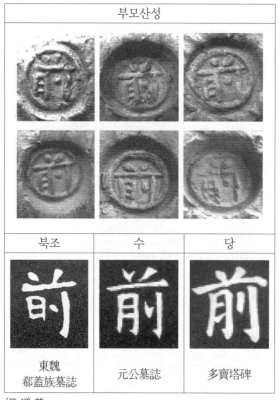		
북조	수	당
前	前	前
東魏 郗蓋族墓誌	元公墓誌	多寶塔碑

〈표 17〉前

관북리	부소산성	북조	수	당
		功	功	功
		元思墓誌	元公墓誌	伊闕佛龕碑
國	回	功	功	功
		陽大眼造像	李淵爲子造像	溫彦博碑

〈표 18〉功

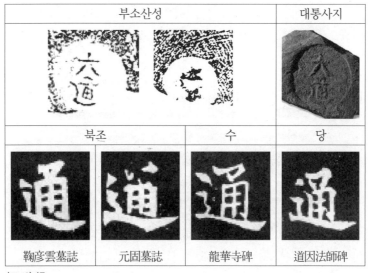

부소산성		대통사지
북조	수	당
鞠彦雲墓誌	元固墓誌	龍華寺碑	道因法師碑

〈표 19〉 通

는 것을 확인할 수 있다.

　〈표 20〉의 백제 인각와 首府는 서울 혹은 한 나라의 중앙 정부나 임금이 있는 곳을 나타내는 단어로 보기도 하고, 부소산성의 北舍銘처럼 관청을 지칭하는 것으로 보기도 했다.[28] 천도설이 분분한 왕궁리 유적에서 발견되어 한정된 사용처를 나타낸다는 의견이 있다.[29] 首의 형태는 ᆢ획의 아래 自의 첫 번째 획과 두 번째 획이 한 획처럼 이어 쓴 것과 같은 형태로 북위의 首와 흡사하다. 府 또한 广의 丿이 생략된 글자의 형태는 북조에서만 나타나는 것으로 보인다. 인각와의 편년은 중국의 수나라와 비슷한 시기로 그 영향을 받았다기보다 북조의 서사습관이 많이 남아 있는 것으로 생각된다.

　〈표 21〉의 한 인각부에 4개의 글자가 들어간 형태의 인각와는 백제시대 五部의 명칭으로 모두 14종의 형태로 이루어져 있다.[30] 백제 도성의 5부를 기록한 인각와는 갑와와 을와로 크게 나누어지며[31] 같은 部 내에서도 기와의 제작, 공급, 사용에 이르는 별도의 조직적 구분이 있었던 것으로 보고 있다.[32] 4개의 글자 중 3개의 글자를 제외한 〈표 21〉의 백제 인각와 瓦는 几 안에 짧은 가로획 두 개를 쓴 것과 같아 보이며, 앞의 다른 글자들과 마찬가지로 북조의 글자 형태와 동일함을 볼 수 있다. 이로써 백제 인각와는 수나라 서풍의 영향을 받은 것도 있으나 부분적으로 남북조 서풍의 서사습관이 많은 부분 남아

28) 윤선태, 2008, 「익산 왕궁리 왕궁평성 출토 기와의 명문」, 『百濟史料譯註集 : 韓國篇 1』, 충청남도역사문화원, p.777.

29) 심상육, 2005, 『백제시대 인각와에 관한 연구』, 공주대학교대학원 문학석사학위논문, p.49.

30) 심상육, 2005, 『백제시대 인각와에 관한 연구』, 공주대학교대학원 문학석사학위논문, p.47.

31) 李タウン, 1999, 「百濟五部銘印刻瓦について」, 『古文化談叢』43, 九州古文化研究會, pp.111~113.

32) 충청남도역사문화원, 2008, 『百濟史料譯註集 : 韓國篇 1』, 충청남도역사문화원, p.778.

왕궁리	미륵사지	관북리
북조	수	당
寇演墓誌	龍藏寺碑	溫彦博碑

〈표 20〉府

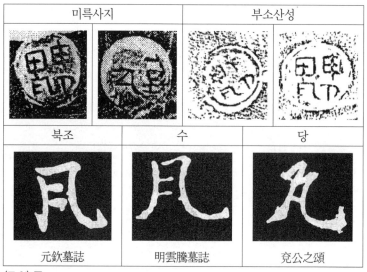

미륵사지		부소산성	
북조	수		당
元欽墓誌	明雲騰墓誌		兒公之頌

〈표 21〉瓦

있다는 것을 계속해서 확인할 수 있다.

　〈표 22〉의 두 개의 인각부가 한 조로 이루어진 이 인각와는 위쪽의 글자는 생산년도를 나타내는 간지 중 한 글자, 아래쪽의 글자는 기와제작을 담당한 瓦工을 나타내고 있는 것으로 파악하거나,[33] 공급이나 생산 집단을 나타내는 인장으로 보거나,[34] 기와 제작을 담당했던 瓦工도 조영주체도 아닌 검사관으로 판단하기도 한다.[35]

　여기에서 두 번째 인각부를 제외한 첫 번째 인각부 午를 살펴보면 첫 번째 획과 두 번째 획이 붙어

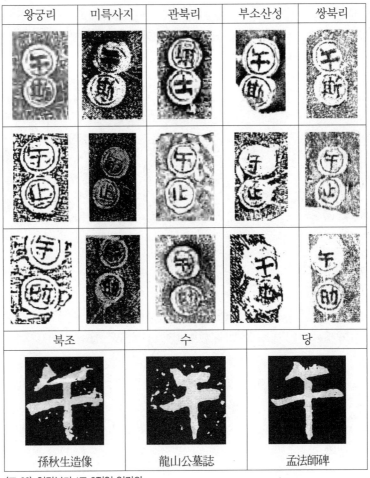

왕궁리	미륵사지	관북리	부소산성	쌍북리

북조	수	당
孫秋生造像	龍山公墓誌	孟法師碑

〈표 22〉 인각부가 1조 2점인 인각와

한 획처럼 쓴 것을 볼 수 있다. 전체적으로 평평하고 방필의 획은 북조풍을 닮았으나 형태적인 면에서
는 수나라풍을 따른 것으로 보인다. 지금까지 백제 인각와는 대부분 북조풍의 형태로 서사한 것과는 다
른 모습이다. 백제 인각와의 전체를 살펴 본 것은 아니나 대체로 북조나 수나라풍으로 서사하였을 것으
로 추측해 볼 수 있겠다.

　〈표 23〉의 인각와는 현재까지 판독미상의 글자로 보고 있으나 部를 상징적으로 阝으로 서사하였을

---

33) 藤澤一夫, 1976, 「百濟 別都 益山 王宮理 廢寺卽 大官寺考」, 『馬韓·百濟文化』第2, 圓光大學校 馬韓百濟文化研究所,
　　pp.157~159.
34) 심상육, 2005, 「백제시대 인각와에 관한 연구」, 공주대학교대학원 문학석사학위논문, p.50.
35) 이다운, 2007, 「인각와를 통해 본 익산의 기와 연구」, 『고문화』70, pp.103~104.

것이라 추측하기도 한다. 백제 인각와 중 드물게 원필로 서사하였고, 〈표 23〉의 예서와도 형태적인 면에서도 일치하는 것을 확인 할 수 있다. ß 인각와를 예서라고 단정지을 수는 없지만 예서의 필의가 있는 해서풍이라고 볼 수 있겠다.

왕궁리	관북리	부소산성	예서

〈표 23〉 ß

〈표 24〉의 백제 인각와는 刀下라고 판독되고 있다. 하나의 인장 안에 두 문자를 인각하였을 경우, 간지명 인각와와 首府 등과 같이 두 문자가 합쳐져 하나의 뜻을 나타낸다. 따라서 이것 또한 문자 각각의 의미가 아닌 하나의 뜻이 있는 것으로 보기도 했으며, '刀下'의 '刀'를 五部名 인각와의 'ㄗ'과 같은 의미로 보기도 했다.[36)]

유적별로 字體는 비슷한 형태를 띄고 있으며, 서체는 두 글자 모두 파책이 없는 예서라고 할 수 있다. ㄗ로 보기엔 마지막 획이 수직으로 뻗기보다는 예서의 획이나 해서의 撇劃(丿)처럼 옆으로 비스듬히 서사하였다. 刀의 경우 해서에서는 刀의 삐침이 모두 나타나지만 예서에서는 鉤劃(亅)이 생략된 것

왕궁리	관북리	부소산성	쌍북리	예서

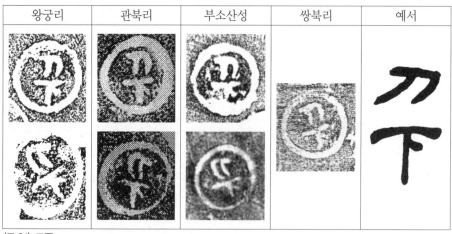

〈표 24〉 刀下

---

36) 이다운, 2007, 「인각와를 통해 본 익산의 기와 연구」, 『고문화』70, p.105.

이므로 백제 인각와의 刀는 예서의 刀라고 볼 수 있다. 卞 또한 원필의 파책이 없는 예서의 자형이라고
볼 수 있겠다.

왕궁리	미륵사지
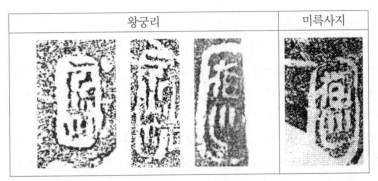	

〈표 25〉 巡

　백제 인각와 福巡명은 세로로 긴 방형의 도장으로 의미를 파악하기 힘든 인각와로 분류되고 있다. 福
巡의 경우 미륵사지는 '福世'로 판독하고 있기도 하다.[37]
　두 글자 중 福을 제외한 巡을 살펴보면 책받침 변이 한 번에 이어 쓴 것처럼 'ㄴ'자 모양인 고예의 필
의로 서사 했다. 하나의 인각부 안에 福은 해서로, 巡은 예서의 필의로 쓴 것이 상당히 인상적이다.
　이와 같이 백제 인각와의 서풍을 살펴본 결과 대부분이 북조 해서풍을 따르고 있었고 수나라와 당나
라 해서풍은 거의 볼 수 없었다. 하지만 예서의 필의가 있는 글자들도 군데군데 있어 다른 백제 해서와
마찬가지로 과도기적인 성격의 해서라는 것을 알 수 있었다. 인각와는 간단한 글자들로 구성되어 있어
서풍의 다양성을 고찰하는데 한계가 있다. 그리고 다른 백제의 해서들은 귀족적인 성격이 강한데 반해
백제 인각와는 관영에서 쓰이던 서풍으로 그 수준에 상이함이 있을 것이다. 하지만 전체적인 백제의 해
서풍을 살펴본 결과 북조와 수나라풍의 영향, 한 글자 안에 해서 외의 서체가 함께 존재하는 과도기적
성격의 해서임은 분명하다.

Ⅳ. 맺음말

　지금까지 백제 사비시기에 출토된 인각와의 서풍을 살펴보았다. 인각와의 서풍을 논하기에 앞서 백
제와 중국과의 교섭관계를 통한 영향과 백제 해서풍의 전개 과정을 살펴보았다. 백제의 해서는 거의 웅
진시기에 나타나는데 대표적인 것으로 〈무령왕지석〉과 〈무령왕비지석〉이다. 〈무령왕지석〉은 남북조

---

37) 노기환, 2007, 「미륵사지 출토 백제 인각와 연구」, 전북대학교 대학원석사학위논문, p.30.

풍의 영향을 받은 유려하면서도 세련된 서풍인 반면 〈무령왕비지석〉은 약간의 행서의 필의가 있는 고박한 남북조풍이었다. 또 〈창왕명석조사리감〉에서도 남북조의 영향을 받은 듯한 필획과 자형들이 보이나 예서의 필의가 농후한 글자들도 있어 다양한 풍을 느낄 수 있었다. 〈왕흥사지청동제사리함〉과 〈미륵사지금제사리봉영기〉는 재질의 성격으로 인해 노봉이 많다. 〈왕흥사지청동제사리함〉은 정방형에 졸박한 남북조풍이고 〈미륵사지금제사리봉영기〉는 장방형의 정연한 초당풍의 해서이다. 〈사택지적비〉는 장방형의 결구는 초당풍, 圓筆의 전절은 남조풍, 도톰하면서도 칼로 밴 듯한 방필의 획들은 북위풍 해서이다. 또 예서와 행서의 필의가 있는 글자, 이체자 등으로 지금까지 살펴보았던 백제의 해서 중 가장 다양한 풍을 지니고 있었다. 이들의 공통점은 해서이면서도 한 글자 안에 다양한 서체들이 공존했다는 것인데, 다르게 해석한다면 완전한 해서가 아닌 과도기적 성격의 해서라고 볼 수 있다. 이것은 중국과의 교류를 통한 영향으로 보았으며 위진남북조와 수당 시대에 해서를 漢隸와 구분하지 않은 과도기적 시기와도 일치한다.

이것과 비교하여 인각와의 서풍을 살펴본 결과 다른 백제 서풍과 마찬가지로 북조풍의 글자가 대부분이었고 수나라풍의 영향을 받은 글자도 보였다. 백제 인각와의 편년을 기준으로 볼 때 상당 부분 수나라 서풍의 영향을 받았다는 것이 타당하겠지만 수나라의 풍보다는 북조풍이 대부분이었으므로 그 서사습관이 남아 있는 것이라고 보는 것이 옳다고도 할 수 있겠다. 이 외에도 예서의 필의가 있는 글자들도 있어 백제 인각와 역시 과도기적인 서풍이라는 것을 확인할 수 있었다.

투고일 : 2014. 1. 10   심사개시일 : 2014. 1. 31   심사완료일 : 2014. 3. 11

〈참고문헌〉

1. 基本史料
『三國史記』, 『三國遺事』, 『魏書』, 『梁書』, 『宋書』, 『桂苑筆耕』

2. 보고서
〈부여〉

尹武炳, 1982, 『扶餘雙北里遺蹟發掘調査報告書』, 忠南大學校博物館.

국립부여문화재연구소, 1993, 『扶餘舊衙里百濟遺蹟發掘調査報告書』.

국립부여문화재연구소, 1995, 『扶蘇山城發掘中間報告』.

국립부여문화재연구소, 1996, 『扶蘇山城發掘調査報告書』.

국립부여문화재연구소, 1997, 『扶蘇山城發掘中間報告Ⅱ』.

국립부여문화재연구소, 1999, 『扶蘇山城-整備에 따른 緊急發掘調査-』.

국립부여문화재연구소, 1999, 『扶蘇山城發掘中間報告Ⅲ』.

국립부여문화재연구소, 2000, 『扶蘇山城發掘中間報告Ⅳ』.

국립부여문화재연구소, 2003, 『扶蘇山城發掘調査報告Ⅴ』.

국립부여문화재연구소, 2002, 『扶餘官北里傳百濟王宮址發掘調査指導委員會議資料』.

국립부여문화재연구소, 2003, 『扶餘官北里百濟遺蹟 發掘調査略報告書』.

국립부여문화재연구소, 2004, 『扶餘官北里百濟遺蹟 發掘調査略報告書』.

국립부여문화재연구소, 2005, 『扶餘官北里百濟遺蹟 發掘調査指導委員會議資料』.

국립부여문화재연구소, 2002, 『왕흥사 : 발굴중간보고서 1』, 국립부여문화재연구소.

국립부여문화재연구소, 2011, 『정림사지』, 국립부여문화재연구소 학예연구실, 정자영, 남호현, 박은선.

〈익산〉

원광대학교마한백제연구소, 1981, 『報德城發掘略報告』.

전영래, 1985, 『益山五金山城發掘調査報告書』, 圓光大學校馬韓百濟文化研究所.

文化財管理局文化財研究所, 1989, 『彌勒寺遺蹟發掘調査報告書Ⅰ』.

文化財管理局文化財研究所, 2001, 『彌勒寺址西塔周邊發掘調査報告書』.

국립부여문화재연구소, 1992, 『王宮里遺蹟發掘調査中間報告』.

국립부여문화재연구소, 1997, 『王宮里遺蹟發掘調査中間報告Ⅱ』.

국립부여문화재연구소, 2001, 『王宮里遺蹟發掘調査中間報告Ⅲ』.

국립부여문화재연구소, 2002, 『王宮里遺蹟發掘調査中間報告Ⅳ』.

국립부여문화재연구소, 2008, 『王宮里遺蹟發掘調査中間報告Ⅵ』.

국립부여문화재연구소, 2010, 『王宮里遺蹟發掘調査中間報告Ⅶ』.
국립부여문화재연구소, 2012, 『王宮里遺蹟發掘調査中間報告Ⅷ』.

〈그 밖의 지역〉

충청남도역사문화원, 2007, 『錦山 栢嶺山城 : 1·2次 發掘調査 報告書』.
중원문화재연구원, 2008, 『청주 부모산성 : 1·2차 발굴조사 종합보고서 : 북문지·수구부 일원.1』.

　3. 단행본

천혜봉, 1985, 『國寶 : 7000年의 韓國文化遺産. 12, 書藝. 典籍』, 예경산업사.
문화재관리국 , 1989, 『미륵사』, 한국 문화재연구소 유적조사연구실.
김응현, 1995, 『서여기인』, 동방연서회.
유원재, 1996, 『백제의 역사와 문화』, 학연문화사.
예술의전당, 1998, 『옛 탁본의 아름다움 그리고 우리 역사』, 우일출판사.
한국미술사학회, 1998, 『백제 미술의 대외교섭』, 예경.
배규하, 1999, 『中國 書法 藝術史』, 이화문화출판사.
이규복, 2001, 『한국서예사 1』, 이화문화출판사.
국립부여박물관, 2002, 『백제의 문자』, 국립부여박물관.
한국역사연구회 고대사 분과, 2004, 『고대로부터의 통신』, 푸른역사.
충청남도역사문화원, 2008, 『백제사 자료 역주집 : 한국편1』, 충청남도역사문화원.
노중국, 2012, 『백제의 대외교섭과 교류』, 지식산업사.

　4. 논문

홍사준, 1954, 「백제 사택지적비에 대하여」, 『역사학보』6.
홍재선, 1981, 「백제 사비성 연구」, 동국대학교 석사학위논문.
양기석, 1984, 「5세기 백제의 왕·후·태수제에 대하여」, 『사학연구』38, 사학연구회.
서영대, 1992, 「사택지적비」, 『역주한국고대금석문』1권, 한국고대사회연구소 편, 가락국사적개발연구원.
안동주, 1998, 「백제 한문학 자료에 대한 재고찰」, 『호남대학교논문집』19.
고광헌, 2000, 「백제 금석문의 서예사적 연구」, 원광대학교 대학원 석사학위논문.
방재호, 2003, 「백제의 서예-금석문을 중심으로」, 단국대학교 디자인대학원 석사학위논문.
황위주, 2003, 「한문의 초기정착과정연구(3)」, 『동방한문학』24, 동방한문학회.
강종원, 2004, 「금산 백령산성 출토 명문와 검토」『백제연구』제39집, 충남대학교백제연구소.
이성배, 2004, 「백제 서예와 목간의 서풍」, 『백제연구』40.
장원철, 2004, 「삼국·남북국 시대의 언어생활과 문학활동」, 『대동한문학』20, 대동한문학회.

조경철, 2004, 「백제 사택지적비에 나타난 불교신앙」, 『역사와 현실』52, 한국역사연구회.

심상육, 2005, 『백제시대 인각와에 관한 연구』, 공주대학교대학원 문학석사학위논문.

김선기, 2006, 「益山 帝釋寺址 百濟 기와에 대하여」, 『전남의 기와-광양 마로산성출토 기와를 중심으로-』, 한국기와학회

김영심, 2007, 「백제의 지방통치에 관한 몇 가지 재검토 木簡, 銘文瓦 등의 문자자료를 통하여」, 『한국고대사』487, 한국고대사학회.

노기환, 2007, 「미륵사지 출토 백제 인각와 연구」, 전북대학교대학원 석사학위논문.

이다운, 2007, 「인각와를 통해 본 익산의 기와 연구」, 『고문화』70.

이성배, 2008, 「백제와 남조·수·당의 서예비교」, 『서예학연구』13, 한국서예학회.

조수현, 2009, 「고운 최치원의 서체특징과 동인의식」, 『한국사상과 문화』50, 한국사상문화학회.

김선기, 2010, 「益山地域 百濟 寺址 硏究」, 동아대학교대학원 박사학위논문.

심상육, 2010, 「백제 印刻瓦에 대하여」, 『목간과 문자』5, 한국목간학회 정기발표회.

장긍긍, 2011, 「중국 북조비와 한국 삼국시대비의 비교연구」, 원광대학교 일반대학원 석사학위논문.

조경철, 2011, 「백제 사택지적비의 연구사와 사상경향」, 『백제문화』45, 공주대백제문화연구소.

노중국, 2012, 「백제의 왕·후호, 장국호제와 그 운영」, 『백제연구』55, 충남대 백제연구소.

정현숙, 2012, 「백제 〈사택지적비〉의 서풍과 그 형성배경」, 『백제연구』56, 충남대학교 백제연구소.

이병호, 2013, 「금산 백령산성 출토 문자기와의 명문에 대하여-백제 지방통치체제의 한 측면」, 『백제문화』49, 공주대학교 백제문화연구소.

〈日文要約〉

百済印刻瓦の书风研究

イウンソル

　　百済の印刻瓦は泗沘期に出土された文字資料であり、大体に干支、行政區域、五部名、干支+集團、多様な文様などを現れる。その故に印刻瓦は百済の文字資料として重要な位置にいたと見ることができる。しかし、今までの百済の印刻瓦の書風に關する研究は未盡な状況である。それで、筆者は百済と中國との交流關係を因して、百済の印刻瓦の前後の百済の楷書風の展開過程を整理しながら印刻瓦の書風の特徴を注意して見た。百済の代表的な楷書には〈武寧王誌石〉、〈武寧王妃誌石〉、〈昌王銘石造舍利龕〉、〈王興寺址靑銅製舍利函〉、〈彌勒寺址金製舍利奉迎記〉、〈砂宅智積碑〉などがある。このような遺物たちに書かれた書體は共通的に南北朝風、または隨唐朝風と一致したし、特にこれらは隷書及び行書の筆意、異體字を驅使するなど過渡期的な楷書の姿を見える。このような傾向は漢隷と楷書がまだ區分されなかった中國の魏晋南北朝と隨唐の時代の過渡期的な時期とも一致しるいます。この点から見ますと、當時の百済の書體に中國との交流を通じる影響があった可能性もある。百済 印刻瓦も同じく北朝風の楷書、隷書の筆意がある文字及び一つの印刻部に二つの書體を混用して使うなど過渡期的な書風を使用した證據を確認することができた。勿論、印刻瓦は簡單な文字で構成されているので書風の多様性を考察するのにあってあるほど限界があるし、他の百済の楷書作品は貴族的な性向が強いのに比べて印刻瓦は當時の官營で書かれた書風として、その水準においてすこしの相違點がある可能性があるとも事實だ。しかし、全般的に全體的な書風で見たときに印刻瓦もおなじ影響圈の下に有たことを推論することができる。

▶ キーワード：百濟 書藝, 百濟 楷書, 印刻瓦, 南北朝風, 過渡期的 楷書

신라의 발효식품에 대하여[*]
- 안압지 출토 목간을 중심으로 -

권주현[**]

I. 서론
II. 醬과 豉
III. 助史, 醢, 醯
IV. 맺음말

〈국문 초록〉

본 논문은 통일신라의 발효식품을 목간을 통해 새롭게 판독하여 살펴본 것이다. 먼저, 신문왕대 기사에 나오는 신라의 醬과 豉를『제민요술』에 나오는 제조법을 참고하여 살펴보았다. 장을 만드는 메주는 덩어리로 만드는 것이 아니라 소금과 누룩을 넣어 항아리 안에서 발효시킨 알갱이 상태였다.

장과 관련된 자료로 목간 197호는 기존에는 醯의 의미인 醯으로 읽혀졌으나 酉가 아랫부분에 자리 잡고 있어 𥺌(醬)자일 가능성이 높아 장을 발효할 때 사용되었던 목간이라고 추정했다. 이 목간은 다른 발효식품 목간과는 달리 주술적인 목적으로 꽂아 사용했으며, 장이 잘 만들어지기를 바라는 문구가 쓰여졌을 것으로 추정된다.

장을 만들 때 간장을 우려내는 작업은 정창원 문서에서 확인할 수 있으며 196호와 209호에 각각 上汁이 있고 二汁이 있는데, 상즙은 두장에서 가장 먼저 뽑아낸 간장이며, 二汁은 두 번째 뽑아낸 것이다.

이 염즙의 주재료인 소금과 관련하여 목간 185호를 주목해보았는데, 여기에 나오는 발효식품관련 글자는 醢가 아닌 소금을 가리키는 鹽의 古字인 𪉗과 가장 가깝다. 따라서 이 목간은 젓갈용이 아니라 소금을 담은 缶에 달았던 부찰이었던 것이다.

한편, 豉는 초가집과 문을 막은 발의 짚 속에 있는 균을 이용하여 발효시키고 곡물의 겨를 사용해 다

---

* 이 논문 또는 저서는 2012년도 정부재원(교육과학기술부)으로 한국연구재단의 지원을 받아 연구되었음.[NRF-2012-S1A5B5A02-과제번호]

** 계명대학교 한국학연구원 학술연구교수

시 숙성시킨 것이다. 발효와 숙성과정에 소금이 들어가지 않는데, 이 점은 장의 제조법과 다른 점이기도 하며 자연균을 이용한다는 점에서는 오늘날의 청국장과 흡사하다. 신라에서의 豉 제조법도 볏짚의 납두균 등 자연상태의 균을 이용하여 발효숙성시킨 것을 의미한다고 본다.

한편 젓갈류는 助史와 醢 혹은 醓으로 읽히는 것이 있는데, 195호와 216호목간의 글자는 醓의 古字인 䤋라는 것을 알 수 있었다. 다만 193호는 역시 醢과 비슷해서, 글자형태와 관련해서는 젓갈을 의미하는 또 다른 글자 醯의 속글자가 아닌가도 생각이 된다.

194호목간의 '冶'라는 글자는 우리말의 '담그다'는 뜻의 한자어이며, 195호와 216호목간의 글자는 醓의 古字인 䤋라는 것을 알 수 있다. 다만 193호는 역시 醢과 비슷해서, 이 글자형태와 관련해서는 젓갈을 의미하는 또 다른 글자 醯의 속글자가 아닌가도 생각이 된다.

국립경주박물관부지에서 출토된 소매실은 발효식품의 산미를 가하는데도 사용될 수 있는 것이다. 비로사 진공대사비에 나오는 '絁醬'은 肉醬종류로 보았다.

'안압지' 남쪽에 위치하고 있는, T-3구와 U-3구 건물과 주변 건물들은 원할한 배수를 필요로 하는 작업이 이루어진 곳으로 동물성 혹은 생선류의 발효저장식품이 만들어졌을 가능성이 있는 건물이다.

안압지 출토 목간에 젓갈류가 한자어와 순 우리말이 함께 쓰인 것은 시기 차이 때문인지 아니면 식품의 종류가 달라서 그런 것인지는 알 수 없다. 『제민요술』에는 醢 혹은 醯의 제조법은 나오지 않고 魚鮓가 나오는데, 생선과 밥을 넣어 발효시킨 것이 오늘날의 식해류와 유사하다. 魚鮓를 만들 때는 귤껍질이나 산수유열매 등을 사용하여 향이나 맛을 가미하기도 하였다.

▶ 핵심어 : 목간, 발효식품, 장, 시, 청국장, 식해, 젓갈, 조사, 소금, 안압지

I. 서론

장, 젓갈, 김치 등은 우리 식생활 문화에 기본이 되는 발효식품이다. 『삼국지』 위지 동이전에는 고구려인들이 '善藏釀'한다는 기사가 있고 기타 문헌자료와 문자자료에 발효식품관련 자료들이 산재한다. 그러나 고대 발효식품에 관한 본격적인 연구는 아직 많지 않고 식문화사의 일부로서 검토한 것이 대부분이다.

이성우는 우리나라 식문화에 대한 전반적 연구를 다룬 저서에서 발효식품에 대해 개괄적으로 언급한 바 있다.[1] 윤서석은 식생활의 실전적 이해를 바탕으로 정창원문서에 나오는 장관련 기사를 한국고

---

1) 李盛雨, 1984, 『韓國食品文化史』, 敎文社.
　　李盛雨, 1992, 『古代韓國食生活史硏究』, 鄕文社.
　　李盛雨, 2004, 『食生活과 文化』, 修學社.

대 장류제조에 대한 자료로 원용하여 장류의 실체를 비교적 구체적으로 소개한 바 있다.[2] 하지만 이들 식생활사분야의 연구는 현재까지 알려져 있는 자료들을 충분히 활용하지 못한 한계를 가진다. 이에 반해 역사학계에서는 이용현[3]과 하시모토[4]가 목간자료의 새로운 판독을 통해서 젓갈류 등의 신라발효식품의 실재를 확인할 수 있게 하였다. 하지만, 발효식품관련 목간의 판독을 모두 젓갈을 의미하는 助史 혹은 醓 혹은 『삼국사기』 원문의 글자인 醢 등으로만 읽어냄으로써 밝혀진 발효식품의 종류를 한정시켰다. 필자도 통일신라의 식문화에 대한 논고에서 발효식품에 대해 언급하였으나 구체적으로 궁구하지 못하고 다음 과제로 미룬 바 있으며 식품관련 목간자료도 기존의 견해를 좇아 해석한 바 있다.[5]

이들 연구성과들을 통해 한국고대 발효식품의 내용에 대한 실체가 어느 정도 밝혀졌으나 아직도 그 구체적인 부분에 관해서는 연구가 많이 미흡하다. 본고에서는 자료가 비교적 많은 통일신라시대에 한정하여 사료에 나오는 발효식품 중 장류와 젓갈류에 천착하여 고찰하고자 한다. 이를 위해 현재까지 밝혀진 자료들을 분석하는 것을 기본으로 하여, 6세기 중국에서 만들어진 가사협의 『제민요술』이 통일신라에도 들어왔을 가능성이 있다고 보고, 『제민요술』에 나오는 발효식품을 원용하여 제조법과 그 내용을 추정해본다. 또한 조선시대 생활사를 잘 보여주는 이문건의 『묵재일기』에 나오는 장 관련 기록들을 참조하여 전통식문화의 연원을 고대까지 탐구해 가는 중간 디딤돌로 삼고자 한다.

Ⅱ. 醬과 豉

신라 원성왕대 기사인 『삼국유사』 김현감호조에 호랑이 발톱에 상한 자는 모두 흥륜사의 장을 바르라는 말[6]이 나오는데 장을 상처를 낫게 하는 약으로 발랐던 것을 보여주는 기사이나, 이 장이 어떤 장류를 의미하는지 분명하지 않다. 또 신라하대를 살았던 비로사진공대사의 비문에는 아버지가 돌아가시고 '絶醬'을 끊었다는[7] 표현이 있다. 신라의 식문화와 관련하여 익히 알려진 기사인 『삼국사기』 신문왕 3년조에는 발효식품이 나온다.

3년 봄 2월에 순지를 중시로 삼았다. 일길찬 김흠운의 딸을 부인으로 맞아들였는데 먼저

---

2) 尹瑞錫, 1985, 『增補韓國食品史硏究』, 新光出版社.
   윤서석, 1999, 『우리나라 식생활 문화의 역사』, 신광출판사.
3) 이용현, 2007a, 「안압지와 東宮 庖典」, 『新羅文物硏究』1, 國立慶州博物館.
   이용현, 2007b, 「목간으로 본 신라의 문자·언어 생활」, 『口訣硏究』18집, 口訣學會.
4) 하시모토 시게루(橋本繁), 2007, 「雁鴨池 木簡 判讀文의 再檢討」, 『新羅文物硏究』1, 國立慶州博物館.
5) 권주현, 2012, 「통일신라시대의 食文化 연구—왕궁의 식문화를 중심으로—」, 『한국고대사연구』68.
6) 今日被爪傷者 皆塗興輪寺醬(『三國遺事』 卷5 感通7 金現感虎).
7) 每增泣血 克諧追念 常切絶醬(『毘盧寺眞空大師普法塔碑』).

이찬 문영과 파진찬 삼광을 보내어 기일을 정하고 대아찬 지상으로 하여 납채하였는데, 폐백이 열 다섯 수레, 米·酒·油·蜜·醬·豉·脯·醯가 135수레 곡식이 150 수레였다.[8]

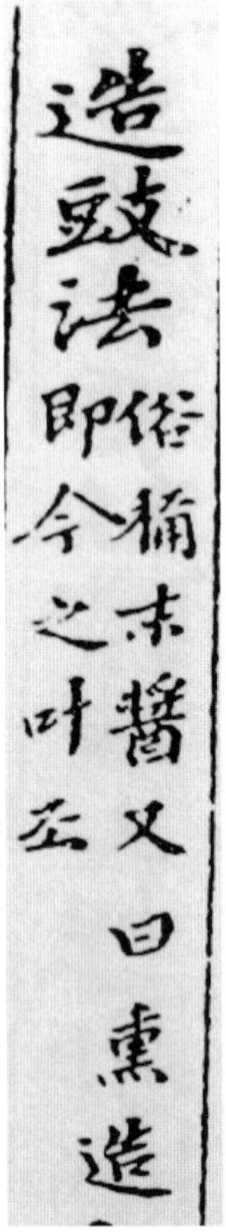

왕이 일길찬 김흠운의 딸을 들여 부인으로 삼을 때 보낸 식품 중에 장종류로 醬·豉가 나온다. 여기에 장과 시가 분리되어 나오는 것이 주목된다. 이를 글자 그대로 각종 장류와 메주로 분류할 것인가? 그러나 그렇게 간단하지 않다.

6세기의 중국의 생활백서인『제민요술』에는 장과 시의 제조법이 명확히 구분되고 있다. 먼저 장의 종류를 보면 豆醬을 비롯하여 肉醬, 魚醬, 麥醬, 楡子醬, 蝦醬, 燥脡, 生脡, 鯸鰊 등이 나오는데, 콩을 발효한 것은 물론이고, 육류나 생선이나 생선내장, 느릅나무 열매 등을 발효한 식품을 가리킨다. 일본의 경우 9세기 말경에는 『제민요술』이 전래되어 있었다고 확인되므로,[9] 唐과의 서적 등 문화교류가 활발했던 신라에도 이 책이 들어와 있었을 가능성은 충분하다.[10] 그렇다고 신라가 반드시 『제민요술』에서 장의 제조법을 배웠다는 것은 아니다. 발효식품의 전형은 이미 이전부터 존재했으나 그 종류와 제조방법에 영향을 받았을 가능성이 있으므로 방법상 공유하는 부분이 있었다는 것이다.『제민요술』에 나오는 醬의 제조법[11]을 주요 부분만 간략하게 정리해서 살펴보면 다음과 같이 두 단계로 나누어진다.

1단계 : 콩을 쪄서 말린다 – 재차 쪄서 볕을 쏘인다 – 키질하여 찧고 껍질을 벗겨내고 다시 찐다 – 소금과 누룩을 넣어서 항아리에 넣어서 익힌다 – 익으면 틈이 갈라진 곳에 곰팡이가 생긴다.

2단계 : 이것들을 항아리에서 쏟아내어 부수어 항아리에 담는다 – 맑은 소금물과 황증을 걸러낸 즙을 붓는다 – 볕에 쏘이며 저어주면서 발효시킨다.

위의 두 단계는 내용이해상 필자가 편의로 나눈 것인데, 첫 번째 단계는 소위 메

그림 1.『증보산림경제』의 며조

---

8) 三年 春二月 以順知爲中侍 納一吉湌金欽運少女 爲夫人 先差伊湌文穎 波珍湌智常納采 幣帛十五轝 米·酒·油·蜜·醬·豉·脯·醯 一百三十五轝 租一百五十車(『三國史記』卷8 新羅本紀8 神文王 3年條).

9) 向林八重,『日本古代における醬の製法について』, p.21.

10) 遣使入唐 奏請禮記幷文章 則天令所司 寫吉凶要禮 幷於文館詞林 授其詞涉規誡者 勒成五十卷 賜之(『三國史記』新羅本紀 神文王 6年).
夏四月 唐使臣邢璹 以老子 道德經等文書 獻于王(『三國史記』孝成王 2年).

11) 가사협(賈思勰) 편찬·구자옥·홍기용·김영진·홍은희 역주, 2007,『제민요술(齊民要術)』, 한국농업사학회·농촌진흥청, pp.539~541.

주가 만들어지는 과정이라 하겠고 두 번째 단계가 장을 만드는 과정이다. 메주와 장을 만드는 과정이 우리의 전통 장을 만드는 과정과 조금 다른데, 메주를 덩어리로 만드는 것이 아니라 소금과 누룩을 넣어 항아리 안에서 발효시키고 있고 알갱이 상태인 것을 알 수 있다. 그런데, 이런 상태의 메주가 조선시대에는 보편적이었던 것으로 보인다는 사실이다. 16세기 생활상을 잘 보여주는 이문건의 『묵재일기』 중 몇 군데를 발췌해서 살펴보자.

> 金山倅 淸仲兄送遺中瓮一座·末醬二十斗·塩七斗.[12]
> 兩城主惠末醬一石·塩一石·中瓮二坐.[13]
> 送塩汁及末醬太五斗于安峯, 黃蠟尺文亦送, 万守持傳.[14]
> 萬守·欣世等輸金山所與末醬卄斗·塩十斗·粗米十斗等還納, 魚七束·卵醢小許并送.[15]

여기서의 末醬은 메주를 가리키는데 末醬(며조)[16]의 용량을 나타내는 단위가 斗, 石이고 鹽汁 즉 소금과 함께 나오고 있는 것이다. 즉 조선시대에도 덩어리 메주가 아닌 알갱이상태였다는 것이니 항아리에서 숙성시켰을 것이며 이는 『제민요술』에서의 것과 다르지 않다. 그렇다면 신라의 메주 역시 이와 비슷하지 않았을까 추정된다.

장과 관련된 자료로 목간 197호가 주목된다. 기존에는 醯의 의미인 醯으로 읽혀진 글자가 들어있다. 하지만 酉가 아랫부분에 자리잡고 있어 𤖅(醬의 古字)자일 가능성이 높아서 장을 발효시킬 때 사용되었던 목간이라고 생각된다. 그런데 197호 목간의

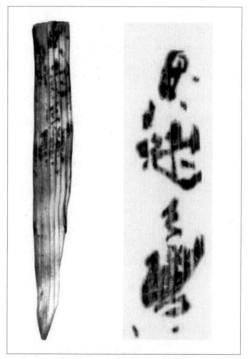

그림 2. 안압지목간 197호. 장이나 말장을 담았던 용기에 달았던 목간. 형태로 보아 꽂아서 사용하였던 듯하다.

---

12) 『默齋日記』 3冊 嘉靖 二十五年 丙午 孟夏四月 十一日丁酉.
13) 『默齋日記』 3冊 嘉靖二十五年 丙午 孟夏四月 癸巳二十一日丁未.
14) 『默齋日記』 4冊 嘉靖二十七年 正月 初三日庚辰.
15) 『默齋日記』 4冊 嘉靖二十七年 戊申 孟夏四月 小 丁巳十一日丙辰.
16) 『증보산림경제』에 나오는 豉는 말장이며 며조라고 나온다는 사실은 이미 지적된 바가 있다(이성우, 1992, 앞의 책, p.418).
　　造豉法[俗稱末醬又日熏造卽今之며조] (柳重臨, 『增補山林經濟』 卷8, 治膳 醬諸品; 농촌진흥청, 2003, 「增補山林經濟」 Ⅱ, p.583).

형태를 보면 아랫부분이 뾰족하고 윗부분의 끈 연결 홈이 없는 것으로 보아서 다른 목간과는 달리 항아리의 아가리에 매달았던 것으로 보이지 않고 어딘가에 꽂아 사용했던 것으로 보인다. 장을 숙성시키기 위한 단지를 밀봉하기 위해 발라둔 진흙[17]에 꽂아 두었거나 장이나 메주에다 바로 꽂아 두었을 가능성도 생각해 볼 수 있다. 아랫부분의 색이 변색되어 있는 것도 그런 이유였을 것이다.

혹 이 목간은 다른 발효식품 목간과는 달리 주술적인 목적으로 꽂아 사용했는지도 모르겠다. 일본의 목간 중 주술용으로 사용된 목간의 형태가 아랫 쪽이 뾰족한 형태를 하고 있다[18]는 점도 원용할 수 있는데, 『제민요술』에 보면 장 제조과정에서 주술적 내용이 상당히 들어간다는 점 때문이다. 가령, "녹슨 쇠못 하나로 '세살(歲殺)'[19]을 등지고 항아리 밑의 돌 아래에 박으면 후에 설혹 임산부가 먹는다 해도 된장이 썩지 않는다." "황두 더미는 (중략) '太歲'[20]와 마주하고 동이 속에 넣는데…" 등의 내용은 장을 숙성시키는데 있어 기술적 방법과 함께 주술적 방법이 사용되었음을 알 수 있게 하는 것이다.

목간 197호의 '○○○醬'은 다른 일반적인 발효식품 목간과는 달리 연월일이 나와 있지 않고 간단하게만 쓰여져 있다. 이 역시 장이 잘 만들어지기를 바라는 문구였기 때문으로 추정된다. 또 189호 목간의 아랫글자도 그 형태로 보아 醬일 가능성이 있다고 보인다.

그런데 장을 만들 때 간장을 우려내는 작업이 있는데, 여기에 관해서는 정창원 문서에서 확인할 수 있다. 宝龜 2년(771) 5월 29일 「奉寫一切経告朔解」에 다음과 같은 내용이 나온다. 여기서의 '得作汁'은 장에서 간장을 우려내는 것이고, 남은 장은 荒醬으로 사용하거나 두 번째 간장을 우려내는데 사용한다고 했다.[21] 이와 관련하여

醬
四
斗
二
升

新
造
以
醬
大
豆
五
斗
得
作
汁

그림 3. 안압지 목간 185호는 강원도 고성에서 생산된 소금이 든 용기에 달았던 것으로 추정된다.

---

17) 『제민요술』에 두장이나 육장을 발효시킬 때 항아리 뚜껑을 덮고 진흙을 단단히 발라 공기가 새어나가지 못하게 하는 대목이 있다.

18) 方国花, 2011, 「夫餘 陵山里 출토 299호 목간」, 『木簡과 文字 연구』5, p.24.

19) 歲殺 : 점장이가 말하는 三煞方의 하나. 곧 寅, 午, 戌의 해는 丑方에, 巳, 酉, 丑의 해는 辰方에, 申, 子, 辰의 해는 未方에 亥, 卯, 未의 해는 戌方에 독한 陰氣의 煞이 있다고 함(『제민요술』 앞의 책, p.540에서 전재).

20) 太歲 : 太歲神. 옛날 미신에는 땅에 있는 태세신이 하늘의 太歲(목성)와 상응하여 움직인다고 생각하였음. 점술가들은 이 방향을 나쁜 방향이라 생각하여 태세신의 방위로 흙을 파고 나무를 잘라 건축 공사하는 것을 금기로 삼았음(『제민요술』 앞의 책, p.541에서 전재).

안압지 출토 목간에 즙이 나오는 것이 주목된다.

南瓮汲上汁十三斗(안압지목간 196호)

(전면) 中？？　?卯年第二汁八斗

(후면) ?卯年第二汁八斗(안압지목간 209호)

上汁이 있고 二汁이 있는데, 명칭으로 보아 상즙은 두장에서 가장 먼저 뽑아낸 간장이며, 二汁은 두 번째 뽑아낸 것이라 할 수 있겠다.[22] 이렇게 볼 때 上汁, 二汁 등으로 분류된 간장(청장)류가 있었음을 확인할 수 있으며 이와 함께 앞서 豆醬을 그대로 이용하거나 간장을 뺀 된장(豆醬 혹은 荒醬)이 있었을 것이다. 장을 숙성시킬 때 필요한 소금물은 『묵재일기』를 참조하면 塩汁이라고 했을 것으로 추정된다.

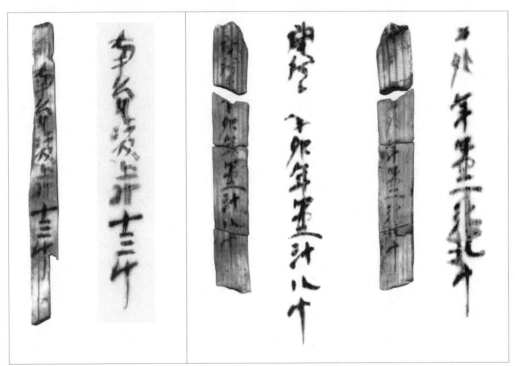

그림 4. 왼쪽의 안압지 목간 196호의 상즙은 제일 먼저 추출한 상급간장을 표시한 것이고, 오른쪽의 목간 209호의 제2즙은 두 번째 추출한 간장을 의미한다.

---

21) 尹瑞石, 1985, 앞의 책, p.91.

22) 이 汁을 前稿에서는 과실을 발효시켜 음식을 조미한 것으로 국립경주박물관부지에서 출토된 매실을 즙의 재료 중 하나로 본 바 있다(권주현, 2012, 앞의 논문, pp.289~290). 그 역시 汁종류에 해당된다고 보지만 목간 196호, 209호에 나오는 汁은 간장으로 보는 것이 옳다고 생각되어 전고의 견해를 수정한다.

姑家求塩汁去[23]

送塩汁及末醬太五斗于安峯[24]

　　염즙의 주재료인 소금과 관련하여 목간 185호를 주목해보고자 한다. 여기에 나오는 발효식품관련 글자는 젓갈을 가리키는 것이라고 하겠다. 醢 혹은 醯으로 읽은 견해에는 지금까지 그다지 이견이 없으나, 왼쪽의 부수가 酉와 비슷할 뿐 오른쪽 부분은 醢의 그것과 같다고 볼 수 없다. 약간 먹물의 변형이 생겨 혼란을 주는데 형태로 보아 이 글자는 醢가 아닌 소금을 가리키는 鹽의 古字인 鹽과 가장 가깝다. 따라서 이 목간은 젓갈용이 아니라 소금을 담은 缶에 달았던 부찰이었으며, 이 소금은 강원도 고성에서 산출되어 경주로 이송되어 온 것이다.

　　한편, 豉는 『신당서』 발해전에 柵城의 豉가 귀하게 여기는 것 중의 하나로 꼽히고 있어[25] 豉가 많이 제조되었다는 것을 알 수 있다. 『삼국사기』 문무왕 11년조에는 백제부흥군에게 포위당해서 鹽豉가 끊어졌을 때 소금을 보내 그 곤핍함을 구했다[26]는 표현이 나온다. 豉는 글자 그대로 된장으로 보기도 하고,[27] 메주로 해석하기도[28] 하나 말 그대로 豉 즉 소금을 넣은 豉로 봐야 할 것인데, 이에 관해서는 후술한다.

　　『제민요술』에 나오는 豆豉 만드는 방법[29]을 간략하게 정리해보면 다음과 같다.

　　　1단계 : 따뜻하고 그늘진 초가집에 구덩이를 파고 두껍게 짚으로 문의 발을 짜서 문을 막는다. - 콩을 삶아 그늘진 집안에 쌓아 둔다. - 콩을 4~5번 뒤집어 주고 흰 곰팡이[白衣]가 끼면 3일 후에 곡물더미 콩 이랑을 만들어 콩을 하루 걸러 한 번씩 갈아준다. - 콩에 누런 곰팡이가 피고 색깔이 충분히 고르게 되면 콩을 깨끗이 키질해서 곰팡이를 없앤다. - 콩을 항아리에 담아 깨끗이 씻어서 광주리에서 담고 물이 다 빠지면 콩을 멍석 위에 쏟는다.
　　　2단계 : 곡물의 겨를 그늘진 집안의 움 속에 넣는다. 움 밑바닥에 두께 2~3자 정도로 곡물의 겨를 헤쳐 두고 굵게 짠 거적으로 덮는다. 움 속에 콩을 넣고 발로 콩을 꼭꼭 밟는다. - 두시가 익는다.

---

23) 『默齋日記』 1冊 嘉靖十五年 丙申歲 仲春二月 辛卯 大初二日 丁亥.

24) 『默齋日記』 4冊 嘉靖二十七年 戊申 正月 小 甲寅 初三日庚辰.

25) 俗所貴者 曰太白山之菟 南海之昆布 柵城之豉(『新唐書』 渤海).

26) 復圍府城 因卽熊津道斷 絕於鹽豉 卽募健兒 偸道送鹽 救其乏困(『三國史記』 卷7 新羅本紀7 文武王 11年條).

27) 尹瑞錫, 1985, 앞의 책, pp.93~94.

28) 李盛雨, 2004, 『식생활과 문화』.

29) 賈思勰, 『齊民要術』, 72장 두시[豉] 만드는 법.

두시 역시 두장과 마찬가지로 두 단계로 구분해 보았는데, 첫 번째 단계를 메주 단계, 두 번째 단계는 시의 숙성 단계로 해석할 수 있겠다. 앞의 장제조법과 가장 다른 점은, 장은 누룩과 함께 항아리 속에서 발효시키는데 반해 豉는 초가집과 문을 막은 발의 짚 속에 있는 균을 이용하여 발효시키고 곡물의 겨를 사용해 다시 숙성시킨다는 점이다. 두 단계 모두 집의 바닥과 움 속에서 발효시키며, 콩을 씻을 때 외에는 항아리를 사용하지 않는다. 시를 오래 둘 경우에는 익은 것을 말려서 보존하는데, 이는 발효와 숙성과정에 소금이 들어가지 않기 때문이다. 이 점은 장의 제조법과 다른 점이기도 하며 자연균을 이용한다는 점에서 오늘날의 청국장과 흡사하다. 앞서 언급된 鹽豉는 豉에 소금을 섞은 것으로 고대인들의 기본 반찬 중의 하나였을 것이다.

『제민요술』에는 위에 소개한 것 외에 다른 종류의 豉 제조법도 소개하고 있는데, 모두 발효과정에 있어 거적 위에 펴놓거나, 푸른 띠를 덮거나 숙성과정에서 교상엽(矯桑葉)을 채우는 등 자연 속의 균을 이용하는 점 등은 다르지 않다.[30] 신라에서의 豉 제조법도 『제민요술』에 나오는 바와 같이 볏짚의 납두균 등 자연상태의 균을 이용하여 발효숙성시킨 것과 크게 다르지 않을 것이라고 본다.

장을 만드는 시기는, 12월과 정월이 된장 만들기에 가장 좋은 때이고, 2월이 그 다음으로 좋은 때이며 3월이 가장 좋지 않은 때라고 하며,[31] 두시는 어느 계절이든 만들 수 있는데 4,5월이 두시 만들기에 가장 좋은 시기라고 한다.[32]

Ⅲ. 助史, 醢, 醯

助史는 이두로서 젓갈을 의미한다는 것은 이미 밝혀진 바 있고[33] 이후 별다른 이견이 없다. 안압지 목간에 쓰여진 젓갈 종류는 현재 돼지(목간 211호, 183호), 가오리(188호), 생선(215호), 노루(222호), 개의 오장(194호), 그리고 판독이 어려운 것(212호) 등이 助史라는 표현으로 나오고, 이 중 183호는 수조사 즉 젓국에 해당되는 것[34]이다. 醢 혹은 醯으로 읽히는 것은 가오리(193호), 사슴(195호), 새(혹은 말[35], 216호) 종류가 있고 명칭은 알 수 없지만 214호 역시 해로 판독되는 것이다.

194호목간에는 '冶'라는 글자가 나오는데, 이를 '소재를 가공하여 좋은 것을 만든다는 뜻'으로 해석하기도 하나[36] 그냥 우리말의 '담그다'는 뜻의 한자어로 보면 되겠다. 이 글자가 신라에서는 대장간에서

---

30) 밀로 만든 맥시의 형태는 두시와 조금 차이가 있어서, 작은 떡을 만들어 줄에 꿰어 매달아 두는 것으로 두시나 말장이 알갱이 상태인 것과는 차이가 난다.
31) 『제민요술』 앞의 책, p.539.
32) 『제민요술』 앞의 책, p.564.
33) 하시모토 시게루(橋本繁), 2007, 앞의 논문, pp.110~111.
34) 이용현, 2007(a), 앞의 논문, p.66; 2007(b), 앞의 논문, p.133.
35) 권주현, 2012, 앞의 논문, p.289.

쇠를 담금질하는 의미로 뿐 아니라 장이나 젓갈, 김치 등의 발효식품을 담그다는 뜻으로도 쓰였다는 것으로 보면 되겠다.

그런데 이들 젓갈을 가리키는 한자를 醯으로 읽은 것[37]은 앞서 언급한 기사 『삼국사기』 신문왕 3년조가 원본에는 醯으로 나와 있는데다 글자모양이 그와 가깝기 때문이다. 하지만 醯은 술그릇을 가리키는 것으로 발효식품과는 무관한 글자다. 이들 글자를 적외선사진을 통해 다시 면밀하게 살펴보면 195호와 216호목간의 글자는 醯의 古字인 醯라는 것을 알 수 있다. 다만 193호는 역시 醯과 비슷해서, 이 글자형태와 관련해서는 젓갈을 의미하는 또 다른 글자 醢의 속글자가 아닌가도 생각이 된다. 醯는 현재 음료수의 일종인 식혜를 가리키는 글자이지만, 고려시대에는 젓갈류의 의미로도 쓰였다. 가령 여말의 사대부 목은의 시집에 소라젓갈을 의미하는 '螺醯'[38]가 나오는 것이 그 한 예가 된다. 그러나 단정할 수는 없으며 醯의 誤記이거나 醯과 같은 글자로 사용했을 가능성도 배제할 수 없다.

만일 醢의 속자라면 매실의 산미가 들어간 육장종류인데 이 역시 젓갈류의 발효식품이다. 국립경주박물관부지에서 출토된 소매실[39]은 발효식품의 산미를 가하는데도 사용될 수 있는 것이다. 앞서 언급한 비로사 진공대사비에 나오는 '絕醬'[40]은 (고기를) 끊어서 만든 장이라는 의미에서 肉醬종류로 볼 수 있을 것이다.

젓갈류와 관련해서 前稿에서 언급한 바 있는 '안압지' 남쪽에 위치하고 있는, T-3구와 U-3구 건물과 주변 건물을 주목해 볼 수 있는데, 이 건물들은 동물관련 저장식품과 관련이 깊다고 보여지는 곳이다. 배수로 시설이 되어 있고 전을 폭 40㎝의 크기로 깔아 물이 흐르도록 하여 원활한 배수를 필요로 한 작업이 이루어진 곳으로 발굴보고자도 '안압지'의 동물과 관련된 특수목적의 건물일 수도 있다[41]고 보고 있다. 동물을 그곳에서 바로 도축하였는지, 아니면 저장식품을 만든 곳인지 알 수 없으나, 동물성 혹은 생선류의 발효저장식품이 만들어졌을 가능성은 충분하다고 보겠다.

그런데 안압지 출토 목간에 한자어와 순 우리말이 함께 쓰인 것은 시기 차이 때문인지 아니면 식품의 종류가 달라서 그런 것인지는 알 수 없다. 『제민요술』에는 醢 혹은 醯의 제조법은 나오지 않고 魚鮓가 나오는데, 생선과 밥을 넣어 발효시킨 것이 오늘날의 식해류와 유사하다. 그 제조법[42]을 정리해보면 다음과 같다.

신선한 잉어[鯉魚]를 길이 2치, 너비 1치, 두께 반 치 정도의 모양으로 껍질이 붙어 있도

---

36) 하시모토 시게루(橋本繁), 앞의 논문, p.109.

37) 하시모토 시게루(橋本繁), 앞의 논문.

38) 牧隱詩藁 卷之三十四 詩 謝海州牧使送小螺醯.

39) 권주현, 2012, 앞의 논문, p.281 〈표4〉 참조.

40) 每增泣血 克諧追念 常切絕醬(『毘盧寺眞空大師普法塔碑』).

41) 『雁鴨池 發掘調査報告書』, p.76.

42) 『齊民要術』, p.578, 74장 魚鮓 담그는 방법.

록 저민다. - 물에 담가 피를 제거하고 깨끗이 씻어 소반에 건져 놓고 흰 소금을 뿌려 대그릇에 담아 편편한 돌 위에 올려 물기를 뺀다. - 멥쌀로 젓에 넣을 밥[糝]을 짓고 산수유[茱萸] 열매, 귤 껍질, 좋은 술을 넣고 단지 안에서 버무린다. - 항아리 속에 물고기 한 층에 밥 한 층씩 항아리에 가득 찰 때까지 간다. - 물고기 위에 쌀밥을 많이 놓는다. 대나무 껍질로 이리저리 위쪽을 깔아 덮는다. 대나무를 깎아 항아리의 아가리 속에 꽂아 이리저리 감는다. - 흰 장물이 나오고 맛이 시큼하면 익은 것이다.

기타 연 잎에 싸서 만드는 裹鮓, 말린 고기로 만드는 乾魚鮓, 돼지비계와 어린 돼지 살코기로 만든 猪肉鮓 등이 있는데,[43] 모두 밥과 함께 어육류를 발효시킨 것이다. 안압지 목간 210호를 鮓와 관련지어 판독한 견해[44]가 있으나 동의하기 어렵다. 醓(醓, 醢) 목간이 이들 鮓와 같이 멥쌀밥을 함께 넣어 발효시킨 것인지 아니면 순수젓갈인지는 알 수 없다. 현재로서는 둘 다 어육류를 발효시킨 식품이라는 정도로만 해 둔다. 魚鮓를 만들 때 사용된 귤껍질이나 산수유열매 등은 신라에도 있는 것으로 가령 국립경주박물관부지에서는 립화귤이 나온 바 있고, 『삼국유사』 제48 경문대왕조에는 산수유가 나오고 있다[45]는 사실은 신라인들이 음식에 향이나 맛을 가미하는 재료로 이들을 사용할 수 있었다는 것을 보여준다.

Ⅳ. 맺음말

이상과 같이 통일신라의 발효식품을 목간을 새로 판독한 것을 중심으로 살펴보았다. 발효식품류 중 김치는 자료가 적어서 생략했다. 본문을 요약하면 다음과 같다. 신문왕대 기사에 나오는 신라의 醬과 豉를 『제민요술』에 나오는 제조법을 참고하여 살펴보았다. 장을 만드는 메주는 덩어리로 만드는 것이 아니라 소금과 누룩을 넣어 항아리 안에서 발효시키고 있고 알갱이 상태인 것을 알 수 있다. 이런 상태의 메주는 조선시대에도 마찬가지였고 신라의 메주 역시 이와 비슷하였을 것으로 추정된다.

장과 관련된 자료로 목간 197호는 기존에는 醓의 의미인 醢으로 읽혀졌으나 酉가 아랫부분에 자리 잡고 있어 醬(醬)자일 가능성이 높아 장을 발효할 때 사용되었던 목간이라고 추정했다. 이 목간은 다른 발효식품 목간과는 달리 주술적인 목적으로 꽂아 사용했으며, 장이 잘 만들어지기를 바라는 문구가 쓰여졌을 것으로 추정된다.

장을 만들 때 간장을 우려내는 작업은 정창원 문서에서 확인할 수 있으며 196호와 209호에 각각 上

---

43) 『齊民要術』, p.580.

44) 하시모토, 앞의 논문, p.103, p.108.

45) 其後風吹 則竹聲云 吾君耳如驢耳. 王惡之 乃伐竹而植山茱萸 風吹則但聲云 吾君耳長 [道林寺 舊在入都林邊](『三國遺事』 卷2 紀異2 四十八景文大王).

汁이 있고 二汁이 있는데, 상즙은 두장에서 가장 먼저 뽑아낸 간장이며, 二汁은 두 번째 뽑아낸 것이다.

　이 염즙의 주재료인 소금과 관련하여 목간 185호를 주목해보았는데, 여기에 나오는 발효식품관련 글자는 醢가 아닌 소금을 가리키는 鹽의 古字인 鹻과 가장 가깝다. 따라서 이 목간은 젓갈용이 아니라 소금을 담은 缶에 달았던 부찰이었던 것이다.

　한편, 豉는 초가집과 문을 막은 발의 짚 속에 있는 균을 이용하여 발효시키고 곡물의 겨를 사용해 다시 숙성시킨 것이다. 발효와 숙성과정에 소금이 들어가지 않는데, 이 점은 장의 제조법과 다른 점이기도 하며 자연균을 이용한다는 점에서는 오늘날의 청국장과 흡사하다. 신라에서의 豉 제조법도 볏짚의 납두균 등 자연상태의 균을 이용하여 발효숙성시킨 것을 의미한다고 본다.

　한편 젓갈류는 助史와 醢 혹은 醯으로 읽히는 것이 있는데, 195호와 216호목간의 글자는 醢의 古字인 䀉라는 것을 알 수 있었다. 다만 193호는 역시 醢과 비슷해서, 글자형태와 관련해서는 젓갈을 의미하는 또 다른 글자 醢의 속글자가 아닌가도 생각이 된다.

　194호목간의 '冶'라는 글자는 우리말의 '담그다'는 뜻의 한자어로 195호와 216호목간의 글자는 醢의 古字인 䀉라는 것을 알 수 있다. 다만 193호는 역시 醢과 비슷해서, 이 글자형태와 관련해서는 젓갈을 의미하는 또 다른 글자 醢의 속글자가 아닌가도 생각이 된다.

　국립경주박물관부지에서 출토된 소매실은 발효식품의 산미를 가하는데도 사용될 수 있는 것이다. 비로사 진공대사비에 나오는 '絕醬'은 (고기를) 끊어서 만든 장이라는 의미에서 肉醬종류로 보았다.

　'안압지' 남쪽에 위치하고 있는, T-3구와 U-3구 건물과 주변 건물들은 동물관련 저장식품과 관련이 깊다고 보여지는 곳이다. 원활한 배수를 필요로 하는 작업이 이루어진 곳으로 동물성 혹은 생선류의 발효저장식품이 만들어졌을 가능성은 충분하다.

　그런데 안압지 출토 목간에 젓갈류가 한자어와 순 우리말이 함께 쓰인 것은 시기 차이 때문인지 아니면 식품의 종류가 달라서 그런 것인지는 알 수 없다. 『제민요술』에는 醢 혹은 醯의 제조법은 나오지 않고 魚鮓가 나오는데, 생선과 밥을 넣어 발효시킨 것이 오늘날의 식해류와 유사하다. 안압지 목간 210호를 鮓와 관련지어 판독한 견해가 있으나 동의하기 어렵고, 䀉(醢, 醯) 목간이 이들 鮓와 같이 멥쌀밥을 함께 넣어 발효시킨 것인지 아니면 순수젓갈인지는 알 수 없다. 현재로서는 둘 다 어육류를 발효시킨 식품이라는 정도로만 해 둔다. 魚鮓를 만들 때 사용된 귤껍질이나 산수유열매 등은 신라에도 있었던 것으로 가령 국립경주박물관부지에서는 립화귤이 나온 바 있고, 『삼국유사』 제48 경문대왕조에 나오는 산수유는 신라인들이 음식에 향이나 맛을 가미하는 재료로 이들을 사용할 수 있었다는 것을 말해준다.

투고일 : 2014. 4. 26　　　　심사개시일 : 2014. 5. 15　　　　심사완료일 : 2014. 5. 29

〈참고문헌〉

『齊民要術』『默齋日記』『增補山林經濟』
『三國史記』『三國遺事』『毘盧寺眞空大師普法塔碑』
『三國志』『新唐書』

문화공보부 문화재관리국, 1978, 『雁鴨池 發掘調査報告書』.

尹瑞錫, 1985, 『增補韓國食品史研究』, 新光出版社.
윤서석, 1999, 『우리나라 식생활 문화의 역사』, 신광출판사.
李盛雨, 1984, 『韓國食品文化史』, 敎文社.
李盛雨, 1992, 『古代韓國食生活史研究』, 鄕文社.
李盛雨, 2004, 『식생활과 문화』.
李盛雨, 2004, 『食生活과 文化』, 修學社.
向林八重, 2007, 『日本古代における醬の製法について』.

권주현, 2012, 「통일신라시대의 食文化 연구-왕궁의 식문화를 중심으로-」, 『한국고대사연구』68.
方国花, 2011, 「夫餘 陵山里 출토 299호 목간」, 『木簡과 文字 연구』5.
이용현, 2007a, 「안압지와 東宮 庖典」, 『新羅文物研究』1, 國立慶州博物館.
이용현, 2007b, 「목간으로 본 신라의 문자·언어 생활」, 『口訣研究』18집, 口訣學會.
하시모토 시게루(橋本繁), 2007, 「雁鴨池 木簡 判讀文의 再檢討」, 『新羅文物研究』1, 國立慶州博物館.

〈Abstract〉

Study on Fermented Foods of Unified Silla
- Based on the Mokkan(木簡) excavated from Anapji(雁鴨池) -

Kwon Joo Hyeon

This study is to search Fermented foods in the Unified Silla era by re-deciphering the Mokkan(木簡) excavated from the Anapji. Firstly, Silla's Jang(醬) and Si (豉) those shown in Samkuksagi(三國史記) at the age of King Shinmoon are examined with reference to the manufacturing method on the 'Jeminyosul(齊民要術)'. Soybean lump to make sauces was not made in blocks but made in granular state that fermented in jar after putting salt and leaven.

The No.197 Mokkan(木簡) which related to sauces was previously deciphered as '醯' which meaning salted meat (醢). However, it is inferred that the No.197 Mokkan was used when fermenting sauces, since the letter '酉' is located at the bottom and thereby it has great likelihood to be Jang(醬). Unlike other fermented food's Mokkan, it is assumed that the No.197 Mokkan is used by sticking it to the jar for the purpose of shamanistic aspects and there must be written with the sentence wishing the Jang to be well made.

The brewing process for making soy sauce can be identified in the document of Shosoin(正倉院). Both the No.196 and the No.209 have a primary juice and a secondary juice. The primary juice is Ganjang(간장) sauce that firstly brewed and the secondary juice is the sauce that secondly brewed.

In relation to the salt which consists salty juice, the No.185 Mokkan was closely examined. The letter related to fermented food on this Mokkan is not 醯 but 鹽 which is the archaic form of 鹽 indicating salt. Therefore this Mokkan is not a stick for salted meat but a tag attached to the bucket containing salt.

Meanwhile, '豉' is the seasoning which fermented using bacteria in the straws of blocking blinds or thatched houses and subsequently ripened using bran of grain. During the process of fermenting and ripening processes, salt was not utilized. This is dissimilar to the manufacturing method of sauce but is similar to that of current Rich Soybean (Chenggukjang) from the view point of using natural bacteria. It is judged that the manufacturing method of '豉' of Silla is meant to ferment and ripen by using natural state of bacteria such as bacillus natto in the rice straw.

With regard to salted meat, there are characters read as '醯' or '醢'. Those characters on the No.195

and No.216 Mokkans are seen to be '䐑' which is the archaic form of '醢'. However, for character style, the character on the No.193 Mokkan resembles '醢' and thereby is regarded to be a simplified character of '醢' that means salted meat.

The Little-plum excavated in the site of the National Kyeongju Museum is might be used to increase acidic taste of fermented food. '絶醬' shown in Birosa Jingongdeasabi(毘盧寺 眞空大師碑) is seen to be a sort of meat sauce.

The area of the T-3 and U-3 buildings and surrounding buildings, which locates in the southern area of the Anapji, are the place that achieved an activities for smooth drainage. Those buildings are seemed to be produced fermented meats or fishes for storage.

The reason why Chinese character and pure Korean words for salted meat were written together in the Mokkans excavated from the Anapji is not clear whether it is due to difference of time or difference of kinds of foods. 『齊民要術』 does not show manufacturing methods for '醢' or '醢', but describes about salted fish, 魚鮓, which was fermented with fish and rice together and thereby is similar to current Shikkae(食醢). When making 魚鮓, tangerine peels or cornus fruit used to be added to increase smell of taste of it.

▶ Key words : Mokkan, Fermented food, Jang(sauce), Si(seasoning), Cheonggukjang(bacillus natto), Shikae,
Fermented fish, Josa, salt, Anapji

「禰軍 墓誌」의 연구 동향과 전망[*]
– 한·중·일 학계의 논의사항을 중심으로 –

최상기[**]

Ⅰ. 머리말
Ⅱ. 「禰軍 墓誌」의 판독과 해석
Ⅲ. 「禰軍 墓誌」 관련 주요 논의사항
Ⅳ. 맺음말

〈국문 초록〉

2011년 소개된 「禰軍 墓誌」는 예군의 흥미로운 생애로 인해 한·중·일 학계의 많은 관심을 받고 있다. 다만 각국 학계의 관심사에 따라 논의의 방향도 조금씩 차이가 있으므로, 「예군 묘지」의 종합적인 이해를 위해 이들을 정리, 검토할 필요가 있다. 예군은 613년 사비에서 출생했다고 추정되며, 678년 장안에서 66세로 사망했다. 예씨 일족의 묘지에서는 그들의 출자를 중국에서 찾았지만, 현재로서는 웅진 지역에 연고를 가진 세력이었다고 보는 편이 합리적이다. 630년대 정계 입문 적령기였던 예군은 마침 무왕이 웅진 지역과 맺은 모종의 관계 속에서 백제 정계에 진출했다고 생각된다. 일반적으로 의자왕의 항복은 예군의 동생인 예식진이 주도했다고 보지만, 묘지의 서술 및 예군이 당에서 받은 관직을 고려하면 그의 비중도 무시할 수 없다. 백제 멸망 이후 예군은 동생 예식진과 함께 웅진도독부 체제의 핵심 구성원으로서 당의 동북아시아 전략에서 중요한 역할을 담당했다. 한편 「禰軍 墓誌」에는 '日本'을 명시한 구절이 있어 주목을 받았는데, 이 부분은 백강 전투 및 그 사후처리 과정을 묘사한 것으로 추정된다. 왜와의 교섭은 묘지에 기록될 정도로 예군 본인에게 큰 의미가 있는 사건이었다.

▶ 핵심어 : 「禰軍 墓誌」, 613년, 禰寔進, 熊津嵎夷人, 예씨 일족의 대두, 의자왕의 항복, 熊津都督府司馬, 日本, 扶桑, 風谷, 盤桃, 僭帝, 左戎衛郎將

---

* 이 논문은 서울대학교 역사연구소 범양한국고대사연구비의 지원을 받아 작성되었음.

이 논문은 한국 고대 문자자료 연구모임의 7월 워크숍에서 발표한 내용을 수정, 보완한 글이다.

** 서울대학교 국사학과 박사과정

I. 머리말

고대사 연구자라면 누구나 자료 부족이라는 문제를 경험한다. 연구자들은 이를 극복하기 위해 영성한 자료들을 잇는 정교한 논리를 고안하거나 기존 자료의 새로운 해석을 시도하며, 인접한 시기나 지역의 자료들을 방증 사례로 활용한다. 새로운 자료는 그렇게 도출한 견해를 강화, 약화시키는 중요한 역할을 담당한다. 물론 당대의 자료들은 제작 시점의 정보만을 담고 있는 경우가 많으므로 史書 등 기존 자료와의 연결 관계를 충분히 고려해야 하며, 이러한 과정을 통해 지금까지 공백으로 남아있던 과거의 모습을 보다 풍성하게 채울 수 있다.

근래 발견이 계속되는 목간, 금석문 등은 이런 점에서 연구자들의 주목을 받고 있다. 특히 墓誌에 서술된 해당 인물의 생애에서 역사적으로 의미 있는 사건, 사항들이 드러나는 경우가 많다. 백제계 인물들의 묘지[1]가 백제사 연구의 진전에 큰 기여를 할 것으로 평가받는 것도 이 때문이다. 이 글에서 검토할 「禰軍 墓誌」의 주인공 禰軍은 백제 멸망 전후 시기의 인물로 묘지에서 그의 다양한 행적을 확인할 수 있다. 「예군 묘지」는 문헌 자료를 보완하는 내용을 담고 있을 뿐만 아니라, 다른 예씨 일족(禰寔進, 禰素士, 禰仁秀)의 묘지와도 비교할 수 있으므로, 그 역사적 가치가 매우 높다.

「예군 묘지」는 2011년 7월 吉林大學 古籍研究所의 부교수인 王連龍이 발표한 「百濟人『禰軍墓誌』考論」에 의해 알려졌다.[2] 그는 묘지의 개요, 판독문과 내용을 소개했는데, 출토 경위와 현재 상황 등은 언급하지 않고 다만 西安에서 발견되었다고만 서술했다.[3] 일본 학계는 그 해 9월 관련 정보를 입수한 후 2012년 2월 「예군 묘지」에 대한 국제 심포지엄을 개최하여, 최초 발표자인 왕연룡, 예씨 일족의 묘역을 발굴한 西安市 文物保護考古所의 張全民 및 일본 연구자들 사이의 논의를 진행했다.[4] 일본 학계가 이렇게 신속한 반응을 보인 것은 「예군 묘지」에 '日本'이라는 단어가 있고, 예군이 일본 문헌에 등장하는 인물이기 때문이었다. 한편 한국 학계에서는 2012년 이후 「예군 묘지」가 소개되면서 관련 연구가 진행 중이다.[5]

---

1) 현재까지 묘지가 알려진 백제계 인물은 夫餘隆, 黑齒常之, 黑齒俊, 難元慶, 太妃 夫餘氏, 禰寔進, 禰素士, 禰仁秀, 禰軍 등 총 9명이다.
2) 王連龍, 2011, 「百濟人『禰軍墓誌』考論」, 『社會科學戰線』 2011年 第7期.
3) 이는 「예군 묘지」가 도굴을 통해 나타났음을 암시한다. 근래까지 묘지의 소재는 불명이었다. 그러나 한국목간학회 제16회 정기발표회에서 이에 대해 발표한 李成市 교수에 따르면 2013년 3월 말 현지에서 도굴단이 적발되었고 도굴품 중 예군의 묘지석이 확인되어 현재 귀속 문제가 논의 중이라고 한다.
4) 2012년 2월 25일, 明治大學古代學研究所·東アジア石刻文物研究所 주최 國際シンポジウム, 百濟人「禰氏(でいし)墓誌」と7世紀東アジアと「日本」.
5) 권덕영, 2012, 「백제 유민 禰氏一族묘지명에 대한 斷想」, 『사학연구』 105.
   김영관, 2012, 「中國 發見 百濟 遺民 禰氏 家族 墓誌銘 檢討」, 『신라사학보』 24.
   拜根興, 2012, 「당대 백제유민 禰씨가족 묘지에 관한 고찰」, 『한국고대사연구』 66.
   李成市, 2013, 「禰軍 묘지 연구-禰軍의 외교상 사적을 중심으로-」, 『목간과 문자』 10.

현재 「예군 묘지」는 탁본만 확인할 수 있지만 사진에 나타난 형상, 형식 및 다른 백제계 인물의 묘지를 감안하면 위작일 가능성은 낮다.[6] 또한 묘지의 서술에서 현대인이 접근하기 어려울 정도로 극히 다양한 古典籍의 문장을 구사한 만큼 위작으로 보기 어렵다는 의견도 있다.[7] 왕연룡에 따르면 지석과 개석이 하나의 조합을 이루며, 개석에는 전서체로 '大唐故右威衛將軍上柱國禰公墓誌銘'을 세로로 4행에 걸쳐 음각했고 둘레에는 기하 문양을 새겨 장식했다. 지석은 가로세로 59㎝, 높이 10㎝이며 측면에는 蔓草紋(덩굴 문양)을 음각했다. 지문은 세로쓰기로 31행, 30열로 구성되었고 총 884자이다.[8] 한편 2010년 西安市 文物保護考古所가 長安區 郭杜南村 남쪽 郭杜教育科學技術産業開發區 華商傳媒産業基地 공사 현장에서 예식진, 예소사, 예인수 3대의 무덤을 발굴했는데, 예식진의 무덤에서 북쪽으로 70m 떨어진 지점에 위치한 전실묘가 예군의 무덤일 가능성이 높다고 한다.[9]

이처럼 「예군 묘지」는 한·중·일 학계에서 모두 연구가 이루어지고 있다. 그런데 각 학계의 관심 분야는 조금씩 차이가 있다. 한국 학계에서는 예군, 예식진 등 백제 멸망기 예씨 일족의 활동 양상을 중심으로 연구를 진행하는 반면, 중국 학계는 묘지에서 서술한 예씨 가문의 출자와 백제 멸망 이후 예씨 일족이 당의 관료로 활동한 양상에 초점을 맞추고 있다. 한편 일본 학계는 웅진도독부와 왜 조정의 교섭 과정에서 나타나는 예군의 모습과 국호 '日本'의 등장 시점을 중심으로 논의를 전개했다. 이는 각국 역사 연구의 입장을 반영하는 것이지만, 「예군 묘지」에 대한 종합적인 검토로는 아직 충분치 못하다고 생각한다.

이 글에서는 「예군 묘지」에 대한 기존의 연구 동향들을 정리, 검토하고자 한다. 우선 탁본 사진에 근거하여 판독문을 작성하고 그 내용을 해석할 것이다. 이어서 예군의 인적정보, 예씨 일족의 출자, 예군의 정계 진출, 백제 멸망기 및 웅진도독부 시기 예군의 활동, 묘지에 등장하는 '日本'의 문제 등을 순서대로 살피고, 일부 사항에 대해서는 새로운 의견을 덧붙이도록 하겠다. 필자가 제시한 견해들은 그 근거가 미약하여 아직 추정에 불과하지만, 7세기 중후반 동북아시아 역사 전개 과정의 일면을 보여주는 「예군 묘지」에 대한 이해의 폭을 조금이나마 넓히기 위한 문제제기로서 일정한 의의를 가질 것이다.

김영심, 2013, 「백제 사비기 왕권과 귀족세력-沙氏·禰氏 관련 신출자료에 의한 재해석-」, 한국사연구회 제293차 월례 연구발표회.

6) 葛繼勇, 2012, 「『禰軍墓地』についての覺書」, 『東アジア世界史研究センター年報』6, pp.165~169.

7) 李成市, 2013, 앞의 논문, p.235.

8) 王連龍, 2011, 앞의 논문, p.123.

9) 권덕영, 2012, 앞의 논문, p.5.

拜根興, 2012, 앞의 논문, p.300.

II. 「禰軍 墓誌」의 판독과 해석

1. 판독표[10)]

마	라	다	나	가	Z	Y	X	W	V	U	T	S	R	Q	P	O	N	M	L	K	J	I	H	G	F	E	D	C	B	A	
哥	歐	無	冑	樹	山	於	尙	淹	事	春	三	歆	詔	桂	司	特	說	犇	東	固	武	識	之	德	品	三	沃	巍	公	大	01
於	今	替	胤	芳	兮	雍	其	通	所	秋	年	永	授	苻	馬	蒙	暢	淩	特	萬	衛	變	逸	有	官	韓	照	巍	諱	唐	02
朝	範	一	其	靑	草	州	英	溫	須	六	歲	綏	右	衣	材		山	在	騎	瀍	杖	氣	成	号	華	日	鯨	軍	故	03
露	猶	惟	丘	於	色	乾	華	儀	並	十	在	多	威	錦	光		之	簡	亘	川	劍	芒	則	佐	構	月	跨	山	字	右	04
靈	存	公	芳	壽	寒	封	奄	詔	令	有	戊	祐	衛	晝	千	恩	天	赤	帝	野	府	知	照	士	平	增	而	水	溫	威	05
輜	其	苗	基	像	風	縣	墜	峻	官	六	寅	豈	將	行	里	詔	威	雀	往	与	折	歸	星	者	竝	輝	摭	靑	熊	衛	06
兮	庸	裔	華	其	度	之	扶	明	給			二	圖	軍	富	之	授	喩	決	尸	蓋	衝	似	中	文	緝	恕	丘	津	將	07
遽	箭	桂	麗	詞	原	高	搖	珠	仍		月	曙	局	貴	足	左	以	河	招	馬	都	由	搏	武	地	材	秀	以	嵎	軍	08
轉	驚	馥	脈	日	兮	陽	之	不	使	皇	朔	馳	影	無	仁	戎	禍	皆	慰	以	尉	余	羊	不	義	繼	之	東	夷	上	09
嘶	秋	蘭	遠	松	里	翼	類	弘	情	戊	易		革	副	衛	福	而	公	驚	于	之	角	墜	以	響	於	峙	人	柱	10
驂	陳	芬	邇	聲	礼	遽	白	文	念	子	往		藿	百	郎	千	天	徇	塵	時	出	之	公	光	綿	蔽	森	也	國	11
兮	駒	緒	邀	響	也	輤	珪	舘	功	十	霜	彤	蒲	城	將	秋	吳	臣	千	日	戎	英	狼	身	圖	虪	森	其	祢	12
踞	邇	榮	會	陟	駆	連	無	學	惟	九	凋	關	夜	之	少	僭	靜	節	艛	本	如	風	輝	佩	不	靈	熊	先	公	13
顧	暮	七	逢	文	馬	春	岾	士	舊	日	馬	飾	寢	心	選	帝	鑿	而	横	餘	金	影	襲	天	絕	文	水	与	墓	14
嗟	名	貴	時	榭	悲	十	兼	傷	景	陵	躬	字	舉	遷	一	風	投	波	噍	彈	征	祉	爵	弈	逸	臨	文	華	誌	15
陵	将	乃	濟	兮	鳴	景	步	檢	悼	午	之	校	者	遭	樹	陛	有	靈	領	稱	而	歌	原	扶	入	外	領	丹	同	銘	16
谷	日	子	茂	可	九	粤	之	校	者	遭	樹	陛	有	靈	領	稱	而	歌	原	扶	入	外	領	勷	有	高	渚	祖	幷	17
之	遠	傳	族	通	原	以	芳	衛	之	薨	閟	蒙	去	器	衛	仍	路		蚍	桑	漢	去	生	國	聲	前	以	永	序	18
賀	德	孫	淳	隨	長	其	蘭	室	長	贈	於	難	榮	咸	標	中	領	通	皇	縱	逋		顯	姿	忠	曾	芳	南	嘉	19
遷	隨	流	秀	武	往	年	室	長	贈	於	難	榮	咸	標	中	領	通	皇	縱	逋	慶	涯	侔	祖	於	流	末	20
覿	年	芳	弈	山	月	十	欽	史	絹	雍	留	晉	亨	於	郎	大	驚	華	泲	誅	聖	五	濬	鐵	福	七	浸	避	21
音	故	後	葉	兮	輪	月	其	王	布	州	風	驟	三	尤	將	首	鳧	以	以	風	上	年	澄	石	祖	子	煙	亂	22
徽	慘	代	相	安	夕	甲	麂	行	三	長	驚	歷	年	械	兼	望	失	載	公	谷	嘉	官	陂	操	譽	汗	雲	適	23
之	松	播	繼	仰	駕	申	味	本	百	安	龍	便	十	懸	檢	數	侶	馳	格	遺	歎	軍	裕	埒	父	馬	以	東	24
靡	吟	美	獻	憎	星	朔	四	監	段	縣	驤	繁	一	月	校	十	濟	飛	謨	吨	擢	平	光	松	善	雄	摛	因	25
蠡	於	來	款	清	精	二	鄰	護	粟	之	之	方	月	神	熊	人	不	汎	海	負	以	本	愛	筃	皆	武	英	遂	26
其	夜	昆	夙	風	夜	日	之	惟	三	延	水	謂	廿	府	津	將	終	海	左	盤	榮	蕃	日	範	是	擅	降	家	27
	風	英	彰	之	上	乙	彩	公	百	壽	以	克	一	芳	都	入	夕	之	龜	桃	班	日	干	物	本	後	之	焉	28
	悲	聲	隆	歊	日	酉	桂	雅	斛	里	儀	壯	日	掩	督	朝	逶	蒼	鏡	而	授	見	牛	者	蕃	異	於	若	29
	雖	恩	滅	落	葬	嶺	識	葬	第	鳳	清		於	府	謂	能	鷹	瀛	阻	右	機	斗	道	一		於	蕩	夫	30

- C-06 '靑': 王連龍은 淸으로, 권덕영, 김영관, 葛繼勇은 靑으로 보았다. 靑의 좌측 상단에 氵의 흔적으로 볼 수 있는 자국이 있지만, 뒤따르는 丘로 보아 靑이 타당하다고 생각한다.
- C-25 '摛': 王連龍, 권덕영, 김영관은 樆로, 葛繼勇은 摛로 보았다.
- D-06 '摭': 王連龍, 권덕영, 김영관은 樅으로, 葛繼勇은 摭으로 보았다.
- D-07 '恕': 王連龍, 권덕영, 김영관은 慾으로, 葛繼勇은 恕로 보았다.
- G-01 '德': 우측 상단만이 남아있지만, 남은 획과 바로 앞의 道로 보아 德으로 추정된다.
- J-17 '扶': 바로 뒤의 桑으로 보아 扶로 추정할 수 있지만, 우측에 일부 남은 획으로 보아 단정할 수 없다.
- T-20 '於': 상단 일부만이 남아있지만, 남은 획과 바로 뒤의 지명으로 보아 於로 추정된다.
- U-29 '斛': 王連龍, 권덕영, 김영관은 升으로, 葛繼勇은 斛(斛)로 보았다.

2. 해석[11]

大唐故右威衛將軍上柱國禰公墓誌銘 더불어 序

공의 휘는 軍, 자는 溫이며, 熊津嵎夷의 사람이다. 그 선조는 중국과 조상을 같이 하며, 永嘉 말에 난을 피해 동쪽으로 나아가 인하여 마침내 가문을 이루었다. 무릇 저 높고 큰 鯨山(매우 큰 산)은 靑丘(중원의 동쪽 지방)를 넘어 우뚝 솟았고, 아득히 많은 熊水[12]는 丹渚에 임해 남쪽으로 흐른다. [13] 煙雲(매우 먼 곳)에 스며들어 재주를 펼치니, 蕩沃[14]으로 내려왔다. 해와 달을 비추어 빼어나게 밝으니 어그러진 것들 속에서도 아름다웠다. 신비하고 뛰어난 문장은 높이기 전에도 七子[15]보다 향기로웠고, 준마의 웅혼, 강건한 기세는 뜻대로 한 후에도 삼한에서 남달랐다. 장엄하고 화려한 건물이 더욱 빛났고, 빼어난 재능이 계속 울려 퍼졌다. 면면히 헤아림이 끊어지지 않으니 대대로 명성이 있었다. 증조 福, [16] 조부 譽, [17] 부 善[18]은 모두 本蕃의 1품관으로 佐平이라 불렸다. 모두 地義(인간 세계의 원칙, 효)를 모아 몸을 빛냈고, 天爵(높은 덕행)을 지녀 나라에 근면했다. 충성은 철석에 비겼고, 지조는 소나무, 대나무의 모습이었다. 만물의 모범으로 도덕을 이루었고, 士의 표본으로 문무가 떨어지지 않았다. 공은 狼星이 빛나듯이 복을 계승했고, 제비의 턱[19]과 같이 아름다운 모습을 드러냈다. 물가의 깊음이 못을 맑게 했고, 넉넉한 빛이 은혜롭고 덕스러웠다. [20] 牛宿와 斗宿를 꿰뚫는 뛰어난 기개[21]는 별 사이에서 널리

---

10) 판독은 王連龍, 2011, 앞의 논문에 실린 탁본 사진에 의거했고, 이체자는 中華民國教育部 異體字字典 홈페이지에서 확인했다. 또한 王連龍, 2011, 앞의 논문 및 권덕영, 2012, 앞의 논문, 김영관, 2012, 앞의 논문, 葛繼勇, 2012, 앞의 논문에 실린 판독문을 참고했다.

11) 묘지에 사용된 다양한 표현들의 의미에 대해서는 古代東アジア史ゼミナール, 2012, 「禰軍墓誌譯註」, 『史滴』34에 실린 역주 및 『漢語大詞典』을 참고했다. 가능한 직역에 가깝게 해석했는데, 비유 표현의 사전적 의미는 괄호를 사용해 본문 중에 서술했고, 용어의 의미에 대한 필자의 해석이나 관련 고사 및 연혁 등은 각주로 처리했다.

12) 『三國史記』 권 제26 백제본기 제4 동성왕 13년 기사 등에서 나타나는 熊川의 동의어로 생각된다.

13) 古代東アジア史ゼミナール, 2012, 앞의 논문, pp.167~168에서는 鯨山, 靑丘, 丹渚를 방위만을 암시하는 보통명사로 보았다. 그러나 이들과 함께 사용된 熊水를 금강을 가리키는 熊川으로 본다면, 위의 세 단어도 비록 고유명사는 아닐지라도 특정 지역을 가리킬 가능성이 있다고 생각된다.

14) 蕩沃은 흘러가는 모습을 의미하는 沃蕩과 통한다고 생각된다(古代東アジア史ゼミナール, 2012, 앞의 논문, p.168).

15) 七子는 建安七子(後漢 建安 연간에 활동한 孔融, 陳琳, 王粲, 徐幹, 阮禹, 應瑒, 劉楨 등 7명의 문인)를 의미한다고 생각된다.

16) 다른 예씨 일족(예식진, 예소사, 예인수)의 묘지에서는 확인되지 않는다.

17) 「예식진 묘지」에서는 譽多, 「예소사 묘지」에서는 眞으로 서술했다.

18) 「예식진 묘지」에서는 思善, 「예소사 묘지」에서는 善, 「예인수 묘지」에서는 善으로 서술했다.

19) 鷰(鸞)頷은 後漢의 명장 班超의 관상에서 비롯된 용어로, 이역에서 군공을 세우려는 것을 의미한다.

20) 愛日은 시일을 아쉬워함, 자식이 부모를 공양하는 때, 恩德 등의 뜻이 있다. 여기에서는 恩德의 의미로 해석했다.

빛났고, 羊角(회오리바람)을 탄 빼어난 명성은 구름 밖(매우 먼 곳)까지 흔적이 나타났다. 지난 顯慶 5년(660) 관군이 本蕃을 평정하던 날, 일의 조짐을 보고 변화를 알아 검을 지니고 귀의할 곳을 깨달으니, 由余[22]가 戎에서 나온 것과 비슷했고 金磾[23]가 漢에 들어온 것과 같았다. 聖上께서 찬탄하셔서 영예로운 반열로 발탁하니 右武衛滍川府 折衝都尉[24]를 제수했다. 이때 日本의 잔당들이 扶桑에 근거해 토벌로부터 달아났고, 風谷의 유민들이 盤桃를 의지해 견고했다.[25] 1만의 기병이 들판에 펼쳐지니 개마와 함께 먼지가 어지럽게 올라왔고, 1천의 배가 파도를 가로지르니 原虵[26]를 도와 막혔던 물길이 풀어졌다. 공이 海左(해동)에서 계책에 뛰어나고, 瀛東에서 龜鏡(귀감)이 되니 특별히 황제에게 뽑혀 가서 招慰를 주관했다. 공은 신하의 절조를 과시하며 목숨을 던졌고, 皇華(명을 받아 사신이 된 것)를 노래하며 수레가 달려갔다. 바다를 건너 날아가는 蒼鷹, 산을 넘어 날아가는 赤雀과 같았다. 하천이 모이는 곳[27]을 터뜨린 기세에 天吳(水神)가 조용해졌고, 바람의 휘몰아침을 뚫으니 구름의 길(먼 길)이 통했다. 놀란 오리가 짝을 잃으니 저녁이 끝나기 전에 물을 건너가는 것과 같았다. 마침내 하늘의 위엄을 펼쳐 애기할 수 있어, 영원한 복으로 깨우쳤다. 僭帝[28]가 하루아침에 신하를 칭하니, 이에 大首望[29] 수십 명을 이끌고 입조하여 알현했다. 특별히 은혜로운 조서를 받아 左戎衛郎將[30]에 제수되었고, 얼마 후 右領軍衛中郎將[31] 겸 檢校熊津都督府司馬로 발탁되어 옮겼다. 재주

---

21) 『晉書』張華傳에 따르면, 晉이 吳를 멸망시킬 무렵 牛宿와 斗宿 사이에서 자색 기운이 뻗쳤고 그 기운이 솟은 곳에서 두 자루의 명검을 얻었다는 고사가 있다.

22) 『韓非子』에 따르면, 由余는 戎王의 사신으로 秦에 왔으나 秦 穆公의 계책에 의해 秦에 귀순했다.

23) 『漢書』에 따르면, 金磾(金日磾)는 흉노 休屠王의 아들이었지만 漢 武帝의 흉노 토벌 시기 霍去病에게 포로로 잡힌 후 漢에 귀순했다.

24) 『唐六典』에 따르면, 左右武衛는 隋에서 설치되어 唐까지 이어졌고, 光宅 원년(684) 左右鷹揚衛로 바뀌었다가 神龍 원년(705)에 左右武衛로 돌아왔다. 한편 滍川府는 『舊唐書』, 『新唐書』 등 사서에서 보이지 않고 다만 「高元珪 墓誌」에 등장한다. 王連龍은 이를 萬年縣 예하 滍川鄕에 설치된 절충부로 보았다(王連龍, 2011, 앞 논문, p.126). 折衝都尉는 각 지역에 설치된 折衝府의 책임자로 상급 절충부에서는 정4품상, 중급 절충부에서는 종4품하, 하급 절충부에서는 정5품하이다 (『新唐書』에 따르면 절충부의 상중하는 垂拱 연간에 병력의 수에 따라 정해졌다).

25) 日本, 扶桑, 風谷, 盤桃 등이 가리키는 대상에 대해서는 뒤에서 서술했다.

26) 부대나 선단의 행렬을 뱀에 비유하는 경우가 많고(蛇行), 준마를 原馬라고도 표현하므로 原虵는 전함들의 행렬을 비유한 표현으로 생각된다.

27) 河眥에서 眥는 눈꺼풀, 옷깃 등의 접합부를 의미하므로 하천이 합류하는 곳으로 생각된다.

28) 僭帝가 가리키는 대상에 대해서는 뒤에서 서술했다.

29) 大首望이 가리키는 대상에 대해서는 뒤에서 서술했다.

30) 『唐六典』에 따르면, 左戎衛는 본래 左領軍衛이다. 唐은 漢 이래 사용되던 領軍의 명칭을 따서 左右領軍衛를 설치했는데 (『隋書』, 『新唐書』에 따르면, 武德 3년에 설치된 左右禦衛가 武德 5년 左右領軍衛로 바뀌었다), 龍朔 2년(662) 左右戎衛로 바뀌었다가 咸亨 원년(670)에 左右領軍衛로 돌아왔고, 다시 光宅 원년(684) 左右玉鈐衛로 바뀌었다가 神龍 원년(705) 左右領軍衛로 복구되었다. 한편 郎將은 정5품상의 군관이다.

는 천리마[32]와 같이 빛났고, 어짊은 百城(각 고을)의 마음에 부합했다. 靈臺(제왕의 궁궐)에 촛불을 드니 무성한 나무들 사이에서 재능이 드러났고, 神府(천자의 궁궐)에 달을 거니 계수나무 수풀에 향기가 덮였다. 비단옷을 입고 낮에 다니니, 부귀가 바뀜이 없었다. 도적[33]도 밤에 잠드니 키우고 가르침에 도리가 있었다. 지난 咸亨 3년(672) 11월 21일 조서를 내려 右威衛將軍[34]에 제수했다. 궁궐을 엄중히 경계했고, 궁전을 예에 맞게 지켰다. 영예로운 승진을 누차 입었으니, 여러 관직을 맡는 것이 빈번했다. 이제 방대한 좋은 계책으로 영원히 편안하도록 크게 도왔다고 일컫는다. 어찌 태양이 달려 변해가자 馬陵의 나무에 서리가 내리고, 합쳐진 강물이 머무르기 어려우니 바람이 龍驤의 물[35]을 솟구치게 하는 것을 생각할 수 있었을까. 儀鳳 3년(678) 戊寅年 2月朔 戊子 19일 景午[36]에 병으로 雍州 長安縣 延壽里의 저택에서 사망했다. 나이는 66세였다. 황제의 마음이 공적을 회고하고 옛일을 생각하니 비통함이 오래되었다. 絹布 300段, 粟 300斛을 보내주고, 葬事에 필요한 것은 모두 관에서 지급하도록 했다. 또한 弘文館學士 겸 檢校本衛 長史 王行本[37]으로 하여금 감독하도록 했다. 공의 고명한 식견이 두루 통달함과 온화한 모습이 높음을 생각하니, 明珠(충량함)가 비길 바 없었고 白珪(청백함)가 이지러짐이 없었다. 10보 안의 芳香(재주)은 蘭室도 그 향기를 삼갔고, 사방의 빛은 桂嶺도 그 아름다움을 숭상했다. 갑자기 떠오르는 날개에서 떨어지니, 황급히 이어지던 절구질의 모습[38]을 멈췄다. 이에 그 해 10월 甲申朔 2일 乙酉에 雍州 乾封縣 高陽里[39]에 장사지냈다. 예

31) 右領軍衛에 대해서는 주30 참조. 한편 中郞將은 정4품하의 군관이다.

32) 千里之足은 천리마를 의미하는 千里足의 동의어로 생각된다.

33) 萑蒲는 水草를 의미하며, 도적을 가리킬 때도 사용된다.

34) 『唐六典』에 따르면, 隋 초에 설치한 左右領軍府를 煬帝가 左右屯衛로 고쳤고(『隋書』에 따르면, 武德 3년의 일이다), 唐으로 이어졌다. 龍朔 2년(662) 左右威衛로 고쳐졌고 光宅 원년(684) 左右豹韜衛로 바뀌었다가 神龍 원년(705) 다시 左右威衛로 돌아왔다. 그런데 『新唐書』에 따르면, 左右屯衛府를 左右威衛로 고친 것은 武德 5년(622)이고 龍朔 2년(662)에는 左右威衛가 左右武威衛로 바뀌었다. 그러나 顯慶 원년(656)에도 左屯衛大將軍 楊胄(『新唐書』卷3 本紀 第3 高宗皇帝), 程知節(『舊唐書』卷4 本紀 第4 高宗 上) 등이 등장하므로 『新唐書』의 기록은 착오로 생각된다. 한편 將軍은 각 衛의 부책임자로서 종3품의 군관이다.

35) 龍驤은 용이 솟구쳐 오르는 것처럼 강력한 기세를 의미한다. 한편 晉의 龍驤將軍 王濬이 단기간에 吳를 멸망시킨 고사로부터 예군의 돌연한 사망을 묘사한 표현으로 보는 견해도 있다(古代東アジア史ゼミナール, 2012, 앞의 논문, p.178).

36) 본래 丙午이지만, 당 고조 이연의 부친 이름(李昞)을 피해 丙 대신 景을 사용했다.

37) 678년 사망한 예군의 장례를 감독했으므로, 『舊唐書』, 『新唐書』에서 隋 말 唐 초에 등장하는 王行本과는 다른 인물이라고 생각된다. 本衛는 예군이 장군으로 근무한 右威衛일 것이다. 長史는 『唐六典』에 따르면, 종6품상의 관료로 右威衛에서는 각 조의 사무 판정 및 兵仗, 羽儀, 車馬의 검열 등을 포함해 각종 행정 업무를 처리했다.

38) 輟連春에서 輟春는 죽은 이를 애도할 때 사용하는 표현이며, 連은 절구질이 이어지는 것을 의미한다고 생각된다(古代東アジア史ゼミナール, 2012, 앞의 논문, p.180).

39) 「예식진 묘지」에서는 高陽原, 「예소사 묘지」에서는 雍州高陽原, 「예인수 묘지」에서는 長安縣之高陽原으로 서술했다. 2010년에 이루어진 발굴을 통해 이들이 묻힌 高陽原(里)의 위치가 현재 西安市 長安區 郭杜鎭南村 남쪽임이 밝혀졌다.

의에 맞는 일이었다. 수레의 말이 슬프게 울며 九原(묘지)으로 영원히 가버렸다. 달이 저녁에 지나갔고, 별이 밤에 올라왔다. 해가 산에 떨어지니 풀빛이 차갑고, 바람이 들판을 건너가니 소나무 소리가 울린다. 文榭(그림으로 장식한 臺)에 오르니 소통할 수 있고, 武山을 따라가며 편안히 우러른다. 맑은 바람이 다하여 사라지는 것을 슬퍼하여, 壽像에 향기로운 이름을 세웠다. 그 詞에서 말한다.

胄胤(직계 자손)은 靑丘, 향기로운 기반은 華麗였다. 혈통이 장구하게 이어져, 때를 만나 건너왔다. 번성한 일족이 매우 빼어나니, 아름다운 잎이 대대로 이어졌다. 獻款(귀순)을 일찍부터 밝히니, 두터운 은혜가 다함이 없었다. 그 첫 번째.

공의 후예를 생각하니, 계수와 난의 향기와 같았다. 시작이 七貴[40]처럼 영예로우니, 아들에서 손자로 전해졌다. 좋은 향기가 후대로 흐르니, 아름다운 이름을 자손에게 널리 전했다. 빼어난 명성은 비록 다하였지만, 좋은 전범은 여전히 남았다. 그 두 번째.

창밖의 화살처럼 어느새 가을이 왔고, 창틈의 말처럼 빠르게 해가 저물었다. 명성은 나날이 멀어지고, 덕은 해가 지날수록 옛것이 된다. 소나무는 밤바람에 탄식하는 것이 애처롭고, 蘿가 아침이슬에 노래하는 것이 슬프다. 운구하는 수레가 서둘러 움직이려 하지만, 울고 있는 말은 바라만 보며 나아가지 않는다. 산과 계곡의 변화를 탄식하며, 아름다운 명성이 사라지지 않기를 바란다. 그 세 번째.

이상의 해석을 내용에 따라 구분하면 다음과 같다.

구분	판독문 위치	내용	구분	판독문 위치	내용
I	A-01~A-18	묘지의 제목	VIII	Q-19~S-05	唐에서의 행적
II	B-01~B-11	예군의 기본정보	IX	S-06~V-26	예군의 사망과 조정 반응
III	B-12~E-18	선조의 이주 경위와 평가	X	V-27~X-16	예군의 사망에 대한 평가
IV	E-19~G-10	직계 조상의 정보와 평가	XI	X-17~가-09	예군의 매장과 마무리
V	G-11~J-09	백제 멸망 중의 행적	XII	가-10~다-03	銘 1(예군의 혈통과 귀순)
VI	J-10~N-30	백제 멸망 직후의 행적	XIII	다-04~라-06	銘 2(예군의 업적과 자손)
VII	O-01~Q-18	웅진도독부에서의 행적	XIV	라-07~마-27	銘 3(예군의 사망과 추도)

---

40) 七貴는 前漢 시기 조정을 장악했던 7개의 외척 가문, 隋 말 7명의 권력자(段達, 王世充, 元文都, 盧楚, 皇甫無逸, 郭文懿, 趙長文), 權貴 등을 의미한다. 한편 建安七子를 가리킨다는 견해도 있다(古代東アジア史ゼミナール, 2012, 앞의 논문, p.183).

Ⅲ. 「禰軍 墓誌」 관련 주요 논의사항

1. 예군의 인적정보

「예군 묘지」가 발견되기 전에도 문헌에서 예군의 존재를 확인할 수 있었지만, 정보가 단편적이고 백제사의 전개 과정에서 '禰'라는 성이 등장하지 않아 큰 관심을 받지 못했다.[41] 하지만 「예군 묘지」를 통해 그의 생애와 관련된 기본정보들을 복원할 수 있다.

묘지에서 예군이 儀鳳 3년(678) 66세로 사망했다고 서술했으므로, 이를 근거로 그가 613년(백제 무왕 14년, 隋 大業 9년)에 출생했다고 보는 것이 일반적이다.[42] 그런데 당시 당과 백제의 연령 계산 방식에 차이가 있었으므로, 출생 연도를 정밀히 검토할 필요가 있다. 『舊唐書』에 따르면, 당 고조는 天和 원년(566)에 출생해 貞觀 9년(635) 70세의 나이로 사망했다.[43] 반면 백제 무령왕은 『日本書紀』, 『三國史記』, 「武寧王 墓誌」의 기록을 종합하면 雄略 5년(461)에 태어나 523년 62세로 사망했다.[44] 만약 당의 방식을 따른다면 예군은 613년에 출생한 것이 되지만, 백제 방식에 의하면 출생 연도는 612년이다. 「예군 묘지」의 사망 연령은 어떤 방식을 따랐을까. 묘지는 묘주의 의향을 반영하는데, 예군이 자신이 성장한 백제에서의 방식에 근거한 연령을 표방했을 수도 있다. 그러나 백제 멸망 전후 및 당에서의 행적을 감안하면, 사망 당시 예군은 당인으로서의 정체성이 보다 컸다고 생각된다. 게다가 그는 당의 관료로서 里坊制가 엄격히 운용된 장안에 거주했으므로 호적이 작성되었을 것이고, 장례를 주관한 당 정부가 그 기록을 참고했다면 묘지의 연령은 중국 방식으로 산출되었을 가능성이 더 높다. 결국 예군은 613년에 출생했다고 보는 편이 합리적이다.

묘지에 따르면 예군의 부친은 禰善, 조부는 禰譽, 증조는 禰福이다. 이와 관련해 예식진, 예소사 부자의 묘지에 나타난 표현을 살필 필요가 있다. 예식진은 부친이 禰思善, 조부는 禰譽多이며, 그의 아들 예소사는 부친이 禰寔進, 조부가 禰善, 증조는 禰眞이다.[45] 예군, 예식진의 부친과 조부의 이름이 유사

---

41) 『日本書紀』, 『善隣國寶記』 등에서 예군이 등장하는데, 이에 대해서는 웅진도독부 체제에서의 예군의 활동을 정리하면서 다시 서술하겠다.

42) 김영관, 2012, 앞의 논문, p.136.

43) 『舊唐書』 卷1 本紀 第1 高祖, "高祖以周天和元年生於長安", "(貞觀 九年) 崩於太安宮之垂拱前殿 年七十".

44) 『日本書紀』 卷 第14 雄略天皇 5年, "六月丙戌朔 孕婦果如加須利君言 於筑紫各羅嶋産兒 仍名此兒曰嶋君".
　　『三國史記』 卷 第26 百濟本紀 第4 武寧王 23年, "夏五月 王薨 諡曰武寧".
　　「武寧王 墓誌」, "寧東大將軍 百濟 斯麻王 年六十二歲 癸卯年 五月 丙戌朔 七日 壬辰 崩".
　　세 종류의 사료를 조합하여 생몰 연대와 연령을 산출하는 것은 부정확하다고 볼 수도 있다. 그러나 『三國史記』의 무령왕 23년(523)이 계묘년인 사실과 5월에 사망했다는 서술이 「무령왕 묘지」의 내용과 완전히 일치하므로, 사망 관련 사항은 백제 본래의 전승임을 인정할 수 있다. 또한 『日本書紀』의 해당 기사는 『百濟新撰』을 인용한 것이므로 출생 연대도 이미 백제에서 공인된 내용으로부터 유래했을 가능성이 높다. 결국 세 사료가 모두 백제 본래의 전승에서 비롯되었다면, 이들을 연결하여 생몰 연대, 연령을 계산하는 것도 큰 무리는 없을 것이다.

45) 「예식진 묘지」, "祖佐平譽多父佐平思善".
　　「예소사 묘지」, "曾祖眞帶方州刺史祖善隨任萊州刺史父寔進入朝爲歸德將軍東明州刺史左威衛大將軍".

하므로 양자의 관련성을 짐작할 수 있는데, 예식진의 아들 예소사의 조부가 禰善이라고 했으므로 결국 禰善과 禰思善은 동일인을 다르게 표현한 것이라고 할 수 있다.[46] 「예식진 묘지」에 따르면 예식진은 咸亨 3년(672) 58세로 사망하여 615년에 출생한 것이 되므로,[47] 부친이 동일한 예군과 예식진은 두 살 터울의 형제였음을 알 수 있다.

한편 예군은 熊津嵎夷人으로 서술되었다. 일반적으로 웅진은 백제의 두 번째 수도이자 北方의 치소였던 공주를 가리킨다. 그러나 우이는 사비에 위치한 웅진도독부 예하 현의 명칭이었을 뿐만 아니라 멸망 이전부터 백제의 중심지를 가리키는 용어로 사용되었으므로,[48] 「예군 묘지」의 웅진우이는 웅진도독부의 우이, 즉 사비 지역에 해당한다. 이는 예군이 표방한 출생지가 사비였음을 의미한다. 반면 예군의 동생인 예식진은 묘지에서 百濟熊川人으로 기술되었다.[49] 백제웅천은 백제의 웅진을 의미하는 것이 분명하므로[50] 나이 차이가 크지 않은 형제가 각각 다른 곳에서 출생한 것인데, 현재로서는 그 이유를 알기 어렵다. 다만 뒤에서 논의하겠지만 백제 멸망 이후에도 예군은 사비, 예식진은 웅진을 활동 무대로 삼은 것이 확인되므로, 두 형제와 각 지역 사이의 연고를 어느 정도 짐작할 수 있다.

2. 예씨 일족의 출자

「예군 묘지」 및 다른 예씨 3인(예식진, 예소사, 예인수)의 묘지에서는 본인 및 일족의 출자를 언급했다. 그런데 서술한 내용이 모두 조금씩 다르므로, 가계의 내력을 파악하기 위해서는 이들을 종합적으로 비교, 검토할 필요가 있다. 각 묘지에서 본인 및 선조와 관련된 부분을 발췌, 정리하면 다음과 같다.

묘주	본인	선조	이주 시점
예군	熊津嵎夷人	① 其先与華同祖 ② 永嘉末避亂適東 因遂家焉 ③ 曾祖福祖譽父善皆是本藩一品官号佐平 ④ 胄胤靑丘 芳基華麗	4세기 초
예식진	百濟熊川人	① 祖左平譽多父左平思善並蕃官正一品	-
예소사	楚國瑯琊人	① 七代祖禰嵩自淮泗浮於遼陽爲熊川人也 ② 曾祖眞帶方州刺史 祖善隨任萊州刺史 ③ 赫赫我祖 奄營南土 令尹稱功 開封建宇	4세기 말~5세기 초
예인수	-	① 隨末有萊州刺史祢善者 盖東漢平原處士之後也 ② 知天猒隨德 乘桴竄海 遂至百濟	7세기 초

---

46) 예소사의 아들 예인수의 묘지에서도 선조의 관력을 서술하면서 예선-예식진-예소사의 계보를 언급했다. 이와 관련하여 田中俊明은 예소사의 휘가 素士, 자가 素인 점에 착안하여 휘와 자의 관계를 단정할 수 없지만 思善과 善, 譽多과 譽도 동일한 관계로 볼 가능성이 있다고 하였다(田中俊明, 2012, 「百濟·朝鮮史における禰氏の位置」, 『新發見百濟人」禰氏(でいし)墓誌」と7世紀東アジアと「日本」, p.48).

47) 「예식진 묘지」, "咸亨三年五月卄五日因行薨於来州黃縣春秋五十有八".

앞의 표를 살피면 세대가 내려올수록 선조의 출신이 구체화되고 백제로의 이주 시기가 늦어지는 점을 알 수 있다.[51] 이러한 현상을 어떻게 해석해야 할까. 백제의 지배층을 구성한 대성 8족에 예씨가 포함되지 않으므로 예씨를 중국에서 이주한 일족으로 보는 견해가 있다.[52] 여기에서는 묘지들의 내용을 최대한 긍정하는 방향으로 논지를 전개했다. 즉, 예소사가 초국낭야인이므로 그 시원은 楚가 琅邪(현재의 산동 일대)를 점유했던 춘추전국 시기로 올라가며, 예소사의 7대조 예숭이 거주한 淮泗와 예인수의 선조 禰衡(東漢平原處士)이 거주한 平原이 모두 산동 일대이므로 예씨 일족은 산동 지역에서 기원했다는 것이다.

그러나 이러한 논리에는 재고의 여지가 있다. 낭야를 제의 영역으로 보는 통설과 달리 초가 이 지역을 점령했던 사실이 있으므로 초국낭야인이라는 표현은 사용할 수 있다. 그러나 올바른 지역 정보를 사용했다고 그곳을 출자지로 단정할 수는 없다. 예소사는 묘지에 사망 당시 연령을 기록하지 않았지만 관련 기록을 통해 656~658년 사이 백제에서 태어났음을 알 수 있기 때문이다.[53] 또한 예소사, 예인수의 묘지에서 예선(예군, 예식진의 부친)이 隋 末 萊州刺史였다고 했으나, 현재까지 사서에서 확인되는 수대 이 지역의 지방관은 宇文愷, 麥鐵杖, 牛方裕, 淳於에 불과하며 그 칭호도 수말에는 東萊郡守였다.[54] 게다가 예선이 내주자사였다면 그 선대인 예숭의 단계에 백제로 이주했다가 다시 중국으로 돌아간 것이 된다. 수 양제의 고구려 원정에 백제가 협조 의사를 표명했으므로 중국계 백제 관료인 예선을 당시 출병 거점인 내주의 자사로 삼았다고 보는 견해도 있지만,[55] 이미 백제를 의심하던 상황에서,[56] 타국의 사신에게 군사적 중요성이 높은 지역을 관할케 했다고 보기는 어렵다.

묘지는 당대의 기록이므로 역사적 가치가 매우 높지만, 동시에 해당 시점에 묘주가 처한 상황을 반

---

48) 『三國史記』卷 第37 雜志 第6 地理4 三國有名未詳地分, "都督府一十三縣 嵎夷縣 神丘縣 … (下略)".
   『三國史記』卷 第5 新羅本紀 第5 太宗武烈王 7年, "勅王爲嵎夷道行軍摠管 使將兵 爲之聲援".
   이와 더불어 2001년 관북리에서 출토된 286번 목간에서 '嵎夷' 묵서가 확인되었는데, 이를 백제 멸망 이전부터 사용된 지명으로 보는 견해가 있다(윤선태, 2006, 「百濟泗沘都城과 嵎夷─木簡으로 본 泗沘都城의 안과 밖」, 『동아고고논단』2, pp.250~256).

49) 「예식진 묘지」, "公諱寔進百濟熊川人也".

50) 『日本書紀』卷 第17 繼體天皇 23년에서는 경상남도 창원을 가리키는 熊川이 등장한다. 그러나 후술하듯이 예식진은 웅진(공주)에서 활동한 것이 확실하므로 백제웅천을 창원 지역으로 보기는 어렵다.

51) 권덕영, 2012, 앞의 논문, p.16~17.

52) 張全民, 2012, 「唐代百濟禰氏家族墓葬的發見與世系考証」, 『新發見百濟人「禰氏(でいし)墓誌」と7世紀東アジアと「日本」』, pp.16~18.

53) 「예소사 묘지」에서는 그가 15세에 부친의 음덕으로 遊擊將軍을 받았다고 서술했다. 이는 그의 부친 예식진이 左威衛大將軍으로 근무할 때의 일이었을 것이다. 예식진은 671년 東明州 자사로 재직하던 백제고지에서 돌아와 좌위위대장군이 되었고 672년에 사망했다. 결국 예소사가 15세였던 해는 671 혹은 672년이므로, 이로부터 역산하면 출생 시점은 656~658년 사이가 된다.

54) 拜根興, 2012, 앞의 논문, p.307.

55) 김영관, 2012, 앞의 논문, p.110.

56) 『隋書』卷81 列傳 第46 東夷 百濟, "璋亦嚴兵於境 聲言助軍 實持兩端".

영한다. 후술하겠지만 예군, 예식진은 백제 멸망 과정에서 당에 협력한 인물이므로 당인으로서의 정체성을 인정받고자 노력했을 것이다. 그러나 당시 당에는 의자왕의 태자이자 웅진도독인 부여융, 백제 부흥군의 수장이었던 흑치상지 등 다양한 계통의 백제 유민들이 존재했고, 예군 등이 비록 당의 고관을 역임했지만 이들과의 연관성을 부정하기 어려웠을 것이다. 예군, 예식진 단계에서는 중국과의 관련성이 극히 소략한 대신 직계 선조가 백제의 좌평이었음을 강조한 반면, 후대로 갈수록 백제에 대한 언급이 줄어들고 중국과의 관련성을 구체적으로 언급한 양상은 이러한 상황을 반영한다고 생각한다. 또한 예군, 예식진의 장례는 예소사, 예인수의 경우와 달리 당 정부가 주관했으므로 묘지도 그 과정에서 공식적으로 작성했을 가능성이 높다.[57] 그렇다면 백제를 언급한 부분의 신빙성도 상대적으로 높을 것이다. 결국 현재로서는 예씨 일족의 출자를 중국보다 웅진으로 보는 편이 합리적이다.[58]

3. 예군의 백제 정계 진출

예군이 백제 정계에서 두각을 나타낸 것은 언제부터일까. 고대 국가에서 왕실을 제외한 지배층은 각자의 지역 기반을 갖는 경우가 많았고, 특히 백제는 웅진 천도 이후 지배층 내에서 신진 세력의 비중이 증가하는 것을 확인할 수 있다.[59] 예씨는 『宋書』, 『南齊書』 등에 등장하는 王, 侯號를 칭한 백제측 인사나 『隋書』, 『通典』 등에서 제시한 대성 8족에 포함되지 않았으므로,[60] 비록 웅진 지역에 연고가 있더라도 최정상급 지역 세력으로는 여겨지지 않는다. 그러나 후술하듯이 예식진이 백제 멸망 당시 웅진방령이었으므로, 예씨 세력이 어느 시점에 백제 정계에 등장한 것은 분명하다. 예씨가 沙氏, 苩氏 등 유력 성씨들에 비해 그 세력에 부족함이 있었다면, 정계 진출은 왕실과의 결탁을 통해 이루어졌을 가능성이 높다.

이와 관련하여 예씨의 등장이 무왕 28년(627) 신라 공격을 위해 군대를 일으켜 웅진성에 주둔했던 일과 무왕 31년(630) 사비성 중수로 국왕이 웅진성에 머물렀던 일에서 비롯되었다고 본 견해가 있다.[61] 당시 예군은 15~18세였다. 고대에 15세는 노동력 제공의 기준 연령이었고, 군사적으로도 한 명의 몫을 할 수 있는 나이였다.[62] 예군의 조카인 예소사가 15세에 당에서 첫 공직을 시작한 것[63]도 고대의 정

---

57) 「예식진 묘지」, "恩加詔葬禮洽飾終以其年十一月廿一日葬於高陽原爰命典司爲其銘曰 … (하략)".

58) 「예군 묘지」에서는 일족의 기반을 華麗로 서술한 구절이 있다(冑胤靑丘 芳基華麗). 이는 중국과의 관련성을 표현한 수식의 하나일 수도 있지만, 예씨 일족이 낙랑계 이주민이었을 가능성도 있다.
한편 禰를 '니'로 읽으면 『日本書紀』에서 가야계 성씨로 추정되는 爾와 통하므로 예씨를 가야계 이주민과 연결시킨 견해가 있다(강종원, 2012, 『백제 국가권력의 확산과 지방』, 서경문화사, pp.297~301). 그러나 여기에서 제시한 두 인물 중한 명은 왜인으로 보이며, 『日本書紀』에서 한반도 계통 인물의 이름은 대개 음차로 표기했으므로 禰와 爾를 곧바로 연결하기는 어렵다. 또한 예군 등 예씨 4인의 묘지가 모두 중국과의 관련성만을 표방한 이상 예씨가 가야 지역에서 유래했을 가능성은 낮다.

59) 김영심, 1997, 「百濟 地方統治體制 硏究」, 서울대학교 대학원 국사학과 박사학위논문, p.116.

60) 『北史』, 『新唐書』, 『通典』, 『翰苑』 등에서 제시한 대성 8족은 각각 조금씩 차이가 있지만 예씨가 포함된 경우는 없다.

61) 이도학, 2007, 「禰寔進墓誌銘」을 통해 본 百濟 禰氏 家門」, 『전통문화논총』5, p.72.

계 입문 연령이 10대 중반이었음을 보여주는 좋은 예이다. 「예군 묘지」, 「예식진 묘지」 모두 그들의 조부, 부친이 좌평이었다고 서술했으므로, 좌평을 세습한 가문을 배경으로 예군이 정계에 나아갔을 수도 있다. 예군의 조부, 부친은 세대를 감안하면 6세기 중, 후반에 활동했을 것이다. 그런데 묘지 외에 좌평과 연결할 수 있는 예씨 관련 기록이 아직 발견되지 않은 이상, 묘지의 내용만으로 예씨를 백제의 좌평 가문으로 단정하기는 어렵다. 관산성 전투에서 좌평 4명이 사망하면서 생긴 공백을 예씨 가문이 차지했다고 보는 견해도 있지만,[64] 패전 이후 왕권이 귀족세력에 의해 극히 약화된 상태에서 예씨 일족이 기존 유력 가문들의 견제를 극복하고 좌평 가문으로 성장하기는 어려웠을 것이다.

무왕은 성왕의 전사 이후 한동안 위축되었던 왕권을 강화했고, 국력도 신라에 공세를 취할 수 있을 만큼 회복되었다. 이 과정에서 지배구조 역시 변화했을 텐데, 『三國史記』, 『日本書紀』에서 무왕 시기 전후부터 기존의 유력 성씨가 아닌 인물들이 좌평으로 등장하는 현상[65]은 무왕과 새로운 정치세력의 관계를 암시한다. 특히 6좌평-18부 체제의 구축을 위해 당 관제를 도입한 시점이 630년대일 것이라는 견해[66]는 신진 세력들이 제도권에 편입된 시점에 시사하는 바가 크다. 결국 이상의 추론을 종합하면, 예군은 630년 전후 무왕이 웅진 지역과 맺은 모종의 관계 속에서 10대 중반에 정계에 입문했고, 예씨 일족의 대두도 그와 비슷한 시기에 이루어졌다고 보아야 한다.

이러한 추정이 타당하다면, 백제 멸망 당시 예군 등의 행적도 어느 정도 이해할 수 있다. 후술하겠지만 예군, 예식진은 의자왕의 항복에 직접 영향을 미쳤다고 보인다. 왕실과의 결탁을 통해 상당히 높은 지위까지 오른 그들이 한순간에 반역에 가까운 행동을 한 이유는 아직 불분명하다. 그러나 그들이 비교적 늦은 시기 정계에 입문하여 기존 지배층과 충분히 융합할 시간적 여유가 없었던 점은 무시할 수 없다. 무왕 말기부터 백제 조정 내에서 다양한 정치세력들이 각축을 벌였고, 특히 의자왕 시기 당, 왜와

---

62) 『三國史記』 卷 第23 百濟本紀 第1 始祖 溫祚王 41年, "二月 發漢水東北諸部落人年十五歲以上 修營慰禮城".

『三國史記』 卷 第25 百濟本紀 第3 辰斯王 2年, "春 發國內人年十五歲已上 設關防".

『三國史記』 卷 第25 百濟本紀 第3 腆支王 13年, "秋七月 徵東北二部人年十五已上 築沙口城".

『三國史記』 卷 第26 百濟本紀 第4 東城王 12年, "秋七月 徵北部人年十五歲已上 築沙峴耳山二城".

『三國史記』 卷 第26 百濟本紀 第4 武寧王 23年, "春二月 王幸漢城 命佐平因友達率沙烏等 徵漢北州郡民年十五歲已上 築雙峴城".

『三國史記』 卷 第5 新羅本紀 第5 太宗武烈王 7年, "左將軍品日 喚子官狀 一云官昌 立於馬前 指諸將曰 吾兒年十六 雖 志氣頗勇 今日之役 能爲三軍標的乎".

『三國史記』 卷 第41 列傳 第1 金庾信 上, "公年十五歲爲花郎".

『三國史記』 卷 第44 列傳 第4 斯多含, "時斯多含年十五六 請從軍 王以幼少不許 其請勤而志礭 遂命爲貴幢裨將".

63) 「예소사 묘지」, "年十五授遊擊將軍 長上父宿衛近侍".

64) 김영관, 2012, 앞의 논문, pp.149~150.

65) 좌평은 6세기까지 대성 8족에 속한 인물들이 독점하는 경향이 강했다. 543년(欽明4) 임나 관련 회의에서 등장하는 상좌평 沙宅己婁, 중좌평 木刕麻那, 하좌평 木尹貴 등이 대표적이다. 그러나 좌평 王孝隣(무왕8, 607)을 시작으로 7세기 이후 다른 성씨를 갖는 좌평들이 다수 등장하며, 의자왕 17년(657) 왕의 서자 41명을 좌평으로 임명한 단계에서는 이미 관작화되었다고 보인다.

66) 정동준, 2008, 「6佐平-18部體制와 唐制」, 『백제연구』50, pp.189~193.

의 관계를 둘러싼 극심한 갈등은 결국 백제 멸망의 한 원인이 되었다.[67] 그리고 신진 세력이었던 예씨 일족은 왕실의 구심력이 약화된 상황에서 당으로부터 충격이 가해지자 백제로부터의 이탈을 쉽게 선택했던 것이다.[68]

4. 백제 멸망 전후 예군의 활동

예군, 예식진의 묘지는 백제 멸망 시기 그들의 행적을 구체적으로 보여줄 뿐만 아니라 기존 문헌의 내용과도 연결되었으므로 연구자들의 많은 관심을 받았다. 『삼국사기』에 따르면 신·당 연합군의 공세에 직면한 의자왕은 도성을 탈출해 웅진으로 피신했지만 곧 항복했다.[69] 그런데 『舊唐書』, 『新唐書』에서는 그와 관련하여 보다 상세한 모습이 나타난다.

[A-1] 其大將禰植又將義慈來降 (『舊唐書』 卷83 列傳 第33 蘇定方)
[A-2] 其將禰植與義慈降 (『新唐書』 卷111 列傳 第36 蘇定方)

「예군 묘지」에 앞서 「예식진 묘지」가 소개되자,[70] 예식과 예식진을 동일인으로 보는 견해가 제기되었다. 양자의 명칭이 유사하며, 대장 예식의 사례와 유사한 모습을 「예식진 묘지」에서 확인할 수 있기 때문이다.[71] 여기에서는 예식진을 웅진의 대장, 즉 웅진방령으로 보면서 조부, 부친 모두 좌평이었다는 「예식진 묘지」의 서술에 근거해 예식진도 좌평일 가능성을 제기했다. 반면, '大將'이라는 표현으로 보아 두 사람을 동일인으로 볼 수 없다는 의견도 존재한다. 대장은 한 나라의 총사령관을 가리키므로 달솔급인 웅진방령과 예식은 별개의 존재라는 것이다.[72] 그러나 대장을 백제의 특정 관직으로 보기는 어려우므로 이 견해를 따를 수 없다.[73]

---

67) 장미애, 2012, 「의자왕대 정치세력의 변화와 대외정책」, 『역사와 현실』85, pp.247~254.
68) 이러한 양상은 고구려에서도 확인할 수 있다. 645년 안시성 앞에서 벌어진 회전에서 고구려군 15만 명을 지휘한 고연수, 고혜진의 관등은 병력 규모에 어울리지 않는 5품 위두대형, 7품 대형에 불과했다. 이들은 연개소문의 정변에 참여한 공으로 발탁된 인물로 추정되는데(노태돈, 2009, 『한국고대사의 이론과 쟁점』, 집문당, p.217), 항복 직후 태종에게 새로운 공격 루트를 제안하는 등 전향적 태도를 보였다. 특히 중간에 화병으로 사망한 고연수와 달리 고혜진은 태종과 함께 장안으로 돌아갔다.
69) 『三國史記』 卷 第5 新羅本紀 第5 太宗武烈王 7年, "十三日 義慈率左右 夜遁走 保熊津城 … (中略) … 十八日 義慈率太子 及熊津方領軍等 自熊津城來降".
70) 「예식진 묘지」는 2007년 董延壽, 趙振華, 2007, 「洛阳, 鲁山, 西安出土的唐代百济人墓志探索」, 『東北史地』 2007年 第2期에 의해 처음 소개되었다. 한국 학계에는 김영관, 2007, 「百濟遺民 禰寔進 墓誌 소개」, 『신라사학보』10을 통해 알려졌다.
71) 김영관, 2007, 위의 논문, p.375.
    拜根興, 2008, 「百濟와 唐 관계에 관련한 두 문제」, 『백제연구』47, pp.66~67.
72) 이도학, 2007, 앞의 논문, p.80.
73) 이 견해는 백제 부흥군 수뇌부의 일원인 도침이 스스로를 일국의 대장이라고 불렀다는 『三國史記』 百濟本紀의 서술을 근거로 한다. 그러나 당시 도침의 직책은 비록 자칭이지만 領軍將軍이었다.

한편 「예군 묘지」가 알려진 직후에는 軍과 植의 의미가 통하므로 예군과 예식을 동일인으로 보기도 했다.[74] 이는 지나친 추정이라고 생각하지만, 여기에서 양자를 동일시한 것은 「예군 묘지」에서도 의자왕을 데리고 항복하는 것을 연상시키는 모습이 보이기 때문이다. 예군, 예식진 묘지에서 백제 멸망 시기의 모습을 묘사한 부분을 옮기면 다음과 같다.

> [B-1] 去顯慶五年 官軍平本蕃日 見機識變 杖劍知歸 似由余之出戎 如金磾之入漢 (「예군 묘지」)
>
> [B-2] 占風異域 就日長安 式奉文棍 爰陪武悵 腰鞬玕鵰 紆紫懷黃 馳十影於香街 翊九旗 於綺禁 豈与夫日磾之輩 由余之儔 議其誠績 較其優劣者矣 (「예식진 묘지」)

양자 모두 사태의 변화를 살펴 당에 항복했다는 식으로 서술했고, 특히 由余, 金磾(金日磾)의 비유를 동일하게 사용했으므로 이것만으로는 누가 예식인지 확정하기 어렵다. 하지만 2010년 예씨 묘역 발굴 과정에서 발견된 「예인수 묘지」에 따르면 예식진을 예식으로 보아야 한다.

> [B-3] 子寔進世官象賢也 有唐受命東討不庭 卽引其王 歸義于高宗皇帝 (「예인수 묘지」)

여기에서 그 왕을 데리고 고종에게 귀의했다는 표현은 [A-1]과 합치한다. 결국 예식진이 의자왕과 함께 항복한 대장 예식이자 웅진방령이었고, 예군은 앞에서 언급했듯이 사비에서 출생, 활동하다 의자왕과 함께 웅진으로 피신했을 가능성이 높다. 그런데 『三國史記』의 "義慈率太子及熊津方領軍等"에서 웅진방령군을 '웅진방령의 군사'가 아니라 '웅진방령인 군(예군)'으로 해석하는 견해가 있다.[75] 여기에서는 예식과 예식진을 동일인으로 인정하되 항복의 주역은 웅진방령 예군으로 이해했다. 그러나 태자의 이름도 표기하지 않으면서 방령의 이름을 기술했다고 보기 어렵고,[76] 웅진방령군은 웅진방령의 직할 병력으로 이해하는 편이 합리적이다.[77]

예군과 예식진의 관계에서 연구자들의 관심이 집중된 부분은 누가 항복에 주도적인 역할을 했느냐이다. 의자왕은 마지막까지 당군의 공세를 늦추고자 노력했고,[78] 군사적 역량이 우수한 웅진성으로 피

---

74) 王連龍, 2011, 앞의 논문, p.126.
75) 권덕영, 2012, 앞의 논문, pp.22~23.
76) 김영심, 2013, 앞의 논문, p.17.
77) 권덕영, 2012, 앞의 논문, pp.22~23에서는 웅진성의 군사라면 熊津方軍, 熊津城軍으로 표기하는 편이 적합하다고 했다. 그러나 고대 국가의 전쟁 수행 방식을 감안하면 熊津方軍은 유사시 方 예하 각급 행정단위에 주둔하던 병력을 전부 결집시켰을 때 사용하는 표현이다. 또한 반역과도 같은 긴급 상황에서 의자왕의 호송은 웅진방령의 직할 병력이 수행했을 텐데, 熊津城軍으로 표기한다면 문맥에서 웅진방령의 역할이 사라진다. 당시 예식진이 웅진방 예하 군, 성들의 책임자와 병력 전체를 동원하기는 어려웠을 것이므로, 熊津方領軍은 예식진이 가까이에서 부린 직할 군사들을 의미한다고 생각된다.

신한 점에서 재기 의도가 엿보이므로 항복은 의자왕의 의지에 반한다고 추정된다. 이에 대해 [A-1], [B-3]에서 예식진(예식)이 의자왕을 '데리고(將, 引)' 항복했다는 표현을 근거로 웅진방령 예식진이 군사력을 배경으로 의자왕을 협박했다고 보는 것이 일반적이다. 예식진이 左威衛大將軍이라는 고위 관직을 받은 것도 그 대가로 해석한다.

물론 예식진이 의자왕의 항복 과정에서 전면에 부각되었음은 분명하다. 다만 이는 상세히 살필 필요가 있다. 「예소사 묘지」에 따르면 항복 직후 예식진이 받은 관직은 좌위위대장군이 아니라 歸德將軍이었기 때문이다.[79] 물론 귀덕장군(종3품하)이 당시 예군이 받은 右武衛滻川府 折衝都尉(정5품하)보다 품계가 높으므로 예식진의 공이 더 컸다고 보는 견해도 있다.[80] 하지만 귀덕장군은 투항한 이민족 수령들에게 주는 武散官인 반면 예군은 京師에 가깝고 관내도에 속한 중요 지역인 산천부의 절충도위로 임명되었으므로, 품계만으로 누가 더 주도적이었는지 판단하기 어렵다.[81] 게다가 將, 引의 사용이 예식진의 주도적 위치를 보여주는 것은 아니다. 한편 [B-1]에서 보이는 '杖劍'은 거병하여 일을 일으키는 것을 비유할 때 사용하는 용어이다. 이는 예군이 의자왕의 항복 과정에서 있었을 물리력 행사에 개입한 것을 암시하는 표현이 아닐까. 다만 당시 동원한 군사력은 웅진방령 예식진 휘하의 병력이었을 것이므로, 억측에 불과하지만 사비에서부터 의자왕의 곁에 있었을 예군이 '거사'를 기획하고 예식진이 자신의 군사력을 이용해 형의 기획을 실행에 옮겼을 가능성도 있다고 생각한다.[82]

5. 웅진도독부 시기 예군의 활동

당은 백제 멸망 이후 기미지배를 위해 백제 전역을 1도호부 5도독부로 개편했으나 직후부터 이어진 백제 부흥군의 공세로 그 시도는 실패했고, 백제 고지에 대한 지배 형태는 1도독부(웅진도독부) 7주 51

---

78) 『三國史記』 卷 第5 新羅本紀 第5 太宗武烈王 7年, "百濟王子 使佐平覺伽 移書於唐將軍 哀乞退兵 十二日 唐羅軍△△△圍 義慈都城 進於所夫里之原 定方有所忌不能前 庚信說之 二軍勇敢 四道齊振 百濟王子 又使上佐平致饔餼豊腆 定方却之 王 庶子躬與佐平六人 詣前乞罪 又揮之".

79) 「예소사 묘지」 "父寔進入朝爲歸德將軍東明州刺史左威衛大將軍".
예식진의 관력에 대해 「예식진 묘지」에서는 개석에 새겨진 左威衛大將軍을 제외하면 그가 당에서 역임한 관직을 전혀 언급하지 않았고, 「예인수 묘지」에서는 예식진이 의자왕을 데리고 귀순한 공로로 左威衛大將軍이 되었다고 서술했다(子寔 進世官象賢也 有唐受命東討不庭 卽引其王 歸義于高宗皇帝 由是拜左威衛大將軍). 예식진은 백제 멸망에 공이 컸으므로 660년 소정방이 의자왕, 대신들을 이끌고 귀환할 때 동행했을 것이다. 그런데 『唐六典』, 『舊唐書』 등에 따르면, 수에서부터 유지된 左屯衛府가 龍朔 2년(662)에 비로소 左威衛로 바뀌었다(주36 참조). 즉, 660년에 입조한 예식진을 左威衛大將軍으로 임명하는 것은 불가능하다. 반면 歸德將軍은 『舊唐書』에 따르면 顯慶 3년(657)에 설치되었으므로 예식진에게 제수할 수 있다

80) 김영관, 2012, 앞의 논문, p.131.

81) 권덕영, 2012, 앞의 논문, p.23.

82) 한편, 예식진이 이러한 행동을 할 수 있었던 것은 당시 그가 군관구 성격이 강한 方(김영심, 1997, 앞의 논문, pp.135~137)의 책임자였기 때문일 것이다. 백제 말기 좌평이 관작화되던 상황에서 달솔은 실질적 최고 관등이었을 가능성이 높고 「흑치상지 묘지」에서도 달솔과 병부상서가 같다고 했으므로, 달솔이 임명되는 방령은 兵籍 관리 등을 통해 인력 동원 권한을 가졌다고 생각한다.

현 체제로 귀결되었다.[83] 이는 비록 최초 기획과는 달랐으나 백제 고지를 안정적으로 확보, 통치함으로써 한반도 남쪽에 거점을 확보하고, 이를 통해 고구려 정벌을 달성하려는 당 정부의 의도는 유지되었다. 특히 신라와의 대립이 심화되면서 웅진도독부는 백제 고지 안정화, 고구려 정벌 준비, 신라에 대한 대처 등 막중한 임무를 수행해야 했다. 당은 원활한 통치를 위해 다른 지역에서의 기미지배와 마찬가지로 기존 백제 지배층의 일부를 포섭했고, 예군도 문헌에 그 활동 흔적이 남아 있다.

[C-1] 秋七月 王疑百濟殘衆反覆 遣大阿湌儒敦於熊津都督府 請和 不從 乃遣司馬禰軍窺覘 王知謀我 止禰軍不送 擧兵討百濟 (『三國史記』卷第6 新羅本紀 第6 文武王 10年)

[C-2] 至咸亨元年六月 高麗謀叛 摠殺漢官 新羅卽欲發兵 先報熊津云 高麗旣叛 不可不伐 彼此俱是帝臣 理須同討凶賊 發兵之事 須有平章 請遣官人來此 共相計會 百濟司馬 禰軍來此 遂共平章云 發兵已後 卽恐彼此相疑 宜令兩處官人 互相交質 卽遣金儒敦 及府城百濟主簿首彌長貴等 向府 平論交質之事 (『三國史記』卷第7 新羅本紀 第7 文武王 11年)

[C-3] 由是 獲罪大朝 遂遣級湌原川 奈麻邊山 及所留兵船郎將鉗耳大侯 萊州司馬王藝 本烈州長史王益 熊州都督府司馬禰軍 曾山司馬法聰 軍士一百七十人 (『三國史記』卷第7 新羅本紀 第7 文武王 12年)

위의 기록들을 통해 예군이 670년 전후 웅진도독부의 사마로 활동했고, 간첩 혐의로 신라에 억류된 후 당에 보내졌음을 알 수 있다.[84] 당시 웅진도독부는 도독 부여융이 665년 당으로 돌아갔고, 鎭將 유인원마저 고구려 정벌에 종군하다 668년 유배되었으므로[85] 司馬였던 예군이 실질적 책임자였을 것이다. 비록 체포의 명분은 간첩 행위였지만, 그 직후 신라가 백제 고지의 82개 성을 함락시킨 것을 감안할 때 오히려 신라가 예군을 억류하여 웅진도독부 통수체계의 교란을 노렸다고 보는 견해[86]도 웅진도독부에서 그가 차지하는 비중을 잘 보여준다.

그렇다면 예군은 언제부터 백제 고지에서 활동했을까. 일본측 문헌에서 관련 기사를 확인할 수 있다.

---

83) 박지현, 2012, 「熊津都督府의 성립과 운영」, 서울대학교 대학원 국사학과 석사학위논문, pp.30~40.

84) 한편 「흑치상지 묘지」에 따르면 흑치상지는 함형 3년(672)에 웅진도독부 사마를 겸했다. 이는 예군이 당으로 보내진 해이므로 그가 예군의 후임자였을 것이다.

85) 『舊唐書』卷199上 列傳第149上 東夷 百濟國, "仁願仁軌等旣還 隆懼新羅 尋歸京師".
  『三國史記』卷 第28 百濟本紀 第6, "仁願等還 隆畏衆攜散 亦歸京師".
  『新唐書』卷220 列傳第145 東夷 高麗, "劉仁願與勣會 後期 召還當誅 赦流姚州".

86) 이도학, 1987, 「熊津都督府의 支配 組織과 對日本政策」, 『백산학보』34, pp.93~94.

[C-4] 夏五月戊申朔甲子 百濟鎭將劉仁願遣朝散大夫郭務悰等進表函與獻物 (『日本書紀』
卷第27 天智天皇 3年)

[C-5] 海外國記曰 天智天皇三年四月 大唐客來朝 大使朝散大夫上柱國郭務悰等卅人 百
濟佐平禰軍等百餘人 到對馬島 (『善隣國寶記』卷上 天智天皇 3年)

[C-6] 九月庚午朔壬辰 唐國遣朝散大夫沂州司馬上柱國劉德高等 等謂右戎衛郎將上柱
國百濟禰軍 朝散大夫上柱國郭務悰 凡二百五十四人 七月廿八日至于對馬 九月廿
日至于筑紫 廿二日進表函焉 (『日本書紀』卷第27 天智天皇 4年)

이에 따르면 예군은 664년 백제 고지를 실질적으로 책임진 유인원의 사신으로 일본에 파견되었으므
로 그가 660년 입당 이후 곧 다시 돌아왔음을 알 수 있다. 첫 번째 방일이 부여융의 웅진도독 임명, 취
임보다 이르다는 점,[87] 당시 [C-6]처럼 당의 공식 직함(右戎衛郎將)이 아닌 百濟佐平으로 불린 점으로
미루어 예군은 웅진도독부 체제가 확립되기 이전부터 현지에서 당 지배 정책의 핵심 인물로 활동했다
고 생각한다. 그 구체적인 시점은 663년 백강 전투 이후일 것이다. [C-4]~[C-6]의 파견은 백강 전투
의 사후처리를 위한 것이며,[88] 「예군 묘지」에서도 예군이 그러한 목적에서 사신으로 발탁되었음을 암
시하는 부분이 보이기 때문이다.[89] 예군은 사행에서의 공로로 左戎衛郎將, 이어서 右領軍衛中郎將 겸
檢校熊津都督府司馬에 임명되었고 이후의 전개는 [C-1]~[C-3]과 같을 것이다.[90]

한편 예식진도 백제 고지 지배에 참여했다. 앞에서 살폈듯이 그는 귀덕장군에 이어 동명주자사를 역
임했는데 동명주는 웅진도독부 예하 7주의 하나였다. 동명주는 예하의 현들(웅진현, 노신현, 구지현, 부
림현)이 모두 공주 일대로 비정되므로,[91] 웅진성을 치소로 하는 北方과 지리적으로 밀접한 관계이다. 예
식진은 자신이 방령이었던 지역에 다시 한 번 부임한 것이다.[92] 그가 귀덕장군에 이어 곧바로 동명주자
사에 임명된 사실과 예군의 경우를 감안하면 예식진도 형과 비슷한 시기에 백제 고지로 돌아왔다고 추
정된다.[93] 백제 고지 지배의 핵심 기구인 웅진도독부와 그를 뒷받침하는 군사 거점인 동명주에서 각각

---

87) 부여융은 665년의 취리산 회맹에 참가하기 이전 664년 10월 유인궤의 추천에 의해 웅진도독으로 임명되었다(박지현,
2012, 앞의 논문, p.27).

88) 西本昌弘, 2013, 「禰軍墓誌の『日本』と『風俗』」, 『日本歷史』779, p.88.

89) 「예군 묘지」의 해당 부분은 '日本'에 대한 논의를 검토하면서 다시 언급하겠다.

90) [C-6]에서 예군은 右戎衛郎將 직책으로 방일했다. 반면 「예군묘지」에 따르면 그는 항복 과정에서의 공으로 右武衛滻川
府 折衝都尉를 받은 이후 左戎衛郎將으로 승진했다. 이에 대해 예군이 右戎衛郎將으로 갔던 사행의 공으로 左戎衛郎將으
로 승진했다는 견해(왕연룡, 2011, 앞의 논문, p.128)와 右戎衛郎將은 左戎衛郎將의 오기로 보는 견해(권덕영, 2012, 앞
의 논문, p.25)가 있다.

91) 『三國史記』卷 第37 雜志 第6 地理4 三國有名未詳地分, "東明州四縣 熊津縣 本熊津村 鹵辛縣 本阿老谷 久遲縣 本仇知 富
林縣 本伐音村".

92) 예식진이 자신의 연고지에 부임한 사실은 웅진도독부 사마로 임명된 예군도 사비에 연고가 있었음을 암시한다.

93) 권덕영, 2012, 앞의 논문, pp.27~28.

활동한 예군, 예식진은 당시 당의 동북아시아 전략에서 중요한 역할을 수행한 존재였다고 할 수 있다.

6. '日本'의 해석

「예군 묘지」에는 '日本'을 명시한 다음의 구절이 있다.

[D-1] 于時日本餘噍 據扶桑以逋誅 風谷遺甿 負盤桃而阻固

'일본'을 표기한 실물자료인 「杜嗣先 묘지」(713), 「井眞誠 묘지」(734)보다 4~50년 이른 자료의 발견은 당연히 학계의 관심 대상이 되었고, 「예군 묘지」의 소개 직후 묘지의 일본 표현이 국호를 지칭한다고 보는 견해들도 많이 등장했다.[94] 그러나 당시 日本은 국호가 아니라 신라, 고구려를 가리킬 때 사용한 日東, 日域 등과 같은 일반명사였고, 「예군 묘지」에서 고유한 국호는 한 번도 언급하지 않았으므로, [D-1]의 일본 또한 국호(고유명사)로 볼 수 없다는 반론이 제기되었다.[95] 이는 묘지의 내용 전체를 감안해 내린 결론이며, 현재 「예군 묘지」의 '일본' 표현만으로 국호 제정 시점을 판단하기는 어렵다는 의견이 일반적이다.[96]

근래 묘지의 내용과 당시 웅진도독부와 신라, 왜, 당 사이에서 벌어졌던 사건들을 함께 고려하여 [D-1]의 日本, 扶桑, 風谷, 盤桃가 각각 백제, 왜, 고구려, 신라를 의미한다고 보는 견해가 제기되었다.[97] 묘지가 비록 압축적으로 서술되었지만, 일관된 서사 구조를 갖는 이상 전체 맥락을 감안하며 분석한 위 견해의 검토 방식은 타당하다고 생각한다. [D-1]에 이어지는 구절을 문맥에 맞춰 구분하면 다음과 같다.

[D-2] 萬騎亘野 与盖馬以驚塵 千艘橫波 援原虵而縱泝

[D-3] 以公格謨海左 龜鏡瀛東 特在簡帝 往尸招慰

[D-4] 公徇臣節而投命 歌皇華以載馳 飛汎海之蒼鷹 翥淩山之赤雀 決河眥而天吳靜 鑿風
隧而雲路通 驚鳧失侶 濟不終夕

[D-5] 遂能說暢天威 喩以禍福千秋

---

94) 王連龍, 2011, 앞의 논문.
    氣賀澤保規, 2012, 「百濟人禰氏墓誌の全容とその意義·課題」, 『新發見百濟人「禰氏(でいし)墓誌」と7世紀東アジアと「日本」』.
    王連龍, 2012, 「「禰軍墓誌」與"日本"國號問題」, 『新發見百濟人「禰氏(でいし)墓誌」と7世紀東アジアと「日本」』.
    小林敏男, 2012, 「白村江以後の「日本」國號問題 -「禰軍墓誌」の發見に寄せて-」, 『新發見百濟人「禰氏(でいし)墓誌」と7世紀東アジアと「日本」』.
95) 東野治之, 2012, 「百濟人禰軍墓誌の「日本」」, 『圖書』75, pp.3~4.
96) 西本昌弘, 2013, 앞의 논문, p.89.
97) 李成市, 2013, 앞의 논문, pp.242~248.

[D-6] 僭帝一旦稱臣 仍領大首望數十人 將入朝謁

[D-7] 特蒙恩詔 授左戎衛郎將 少選遷右領軍衛中郎將兼檢校熊津都督府司馬

[D-3]~[D-6]은 예군이 招慰를 위한 사신으로 활동한 과정을 말해준다. 위의 견해는 이 부분이 670년 예군이 웅진도독부 사마로서 신라로 갔던 사건을 표현했다고 보았다. [D-6]의 僭帝를 예군 파견 시점에 안승을 고구려왕으로 책봉한 문무왕으로 간주했기 때문이다.[98] 또한 [D-6]의 大首望 수십 명은 예군이 풀려나 당으로 귀환할 때 동행했던 급찬 원천, 나마 변산 등[99]을 지칭한다고 추정했다. 이렇게 본다면 [D-1]은 [D-3]~[D-6]의 전제가 되는 일이므로 670년 당시의 국제정세를 감안하면 왜(扶桑)와 연계한 백제(日本) 유민과 신라(盤桃)에 의지한 고구려(風谷) 유민을 가리킨다고 할 수 있다.

扶桑은 전통적으로 일본을 가리키는 용어이고,[100] 백제 멸망 이후 다수의 유민들이 일본 열도로 이주했을 뿐만 아니라 실제로 백강 전투가 있었던 만큼 '일본의 남은 무리가 부상에 근거해 주벌을 피한다.'는 표현은 백제 유민과 왜 조정을 의미한다고 보아야 한다. 그러나 이어지는 구절의 해석은 재검토의 여지가 있다. 670년 신라 방문 시점에 예군은 이미 웅진도독부 사마였다.[101] 그런데 묘지의 서술에 따르면 예군이 웅진도독부 사마가 된 것([D-7])은 [D-3]~[D-6] 이후이다. 예군의 招慰가 그가 사마가 되기 전의 일이었던 이상, 문무왕과의 관련성은 단정할 수 없다.[102] 그렇다면 [D-1]~[D-6]은 어떤 장면을 서술한 것일까.

이를 위해서는 예군이 '招慰' 사신으로 발탁된 배경과 '僭帝'의 대상을 밝혀야 한다. 우선 전자와 관련하여 「예군 묘지」에는 대구 표현이 자주 등장한다. 이들을 살피면 대부분 하나의 대상을 두 측면에서 서술했고 전혀 관계없는 소재를 대구로 엮은 경우는 찾기 어렵다. [D-2]에서는 기병과 함대를 묘사했는데, 보통 '盖馬'라는 표현으로부터 고구려를 연상하기 쉽다. 그러나 대구 표현 방식을 고려하면 양자는 하나의 전장을 묘사했을 가능성이 높다. 예군이 활동하던 시기 묘지의 표현처럼 대규모 기병과 수군이 함께 확인되는 전투는 663년의 백강 전투이다. 백강 전투는 당과 왜의 수전으로 유명하지만, 백제 부흥군의 기병과 신라 기병의 교전도 당시 전투의 향방을 결정한 중요한 요소였다.[103] 이렇게 [D-2]를

---

98) 『三國史記』 卷 第6 新羅本紀 第6 文武王 10年, "遣沙飡須彌山 封安勝爲高句麗王".

99) 『三國史記』 卷 第7 新羅本紀 第7 文武王 12年, "遂級飡原川 奈麻邊山 及所留兵船郎將鉗耳大侯 萊州司馬王藝 本烈州長史王益 熊州都督府司馬禰軍 曾山司馬法聰 軍士一百七十人".

100) 白鳥庫吉은 扶桑이 동방의 일출 경계를 일컫는 명칭으로 漢人의 지리 지식이 내지로 제한되었을 때에는 산동 동부를 그 지역으로 여겼지만 이후 한반도와 통교하고 나아가 왜국과 왕래하면서 지칭 대상이 한반도 삼국으로, 다시 왜국으로 옮겨졌다고 했다(西本昌弘, 2013, 앞의 논문, p.90).

101) 『三國史記』 卷 第6 新羅本紀 第6 文武王 10年, "秋七月 王疑百濟殘衆反覆 遣大阿飡儒敦於熊津都督府 請和 不從 乃遣司馬禰軍窺覘".

102) 古代東アジア史ゼミナール, 2012, 앞의 논문, pp.174~175에서도 이 구절을 670년의 일로 볼 경우 시간 순서에 오류가 발생한다는 점을 지적했지만, 문무왕의 안승 책봉 및 672년 사죄사를 파견할 때 문무왕이 칭신한 점에 더 비중을 두어 僭帝가 문무왕일 가능성이 높다고 보았다.

백강 전투의 묘사로 본다면 [D-3]~[D-6]에서 묘사한 招慰의 대상국은 왜였을 가능성이 높다. 앞에서 검토했듯이 예군은 664, 665년 두 차례 왜 조정을 방문했으므로 시간적으로도 부합한다.

한편 '僭帝'는 당시 당과 대립하던 국가의 군주를 지칭할 것이다. 고구려와 당의 갈등은 연원이 깊었고, 백제는 신·당 연합군에 의해 멸망했다. 신라는 당의 동맹국이었지만 백제 고지의 지배권을 두고 양국의 이견이 첨예하게 대립했고, 왜는 백제의 우방으로서 백강 전투에서 신·당 연합군과 격돌했다. 묘지의 참제는 이들 중 어느 나라의 군주였을까. 우선 고구려는 「광개토왕릉비문」, 「牟頭婁 묘지」 등을 통해 5세기에 이미 독자적인 천하관, 연호 등을 가졌음을 알 수 있고, 남북조의 여러 왕조들로부터 책봉을 받았지만 이는 형식적인 것에 불과했다.[104] 그러나 고구려 관련 서사가 전무한 「예군 묘지」에서 갑자기 고구려왕이 등장했다고는 보기 어렵다. 한편 신라왕(문무왕)은 670년 안승을 책봉했으므로 참제로 불렸을 가능성이 높다. 하지만 위에서 살폈듯이 시간 순서를 감안하면 참제 관련 부분은 웅진도독부 사마 예군과 신라 사이의 일이 아니다. 게다가 672년 문무왕이 당에 보낸 사신들을 묘지의 大首望으로 보기에는 그 관등(급찬, 나마)이 지나치게 낮고, 당시 예군은 신라에 억류되었다가 풀려난 상당히 치욕스러운 처지였으므로 이 사건을 묘지에 남겼을지 의심스럽다.

상당수의 연구자들은 참제를 백제왕으로 추정한다. 소정방이 장안으로 끌고 간 의자왕, 태자 및 수많은 대신들의 모습이 [D-6]과 통하기 때문이다.[105] 그러나 이 660년의 사건으로 예군은 이미 右武衛 滻川府 折衝都尉를 받았다. 무엇보다 [D-7]에서 예군이 참제에 대한 招慰의 공으로 받은 左戎衛郎將은 左戎威의 연혁을 생각하면 662년부터 사용할 수 있는 명칭이다.[106] 참제를 의자왕으로 간주해 [D-1]~[D-7]을 백제 멸망 당시의 일로 본다면 예군은 660년에 세운 공으로 최소 2년이 지난 후 비로소 포상을 받은 것이 되는데, 이는 극히 어색하다.

결국 참제로 볼 수 있는 대상 중 남은 것은 왜왕뿐이다. 왜는 이미 수대에 천자국을 칭했고,[107] 당도 이를 인식하고 있었을 것이다. 661년 齊明이 사망한 후 天智는 황태자 신분으로 稱制를 시작했다. 그는 백강 전투 이전에 豊璋에게 織冠[108]을 수여하고 그가 백제의 왕위를 잇도록 했을 뿐만 아니라, 백강 전투 이후에는 훗날 백제왕으로 賜姓된 善光王 등을 難波에 안치시켰고 귀족을 포함한 다수의 백제인들

---

103) 『三國史記』 卷 第7 新羅本紀 第7 文武王 11年, "此時 倭國船兵 來助百濟 倭船千艘 停在白江 百濟精騎 岸上守船 新羅驍騎 爲漢前鋒 先破岸陣 周留失膽 遂卽降下".

104) 노태돈, 1999, 『고구려사 연구』, 사계절, pp.356~391.

105) 이러한 견해에서는 [D-6] 전체의 주어를 참제로 설정하여 僭帝(의자왕)가 大首望 수십 인을 이끌고 입조했다고 해석한다. 그러나 이 경우 이어지는 [D-7]의 포상 대상에 혼동을 초래할 수 있고, 의자왕은 포로의 한 명으로서 다른 이들을 이끌 수 있는 입장이 아니었다. 여기에서는 [D-6]의 '僭帝一旦稱臣'을 제외한 나머지 구절의 주어를 예군으로 보고 해석했다.

106) 左戎威의 연혁은 주30 참조.

107) 『隋書』 卷81 列傳 第46 東夷 倭國, "大業三年 其王多利思比孤遣使朝貢 … (中略) … 其國書曰 日出處天子致書日沒處天子無恙云云 帝覽之不悅".

108) 大化 4년 2월에 제정된 冠19階의 첫 번째 大織 혹은 두 번째 小織과 관련된 것으로 보인다.

을 중앙, 지방에 수용했다.[109] 당의 입장에서는 이러한 일련의 행위들을 취한 天智를 참제로 보았을 가능성이 다분하다. 또한 665년 예군의 2차 방일에서 大使 劉德高의 送使로 당에 보낸 小錦守君大石 등을 大首望으로 상정할 수 있다.[110] 이상의 추론을 인정할 수 있다면 [D-2]~[D-7]은 백강 전투와 그 사후처리 과정에서 활약한 예군을 묘사한 것이 되고 그 시점에서 고구려는 아직 멸망하지 않았으므로, [D-1]의 후반부도 백제 유민과 왜의 관계를 언급한 것으로 추정된다. 결국 日本과 風谷은 백제, 扶桑과 盤桃는 왜를 가리키는 용어로 보아야 할 것이다. 또한 이를 통해 예군 본인에게 왜와의 교섭은 백제 멸망 과정 및 웅진도독부 사마로서의 활동과 함께 묘지에 기록될 정도로 생애에서 큰 비중을 차지한 일이었음을 알 수 있다.[111]

Ⅳ. 맺음말

예군은 672년 당에 귀환한 후 右威衛將軍 및 다른 관직들을 역임했다고 보인다.[112] 그는 678년 2월

---

109) 『日本書紀』 卷 第27 天智天皇 即位前紀, "(九月)以織冠授於百濟王子豊璋".
   『日本書紀』 卷 第27 天智天皇 元年, "(五月)宣勅以豊璋等使繼其位".
   『日本書紀』 卷 第27 天智天皇 3年, "三月 以百濟王善光王等居于難波".
   『日本書紀』 卷 第27 天智天皇 4年, "是月 勘校百濟國官位階級 仍以佐平福信之功 授鬼室集斯小錦下 其本位達率 復以百濟百姓男女四百餘人居于近江國神前郡".

110) 『日本書紀』 卷 第27 天智天皇 4年, "是歲 遣小錦守君大石等於大唐云云 等謂小山坂合部連石積 大小乙吉士岐彌 吉士針間 盖送唐使人乎".
   이와 관련하여 小錦守君大石 이하 왜의 사신단이 666년 고종의 태산 봉선에 참여했을 것으로 보는 견해가 있다. 『舊唐書』에 따르면 유인궤는 태산 봉선에 신라, 백제, 탐라, 왜 4국의 우두머리를 이끌고 참여했다(『舊唐書』 卷84 列傳 第34 劉仁軌, "麟德二年 封泰山 仁軌領新羅及百濟耽羅倭四國酋長赴會 高宗甚悅 擢拜大司憲"). 유인궤가 인솔한 왜의 우두머리가 바로 이들이었다면, 이는 왜 조정이 고종에 대한 순종을 강력히 표방한 것이 된다(吉川眞司, 2011, 『飛鳥の都』, 岩波書店, p.99). 또한 守君大石의 관위인 小錦은 天智 3년 2월에 새로 공포한 冠26階의 10~12위에 해당하는데(小錦上, 小錦中, 小錦下), 岩波書店刊 『日本書紀』의 주석에 따르면 당시 그들이 고종의 태산 봉선에 참가한다는 목적도 가졌으므로 守君大石의 관위가 送使에 걸맞지 않게 높았다고 한다. 守君大石 본인도 661년 편성된 백제구원군의 後軍 지휘부의 일원이었을 뿐만 아니라(『日本書紀』 卷第27 天智天皇 即位前紀 8月), 그 시조는 왜왕 景行의 장자인 大碓皇子였다(『日本書紀』 卷第7 景行天皇 40年 7월). 이는 씨족 전승에 의거한 것이겠지만, 守君大石이 일반 관인이 아니라 皇別氏族에 속했을 가능성도 있다.

111) 그동안 백강 전투는 중앙집권적 율령체제의 형성 동인이라는 점에서 일본 학계에 의해 높이 평가되었다. 그러나 이는 신라, 당 입장에서 별로 큰 비중을 차지하는 전투가 아니었다. 백강 전투를 과도하게 강조할 경우 백제 부흥전쟁의 주전장이 주류성 공략전이었던 점을 홀시하거나 신라의 역할을 피동적으로 파악할 위험이 있다(노태돈, 2009, 『삼국통일전쟁사』, 서울대학교출판부, pp.190~191). 다만 예군은 백제 멸망 이후 주로 왜와의 교섭에 종사했고 그 공으로 중앙관계에 진출할 수 있었던 만큼, 백강 전투와 그 사후처리를 위한 왜 조정과의 교섭은 그의 개인 생애에서 매우 중요한 일로 여겨졌을 것이다. 당 정부도 왜와의 교섭을 경시하지 않았음은 664년 예군을 포함한 1차 방일이 유인원의 개인 사절이라는 이유로 거부되자 곧바로 다음 해에 공식 사절단을 보낸 사실을 통해 짐작할 수 있다.

19일 병으로 장안의 저택에서 사망했고, 당 조정은 그의 공로를 감안해 장례에 필요한 일체 물품을 지급했을 뿐만 아니라 정부 인사가 절차를 감독했다. 그 해 10월 2일 예군은 현재 서안시 남쪽에 위치한 雍州 乾封縣 高陽里에 매장되었다. 이 지역은 6년 전에 사망한 예식진이 묻힌 高陽原으로 예소사, 예인수의 묘도 이곳에 조영되었다.

지금까지의 논의를 요약하면 다음과 같다.

「예군 묘지」는 7세기 중반 동북아시아에서 삼국통일전쟁이 진행되는 와중에 백제, 당, 왜, 신라를 넘나들며 다양한 활동을 한 예군의 생애를 담고 있다. 한, 중, 일 학계는 각자의 입장에 따라 묘지 연구를 진행하고 있으므로, 지금까지의 논의사항들을 정리, 검토할 필요가 있다.

예군은 678년 66세로 사망했는데, 그의 연령은 당의 방식으로 산출되었을 것이므로 출생한 해는 613년이 된다. 예군의 계보는 부친 禰善, 조부 禰譽, 증조 禰福으로 이어진다. 한편 예식진은 부친이 禰思善, 조부가 禰譽多인데 예식진의 아들 예소사의 조부가 禰善이었으므로 예선과 예사선은 동일인이었다. 이를 통해 예군과 예식진이 형제 관계였음을 알 수 있다. 또한 묘지에서는 예군을 웅진우이인으로 서술했는데 이는 웅진도독부의 우이현을 지칭하므로 예군은 사비에서 출생했다고 보인다. 백제웅천인으로 기록된 예식진과 출생지가 다른 이유를 아직 알 수 없지만, 두 형제가 각 지역에서 갖는 연고는 이후의 행적을 통해서도 짐작할 수 있다.

예씨 4인의 묘지들을 검토하면 예군, 예식진 단계에서는 선조와 백제의 관련성을 강조한 반면 후대로 갈수록 중국으로부터의 출자를 구체적으로 서술하는 경향이 확인된다. 예씨 일족이 산동 지역에서 기원했다는 견해도 있지만 사실관계에 오류가 많아 따르기 어렵다. 예군, 예식진 등은 당인으로서의 정체성을 갖고자 노력했을 텐데, 당 정부의 감독 아래 작성되었을 묘지가 백제와의 관계를 강조한 사실은 시사하는 바가 크다. 아직 불분명한 점이 많지만 현재로서는 예씨 일족의 출자를 중국보다 웅진으로 보는 편이 합리적이다.

예씨 일족은 최정상급 지방 세력으로는 여겨지지 않는다. 이들이 백제 정계에 진출하기 위해서는 왕실과의 결탁이 필요했을 것이다. 무왕은 기존 유력 성씨 외의 인물들을 등용했고, 630년대에는 좌평 및 관서 체계에 변화가 있었다. 특히 이 시기 무왕은 웅진 지역과 모종의 관계를 맺었는데, 당시 예군이 정계 입문 적령기였던 점이 주목된다. 예씨 일족의 대두도 예군의 정계 진출과 비슷한 시기에 이루어졌을 것이다. 그러나 기존 지배층과의 융합이 충분치 않은 상태에서 당으로부터 충격이 가해지자 예씨 일족은 백제로부터의 이탈을 쉽게 선택했다.

문헌에는 의자왕을 데리고 항복한 예식이 등장한다. 예군, 예식진과 예식의 관계에 대해 논의가 분분했지만, 「예인수 묘지」를 통해 예식진이 예식이고 웅진방령이었음이 분명해졌다. 의자왕의 항복은

---

112) 右威衛將軍의 제수일(咸亨 3년 11월 21일)과 左威衛大將軍 예식진의 매장일이 같으므로 동생의 사망과 관련이 있다고 보는 견해(王連龍, 2011, 앞의 논문, p.129, 張全民, 2012, 앞의 논문, p.21)와, 같은 해 신라에서 풀려난 사건과 관련되었다고 보는 견해(김영관, 2012, 앞의 논문, p.135)가 있다.

방령으로서 군사력을 보유한 예식진이 주도했다고 보는 것이 일반적이다. 그러나 항복 직후 형제가 당에서 받은 관직을 고려하면 이 사건에서 예군이 차지하는 비중은 무시할 수 없다. 특히 「예군 묘지」에는 예군이 물리력 행사에도 개입했을 가능성을 암시하는 부분이 있으므로, 의자왕의 곁에 있었을 예군이 '거사'를 기획하고 예식진이 자신의 군사력을 이용해 형의 기획을 실행에 옮겼을 가능성도 있다.

예군은 간첩 혐의로 신라에 억류되기까지 웅진도독부 사마로서 도독부의 실질적 책임자였다. 게다가 부여융이 웅진도독으로 임명되기 이전, 즉 웅진도독부 체제가 확립되기 전부터 이미 백강 전투의 사후처리를 위한 사절로 왜 조정에 파견되는 등 당의 백제 고지 지배 정책에 참여하고 있었다. 예식진 또한 자신이 방령이었던 웅진 지역에 설치된 동명주의 자사로 활동했다. 백제 고지 지배의 핵심 기구인 웅진도독부와 그를 뒷받침하는 군사 거점인 동명주에서 활약한 예군, 예식진은 당시 당의 동북아시아 전략에서 중요한 역할을 수행한 존재였다.

「예군 묘지」에는 '日本'이 명시되어 큰 관심을 받았다. 다만 당시 '일본'이 고유 명사였다고 보기 어렵고, 묘지에서 어떤 국호도 나타나지 않으므로 이 표현만으로 일본의 국호 제정 시점을 판단하기는 어렵다. 근래 이 부분이 670년 예군의 신라 파견을 나타낸 것이라고 보는 견해가 제기되었다. 그러나 해당 구절에서 서술한 招慰의 배경은 백강 전투였고, 招慰의 대상인 僭帝는 당시 정세를 감안할 때 왜왕권의 天智였을 가능성이 높다. 결국 이는 백강 전투와 그 사후처리를 묘사한 것으로 이해해야 한다. 왜와의 교섭은 묘지에 기록될 만큼 예군의 생애에서 큰 비중을 차지한 일 중의 하나였다.

7세기 중, 후반 백제, 왜, 당, 신라를 누볐던 예군의 생애는 당시를 살아간 삼국민, 특히 유민들의 다양했던 삶 중에서도 흥미로운 궤적을 보인다. 현대 한·중·일 학계가 이에 대해 많은 관심을 보이는 것도 동북아시아 차원에서 예군의 묘지가 갖는 의의를 입증할 것이다. 다만 기존 논의사항의 정리, 검토에 치중한 결과, 이 글에서는 예군 및 예씨 일족이 표방한 정체성과 그 변화, 입당 이후의 행적 등에 대해서는 충분한 검토가 이루어지지 못했다. 본 논문의 부족한 부분은 차후 기존 사료와 더불어 다른 예씨 일족 및 현재도 발견이 이어지고 있는 재당 삼국민의 묘지들을 종합적으로 분석, 검토함으로써 보완하도록 하겠다.

투고일 : 2013. 10. 26   심사개시일 : 2013. 10. 28   심사완료일 : 2013. 11. 11

참/고/문/헌

이도학, 1987, 「熊津都督府의 支配 조직과 對日本政策」, 『백산학보』34.

김영심, 1997, 「百濟 地方統治體制 研究」 서울대학교 대학원 국사학과 박사학위논문.

노태돈, 1999, 『고구려사 연구』, 사계절.

윤선태, 2006, 「百濟泗沘都城과 嵎夷 −木簡으로 본 泗沘都城의 안과 밖」, 『동아고고논단』2.

김영관, 2007, 「百濟遺民 禰寔進 墓誌 소개」, 『신라사학보』10.

이도학, 2007, 「「禰寔進墓誌銘」을 통해 본 百濟 禰氏 家門」, 『전통문화논총』5.

拜根興, 2008, 「百濟와 唐 관계에 관련한 두 문제」, 『백제연구』47.

정동준, 2008, 「6佐平−18部體制와 唐制」, 『백제연구』50.

노태돈, 2009, 『삼국통일전쟁사』, 서울대학교출판부.

노태돈, 2009, 『한국고대사의 이론과 쟁점』, 집문당.

강종원, 2012, 『백제 국가권력의 확산과 지방』, 서경문화사.

권덕영, 2012, 「백제 유민 禰氏一族묘지명에 대한 斷想」, 『사학연구』105.

김영관, 2012, 「中國 發見 百濟 遺民 禰氏 家族 墓誌銘 檢討」, 『신라사학보』24.

박지현, 2012, 「熊津都督府의 성립과 운영」 서울대학교 대학원 국사학과 석사학위논문.

拜根興, 2012, 「당대 백제유민 禰씨가족 묘지에 관한 고찰」, 『한국고대사연구』66.

장미애, 2012, 「의자왕대 정치세력의 변화와 대외정책」, 『역사와 현실』85.

김영심, 2013, 「백제 사비기 왕권과 귀족세력−沙氏·禰氏 관련 신출자료에 의한 재해석−」, 한국사연구
　　회 제293차 월례 연구발표회.

李成市, 2013, 「禰軍 묘지 연구−禰軍의 외교상 사적을 중심으로−」, 『목간과 문자』10.

董延壽, 趙振華, 2007, 「洛阳, 鲁山, 西安出土的唐代百济人墓志探索」, 『東北史地』2007年第2期.

拜根興, 2008, 「百济遗民『祢寔进墓志铭』关联问题考释」, 『東北史地』2008年第2期.

王連龍, 2011, 「百濟人『禰軍墓誌』考論」, 『社會科學戰線』2011年第7期.

吉川眞司, 2011, 『飛鳥の都』, 岩波書店.

葛繼勇, 2012, 「『禰軍墓地』についての覺書」, 『東アジア世界史研究センター年報』6.

古代東アジア史ゼミナール, 2012, 「禰軍墓誌譯註」, 『史滴』34.

氣賀澤保規, 2012, 「百濟人禰氏墓誌の全容とその意義·課題」, 『新發見百濟人「禰氏(でいし)墓誌」と7世
　　紀東アジアと「日本」』.

東野治之, 2012, 「百濟人禰軍墓誌の「日本」」, 『圖書』75.

小林敏男, 2012, 「白村江以後の「日本」國號問題−「禰軍墓誌」の發見に寄せて−」, 『新發見百濟人「禰氏

(でいし)墓誌」と7世紀東アジアと「日本」』.

王連龍, 2012, 「「禰軍墓誌」與"日本"國號問題」, 『新發見百濟人「禰氏(でいし)墓誌」と7世紀東アジアと
「日本」』.

張全民, 2012, 「唐代百濟禰氏家族墓葬的發見與世系考証」, 『新發見百濟人「禰氏(でいし)墓誌」と7世紀
東アジアと「日本」』.

田中俊明, 2012, 「百濟·朝鮮史における禰氏の位置」, 『新發見百濟人「禰氏(でいし)墓誌」と7世紀東アジ
アと「日本」』.

西本昌弘, 2013, 「禰軍墓誌の『日本』と『風俗』」, 『日本歷史』779.

〈日文要約〉

〈禰軍墓誌〉の研究動向と展望
－ 韓·中·日学界の議論事項を中心に －

崔尙基

　2011年に紹介された〈禰軍墓誌〉は禰軍の興味深い生涯により韓·中·日の学界が関心を寄せている。ただし、各国の学界の関心の違いにより議論の方向も少しずつ違いをみせているため、〈禰軍墓誌〉の総合的な理解のためにはこれらを整理し、検討する必要がある。禰軍は613年泗沘で生まれたと推定され、678年長安にて66歳で死亡した。禰氏一族の墓誌からは自分の出自を中国に求めているが、現在としては熊津地域に縁のある勢力と見るのが合理的である。630年代政界に入る適齢期であった禰軍は武王が熊津地域と結んだある種の関係を通じて百済の政界に進出したと思われる。一般的に義慈王の降伏は禰軍の弟である禰寔進が主導したものとみられるが、墓誌の叙述および禰軍が唐から受けた官職を考慮すると彼の果たした役割もけっして無視できるものではない。百済滅亡以後禰軍は弟の禰寔進とともに熊津都督府体制の中枢の官吏として唐の東北アジア戦略の重要な役割を担当した。一方で〈禰軍墓誌〉には‘日本’を明示した句節があり、注目されているが、この部分は白村江の戦いおよびその事後処理の過程を描写したものと推定される。倭との交渉は墓誌に記録されるほど禰軍本人にとっても大きな意味のある事件であった。

▶ キーワード：〈禰軍 墓誌〉, 613年, 禰寔進, 熊津嵎夷人, 禰氏一族の台頭, 義慈王の降伏, 熊津都督府司馬, 日本, 扶桑, 風谷, 盤桃, 僭帝, 左戎衛郎將

신/출/토 문/자/자/료

〈陳法子墓誌銘〉의 소개와 연구현황 검토

일본 출토 고대목간

〈陳法子墓誌銘〉의 소개와 연구현황 검토

박지현*

Ⅰ. 머리말
Ⅱ. 〈陳法子墓誌銘〉의 개관
Ⅲ. 〈陳法子墓誌銘〉의 해석과 내용
Ⅳ. 〈陳法子墓誌銘〉에 관한 연구현황
Ⅴ. 맺음말

〈국문 초록〉

이 글은 중국에서 새로이 발견된 百濟 遺民 陳法子의 墓誌銘을 소개하고 지금까지의 연구 현황을 검토한 글이다.

〈陳法子墓誌銘〉은 2012년 중국에서 발간된 『大唐西市博物館藏墓誌』를 통해 학계에 알려졌다. 묘지명의 입수 경위는 불명확하지만, 보존 상태가 양호하여 탁본을 통해 모든 글자의 판독이 가능하다. 묘지명은 誌石과 蓋石을 갖추고 있으며 각각의 측면에는 十二支神紋과 四神紋이 새겨져 있다. 묘지명은 지석 上面에 界線 없이 25자24행으로 새겼으며, 서체는 楷書體이다. 또한 9종의 則天武后字가 사용되고 있다는 점이 특징적이다.

〈陳法子墓誌銘〉의 내용을 살펴보면, 먼저 墓主 陳法子의 出自와 陳氏 일족의 한반도로의 이주 경위, 陳法子의 曾祖·祖·父의 官歷를 기재하였다. 다음으로 陳法子의 백제에서의 관직 활동, 唐으로의 귀순 경위, 당에서의 활동, 사망과 장례 절차에 대해 서술하고, 마지막으로 銘을 썼다. 특히 〈陳法子墓誌銘〉에는 陳法子와 그의 曾祖·祖·父가 역임한 관직으로 太學正, 麻連大郡將, 馬徒郡參司軍, 旣母郡佐官, 稟達郡將 등이 기록되어 있어 연구자들의 주목을 끌고 있다. 太學正이라는 관직명은 백제의 學文機關으로서의 太學의 존재를 뒷받침하는 자료이며, 郡將, 參司軍, 司軍, 佐官 등의 관직명은 백제 官制 및 地方

---

* 서울대학교 국사학과 대학원 박사과정

制度를 이해하는데 중요한 자료가 될 것으로 여겨진다.

▶ 핵심어 : 百濟 遺民, 陳法子墓誌銘, 太學, 佐官, 參司軍, 司軍, 郡將, 百濟 官制, 百濟 地方制度, 則天武后字

Ⅰ. 머리말

최근 백제사 연구자들은 중국에서 발견되는 자료들에 관심을 기울이고 있다. 2011년에 새롭게 발견된 〈禰軍墓誌銘〉에서는 "日本"이라는 표현이 등장하여 일본학계의 초미의 관심사가 되었다. 한국학계에서는 묘지명의 주인공인 禰軍이 이전에 발견된 禰寔進과 형제관계로, 웅진도독부에 활동한 백제인 관료라는 사실이 밝혀지면서 다양한 연구성과가 제출되기도 하였다. 이처럼 새로운 자료의 발견은 고질적으로 자료의 부족에 시달려 온 백제사 연구자들에게 가뭄 속 단비와 같은 역할을 한다.

이번에 발견된 〈陳法子墓誌銘〉에는 이전에는 확인되지 않았던 새로운 백제 관직명들이 드러나고 있어 특히 백제 官制史 연구에 활기를 불어넣고 있다. 본 글에서는 〈陳法子墓誌銘〉을 개관하고 지금까지 이루어진 논의들을 종합 정리한 후, 앞으로의 연구 과제를 제시하였다. 개인적인 역량의 한계로 부족한 점도 있을 것이나, 이제 막 본격적인 연구가 시작되는 시점에서 이러한 작업이 앞으로의 연구 방향을 정립하는데 조금이나마 도움이 될 것으로 기대한다.

Ⅱ. 〈陳法子墓誌銘〉의 개관

〈陳法子墓誌銘〉은 현재 中國 陝西省 西安市에 있는 大唐西市博物館에 소장되어 있다. 大唐西市博物館에는 新羅人 金日用의 묘지명을 비롯하여 모두 500여 점의 묘지명이 소장되어 있는데,[1] 〈陳法子墓誌銘〉은 2007년부터 이곳에 소장되어 있었다고 한다.[2] 그러나 〈陳法子墓誌銘〉이 소장된 경위는 분명치 않다. 다만 〈陳法子墓誌銘〉이 다른 百濟 遺民의 묘지명들처럼 도굴되어 유통되었을 것으로 추정되고, 묘지명에서 墓主인 陳法子가 武周 天授 2년에 洛陽 邙山에 묻혔다고 하였으므로 출토지점은 그 부근이었을 것이며 박물관에 소장되었던 2007년 이전에 출토되었을 것으로 여겨진다.[3] 〈陳法子墓誌銘〉의 입수 경위는 분명치 않으나 大唐西市博物館에 소장된 대부분의 유물이 구입을 통해 입수되었다는 점을 고려한다면 〈陳法子墓誌銘〉도 마찬가지였을 것이라는 의견도 제시되었다.[4]

---

1) 김영관, 2014, 「百濟 遺民 陳法子 墓誌銘 硏究」, 『百濟文化』50, pp.105~106.
2) 胡戟·榮新江 主編, 2012, 『大唐西市博物館藏墓誌』上, 北京大學出版社, p.270.
3) 拜根興, 2013, 「入唐百濟移民陳法子墓誌涉及地名及關聯問題考釋」, 『大明宮硏究』8, pp.3~4.

〈陳法子墓誌銘〉에 대한 기본적인 정보와 판독문 및 탁본 사진은 2012년에 간행된『大唐西市博物館藏墓地』에 실려 있으며,[5] 한국 학자들에 의한 현지 조사도 이루어졌다. 김영관은 2012년 12월과 2013년 7월에 大唐西市博物館을 방문하여 묘지명을 실측하고 사진을 촬영하였으며, 묘지명의 판독을 시도하였다. 또한 묘지명의 재질과 문양, 명문의 서체 등을 확인하였다.[6] 이어 정동준 역시 2014년 2월에 해당 박물관을 방문하여 拜根興의 안내로 묘지명을 실견하였다.[7]

묘지명은 誌石과 蓋石을 갖추고 있으며 지석의 크기는 가로와 세로 모두 45㎝, 두께 10㎝이고 개석의 크기는 가로와 세로 모두 44㎝, 두께는 11㎝이다. 개석에는 篆書體로 "大周故陳府君墓誌銘"의 9字가 3행으로 새겨져 있으며, 斜面에는 방위에 따라 四神紋이 음각되어 있다. 지석의 경우 측면에는 한 면당 3개씩 十二支神이 음각되어 있다. 지석의 상면에 새겨진 글은 25자 24행으로, 서체는 楷書體이며 界線은 확인되지 않았다. 空格이나 작게 새겨진 글자를 고려하면 총 글자는 589자이다.[8]

〈陳法子墓誌銘〉이 지닌 특징 중 하나는 則天武后字가 확인된다는 점이다. 이는 묘주인 陳法子가 大周 天授 2년에 사망하였고, 따라서 묘지명도 이 시기에 작성되었기 때문이다. 김영관에 따르면 天·地·年·正·月·日·授·載·初의 9종류의 글자가 則天武后字로 쓰여졌으며, 쓰인 횟수는 총 29번으로 확인된다고 한다.[9]

Ⅲ. 〈陳法子墓誌銘〉의 해석과 내용

〈陳法子墓誌銘〉은 탁본으로 보면 대부분의 글자가 뚜렷하게 드러나서 판독상의 이견은 거의 없다. 다만 12행 7번째 글자인 '疊'의 경우 중국 학자들이 '迭'로 판독하였는데, 이는 중국어에서 疊과 迭이 'dié'로 같은 발음을 가지고 있어 입력할 때 오류가 발생한 것으로 생각된다. 글자는 疊이 확실하다.[10] 지금

---

4) 김영관, 2014, 앞 논문, p.106.

5) 胡戟·荣新江 主編, 2012, 앞 책, pp.270~271.

6) 김영관, 2014, 앞 논문, p.106.

7) 정동준, 2014, 「「陳法子墓誌銘」譯註」, 『한국고대문자자료연구모임 제 10회 월례발표회』, 2014년 3월 29일(성균관대학교 600주년기념관), p.4.

8) 胡戟·荣新江 主編, 2012, 앞 책, pp.270~271; 김영관, 2014, 앞 논문, p.107. 김영관의 실측에 따르면 묘지명의 지석과 개석의 크기가 胡戟·荣新江이 보고한 것과는 조금 차이가 있다고 한다(김영관의 실측 결과 : 개석 가로 44㎝ 세로 44㎝ 두께 11㎝ / 지석 가로 44.8㎝ 세로 45㎝ 두께 8.7~9.6㎝). 그 외 양자 간 이견은 없는 것으로 보인다. 다만 김영관은 실제 새겨진 정확한 글자 수를 594자라고 밝히고 있다. 그런데 필자가 세어본 결과 총 글자는 589자였다.

9) 김영관, 2014, 앞 논문, p.107; 정동준, 2014a, 앞 논문, p.2. 陳瑋는 측천무후자를 27자로 보고하였으나(陳瑋, 2013, 「新見武周百濟移民陳法子墓誌研究」, 『國際武則天學術研討會暨中國武則天研究會第十一屆年會會議討論論文集』, 2013년 9월 1일~3일(中國 四川省 廣元市), p.386) 이후 한국 학자들의 탁본 검토가 이루어지면서 29자임이 확인되었다.

10) 판독문을 제시한 拜根興과 陳瑋의 글에서 오류가 확인된다(拜根興, 2013, 앞 논문, p.10; 陳瑋, 2013, 앞 논문, p.386). 김영관은 疊으로 읽었고(김영관, 2014, 앞 논문, p.108), 정동준도 疊으로 읽으면서 중국학자들의 실수를 지적하였다(정

까지의 판독 결과를 종합하면 아래 표와 같다.[11]

24	23	22	21	20	19	18	17	16	15	14	13	12	11	10	9	8	7	6	5	4	3	2	1	
三其	達	嫣	不	日	七	云	車	明	右	乾	六	明	逾	稟	艫	通	連	重	鯨	智	功	君	大	A
久	變	川	駐	丁	十	摧	雲	威	衛	封	年	時	鏡	達	年	麼	大	價	津	標	列	諱	周	B
客	因	命	顧	酉	有	唐	路	將	龍	二	二	▨	水	郡	雅	管	郡	驪	而	奇	地	法	故	C
無	機	氏	煙	卜	六	載	垂	軍	亭	年	月	恩	官	將	道	一	將	珍	避	謀	分	子	明	D
歸	革	遼	隊	宅	鳴	初	津	職	府	除	十	獎	兵	俄	彰	方	達	從	地	新	珪	字	威	E
異	心	海	而	於	呼	元	日	事	折	右	六	稱	以	轉	於	績	奉	握	胤	工	卜	士	將	F
邦	迴	爲	長	邙	哀	年	門	依	衝	衛	日	疊	顯	司	屮	宣	父	緒	於	兆	平	軍	守	G
有	面	鄉	懷	山	哉	二	迴	舊	都	大	▨	仍	慶	軍	日	於	微	昧	以	事	盛	熊	守	H
寓	二其	三	爰	之	大	月	鑒	然	尉	平	制	加	五	恩	析	字	之	於	依	楚	鳴	津	右	I
瞻	隆	韓	託	原	周	十	特	以	咸	府	授	賞	祀	率	薪	育	馬	殊	韓	瓖	鳳	西	衛	J
言	班	挺	微	禮	天	三	聽	大	亨	右	游	慰	弔	居	流	撫	徒	輝	導	姿	之	部	龍	K
孤	屢	懿	衷	也	授	日	致	畫	元	果	擊	從	人	檢	譽	綵	郡	曾	日	偉	綠	人	亭	L
隴	徒	五	式	嗣	二	終	仕	貽	年	毅	將	其	遼	察	良	五	參	祖	託	望	其	也	府	M
恒	促	部	旌	子	年	於	以	歡	加	都	軍	所	洱	之	冶	部	司	春	熊	代	後	昔	折	N
悽	漏	馳	幽	神	歲	洛	弘	恒	階	尉	右	好	▨	務	傳	業	郡	本	浦	有	連	者	衝	O
苦	方	芳	壤	山	次	陽	止	思	定	總	驍	隸	府	潔	芳	劭	德	邦	而	其	橫	承	都	P
霧	催	一其	其	府	辛	縣	足	鼓	遠	章	衛	此	君	擬	解	於	奉	太	爲	人	縱	天	尉	Q
四其	長	猗	銘	果	卯	毓	豈	缶	將	二	政	神	因	壺	褐	旺	並	學	家	遠	辯	握	陳	R
▨	辭	歟	日	毅	三	財	謂	通	軍	年	敎	州	機	氷	除	謠	英	正	虹	祖	念	鏡	府	S
	日	哲	▨	龍	月	里	輔	人	文	改	今	一	當	旣	▨	靈	恩	玉	以	舊	簫	君		T
	彎	士		英	壬	之	仁	告	明	授	爲	變	藻	母	君	傑	率	移	衰	本	韶	墓		U
	永	寔		痛	申	私	無	老	元	寧	果	洛	請	鑒	郡	清	出	祖	居	漢	於	聞	誌	V
	去	惟		風	朔	第	驗	固	老	年	遠	毅	陽	吏	之	佐	識	雄	德	仍	末	思	銘	W
	泉	英		枝	廿	春	梁	請	又	將	都	人	▨	司	官	邁	略	止	存	年	秦	鳳	并	X
	臺	彦	之	六	秋	木	懸	加	軍	尉	也	▨	明	歷	於	該	麻	存	止	越	輻	之	序	Y

동준, 2014, 앞 논문, pp.3~4.

11) 가독성을 높이기 위해 묘지명에 사용된 측천무후자는 모두 상용한자로 바꾸어 표기하였다.

〈陳法子墓誌銘〉의 내용을 크게 분류하면 다음과 같다.[12]

① 墓主 陳法子의 出自, 묘주 가문에 대한 칭송, 한반도로의 이주 경위
② 墓主 陳法子의 曾祖·祖·父의 官歷
③ 墓主 陳法子의 생애
  – 백제에서의 관직 활동
  – 唐으로의 귀순 경위
  – 唐에서의 활동
④ 墓主 陳法子의 사망과 장례 절차
⑤ 墓主 陳法子를 칭송하는 銘

묘지명의 全文은 김영관과 정동준에 의해 해석되었는데, 아래의 해석문은 이 두 해석본을 바탕으로 하고, 약간의 수정을 더하여서 내용을 정리한 것이다.

① 大周 故明威將軍 守右衛龍亭府折衝都尉 陳府君 墓誌銘 및 序.
  君의 諱는 法子이고, 字는 士平이며, 熊津 西部人이다. 옛날에 天命을 받들어 明鏡을 잡으매 簫韶는 봉황의 공을 알렸고, 토지를 나누어 분봉하매 점괘는 봉황의 노래소리를 무성하게 하였다. 그 후 合縱連橫을 주장하여 秦을 생각함에 옛 근본을 기억하고, 지혜를 숨기고 기묘한 계책을 나타내어 楚를 섬김에 새로운 공을 꾀하였는데, (이렇게) 고운 자태와 큰 풍채를 지닌 사람이 대대로 있었다. 먼 조상은 漢이 쇠약해진 말년에 큰 바다를 건너 그 땅을 피하였고, 후손은 韓이 번성하여 훗날을 이끌 때 熊浦에 의탁하여 가문을 이루었다. 아름다운 옥은 옮겨가도 인하여 중요한 가치가 있고, 진귀한 인물은 장악되어도 뛰어나게 빛나 어둡지 않았다.
② 曾祖 春은 本邦(百濟)의 太學正 恩率이었다. 祖 德止는 麻連大郡將 達率이었다. 父 微之는 馬徒郡參司軍 德率이었다. 모두 영명하고 걸출하였으며 웅략을 갖추어 두루 통하였다. 一方을 지휘하고 관장하니 (백성들을) 정성들여 양육함에 잇달아 베풀었고, 五部를 안무하니 백성들이 (태평성대를) 노래하도록 힘썼다.
③ 君은 높고 탁월한 견식이 어려서부터 뛰어났고, 충후한 도리가 일찍부터 뚜렷하였다. 父를 이어받아 좋은 평판을 전하고 훌륭한 이름을 후세에 남겼다. 관직에 나아가서 旣母郡 佐官에 임명되고, 禀達郡將을 거쳐 얼마 후 司軍 恩率로 옮겼다. 감찰하는 직

---

12) 김영관은 묘지명의 내용을 11개 문단으로 세분하였고, 정동준은 크게 4개로 내용을 구분한 후 문단을 다시 세분하였다 (15개 문단). 본고는 문장 해석에 중점을 둔 글이 아니므로 필자는 내용을 크게 다섯 부분으로 나누어 제시하였다.

무에 있어서는 청렴결백함이 얼음 담은 옥항아리에 비기었고 인재를 평가하고 감별하는 벼슬을 맡아서는 명료함이 분명함이 고요하고 깨끗한 물을 뛰어넘었다. 官兵이 顯慶 5년(660)에 동방 지역에서 죄 있는 자를 토벌하자 府君은 이때를 말미암아 일변하여 정치가 깨끗하고 투명한 시대에 신하가 되기를 청하였다. 은혜와 격려가 겹겹이 거듭되고 인하여 상과 위로가 더해지니, 그 좋아하는 바를 따라서 이곳 神州(중원 지역)에 닿았고, 지금은 洛陽 사람이 되었다. 顯慶 6년(661) 2월 16일에 游擊將軍 右驍衛政教府 右果毅都尉에 제수되었고, 乾封 2년(667)에 右衛大平府 右果毅都尉에 임명되었으며, 總章 2년(669)에 다시 寧遠將軍 右衛龍亭府折衝都尉에 제수되었다. 咸亨 元年(670)에 품계가 定遠將軍에 이르렀고, 文明 元年(684)에 다시 明威將軍으로 올랐으며 職事는 예전과 같았다. 그러나 노년이 되어 (자손에게) 기쁨을 남기면서도 항상 鼓缶를 생각하여 사람을 통하여 나이듦을 들어 벼슬을 그만둘 것을 청하였다. 구름길(벼슬길)이 나루에 드리우고 태양은 거울을 돌렸다. 특별히 致仕를 허락하여 그치고 만족할 줄 아는 것을 크게 하였다.

④ 어찌 인덕을 기른 것도 효험이 없이 대들보가 꺾였는가. 唐 載初 元年(690) 2월13일에 洛陽縣 毓財里의 私第에서 생을 마치니, 春秋는 76세이다. 아! 슬프도다. 大周 天授 2년(691) 辛卯年 3월 壬申朔 26일 丁酉日에 邙山 벌판에 묘지를 점쳐서 선택하니, 禮에 맞았다. 嗣子 神山府果毅 龍英은 부모가 사망하여 봉양할 수 없음을 아파하고, 안개 낀 무덤을 마음에 두고 오래 생각하였다. 이에 자그마한 성의를 붙여, 무덤에 표시한다.

⑤ 그 銘에는, 嬀川을 성으로 하고, 遼海를 고향으로 삼았다. 三韓에서 남달리 뛰어나고, 五部에 훌륭한 이름을 알렸다[그 첫 번째이다]. 아름답구나, 현명한 사람이여! 참으로 재능이 출중한 사람이다. 변화에 통달하고 적응하여 기회를 타고, 생각을 고쳐서 귀순하였다[그 두 번째이다]. 품계를 높이고 (관직을) 여러 차례 옮겼으나, 급박한 물시계 소리는 바야흐로 재촉한다. 日御와 영원히 이별하니, 영영 저승으로 가버렸다[그 세 번째이다]. 타향에 오래 거주한 사람이 (고향으로) 돌아가지 않고, 외국에 거처가 있었다. 외로운 무덤을 바라보니, 항상 짙은 안개가 슬프게 낀다[그 네 번째이다].

①은 묘지명의 제목을 제시하고, 묘주의 출신과 陳氏의 유래와 활동 및 중국에서 한반도로의 이주 과정을 서술하고 있다. 중국에서 陳氏는 胡公 嬀滿에서 시작된다. 嬀滿은 周 武王의 맏사위로서 처음 陳公에 봉해졌으나, 이후 陳이 멸망하면서 그 후예들은 齊에 망명하여 陳氏를 칭하게 되었다고 한다.[13] '그후 종횡하여 진을 생각함에 옛 근본을 기억하고 …(하략)'로 이어지는 부분은 陳氏의 대표적 선조로서 종횡가의 陳軫을 들며 그의 행적을 언급하고 있다(其後連橫縱辯 念舊本於思秦 韞智標奇 謀新工於事

楚).[14] 이어서 陳法子의 선조가 한반도로 이주하게 된 계기(遠祖以衰漢末年 越鯨津而避地)를 설명하고 한반도에 정착하는 과정을 서술하고 있다.

②는 陳法子의 가까운 선조에 관한 내용이다. 曾祖 春(太學正 恩率), 祖父 德止(麻連大郡將 達率), 父 微之(馬徒郡參司軍 德率)의 官職과 官等을 기재하고, 그들의 훌륭함을 칭송하고 있다.

③은 본격적으로 묘주인 陳法子에 관해 서술하고 있는 부분이다. 먼저 백제에서 태어난 陳法子가 어려서부터 인품과 능력이 출중하였고, 관직에 진출하여 여러 직을 역임하였음을 밝히고 있다. 陳法子가 역임한 관직 및 관등으로는 旣母郡 佐官, 稟達郡將, 司軍 恩率이 확인된다. 이후 660년 당의 백제정벌 때 당군에게 항복하여 당으로 귀순하고 그 땅에 정착하는 모습을 묘사하고 있다. 또한 당에서도 여러 관직을 지냈으며(游擊將軍 右驍衛政敎府 右果毅都尉, 右衛大平府 右果毅都尉, 寧遠將軍 右衛龍亭府折衝都尉), 품계가 계속 높아졌음(定遠將軍, 明威將軍)을 서술하여 당에서의 묘주의 지위를 드러내었고, 이후 나이가 들면서 관직에서 물러나는 상황을 설명하고 있다.

④는 陳法子의 사망과 장례에 관한 내용이다. 陳法子는 唐 載初 元年[15] 2월 13일에 76세의 나이로 사망하였으며, 大周 天授 3월 壬申朔 26일에 낙양의 邙山에 묻혔다고 하고 있다. 이때 禮에 맞게 장사 지냈다고 하는데, 그 절차가 어떤 것인지는 현재로서는 정확하게 알 수 없다.

⑤는 묘주를 기리는 銘으로 총 4개이다.

Ⅳ. 〈陳法子墓誌銘〉에 관한 연구현황

〈陳法子墓誌銘〉은 2012년 학계에 알려지면서 연구가 진행되었다. 먼저 중국학계에서 2013년에 본 묘지명을 본격적으로 다룬 논문 1편과 발표문 1편이 제출되었다. 한국학계에서는 2013년에 본 묘지명을 주제로 하여 두 차례의 발표가 이루어졌고,[16] 2014년에는 한국고대사학회에서 "高句麗·百濟遺民 墓誌銘의 檢討"라는 주제로 제 27회 합동토론회를 개최하면서 본 묘지명을 부분적으로 다룬 발표문들이 제출되었다.[17] 또한 묘지명 全文에 대한 譯註 작업이 이루어지기도 하였다.[18] 이에 묘지명의 내용 중

---

13) 陳瑋, 2013, 앞 논문, p.388; 정동준, 2014, 앞 논문, p.5.

14) 陳軫의 행적은 『史記』 열전에서 확인된다(『史記』 卷70 張儀列傳 陳軫).

15) 이때 載初 元年은 690년이므로, 陳法子는 615년 출생하였다고 추정할 수 있다.

16) 김영관, 2013, 「百濟 遺民 陳法子 墓誌銘 硏究」, 『제6회 백제문화 국제심포지움 "7~8세기 백제 유민의 발자취"』, 2013년 10월 5일(공주대학교 백제문화연구소); 정동준, 2013, 「「陳法子 墓誌銘」에 보이는 백제 관제」, 『한국고대사학회 정기발표회 발표자료집』, 2013년 12월 14일(국립중앙박물관). 김영관의 발표문은 『백제문화』에 게재되었고(본고에서는 주로 2014년 논문을 참고하였다), 정동준의 발표문은 학술지에 게재될 예정이다.

17) 권덕영, 2014, 「唐 墓誌의 고대 한반도 삼국에 대한 표기 검토」; 이성제, 2014, 「고구려, 백제유민의 系譜認識」; 김영심, 2014, 「遺民墓誌로 본 고구려, 백제의 官制」, 『제27회 한국고대사학회 합동토론회 "高句麗·百濟遺民 墓誌銘의 檢討"』, 2014년 2월18일~19일(서울 한성백제박물관).

주목해야 할 부분들을 정리하고, 관련된 견해들을 정리해보고자 한다.

1. 陳法子의 사망 시점

먼저 살펴보아야 할 점은 陳法子의 사망 시점과 관련된 내용이다. 묘지명에서는 "唐載初元年二月十三日 終於洛陽縣毓財里之私第 春秋七十有六"라 하여, 陳法子가 당 載初 元年에 76세의 나이로 洛陽縣 毓財里의 사저에서 사망하였다고 명확하게 기술되어 있다. 그러나 문제가 되는 부분은 '載初 元年'에 대한 해석이다. 陳瑋는 載初 元年을 689년으로 해석하였고, 拜根興과 김영관은 690년으로 파악하였다.[19] 자연히 출생연도의 비정도 614년과 615년으로 나누어지게 되었다. 이러한 견해차의 원인을 정동준은 載初 元年을 전후한 시기에 있었던 曆法의 개정과 관련하여 설명하였다. 즉 689년 11월 연호를 載初로 바꾸고 11월부터 한 해를 시작하도록 하는 역법의 개정이 있었고, 따라서 서력 690년 2월도 당시에는 載初 元年이었다는 것이다.[20] 이러한 설명은 타당한 것으로 여겨지며, 따라서 陳法子의 출생연도는 615년, 사망연도는 690년으로 보아야 할 것이다.

2. 陳氏 一族의 한반도 이주 과정

〈陳法子墓誌銘〉에서 陳氏 一族의 한반도 이주 및 정착 과정은 "遠祖以衰漢末年 越鯨津而避地 胤緖以依韓導日 託熊浦而爲家"라고 기록되어 있다. 이 내용만으로는 진씨 일족이 한반도로 이주한 정확한 시기를 알 수는 없다. 다만 '衰漢末年'이라는 표현을 근거로 이 시기를 後漢 말의 혼란기로 추정해볼 수 있다. 게다가 『後漢書』 列傳 東夷 韓條나 『三國志』 魏書 東夷傳 韓條에서 後漢 桓帝와 靈帝 말에 韓과 濊가 번성하고 漢 군현의 통제력이 약화되면서 군현민들이 다수 韓으로 이주하였다는 기록도 주목된다.[21] 『後漢書』와 『三國志』의 기록은 한반도 북부의 상황을 설명하는 것으로 여겨지지만,[22] 이 시기 黃巾賊의 난으로 인해 중국 본토 역시 혼란에 빠진 상황이었음을 고려한다면 진씨 일족의 이주 시기를 후한 말로 보는 것은 무리가 없을 것이며, 지금까지 발표된 연구들에서도 의견이 일치하고 있다.[23]

---

18) 정동준, 2014, 앞 논문. 이 발표문은 『목간과 문자』에 게재될 예정이다.

19) 陳瑋, 2013, 앞 논문, p.387; 拜根興, 2013, 앞 논문, p.4; 김영관, 2014, 앞 논문, p.113.

20) 정동준, 2013, 앞 논문, pp.2~3; 2014, 앞 논문, pp.2~3. 연호와 역법의 개정에 관한 기록은 『舊唐書』와 『新唐書』에 보인다.
『舊唐書』卷6 本紀6 則天武后 "載初元年春正月 神皇親享明堂 大赦天下 依周制建子月爲正月 改永昌元年十一月爲載初元年正月 十二月爲臘月 改舊正月爲一月 大酺三日."
『新唐書』卷4 本紀 則天順聖武皇后 "天授元年正月庚辰 大赦 改元曰載初 以十一月爲正月 十二月爲臘月 來歲正月爲一月."

21) 『後漢書』卷85 東夷列傳75 三韓 "靈帝末 韓濊並盛 郡縣不能制 百姓苦亂 多流亡入韓者."
『三國志』卷30 魏書30 烏丸鮮卑東夷列傳30 東夷 韓 "桓靈之末 韓濊彊盛 郡縣不能制 民多流入韓國."

22) 이 기사들은 漢이 낙랑군을 설치하면서 韓 지역이 낙랑군에 속하게 되었고 四時로 朝謁하였다는 내용 다음에 기록되어 있다. 따라서 여기서의 군현민이란 낙랑의 군민들, 좀 더 범위를 넓히면 한반도 북부 지역의 漢 지배 하에 있었던 주민들을 이르는 것으로 이해된다.

그러나 진씨 일족이 백제 지역에 정착한 시점에 대해서는 다른 견해가 제시되었다. 陈玮·拜根兴·김영관은 진씨 일족이 한반도로 이주하면서 바로 백제 지역에 정착한 것으로 보았다. 김영관은 陳法子의 遠祖가 한반도에 도착하여 韓에 의지하여 熊浦에 정착하여 가문을 이루었다는 부분에 주목하여, 진씨 일족의 이주를 통상적인 중국계 집단의 백제 이주 시기(4세기 이후)보다 이른 시기(후한 말 2세기경)의 중국계 유이민의 이주 및 정착 사례로 이해하였다. 그러나 정동준은 위에 제시한 묘지명의 해당 부분을 둘로 나누어 이해해야 한다고 보았다. 즉 ①'遠祖以衰漢末年 越鯨津而避地'의 부분은 遠祖가 한반도로 이주한 사건이고, ②'胤緖以依韓導日 託熊浦而爲家'의 부분은 그 자손이 三韓 지역으로 이주한 사건으로 양자 간 시간적 격절이 존재한다고 보았다. 즉 ①의 사건은 後漢 末에 발생한 것으로 보는 것이 타당하지만, ②의 사건은 樂浪郡·帶方郡이 소멸하면서 발생한 한반도 북부에서 남부로의 주민 이주와 관련된 것으로 3세기 말~4세기 초에 발생하였을 가능성이 있다고 보았다.[24]

위의 두 견해 모두 일견 타당성이 있다. 그런데『日本書紀』에 백제에서 왜로 파견된 인물로 등장하는 阿直岐는 後漢 靈帝의 3세손 혹은 증손이라고도 하며 후한 말에 대방군을 거쳐 백제로 이주하였다는 기록이 일본 측 사료에서 확인된다.[25] 또한 한성도읍기 말엽, 그리고 웅진−사비도읍기에 중국계 성씨 출신자들이 집중적으로 등장하며,[26] 실제로『南齊書』에서 東城王代의 인물로 陳明이 확인된다는 점에서[27] 陳法子 가문 역시 마찬가지로 낙랑·대방 지역을 거쳐 백제에 정착하였을 가능성이 높지 않을까 조심스레 추측해 본다.

3. 百濟의 官制

〈陳法子墓誌銘〉의 발견 이후 가장 학계의 주목을 받은 부분이 바로 백제의 官職名이 서술된 부분이다. 묘지명에서는 ①太學正, ②麻連大郡將, ③馬徒郡參司軍, ④旣母郡佐官, ⑤稟達郡將의 5개의 백제 관직명이 확인되는데, 이에 관해 본격적으로 다루고 있는 김영관·김영심·정동준의 논문을 중심으로 상세히 살펴보도록 하겠다.[28]

---

23) 陈玮, 2013, 앞 논문, pp.387~388; 拜根兴, 2013, 앞 논문, p.5; 김영관, 2014, 앞 논문, pp.114~115; 정동준, 2013, 앞 논문, pp.13~14.

24) 정동준, 2013, 앞 논문, pp.13~14.

25) 『日本書紀』卷10 應神紀 15年.
　　『日本書紀』卷10 應神紀 20年 "廿年秋九月 倭漢直祖阿知使主 其子都加使主."
　　『新撰姓氏錄』卷28 河內国諸蕃 漢 "火撫直 後漢靈帝四世孫阿知使主之後也."
　　『續日本記』卷48 桓武天皇 延暦4年 6月 "右衛士督從三位兼下總守坂上大忌寸苅田麻呂等上表言 臣等本是後漢靈帝之曾孫 阿智王之後也 漢祚遷魏 阿智王因神牛教 出行帶方 忽得寶帶瑞 …(하략)."

26) 노중국, 2010, 『백제사회사상사』, 지식산업사, pp.117~121.

27) 『南齊書』卷58 列傳39 東南夷 百濟國 "又表日 臣所遣行龍驤將軍·樂浪太守兼長史臣慕遺 行建武將軍城陽太守兼司馬臣王茂 兼參軍·行振武將軍朝鮮太守臣張塞 行揚武將軍陳明 在官忘私 唯公是務 見危授命 蹈難弗顧. 今任臣使 冒涉波險 盡其至誠. 實宜進爵 各假行署. 伏願聖朝特賜除正. 詔可 竝賜軍號."

1) 太學正

먼저 太學正은 陳法子의 曾祖父 陳春이 지낸 관직이다. 여기서 太學이 백제의 유학교육 및 관료양성을 위한 교육기관이라는 점에 대해서는 이견이 없다. 지금까지 백제의 학문교육기관의 존재는 五經博士制度 등을 통해 충분히 짐작되어 왔으며, 고구려의 사례를 근거로 하여 그 명칭을 '太學'으로 추정해 왔다. 그러나 그 정확한 이름을 사서에서 확인할 수 없었는데 〈陳法子墓誌銘〉에서 太學이라는 기관명이 처음으로 확인된 것이다.

앞서 언급했듯이 백제의 太學에 관해서는 博士制度를 통해 그 실상을 짐작해 왔다. 博士制度에 관한 가장 최근의 연구성과에서는 高興의 『書記』 편찬과 王仁의 사례를 근거로 백제에서 博士가 처음 설치된 시기를 近肖古王代로 파악하였다. 그러나 초기의 박사는 漢學과 儒學의 교육을 담당하는 관직이라기보다는 漢學과 儒學에 능통한 漢郡縣系 지식인들을 등용하여 문서행정이나 정책자문을 맡겼던 관직이라고 이해하였다. 武寧王代에 이르러 五經博士制度를 정비하면서 한학과 유학의 교육이 이루어졌고, 成王·威德王代에는 그 분야가 전문기술분야로까지 확대되었다고 박사제도의 변천을 설명하였다.[29]

陳法子가 615년에 출생하였고, 이 시점부터 역산하면 陳法子의 증조부인 陳春은 525∼555년 사이에 출생했을 것으로 추정된다. 陳春은 太學正으로서 恩率 官等을 지니고 있었는데, 당시 진씨 가문의 지위를 고려한다면 陳春이 恩率 관등을 지니게 된 것은 그가 어느 정도 관력이 쌓인 후였을 것이다. 따라서 그가 恩率로서 太學正의 직을 맡고 있었던 시기는 위덕왕대(554∼598)였을 것으로 추정되며, 이에 더하여 앞서 언급한 박사제도에 관한 논의를 받아들인다면 학문교육기관으로서 太學이 설치된 시기는 위덕왕대 이전이자 五經博士制度를 정비했던 무령왕대일 가능성이 있다는 논의가 있었다.[30] 그러나 근초고왕대의 博士가 단순히 한군현계 지식인을 등용할 목적이었으며 자문관 정도의 기능에 그치고 있었다는 견해에 의문이 제기되기도 하였다. 무령왕 13년(513)과 16년(516)에 倭에 오경박사를 파견하였다는 것은 그 이전에 이미 학문교육기관으로서의 太學이 정비되어 있었다는 것을 의미하므로 근초고왕대의 博士에도 교육을 담당하는 기능이 있었다고 볼 가능성을 완전히 배제해서는 안된다는 입장이다.[31]

太學正이 太學의 장관이었다는 것에는 이견이 없으며, 대개 진춘이 지닌 은솔이라는 고위 관등을 근거로 삼고 있다.[32] 그러나 '正'이라는 생소한 관직명이 등장한다는 점은 주목된다. 이는 백제에서는 관직명으로 正이 사용된 최초의 사례이기도 하다. 중국에서도 6세기 이전에는 관부의 장관이 正이라는 칭호를 사용하는 경우가 드물다. 다만 『周禮』와 『左傳』 등에서 장관의 통칭으로 사용되고 있으므로 그 영향을 받은 것으로 추정할 수 있다고 한다.[33]

---

28) 拜根兴과 陈玮의 글에서 이와 관련한 내용이 서술되어 있지만 간략하게 언급하는 정도이므로 이 글에서는 한국학자들의 견해를 주로 다룰 것이다.

29) 양기석, 2013, 「백제 박사제도의 운용과 변천」, 『백제문화』49, pp.131∼143.

30) 정동준, 2013, 앞 논문, p.6. 김영관 역시 양기석의 2013년 논문을 근거로 태학의 설치시기로 무령왕대를 주목하였다.

31) 김영심, 2014, 앞 논문, pp.125∼126.

32) 김영관은 正이라는 한자 자체의 의미에 주목하기도 하였다(김영관, 2014, 앞 논문, p.119).

2) 麻連大郡將·稟達郡將

다음으로 살펴볼 것은 陳法子의 祖父 陳德止가 역임한 麻連大郡將(達率)과 陳法子가 맡았던 稟達郡將이다. 陳德止의 출생연도를 陳春과 같은 방법으로 역산하면 대략 555년~575년 사이가 될 것이며, 麻連大郡將 역임 당시 達率이라는 고위 관등을 지니고 있었으므로, 麻連大郡將職에 있었던 시기는 대략 500년대 말로 추정된다. 그런데 문제는 이 시기 백제의 지방제도상에서 '大郡'이라는 행정구역이 확인되지 않는다는 점이다.[34] 또한 『周書』와 『北史』에 따르면 백제의 郡將職에는 德率 관등을 소지한 자가 임명되었다고 하는데,[35] 陳德止는 達率로서 郡將職을 역임하였다는 것도 논의의 대상이 되었다. 이에 대해서 『梁職貢圖』에 기록된 旁小國 중 하나로 麻連이 보이며[36] 이것을 馬老縣으로 비정할 수 있다는 것[37]에 주목한 견해가 있다. 馬老縣은 전라남도 광양지역으로 비정되며 백제가 새로이 확보한 大伽倻 영역이므로 일반적 규모의 郡보다 그 중요도가 높아 大郡으로 편제되었고 이 때문에 德率이 아닌 達率이 郡將으로 임명되었다는 것이다.[38]

그러나 이와는 다른 견해도 제기되었다. 먼저 麻連을 馬老縣에 비정하는 것은 타당성이 있으며, 聖王代 새로이 개척된 백제의 변경으로서 중요한 지역이었다는 것에는 동의하면서도 6세기 말~7세기 초에도 그러한 위치가 계속 유지되었을지는 확신할 수 없다고 보았다. 또한 陳法子는 稟達郡將을 역임할 당시 恩率 혹은 德率의 관등을 지니고 있을 것으로 여겨지는데,[39] 비슷한 시기에 風達郡將을 역임했던 黑齒常之는 達率의 관등을 지니고 있었다.[40] 이는 곧 백제에서 1관직 복수관등제가 시행되었을 가능성을 시사하는 것이며, 이에 더하여 백제의 郡 단위의 지방관인 郡將이 3인이었다는 기록을 참고한다면 郡將 3인 사이에 서열이 존재하였다고 볼 수도 있다는 것이다.[41] 즉 이 견해에서는 "麻連大郡將"을 大郡의 郡將이 아니라 郡의 大郡將으로 본 것으로 이해된다.

郡 간의 서열과 郡將 간의 서열을 모두 인정하는 견해도 있다. 泗沘時期 전반기에 達率 官等 소지자는 30명으로 제한되었으므로 모든 郡將이 達率 官等 소지자일 수는 없다. 따라서 大郡-郡의 등급이 존재했다고 볼 수 있다. 그러나 大郡이라 할지라도 3인의 郡將이 모두 達率은 아니었을 것이며, 大郡의

---

33) 정동준, 2013, 앞 논문, p.7. 정동준은 고대 일본에서도 正이 사용되고 있으며, 이를 백제의 영향으로 볼 수 있다고 하였다.

34) 사비시기 이후 백제의 지방제도는 方-郡-城제도였다.

35) 『周書』卷49 列傳41 異域上 百濟 "五方各有方領一人 以達率爲之 郡將三人 以德率爲之."

　　『北史』卷94 列傳82 百濟 "五方各有方領一人 以達率爲之 方佐貳之. 方有十郡 郡有將三人 以德率爲之."

36) 『梁職貢圖』百濟國使 "旁小國有叛波·卓·多羅·前羅·斯羅·止迷·麻連·上己文·下枕羅等附之."

37) 김기섭, 2000, 『백제와 근초고왕』, 학연문화사, pp.171~173.

38) 김영관, 2014, 앞 논문, pp.119~121.

39) 묘지명에 따르면 陳法子는 당으로 귀순하기 전 백제에서 恩率로서 司軍의 관직을 역임한 것으로 되어 있다. 따라서 그 직전의 관직이었던 품달군장을 맡았던 시기에는 은솔 이하의 관등을 소지하고 있었을 것이다. 덕솔 소지자를 군장으로 임명했다는 『주서』와 『북사』의 사료로 미루어보아 당시 소지한 관등의 하한은 덕솔이었을 것이다.

40) 稟達郡과 風達郡은 같은 지역을 의미하는 것으로 보는 것에 의견이 일치한다.

41) 김영심, 2014, 앞 논문, pp.127~130. 김영심은 이전의 논고에서도 군장 3인간에 서열 차이가 있었을 것으로 추정하였다 (김영심, 1997, 「6~7세기 百濟의 地方統治體制-地方官을 중심으로-」, 『한국고대사연구』11, pp.87~91).

군장 중 제 1군장이 達率 官等을 지니고 있었다는 것이다.[42] 또 어느 한 쪽으로 단정짓지 않고, 모든 가능성을 열어두고 검토해야 한다는 신중한 입장도 있다.[43]

3) 參司軍·佐官

〈陳法子墓誌銘〉에서 또 다른 지방관명으로 추정되는 것이 參司軍과 佐官이다. 묘지명에는 陳法子의 부친 陳微之가 德率로서 馬徒郡 參司軍을 지냈다고 기록되어 있다. 馬徒郡은 『三國史記』 地理志에 보이는 馬突縣일 것으로 추정하고 있다.[44] 그러나 이 관직명은 이전에는 백제 官制에서 확인되지 않던 직명이다. 〈陳法子墓誌銘〉을 통해 추정할 수 있는 것은 郡名+參司軍이라는 기재 방식을 보아 지방통치와 관련된 직책일 것이라는 점이다. 이에 더하여 백제 중앙 22部司 중 軍事를 담당하는 司軍部와의 관련성을 상정하여 參司軍을 중앙정부에서 지방의 郡으로 파견한 군사고문 내지는 감독관으로 본 견해가 있다. 이 견해에서는 "麾管一方, 績宣於字育"의 구절을 들어 參司軍이 民政을 아울러 담당하였을 가능성도 제시하였다.[45] 司軍部와의 관련성을 인정하면서 중국 관제를 근거로 덧붙여 參司軍을 설명한 견해도 있다. 즉 중국왕조에서 막부의 속료 중 參軍事(參軍)이 확인된다는 점, 백제의 司軍部가 『周禮』에 보이는 司馬를 백제식으로 고친 것이므로 參司軍을 지방정부의 차관급인 司馬와 관련지을 수 있다는 점을 들어 參司軍을 군의 군사 관련 차관급으로 본 것이다.[46] 마찬가지로 參司軍을 군에 파견된 군장의 보좌관급 지방관으로 보면서 군의 장관인 郡將이 軍政과 民政을 담당하였다면 그 보좌관의 역할은 군정에 국한되었을 가능성이 높다는 것을 하나의 근거로서 제시한 견해도 있다. 이 입장에서는 앞서 參司軍이 민정을 담당하였을 가능성을 제시한 견해를 부정하면서 해당 구절은 지방관의 업적을 미화하는 일반적인 미사여구에 불과하다고 보았다.[47] 비록 이 구절이 陳微之의 관련 기록 다음에 서술되고 있지

---

42) 윤선태, 2013, 「新出資料로 본 百濟의 方과 郡」, 『한국사연구』163, pp.58~59.

43) 정동준, 2013, 앞 논문, pp.9~10.

44) 『三國史記』卷36 雜志5 地理3 新羅 全州 任實郡 "本百濟郡 景德王改州郡名及今 並因之 領縣二 馬靈縣 本百濟馬突縣 景德王改名 今因之 靑雄縣 本百濟居斯勿縣 景德王改名 今巨寧縣."
   『三國史記』卷37 雜志6 地理4 高句麗百濟 百濟 完山 "任實郡 馬突縣[一云馬珍] 居斯勿縣."
   김영관, 2014, 앞 논문, p.120; 정동준, 2013, 앞 논문, p.8.

45) 김영관, 2014, 앞 논문, p.121. 김영관은 묘지명 중 "麾管一方, 績宣於字育"의 구절을 들어 參司軍이 민정도 아울러 담당하였을 가능성을 제시하였다.

46) 정동준, 2013, 앞 논문, pp.8~9. 다만 정동준은 참군 계열일 경우 사군부의 지방 파견직일 가능성이 높은데, 그렇다면 덕솔이라는 관등이 지나치게 높다고 보았다. 따라서 무왕대 초반의 관등 인플레나 지방의 차관급으로서의 사마와 관련시켜 볼 수는 있으나 현재로서는 단정하기 어렵다고 하였다. 또한 參司軍이 군장 1인 중 하나일 가능성도 제시하였다(p.10). 앞서 언급하였듯이 이 글은 학회지에 게재될 예정으로, 필자는 저자에게 수정된 원고를 미리 받아보았다. 수정된 원고에서는 관련 내용을 보다 상세하게 서술하였다. 『주서』에 보이는 "군장 3인"을 "군장을 대표로 하는 장관급 3인"으로 해석하고, 參司軍에 덕솔 관등이 임명되었다면 參司軍이 군장과 대동소이한 위치를 지닌 것이므로 군장 3인 중 하나로 포함되었을 가능성이 있다는 것이다.

47) 김영심, 2014, 앞 논문, pp.131~132.

만, 실제로는 陳春과 陳德止에도 해당되는 내용이라고 생각된다. 즉 陳法子의 선조들이 관리로서 훌륭하게 백성들을 다스렸음을 묘사하는 부분으로 陳微之의 관직인 參司軍에 국한된 표현은 아닐 것으로 생각되므로, 參司軍이 민정을 맡았는지의 여부는 좀 더 신중히 판단해야 할 것이다.

佐官은 陳法子가 처음 맡았던 관직이다. 佐官이라는 관직은 부여에서 출토된 이른바 〈佐官貸食記〉 목간에서 보인다. 이때 佐官에 대해서 중국 왕조에서 佐官은 황제가 직접 임명하거나 각 관사(지방관아 포함)의 장관을 보좌하는 중간층의 관리를 지칭하는데 주로 사용된다는 점을 들어 이것을 백제에 적용하고자 하려는 시도가 있었다. 즉 각 관사의 장관을 보좌하기 위해 왕이 임명한 중간관리로 보고자 한 것이다.[48] 이러한 입장에서는 나주 복암리에서 출토된 목간에서 확인된 '郡佐'라는 표현을 근거로 삼기도 하였는데,[49] 〈陳法子墓誌銘〉에 나타난 '旣母郡佐官'이라는 '郡名+佐官'의 표현도 이러한 주장을 뒷받침하는 새로운 근거가 되고 있다.[50]

參司軍과 佐官이 주목되는 것은 이들 관직이 백제 地方官制의 구조적 측면을 이해하는데 중요한 자료가 될 것으로 여겨지기 때문이다. 앞서 백제의 郡에 郡將 3인이 있었다는 사료를 언급하였다. 이때의 郡將 3인의 실체에 관해서는 의견이 분분하였으나, 자료의 부족으로 인해 논의의 합의에 이르기 어려웠다.[51] 그러나 나주 복암리 목간, 그리고 이 〈陳法子墓誌銘〉을 통해 郡에 郡將뿐만 아니라 郡佐(혹은 佐官), 參司軍으로 불리는 관직이 존재했다는 사실이 확인되면서 이들과 군장3인과의 관련성을 통해 지방관제 연구가 진전될 가능성이 높아졌다.

5) 司軍

마지막으로 陳法子가 당으로 귀순하기 전에 역임했던 司軍에 관하여 살펴보겠다. 이 관직은 그 이름으로 보아 백제 22部司 중 하나인 司軍部의 관직이었을 것으로 추정된다. 세부적으로는 먼저 22部司의 장관이라면 그 관등이 達率 이상일 것이므로 은솔이었던 陳法子가 지닌 司軍이라는 관직은 사군부의 차관급 관직이었을 것으로 보는 견해가 있다.[52] 이와 달리 백제 중앙관제가 22部司에서 6佐平—18部로

---

48) 정동준, 2009, 「「佐官貸食記」 목간의 제도사적 의미」, 『목간과 문자』4, pp.21~23. 이 외에 佐官에 대해서는 外椋部의 속리로서 貸食업무를 수행한 관리로 보는 견해(노중국, 2010, 앞 책, pp.316~320), 관청 혹은 관리를 보좌하는 직명 혹은 역명의 통칭으로 정식 관리가 아니라는 견해(주보돈, 2013, 「백제사 신출토 자료의 음미」, 『제 14회 백제학회 정기발표회 미호천유역의 백제사』, p.33)가 있다.

49) 정동준, 2013, 「동아시아 속의 백제 정치제도」, 일지사, pp.251~254.

50) 정동준, 2013, 앞 논문, p.9. 김영심도 나주 복암리 목간의 '郡佐'와 旣母郡佐官의 '佐官'이 통하는 면이 있다고 보았다(김영심, 2014, 앞 논문, pp.130~131). 旣母郡은 발음의 유사성을 근거로 웅진도독부 노산주의 속현인 지모현으로 비정하는 견해(拜根兴, 2013, 앞 논문, p.8), 一牟山郡에 비정하는 견해(陈玮, 2013, 앞 논문, p.390), 其買縣 혹은 基郡으로 비정하는 견해(김영관, 2014, 앞 논문, pp.124~125) 등이 있지만, 아직 확정하기에는 근거가 부족하다고 생각된다.

51) 서열과 직무에 차이가 존재하는 3인의 군장이 있었다는 견해(김영심, 1997, 앞 논문, pp.88~91)와, 군장 3인은 서열이 다른 군 단위의 지방관 3인에 대한 합칭으로 보고 郡司의 운영체제와 연결지어 이해한 견해(김수태, 2002, 「백제 성왕대의 郡令과 城主」, 『백제문화』31, p.142) 등이 있다.

개편되면서 6좌평과 직무가 중복되는 관사의 장관들의 지위가 낮아졌을 가능성을 제시하면서[53] 司軍을 司軍部의 장관으로 보는 것에 무리가 없다는 견해도 제기되었다.[54] 또 陳法子가 泗沘都城에서 항전하다가 투항한 것으로 미루어보아 당시 사비도성 내 5部 소속의 군대를 지휘하고 있었을 것으로 추정하고, 따라서 司軍을 군대 지휘자로 이해하기도 하였다.[55]

4. 기타

먼저 陳法子의 출신을 "熊津西部人"이라고 한 것이 눈에 띈다. 중국학계에서는 이때의 熊津을 웅진도독부로 보고, '熊津西部'는 웅진도독부 관할 하의 西方 지역을 의미하는 것이라고 보았다.[56] 다른 묘지명과의 비교 분석도 이루어졌다. 黑齒常之는 "百濟西部人", 禰軍은 "熊津嵎夷人", 禰寔進은 "百濟熊川人", 扶餘隆은 "百濟眞朝人"으로 출신지의 기재양식이 다양하게 나타나는데 이를 분석하여 "熊津"은 지금의 공주를 가리키는 것이 아니라 당이 설치한 熊津都督府의 영역이라는 의미이며, 따라서 곧 백제와 같은 의미라고 보고 熊津西部=百濟西部로써 陳法子가 흑치상지와 출신지가 같다고 본 견해가 있다. 백제에서 都城 5部制의 시행이 상정되기도 하지만, 이때의 서부는 5방 중 하나인 西方으로 보는 것이 맞으므로 사비도성 외부에 존재한다고 보았다.[57] 또한 '熊津'에 주목하여 당시 백제 遺民들이 그 출신지를 귀부 이전이 아니라 당의 都督府 설치와 연결하여 개편된 지방에서 구하였고, 그것은 유민들이 출신 기록을 자신들이 당의 백성으로 자리매김하는데 이용하였던 것을 보여준다는 견해도 제기되었다.[58]

묘지명에는 陳法子가 당으로 귀순한 후에 받은 관직과 그의 아들인 陳龍英이 받은 관직도 기록되어 있다. 이에 관해서는 陈玮의 연구에 잘 정리되어 있어 그에 따른다.[59] 먼저 陳法子의 관직 및 관품을 정리하면 다음과 같다.

　① 顯慶 6년(661): 游擊將軍·右驍衛政敎府右果毅都尉(從5品下·從5品下)
　② 乾封 2년(667): 右衛大平府 右果毅都尉(從5品下)
　③ 總章 2년(669): 寧遠將軍·右衛龍亭府折衝都尉(正5品下·正4品上)
　④ 咸亨元年(670): 定遠將軍(正5品上)

---

52) 김영관, 2014, 앞 논문, p.127.
53) 兵官佐平이 설치되면서 司軍部 장관의 역할이 축소되었을 것이라는 설명이다.
54) 정동준, 2013, 앞 논문, p.11. 수정된 원고에서는 이에 더하여 백제 말기의 좌평의 정원 철폐와 관등의 인플레를 근거로 제시하기도 하였다.
55) 김영심, 2013, 앞 논문, p.133.
56) 拜根興, 2013, 앞 논문, pp.4~5; 陈玮, 2013, 앞 논문, p.387.
57) 김영관, 2014, 앞 논문, pp.122~124.
58) 이성제, 2014, 「고구려, 백제유민의 系譜認識」, 『제27회 한국고대사학회 합동토론회 "高句麗·百濟遺民 墓誌銘의 檢討"』, 2014년 2월 18일~19일(서울 한성백제박물관), pp.103~104.
59) 陈玮, 2013, 앞 논문, pp.392~393; 정동준, 2013, 앞 논문, p.6.

⑤ 文明元年(684) : 明威將軍(從4品下)

다음으로 陳龍英의 관직은 "神山府果毅"으로 기록되었는데, 神山縣이 晋州 소속의 中縣 이므로 神山府는 中府에 해당되고, 따라서 果毅都尉의 품계는 정6품상이라고 한다.

V. 맺음말 – 앞으로의 과제

지금까지 〈陳法子墓誌銘〉을 소개하고 그 내용을 검토해보았다. 앞으로의 연구 과제를 제시해 보는 것으로 맺음말을 대신하고자 한다. 〈陳法子墓誌銘〉은 그 내용에서 지금까지는 확인되지 않았던 太學正, 參司軍 등의 백제 관직명이 확인된다는 점에서 앞으로도 백제사 연구에서 중요한 자료로서 활용될 것으로 기대되고 있다. 그런데 묘지명에 대한 연구가 시작된지 약 1년이 흐른 이 시점에서, 대부분의 연구가 백제 官制만을 중점적으로 다루고 있다는 것은 아쉬운 점이라 하겠다. 새로운 관직명의 등장으로 그동안 미지의 땅으로 남겨져 있던 부분이 밝혀지게 된 가능성이 높아졌다는 점에 대해서는 백제사 연구자로서 필자 역시 기쁨을 감출 수 없다. 그러나 〈陳法子墓誌銘〉은 백제 관제 외에도 백제사의 다양한 분야에 자료를 제공하고 있다. 필자가 주목하는 부분은 첫째 묘지명에 등장하는 地名들이다. 이 지명들은 『삼국사기』 지리지에서 확인되지 않는다. 발음이 유사한 지명들은 찾을 수 있지만 완전히 동일한 지명이 나타나지 않는 것이다. 〈陳法子墓誌銘〉뿐만 아니라, 목간 등의 1차 사료나 중국사서에 보이는 백제 관련 지명들이 『三國史記』 地理志에서 보이지 않는다는 것은 백제의 지명 비정을 재검토해볼 필요성이 있다는 것을 의미한다고 생각된다.[60] 다음으로는 陳法子의 출신지를 "熊津西部人"으로 기록하고 있는 것에 주목하고자 한다. 본론에서도 서술하였듯이, 이는 당시 백제 유민들의 정체성의 한 단면을 보여준다. 한국에서는 백제 유민들을 백제사 넓게는 한국고대사 속에 포함시켜 연구 대상으로 삼고 있지만, 이들이 언제까지 백제인으로서의 정체성을 지니고 있었는지는 검토해 보아야 할 문제이다. 최근 중국에서 백제 유민 관련 자료들에 계속 발견되고 있기 때문에, 보다 본격적인 연구가 가능할 것으로 여겨진다.

투고일 : 2014. 4. 29   심사개시일 : 2014. 5. 9   심사완료일 : 2014. 5. 31

---

60) 필자는 『삼국사기』 지리지에 보이는 1도독부7주51현의 지명들에 주목하여 당시 웅진도독부 산하의 행정구역명들이 이전시기 백제의 지방행정구역을 계승한 것일 가능성이 있다는 견해를 제시한 바 있다(박지현, 2012, 「熊津都督府의 성립과 운영」, 서울대학교대학원 국사학과 석사학위논문, pp.30~40). 윤선태 역시 같은 견해를 제기한 바 있다(윤선태, 2013, 앞 논문, pp.41~42).

〈참고문헌〉

김기섭, 2000, 『백제와 근초고왕』, 학연문화사.

노중국, 2010, 『백제사회사상사』, 지식산업사.

정동준, 2013, 『동아시아 속의 백제 정치제도』, 일지사.

胡戟·荣新江 主編, 2012, 『大唐西市博物館藏墓誌』上, 北京大學出版社.

권덕영, 2014, 「唐 墓誌의 고대 한반도 삼국에 대한 표기 검토」, 『제27회 한국고대사학회 합동토론회 "高句麗·百濟遺民 墓誌銘의 檢討"』, 2014년 2월 18일~19일(서울 한성백제박물관).

김수태, 2002, 「백제 성왕대의 郡令과 城主」, 『百濟文化』31.

김영관, 2013, 「百濟 遺民 陳法子 墓誌銘 研究」, 『제6회 백제문화 국제심포지움 "7~8세기 백제 유민의 발자취"』, 2013년 10월 5일(공주대학교 백제문화연구소).

김영관, 2014, 「百濟 遺民 陳法子 墓誌銘 研究」, 『百濟文化』50.

김영심, 1997, 「6~7세기 百濟의 地方統治體制-地方官을 중심으로」, 『韓國古代史研究』11.

김영심, 2014, 「遺民墓誌로 본 고구려, 백제의 官制」, 『제27회 한국고대사학회 합동토론회 "高句麗·百濟遺民 墓誌銘의 檢討"』, 2014년 2월 18일~19일(서울 한성백제박물관).

양기석, 2013, 「백제 박사제도의 운용과 변천」, 『百濟文化』49.

윤선태, 2013, 「新出資料로 본 百濟의 方과 郡」, 『韓國史研究』163.

이성제, 2014, 「고구려, 백제유민의 系譜認識」, 『제27회 한국고대사학회 합동토론회 "高句麗·百濟遺民 墓誌銘의 檢討"』, 2014년 2월 18일~19일(서울 한성백제박물관).

정동준, 2009, 「「佐官貸食記」 목간의 제도사적 의미」, 『목간과 문자』4.

정동준, 2013, 「「陳法子 墓誌銘」에 보이는 백제 관제」, 『한국고대사학회 정기발표회 발표자료집』, 2013년 12월 14일(국립중앙박물관).

정동준, 2014, 「「陳法子墓誌銘」 譯註」, 『한국고대문자자료연구모임 제 10회 월례발표회』, 2014년 3월 29일(성균관대학교 600주년기념관).

拜根興, 2013, 「入唐百濟移民陳法子墓誌涉及地名及關聯問題考釋」, 『大明宮研究』8.

陈玮, 2013, 「新見武周百濟移民陳法子墓誌研究」, 『國際武則天學術研討會暨中國武則天研究會第十一屆年會會議討論論文集』, 2013년 9월 1일~3일(中國 四川省 廣元市).

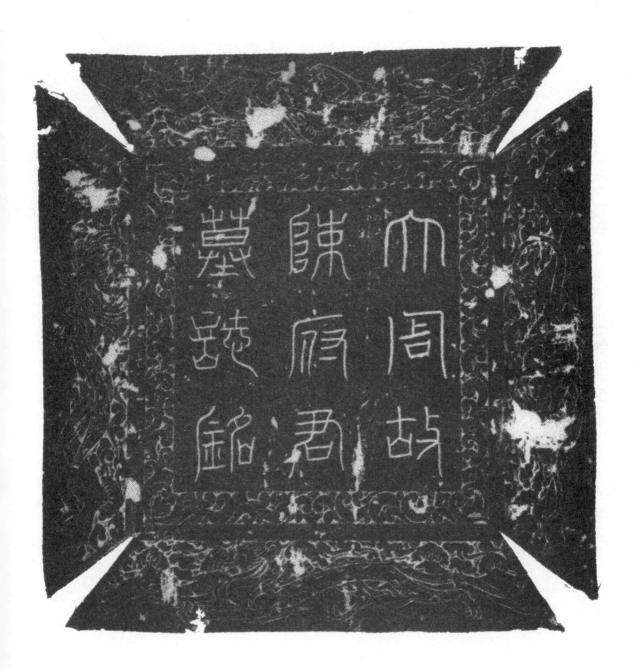

陳法子墓誌銘 개석

陳法子墓誌銘

〈日文要約〉

〈陳法子墓誌銘〉の紹介と研究現況の検討

朴芝賢

　本稿では中国で新たに発見さされた百済遺民陳法子の墓誌銘を紹介し、今までの研究状況を検討した。

　〈陳法子墓誌銘〉は、2012年中国で発刊された『大唐西市博物館藏墓誌』を通じて学界に知られることとなった。墓誌銘の入手経緯は不明であるが、保存状態が良好であり、拓本を通じてすべての文字を判読することができる。墓誌名は誌石と蓋石を備え、各々の側面には十二支神紋と四神紋が刻まれている。墓誌銘は誌石の上面に界線なく、25字24行で刻まれており書体は楷書体である。墓誌銘には9種類の則天文字が使われていることも特徴的である。

　〈陳法子墓誌銘〉の内容を見ると、まず墓主陳法子の出自と陳氏一族が韓半島に移住した経緯、陳法子の曽祖父・祖父・父の官歴を記載する。次に陳法子の百済での官職活動、唐への帰順経緯、唐での活動、そして死亡と葬礼の順序について叙述し、最後に銘を記録する。特に〈陳法子墓誌銘〉には、陳法子と彼の曽祖父・祖父・父が歴任した官職のうち、太学正, 旀連大郡将, 馬徒郡参司軍, 既母郡佐官, 稟達郡将などの記録が見られるため、研究者から注目をあびてきてきた。太学正という官職名は百済の国家教育機関としての太学の存在を裏付ける資料であり、郡将, 参司軍, 司軍, 佐官などの官職名は百済の官制および地方制度理解するうえで重要な資料になると思われる。

▶ キーワード：百済遺民, 陳法子墓誌銘, 太学, 佐官, 参司軍, 司軍, 郡将, 百済官制, 百済の地方制度, 則天文字

일본 출토 고대목간
- 지방에서의 의례와 목간 -

미카미 요시타카(三上喜孝) *

Ⅰ. 들어가며
Ⅱ. 本村居村 B 遺跡 출토 목간의 내용과 성격
Ⅲ. 秋田縣 手取清水遺跡 출토 목간
Ⅳ. 岩手縣平泉町·柳の御所跡 출토 「人々給絹日記」
Ⅴ. 나오며

〈국문 초록〉

　본고에서는 근년 일본에서 발견되었던 고대목간 중에서 가장 주목되는 것을 선택해, 그 내용과 의의를 소개한다. 여기에서는 2011년에 발견되어 『木簡研究』 35號(2013년) 등에 공표되었던 神奈川縣·本村居村 B 遺跡 출토 목간에 대해서 소개한다.

　神奈川縣·本村居村 B 遺跡 출토 목간은 折敷이라고 하는 木製食膳具의 밑부분(底板)을 2차로 재사용해서, 酒와 飯을 지급했을 때의 기록을 썼던 記錄簡이다. 목간의 연대는 「貞観」이라고 하는 元號가 쓰여 있기 때문에 859년부터 876년 사이에 작성되었던 것으로 추정할 수 있다. 목간의 윗부분에는 年, 月, 日이 기록되어 있으며, 더욱이 지급대상자에 「殿」이라고 하는 경칭이 발견되기 때문에 어떠한 의례를 할 때, 재지의 유력자에게 酒와 飯, 雜菜 등을 지급했던 것을 기록했던 것으로 추정된다.

　같은 성격을 가진 목간으로는 秋田縣·手取清水遺跡 출토 목간이 있다. 이 목간은 제사에 관련한 남녀 18명에게 「飯」 등을 지급했던 것을 기록했던 記錄簡인데, 그 기재양식이 本村居村 B 木簡과 유사하다. 무엇보다도 折敷을 轉用했던 목간이라고 하는 점도 공통된다.

　折敷에 墨書했던 木簡과는 다르지만 岩手縣·柳之御所跡에서 출토되었던 12세기의 목간이 유명하다. 그중에서도 「人々給絹日記」라는 표제를 가진 목간은 향연 할 때 사람들이 비단의 裝束을 하던 때의 記

---

*　일본 야마가타대학(山形大學) 教授

錄簡이다. 이를 통해 고대 지방사회에 있어서 의례와 연회의 장소에서 折敷이라고 하는 木製食膳具를 2차로 이용해서 記錄簡이 작성되었던 것이 널리 행해지고 있었던 것으로 추정할 수 있다.

▶ 핵심어 : 儀礼, 記錄簡, 折敷

Ⅰ. 들어가며

본고에서는 매년, 최근에 일본에서 출토되었던 목간 중에서 주목되는 것을 선택해 소개한다. 이번에는 『木簡研究』 35號(2013년)에 공표되었던, 神奈川県·本村居村 B 遺跡 출토 목간을 소개하고, 아울러 유사한 목간을 검토하는 것으로 지방사회에 있던 의례와 목간의 관계에 대해서 고찰한다.

Ⅱ. 本村居村 B 遺跡 출토 목간의 내용과 성격

神奈川県茅ケ崎市의 本村居村 B 遺跡 출토 목간(이하, 本村居村 B 木簡)은 9세기 중엽부터 후기까지의 水田과 관계된 遺構에서 출토되었다. 판독문은 그림 1과 같다(平川南·武井紀子 「神奈川県茅ケ崎市居村B遺跡出土木簡」(財)茅ケ崎市文化·スポーツ振興財団 『本村居村A遺跡(第六次)·本村居村B遺跡(第四次)』茅ケ崎市文化·スポーツ振興財団調査報告36, 2013年). 크기는 길이 458㎜, 폭 78㎜, 두께 5㎜이다.

・
「貞観□年八月十□日勾村□殿秋村□給
合 市田殿酒一斗　□殿酒一斗
吉成殿酒一斗　新勾殿酒一斗一　田□殿酒一
□□上給酒一斗□殿酒一斗
□□

・
□□□
□□員九□〔十ヵ〕人
　〔雑物〕□
酒一石九斗　飯一石七斗　雑菜卅一根

458×78×5　011　四号」

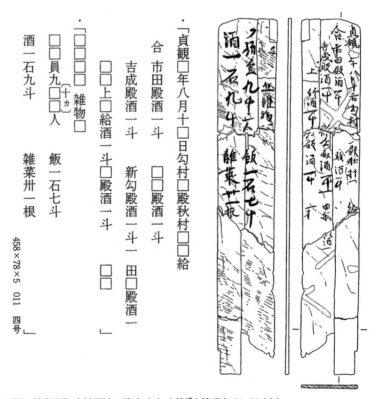

그림 1. 神奈川県·本村居村 B 遺跡 出土 木簡(『木簡研究』35, 2013年)

전면의 윗부분에는 「貞觀□年八月□日」이라고 되어 있어, 859년부터 876년 사이에 작성되었던 목간인 것이 알려졌다. 2행에서는 「貞觀□年八月□日」이라고 하는 것처럼 「名前 + 『殿』 + 酒一斗」라고 하는 기재의 패턴이 이어지고 있다.

후면은 문자의 판독이 어려운 부분이 많은데, 2행의 「□□員九□〔十?〕□人」은 사람의 수를 표기하고 있다고 생각되며, 「殿」이라고 하는 경칭으로 불리는 유력자와 그 從者들, 총 90명 이상의 酒食을 지급했던 것을 기록하고 있던 것으로 추정된다. 「飯一石七斗」「酒一石九斗」「雜菜三十一根」는 각각 지급액의 합계를 기재했던 것일 것이다.

「殿」이라고 불리는 유력자에게 거의 1斗씩 飯과 酒가 지급되고 있던 것을 고려한다면, 이 목간에는 원래 18인 전후의 유력자의 이름이 쓰여 있었고, 더욱이 각각 밑에 있던(配下) 者 4~5명에게도 酒와 飯이 분배되었던 것으로 생각된다.

다음으로는 목간의 형태에 주목해 보자. 목간의 형태는 우측 상단이 원형으로 가공되어 있어, 折敷라고 불리는 木製食膳具(그림 2)를 목간에 轉用했을 가능성이 높다. 한편, 좌측면은 결손되어 있다.

그림 2. 折敷

이상에서 본 목간의 성격을 정리하면 지역사회에 있어서 무언가의 의식에 사용되었고 「某殿」이라고 불리는 지역 유력자와 그 從者들을 합쳐 총 90명에게 酒食을 지급했던 帳籍 목간으로 생각된다. 지급물이 多種·多量으로 지급되기 때문에 중요한 의례에 동반되어 지급되었던 것일 가능성이 높다.

그렇다면 이 의례란 어떤 것일까. 본 유적 가까이에 위치한 조사지점에서 이전에 다음과 같은 목간이 출토되었다.

· □□郡十年料□　放生布施□事
· 『飛　飛　鳥飛部伊豊　春部足人』

(290)×46×7 019

전체를 판독하는 것은 어렵지만, 전면에 보이는 「放生布施」라고 하는 용어가 주목된다. 放生이란, 불교의 殺生禁斷 思想에 기초해, 잡았던 魚鳥 등을 山野池沼에 방생하는 자비행위이다. 이것이 의례화되어 「放生会」가 都뿐만 아니라 각지에서 행해지게 되었다. 「布施」란 그 때에 사용되었던 물품이다. 후면에는 「飛鳥部伊豊」「春部足人」라고 하는 2인의 인명이 기록되어 있다. 이 목간은 지방의 있던 郡이 어느 해에 물품을 放生의 布施로 할당한 것을 기록했던 것으로, 고대의 지방사회에 있어서도 放生會가 행해졌던 것을 보여주는 자료로서 중요하다.

일본에 있어서 放生은 7세기 후반의 676년에 天武天皇의 이름에 의해 諸國에서 放生이 행해졌다. 이는 『日本書紀』天武天皇 5년 8월 16일 조의 기사에서 처음으로 보인다.

이번의 목간도 放生會라고 하는 의례와 관계되어서 지급되었던 酒食일 가능성이 있다. 특히 「八月十□日」라는 기재가 주목된다. 平安京의 수호신이라고 다루어졌던 山城国(현재의 京都府)의 石淸水八幡宮에서는 863(貞觀 5) 이후, 매년 8월 15일에 대규모적인 放生會가 행해지게 되었다. 본 목간에 보이는 「八月十□日」도 放生會가 행해졌던 날일 가능성이 고려된다.

현 단계에서는 단정하기 어렵지만 본 목간이 무언가의 의례와 동반되었던 飮食의 지급을 기록했던 것은 확실하다. 다음으로는 본 목간의 형태와 기재양식이 유사한 목간을 살펴보도록 하겠다.

Ⅲ. 秋田県 手取淸水遺跡 출토 목간

本村居村 B 목간과 형태와 기재양식이 유사하다고 생각되는 것은 秋田県横手市·手取淸水遺跡 출토 목간(이하, 手取淸水 목간)이다. 판독문을 그림 3에 게재한다(三上喜孝, 「横手市手取淸水遺跡出土木簡

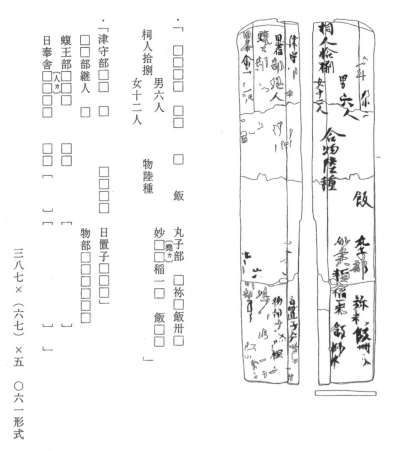

그림 3. 秋田県·手取淸水遺跡 出土 木簡(三上喜孝, 「横手市手取淸水遺跡出土木簡の再検討」, 『秋田考古学』56, 2012年)

の再檢討」『秋田考古学』56, 2012). 크기는 길이 387mm, 폭 (67)mm, 두께 5mm이다.

이 목간의 전면에는 「桐人」이라고 불리는 남녀의 수(남성 6명, 여성 12명)와 그 합계(「拾捌」 = 18명)가 기록되어 있다. 그 아래에 「物陸種」 즉 「物」이 모두 6종류인 것을 기록하고, 더욱 더 아래에 「人名 + 『飯』+ 數量」을 개별기재하고 있었다고 생각된다.

「桐人」의 語義는 불명하지만 「桐=祀」로 이해한다면, 제사와 관련된 집단을 표시하고 있을 가능성이 있다.

「人名+物品+数量」이 기록되어 있는 점에서 本村居村 B 목간과 기재양식이 유사하다. 더욱이 주목되는 것은 本村居村 B 목간과 手取清水 목간에 공통해서 나타나는 「飯」이라고 하는 말이다. 「飯」이라는 것은 炊飯했던 米이라는 것이고, 의례의 장소에서 식사가 지급되고 있었을 가능성을 보여주고 있다. 이 것 때문에 手取清水 목간도 어떠한 의례의 때에 飮食을 지급했던 것을 기록했던 목간이라고 생각된다.

手取清水 목간의 기재양식에 주목한 것은 전면의 제1행이다. 현재는 문자를 전혀 판독할 수 없지만 本村居村 B 목간의 전면 1행에 年, 月, 日이 기재되어 있던 것을 근거로 한다면, 전면 1행에는 年, 月, 日이 기재되었을 가능성이 높다. 즉 本村居村 B 목간과 手取清水 목간은 기재양식 상에서 공통성을 가지고 있었다고 보인다.

더욱이 흥미로운 것은 手取清水 목간의 형태이다. 우측 상단이 원형으로 가공되어 있지만, 좌측 상단은 결실되어 있다. 이 형태는 本村居村 B 목간의 것과 유사해서, 마찬가지로 木製食膳具인 「折敷」을 轉用했던 목간이라고 생각된다.

의례와 연회의 장소에서는 木製食膳具로서 折敷이 비교적 쉽게 입수되는 환경이었다. 그래서 흔한 것을 서사재료로 사용해 지급기록이 쓰여졌던 것이다. 折敷이 轉用되었다고 하는 사실과 의례에 있어서 飮食의 지급기록이라고 하는 기재 내용은 「의례의 장소」라고 하는 공통점으로 연결되고 있는 것이다.

Ⅳ. 岩手県平泉町·柳の御所跡 출토 「人々給絹日記」

시대는 다소 늦지만 12세기 전반에 동북지방을 지배하고 있었던 奧州藤原氏가 거점으로 한 平泉의 柳之御所跡에서 折敷에 비단 복장의 지급 기록을 적은 목간이 출토됐다(그림 4)(『木簡研究』 13, 1991년). 크기는 세로 301mm, 가로 226mm, 두께 5mm이다.

柳之御所跡은 奧州藤原氏 3대 秀衡의 政庁跡으로 알려져 유적의 중심부는 空濠로 둘러싸여진 掘立柱 건물군과 園池를 가진 공간으로 구성되어 있어, 의식·연회용 식기와 토기가 대량으로 출토되고 있다.

「人々給絹日記」으로 불리는 이 목간도 의식과 연회 시(時)에 기록된 것으로 추정되고 있다. 내용은 의식과 연회에 참가했던 사람들에게 비단으로 만든 옷을 지급했던 것을 기록했던 것이다. 기재양식은 「人名『殿』+ 装束 + 数量」이며, 기본적으로는 本村居村 B 목간 등과 같다. 흥미로운 것은 「殿」이라고 하는 경칭이 보이는 것이며, 이 점도 本村居村 B 목간과 같다.

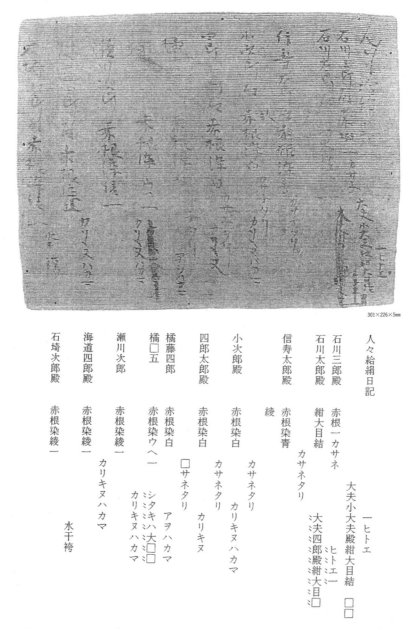

301×226×5mm

人々給絹日記

石川三郎殿　赤根一カサネ　一ヒトエ
石川太郎殿　紺大目結
信寿太郎殿　赤根染青
　　　　　　綾　カサネタリ
小次郎殿　　赤根染白　カサネタリ　カリキヌハカマ
四郎太郎殿　赤根染白　□サネタリ　カリキヌ
橘藤四郎　　赤根染白　アヲハカマ
橘□五　　　赤根染ウヘ一　シタキハ大□□　カリキヌハカマ
瀬川次郎　　赤根染綾一　カリキヌハカマ
海道四郎殿　赤根染綾一　カリキヌハカマ
石埼次郎殿　赤根染綾一　水干袴

大夫小大夫殿紺大目結
一ヒトエ　ヒトエ一
　　　　　ヒトヱ一
　　　　　大夫四郎殿紺大目

그림 4. 岩手県·柳の御所跡 出土 木簡「人々給絹日記」(『紀要 XVII』(財)岩手県文化振興事業団埋蔵文化財センター, 1997年)

　　더욱이 이 목간의 형태를 주목하면 食膳具인 折敷의 밑부분(底板)을 목간으로서 轉用했던 것이 분명하다. 柳之御所跡에서는 이 밖에도 折敷에 문자를 적어둔 것이 다수 출토되었다. 가까이에 있던 折敷에 메모를 했다고 하는 점에서도 비단 복장의 지급은 어떤 의례와 연회의 때에 행해졌던 행위일 가능성이 높은 것이다.

Ⅴ. 나오며

이상, 『木簡研究』35號(2013)에 공표되었던 神奈川県 本村居村 B 遺跡 출토 목간을 출발점으로 해서, 고대지방사회에 있었던 의례와 記載簡과의 관계에 대해 다른 유사한 사례도 참고하면서 고찰했다. 食膳具인 折敷를 목간에 재사용했던 사례가 많이 보이는 것은 이러한 의례의 장소에서 飮食 지급과 裝束 지급의 기록이 가까이에 있던 서사재료에 쓰고 있었던 것을 의미한다. 규격화되었던 목간이 준비되어 있던 문서행정의 장소가 아닌, 의례와 향연의 장소에 있었기에 가까이에 있던 折敷의 밑 부분(底板)이 서사재료로서 사용되었던 것이다.

이 점에서 목제품을 轉用했던 목간이 작성되었던 것은 그 유적의 성격과 기재내용과 관계되어 온 문제인 것을 알 수 있다. 목간의 기재내용뿐만 아니라 문자를 쓰는 장소와 서사재료를 가미해서 고찰한 것에 의해, 목간에서 확인할 수 있는 정보가 보다 풍부하게 된 것을 이들 사례는 보여주는 것이다.

[번역: 오택현(중원대학교 교양학부)]

참/고/문/헌

日本木簡學會, 1991, 『木簡硏究』13號.

日本木簡學會, 2013, 『木簡硏究』35號.

三上喜孝, 2012, 「橫手市手取淸水遺跡出土木簡の再檢討」, 『秋田考古学』56.

平川南·武井紀子, 2013, 「神奈川県茅ケ崎市居村B遺跡出土木簡」, 『本村居村A遺跡(第六次)·本村居村B
遺跡(第四次)』茅ケ崎市文化·スポーツ振興財団調査報告36.

〈日文要約〉

近年発見された日本古代木簡
－ 地方における儀礼と木簡 －

三上喜孝

　本稿では、近年、日本で発見された古代木簡の中から、とくに注目されるものを選んで、その内容と意義を紹介する。ここでは、2011年に発見され、『木簡研究』35号(2013年)等で公表された、神奈川県・本村居村B遺跡出土木簡について紹介する。

　神奈川県・本村居村B遺跡出土木簡は、折敷という木製食膳具の底板を二次利用して、酒や飯を支給した際の記録を書き付けた記録簡である。木簡の年代は、「貞観」という元号が書かれていることから、859年から876年の間に作成されたことが推定できる。木簡の冒頭に年月日が記され、さらに支給対象者に「殿」という敬称が見えることから、ある儀礼に際して、在地の有力者に酒や飯、雑菜などを支給したことを書いた記録であると推定される。

　同様の性格をもつ木簡として、秋田県・手取清水遺跡出土木簡がある。この木簡は、祭祀にかかわる男女18名に対して、「飯」などを支給したことを記録した記録簡であるが、その記載様式は、本村居村B木簡と類似している。何より、折敷を転用した木簡であるという点も共通している。

　折敷に墨書した木簡としては他に、岩手県柳之御所跡から出土した12世紀の木簡が有名だが、なかでも「人々給絹日記」と表題のついた木簡は、饗宴に際して人々に絹の装束した際の記録簡である。古代地方社会において、儀礼や饗宴の場において、折敷という木製食膳具を二次利用して記録簡が作成されることが広く行われていたことが推定できる。

▶ キーワード：儀礼, 記録簡, 折敷

한/국/고/대/문/자/자/료 연/구

한국목간학회와 성균관대학교 동아시아학술원이 공동으로 주관한《한국 고대 문자자료 연구모임》에서는 그간 널리 알려졌던 금석문과 새롭게 알려진 금석문에 대해 연구할 수 있는 모임을 발촉했다. 여기에서는 신진연구자들이 중심이 되어 기존의 판독문의 재보완 및 새롭게 해석할 수 있는 부분들을 소개하고, 아울러 한국 고대 문자자료에 대한 폭 넓은 이해와 연구자의 역량을 키울 수 있는 장을 마련하고자 한다. 연구의 결과물은 백제·고구려·신라 편으로 나누어 책으로 출간할 예정이다. 본 학회를 위해 한국 고대 문자자료의 소개를 수락해주신 후의에 감사드린다.[편집자]

扶餘 陵山里寺址 유적 출토 목간 및 삭설

이재환*

〈국문 초록〉

扶餘 陵山里寺址 유적은 능산리 고분군으로부터 불과 100m 떨어진 지점에 위치해 있다는 점에서, 왕릉을 수호하고 그곳에 묻힌 백제왕들의 追福을 기원하는 陵寺였을 것이라는 추정이 일찍부터 제기되었다. 특히 창왕명석조사리감(국보 제288호)이 출토되어 사원의 목탑이 567년에 건조되기 시작하였으며, 聖王의 딸이자 위덕왕의 누이인 공주가 목탑 건립의 주도적 역할을 하였음이 확인되자, 성왕의 명복을 빌기 위한 사찰이었다는 주장이 널리 받아들여지게 되었다.

6·7차 발굴조사 과정에서는 서배수로 인접구역에 노출된 V자형 남북방향 溝(초기 배수로)의 내부와 제5배수시설에서 20여 점의 백제 목간이 출토되면서 능산리 유적의 성격에 대한 논의도 한층 심화되었다. 목간들이 출토된 장소가 층위상 서배수로 아래로 흘러가는 수로이며, 능산리 사원보다 앞선 시기의 유구일 가능성이 높다는 점이 알려지면서, 567년 목탑 건립 이전 유적의 성격에 관심이 몰렸다.

먼저 목간의 사용 연대를 천도 이전인 527년에서 538년 무렵까지로 보고 사비도성의 동나성 축조에 관련된 장소였다고 파악한 견해가 제기되었다. 그와 달리 해당 유적에서 발견된 목간들이 사비도성이 성립한 538년 이후부터 능사가 건립되는 567년 이전까지 都城의 사방 경계지점에서 열렸던 국가의례나 羅城의 禁衛에 관련된 시설에서 사용되었다고 보기도 한다. 이후 목간의 출토 정황에 대한 세밀한 분석에 기반한 연구를 통해서 목간들을 시기에 따라 세 부류로 구분하고, 그 가운데 가장 이른 시기의 것들은 554년 성왕의 죽음으로부터 567년 창왕명석조사리감 매입 사이에 사용되었으며 성왕의 추복 시설과

* 서울대학교 국사학과

관련되었을 것으로 이해하는 견해가 나왔다.

다만, 능산리사지 유적의 성격을 聖王의 추복과 연결짓기에는 아직 증거가 부족해 보인다. '亡王子'에 대한 추복을 명시하고 있는 왕흥사지 사리기의 경우와 달리 창왕명석조사리감에서는 "백제 창왕 13년인 정해년(567)에 妹兄公主가 사리를 공양하였음"을 밝히고 있을 뿐, 先王을 위한다는 목적을 전혀 언급하지 않았다. 초기시설과 관련된 것으로 추정되는 목간들의 내용 또한 성왕에 대한 제사와 관련되었다고 보기는 어렵다. 목간의 내용 및 함께 출토된 유물의 성격을 감안할 때, 능산리사지 유적의 초기시설은 경계 제사의 祭場이었을 가능성이 높다고 생각된다.

▶ 핵심어 : 능산리, 목간, 삭설, 경계, 제사

Ⅰ. 개관

扶餘 陵山里寺址 유적은 扶餘 羅城과 능산리 고분군 사이의 계단식 전답으로 조성된 산정골에 위치해 있다. 산정골의 정면인 남쪽은 국도 4호선과 이어지며, 서쪽으로는 東羅城, 동쪽으로는 능산리 고분군의 능선이 자연 경계를 이루고, 북쪽으로는 동나성과 능산리 고분군의 능선이 서로 연결되어 삼면이 산으로 둘러싸여 있다. 그 지리적 위치 때문에 관심을 받아 오다가, 1985년 능산리 서고분군 일대에 백제고분 모형관을 짓기 위한 배수로 공사가 이루어지던 도중 여러 점의 연화문 와당이 신고되면서 백제시대 건물유적의 존재 가능성이 알려지게 되었다. 이에 1992년부터 2009년까지 11차례 조사가 이루어졌다. 1993년 2차 조사를 통해 공방지Ⅰ에서 금동대향로(국보 제287호)가 출토되고, 1995년 4차 조사 중에는 목탑지 심초석 상면에서 창왕명석조사리감(국보 제288호)이 출토되어 많은 관심을 받은 바 있다.

이 유적은 능산리 고분군으로부터 불과 100m 떨어진 지점에 위치해 있다는 점에서, 왕릉을 수호하고 그곳에 묻힌 백제왕들의 追福을 기원하는 陵寺였을 것이라는 추정이 일찍부터 제기되었다.[1] 동명왕릉과 관련된 고구려의 追福 사찰 定陵寺의 존재가 그 방증으로 여겨졌다. 특히 聖王의 능이 능산리에 있을 것으로 비정된 데 기반하여,[2] 聖王陵과의 관련성이 제기되었다. 창왕명석조사리감의 명문을 통해 능산리 사원의 목탑이 567년에 건조되기 시작하였으며, 성왕의 딸이자 위덕왕의 누이인 공주가 목탑 건립의 주도적 역할을 하였음이 확인되자, 독실한 불교 신자였던 聖王의 명복을 빌기 위한 사찰이었다는 주장은 널리 받아들여지게 되었다.[3] 이와 같은 입장은 발굴조사보고서에도 반영되어 '陵寺'라는 명

---

1) 이도학, 1997, 『새로 쓰는 백제사』, 푸른역사, p.463.
2) 姜仁求, 1997, 『百濟古墳研究』, 一志社, p.87.
3) 金相鉉, 1999, 「百濟 威德王의 父王을 위한 追福과 夢殿觀音」, 『한국고대사연구』15.
　金壽泰, 1998, 「百濟 威德王代 扶餘 陵山里 寺院의 創建」, 『百濟文化』第27輯.

칭이 보고서의 제목으로 채택되었다.[4)]

한편 6·7차 발굴조사 과정에서는 서배수로 인접구역에 노출된 V자형 남북방향 溝(초기 배수로)의 내부와 제5배수시설에서 20여 점의 백제 목간이 출토되어,[5)] 백제 목간 연구가 활성화하는 계기가 되었다. 목간에 대한 검토를 통해 능산리 유적의 성격에 대한 논의도 한층 심화될 수 있었다. 목간들이 출토된 장소가 층위상 서배수로 아래로 흘러가는 수로이며, 능산리 사원보다 앞선 시기의 유구일 가능성이 높다는 점이 알려지면서, 567년 목탑 건립 이전 유적의 성격에 관심이 몰렸다.

먼저 대부분의 목간이 행정지배의 목적으로 만들어졌으며, 불교 교리보다는 서사적 성격이 강한 관념을 포함하고 있어, 일반 官人이나 지방민들을 대상으로 한 것으로 보인다는 점이 지적되었다. 나아가 목간의 내용에서 道使나 對德 등의 官人이 熊津城으로부터 파견된 정황을 유추함으로써, 목간 출토 유적은 陵寺 성립 이전, 사비도성의 동나성 축조에 관련된 장소라는 결론을 내렸다. 능산리 유적 출토 목간의 성격을 羅城 축조에 관련된 것으로 규정하고, 그 작성 시기는 천도 이전인 527년에서 538년 사이으로 추정한 것이다.[6)]

한편 목간 내용에 대한 보다 면밀한 검토를 통해, 都城의 사방 경계지점에서 열렸던 국가의례나 羅城의 禁衛에 관련된 시설에서 사용한 목간으로 보아야 한다는 주장도 나왔다. 능사 조성 이전의 기와를 올린 시설은 나성 축조를 위한 임시적 시설로 보기 어려우며, 사비도성의 나성 동문 밖에 위치하였고, 후대에 그 자리에 왕실 원찰이 건립되었다는 점에서 신라 왕경의 사방 경계지점에 세워졌던 성전사원과 유사함이 지적되었다. 목간의 내용 검토 과정에서 능산리 초기시설이 여러 사찰과 인적·물적 소통 관계를 맺고 승려도 상주하였음을 확인하였으며, 299번 목간 및 295번 남근형 목간을 근거로 능산리 유적은 일상적 공간이 아니라 항상적으로 의례가 열리는 '비일상적 공간'이었다고 주장하였다. 295번 목간이 사용된 道祭는 都城의 성립을 전제로 하므로, 사비도성이 성립한 538년 이후부터 능사가 건립되는 567년 이전까지 이들 목간이 제작·활용되었을 것이며, 따라서 나성 축조와 연결시키기는 어렵다는 것이다.[7)]

이에 대해서 목간의 출토 정황에 대한 세밀한 분석에 기반한 반론이 제기되었다.[8)] 중문지 남서쪽의 초기 자연배수로뿐 아니라 동남쪽의 초기 자연배수로와 그보다 시기가 늦은 제2석축 배수시설에서도 목간이 출토되었으므로, 목간의 성격은 나성과 연관되기보다 능산리사지 가람중심부의 정비 과정과 연관지어야 한다는 것이다. 목간들을 크게 세 부류로 구분하였는데, 먼저 2002-1 및 306번·310번 목간은 능산리 사지에 1차로 건물이 들어서고 나서 일정 기간이 경과한 다음 폐기된 것으로서 능산리 사지

---

4) 國立扶餘博物館·扶餘郡, 2000, 「陵寺-扶餘陵山里寺址發掘調査進展報告書」, p.2.

5) 朴仲煥, 2002, 「扶餘 陵山里 發掘 木簡 豫報」, 『한국고대사연구』28, p.212.

6) 近藤浩一, 2004, 「扶餘 陵山里 羅城築造 木簡의 研究」, 『百濟研究』39.

7) 尹善泰, 2004, 「扶餘陵山里 出土 百濟木簡의 再檢討」, 『東國史學』第40輯.

8) 李炳鎬, 2008a, 「扶餘 陵山里 出土 木簡의 性格」, 『木簡과文字』創刊號.
   李炳鎬, 2008b, 「扶餘 陵山里寺址 伽藍中心部의 變遷 過程」, 『韓國史研究』143.

의 운영과 직결된다. 6차 조사시 중문지 남쪽 초기 자연배수로에서 출토된 295번·314번·309번·2000-1~15번 및 남서쪽 초기 자연배수로에서 발견된 296번·313번, 297번 등은 한 단계 이른 시기의 것으로 서, 능산리 사지의 초기 시설뿐 아니라 사원과도 관련성을 가지고 있었던 것으로 보았다. 중문지 동남 쪽 초기 자연배수로에서 출토된 299번과 2001-8번은 목탑 건립을 전후하여 폐기되었으므로, 능산리 사지의 초기 시설과 관련되었다고 판단하였다.

능산리 유적에는 567년 목탑 건립 이전에 초기의 강당지가 먼저 건립되어 성왕릉의 조영이나 조상신 제사 등 특수한 기능을 담당한 것으로 여겨지는데, 목간들도 강당지의 활동이나 성격과 관련된다는 것이다. 출토된 벼루편의 연대를 감안할 때 그 상한이 6세기 중엽을 크게 상회하지 않을 것으로 보이므로, 538년의 사비 천도나 그 이전으로 소급해 올라가기는 어렵다고 결론지었다. 결국 능산리 유적 출토 목간들은 554년 성왕의 죽음으로부터 567년 창왕명석조사리감 매입 사이의 어느 시기에 사용·폐기된 것이며, 그 기재 내용이 불교나 제사 관련, 물품의 생산지나 물품의 이동, 장부 등을 망라하고 있으므로, 나성이나 나성문의 출입과 관련시켜 보기는 어렵다고 하였다.

다만, 567년 이전 능산리 유적 초기 시설의 성격을 聖王과 연결짓기에는 아직 증거가 부족해 보인다. 목탑 건립 이후 성립한 사원이 성왕을 추복하기 위한 陵寺로 지어졌다는 문헌적 근거는 아직 발견된 바 없다. 창왕명석조사리감은 "백제 창왕 13년인 정해년(567)에 妹兄公主가 사리를 공양하였음"을 밝히고 있을 뿐, 創寺나 목탑 건립에 先王을 위한다는 목적이 내재하고 있음은 언급하지 않았다. 이는 동일하게 위덕왕대 만들어진 왕흥사지 사리기가 '亡王子'에 대한 추복을 명시한 것과 대비되는 면모이다. 백제의 불상 명문들의 경우에도 사망한 父母의 追福을 목적으로 한 경우에는 모두 이를 분명히 언급하고 있다. 따라서 창왕명석조사리감의 명문은 오히려 목탑의 건립이 성왕의 추복과 직접적으로 관계를 가지지 않는다는 근거로도 해석된다고 하겠다.

아울러 『日本書紀』欽明紀 16年 8月條에는 555년 8월에 위덕왕이 아버지 성왕을 받들기 위해 출가 수도하려고 했다가, 대신 100명을 度僧하는 등의 功德을 쌓은 일이 기록되어 있다. 이는 능산리 사원의 목탑이 조영되기 시작한 567년보다 10여 년 전이므로, 성왕의 추복을 위한 출가 시도나 度僧 등이 능산리 사원이 아닌 다른 사찰에서 이루어졌음을 보여준다. 성왕 사망 직후에 능산리에 성왕의 능과 祀廟가 건립되었다고 해도, 出家나 度僧은 사원의 성립을 전제로 하므로 다른 공간을 상정하지 않을 수 없다. 이처럼 능산리 사원이 성왕의 추복을 위한 능사였음을 보여주는 직접적 근거는 찾기 어렵다.

초기 시설과 관련된 것으로 추정한 목간들의 내용 또한 성왕의 추복 시설이었다는 추정을 뒷받침하지 않는다. 299번 목간을 제사에 사용된 位牌로 추정하는 견해를 받아들인다면, 이 位牌가 사용된 제사는 성왕의 추복을 위한 제사라고 볼 수 없게 된다. 陪臣이 함께 제사지내지는 경우는 상정 가능하겠으나, 姓氏나 직함도 없이 9명의 인명이 나열되고 있어 陪臣의 位牌로 보기에도 격이 맞지 않는다. 295번 남근형 목간 및 그와 함께 출토된 남근형 목제품의 경우에도,[9] 주술이나 제사와의 관련성은 인정되나, 王의 追福을 위한 제사에 쓰여졌다고 보기는 힘들다. 309번 목간의 '死'나 '再拜' 등의 구절에서 죽은 이에 대한 제사 행위를 유추하기도 했는데, '死'는 王의 죽음에 사용되는 용어가 아니며, '伏地再拜'와 같은 관용 어구를 감안하면 '再拜'가 제사 상황에서만 쓰이는 것이 아님 또한 분명하다.

목간과 함께 출토된 유물의 성격도 주목할 필요가 있다. 남근형 목제품 외에도 새모양 목제품, 목제 빗, 복숭아·가래 등의 과일 씨앗, 원반형 토·석제품, 철제 도자, 철제화살촉, 철정, 짚신·나막신, 우각형 파수부, 벼루편에 인면토제품까지 함께 출토되었기 때문이다. 이들은 우물·연못 등 水邊祭祀의 흔적으로 자주 확인되는 것들이며,[10] 先王을 祭神으로 하는 祠廟 祭祀에 사용하였다고 보기는 어렵다. 우물이나 연못 등 수변공간은 땅과 물이 만나는 곳으로서, 교차로나 시장의 경우와 더불어 '境界'로 인식되는 대표적인 공간이다.[11] 결국 능산리 유적은 사비 도성과 외부의 경계인 동시에 땅과 물의 경계로서, 경계 제사의 祭場이 되기에 충분한 조건을 갖추고 있다고 할 수 있다.

羅城과 고분군이 능산리 유적에 인접하여 있는 것 또한, 이들이 모두 사비도성의 경계에 위치해야 할 시설임을 감안하면 자연스러운 현상이라 하겠다. 567년 이후 이곳에 사원이 건립되면서, 이러한 경계제사의 기능은 사원의 승려들이 이어서 담당하였을 것으로 추정된다. 사찰의 우물·연못에서 기우를 목적으로 한 수변제사를 지낸 사실은 신라의 사례에서 확인할 수 있다.[12] 목탑 건립 이전과 이후 능산리 유적의 연속성은 이러한 차원에서 설명하는 것이 가능하다.

Ⅱ. 목간

1. 295번 목간

1) 판독표
※『　』는 刻書. 좌우·상하의 구분은 발굴보고서에 따름.

---

9) 기존에 목간으로 분리된 7차 조사 목간 ⑲(도면 94-1, 도판 168-2 ; 李炳鎬, 2008a에서는 2001-6으로 넘버링함) 및 목간 ⑳(도면 95-1, 도판 168-3; 李炳鎬 2008a에서는 2001-7로 넘버링함)은 묵흔이 확인되지 않으므로 목간에서는 제외해야 한다. 다만 7차 조사 목간 ⑲의 경우 남근형임이 인정되므로, 295번 목간과 연관지어 해석할 필요가 있다.

10) 이재환, 2011, 「傳仁容寺址 출토 '龍王' 목간과 우물·연못에서의 제사의식」, 『목간과 문자』7호.

11) 赤坂憲雄, 1987, 『境界の発生』, 砂子屋書房.

12) 이재환, 2011, 앞 논문.

左 「 『 大 』	下 「	右 「	上 「
『 无 奉 義 』 □ 道 緣 立 立 立 ○ 」	□ 一 四 □ □ 六 」	『 无 奉 』 □ 『 ¥ 』 ○	爇熙 」

2) 판독 및 교감

(좌면) 「『大』[13) 『无[14)奉義[15)』□[16) 道緣[17)立立[18)立 ○」

(하면) 「　　　■[19) [　][20)[四][21)■[22)□[23)六　 」

(우면) 「　　　　『无 奉』□[24)　　　『¥』○」

(상면) 「　　　　　　　爇熙[25)　」

---

13) 大 : 귀두 자체의 박리를 감안하여 '天'으로 읽거나(國立扶餘博物館, 2007; 이용현; 손환일), 판독에서 제외한 경우(近藤浩一; 尹善泰; 平川南; 김영심)도 있다. 원래 '天'이었을 가능성을 배제할 수는 없으나, 현재로서는 '大'의 刻書를 확인할 수 있을 뿐이다. 男根의 상징을 감안할 때, '大'로 보아도 의미는 크게 어긋나지 않는다.

14) 无 : '在'로 판독한 경우도 있지만(손환일, 2011a·b), 일반적으로 '无'로 판독한다. 상단의 첫 가로획은 보이지 않으나, 남은 부분과 우면의 '无'에 의거하여 추독할 수 있다.

15) 義 : 국립부여박물관, 2003, p.92의 판독문에서는 '儀'라고 하였으나, 본문에서는 '義'로 쓰고 있어 해당 도록 작성 사의 誤字로 판단된다. 실물상으로도 '義'가 분명하다.

16) □ : '十'으로 판독한 경우도 있지만(손환일, 2011a·b), 묵흔인지 아닌지 명확하지 않다.

17) 緣 : 대부분 '緣'으로 판독해 왔는데, 尹善泰가 '揚'이라는 새로운 판독안을 제시하였고, 김영심 또한 이를 따랐다. 우변은 논란의 여지가 남아 있으나, 좌변은 '糸'가 분명하다고 판단된다. 상면의 '道' 다음 글자의 자형이 '緣'으로 보이는 것을 고려하면, '道緣'이 반복 서사되었을 가능성이 높다고 하겠다.

18) 立 : 近藤浩一은 '十二'의 두 글자로 판독한 바 있지만(近藤浩一, 2004), 위·아래의 글자들과 함께 '立'을 연이어 쓴 것으

3) 해석 및 역주

(좌면) 크다! 받들 뜻이 없다.[26] 길 가[27]에 서라! 서라! 서라![28]

(하면) ······

(우면) 받들지 말라. ··· (하늘)[29]

(상면) 길 가

4) 해제

발굴보고서의 6차 조사 목간 ①에 해당한다. '天'銘 刻墨書木簡으로 소개된 바 있다(朴仲煥, 2002). S110, W50~40 구간 중문지 남쪽 초기 자연배수로의 제2·제3목책렬 동쪽 끝부분에서 출토되었다. 초기 자연배수로의 폐기 연대가 6세기 중엽부터 567년 전후로 추정되기 때문에 초기 시설 뿐 아니라 사원과의 관련성도 함께 가지고 있었다고 생각된다(李炳鎬, 2008a). 자연목을 표면 가공하여 제작한 것으로서, 길이 22.7㎝, 너비 2.4㎝, 두께 2.1㎝이다. 전면 상단을 둥글게 깎고 턱을 만들어 끈으로 매달 수 있게 하였으며, 男根을 형상화한 형태상 특이성 때문에 주목을 받았다. 刻書와 墨書가 공존하고 있

로 보인다. 첫 번째 '立'의 경우 자형이 다음 두 '立'과 조금 다르지만, 나머지 두 '立'의 자형은 서로 비슷하다.

19) ■ : 묵흔이 약간 남아 있다. 썼다가 깎아내어 삭제한 것이 아닌가 한다.

20) [ ] : 묵흔이 남아 있으나 판독이 어려우며, 몇 자였는지도 정확히 알기 어렵다. 역시 삭제한 것으로 추정된다. 남은 자형에 기반하여 마지막 글자를 '徒'로 추정하거나(이용현, 2007; 손환일, 2011b), '門徒'의 두 자를 읽어낸 경우도 있다(손환일, 2011a).

21) [四] : 역시 썼다가 깎아낸 것으로 보인다. 적외선 사진에 보이는 남은 묵흔은 '四'에 가까운데, '日'로 판독한 경우도 있다(손환일, 2011a·b).

22) ■ : '立'이 아닌가 추정하거나(平川南, 2008), '五'로 판독한 경우도 있지만(손환일, 2011a·b), 현재로서는 판단내리기 어렵다.

23) □ : '十'으로 판독하는 것이 일반적이나, 왼쪽에도 묵흔이 있어 단정지을 수 없다.

24) □ : 묵흔이 일부 남아있으며, '門' 혹은 '用'으로 판독한 경우도 있으나(손환일, 2011a 및 2011b), 남은 획만으로는 판독이 불가능하다.

25) 道緣 : 尹善泰는 '追□'로 판독하였으나, 적외선 사진에 따르면 '道緣'으로 판독된다(國立扶餘博物館, 2007; 이용현, 2007; 손환일, 2011a·b). 다음에도 글자가 있다고 보거나(이용현, 2007), '其十' 혹은 '北'이라는 판독안을 제시한 경우도 있지만(손환일, 2011a 및 2011b), 묵흔으로 인정하기 어렵다.

26) 無奉義 : 尹善泰는 "받들 것이 없다"는 뜻으로, 역병의 만연 등 부정·불안한 현실에 대해 신을 자극하기 위한 역설적 문투일 가능성을 제기하였다(尹善泰, 2004). 반면에 이용현은 无가 불경에서 발어사로 쓰이기도 하므로, '義를 받들다(받듦, 받들어라)'로 풀이된다고 하였다(이용현, 2007).

27) 道緣 : 尹善泰는 '道裼'으로 판독하여 '道神인 裼'으로 해석하였고(尹善泰, 2004), 이용현은 승려의 이름일 가능성을 제기한 바 있으나(이용현, 2007). '길 가'라는 해석을 받아들인다(平川南, 2006).

28) 立立立 : 尹善泰는 "道神인 裼이 (일어)섰다"는 의미이며 立을 세 번 연속으로 쓴 것은 강조법이라고 이해하였다(尹善泰, 2004).

29) 天 : 일반적으로 天神을 의미한다고 보는데, 男根 방향의 위 아래를 표시한 것이라고 본 견해도 있다(이용현, 2007).

는 점도 특징적이다. 이에 대해서 墨書와 刀刻을 시기를 달리하는 별도의 서사 행위로 간주하여, 애초에 刀刻 목간이었다가 차후에 다시 이용할 때 묵서로 가필했다는 추정도 나왔으나(李丞宰, 2008), 이는 주술적 의도를 가진 데 따른 특징으로 보인다.

刻書와 墨書의 공존 외에도 '天'을 거꾸로 새긴 점이나, 佛經을 욀 때의 발어사인 '无'가 새겨진 점 등에 근거하여 제사 의식과 관련되었을 것이라는 추정이 제기되었다(국립부여박물관, 2003). 天을 대상으로 한 在來祭祀와 관계 깊은 呪符木簡이라고 규정하고, '天'자를 바르게 세운 상태에서 어딘가에 매달 수 있도록 고안되었다는 주장도 나왔다(近藤浩一, 2004). 이후 尹善泰가 목간의 내용과 형태에 대한 비교 검토를 통해 사비도성의 사방 외곽 도로에서 國家儀禮로 거행된 道祭의 神主로 사용되었다는 견해를 제출하였고(尹善泰, 2004), 平川 南 또한 古代 日本의 길 제사 사례와 비교하여, 道祖神 信仰의 원류를 이 목간을 통해 추적한 바 있다(平川南, 2005·2008).

이용현은 男根의 왕성한 생식력·생명력을 바탕으로 사악한 귀신과 기운을 위무하거나 위협하여 이들이 聖域에 접근하지 못하게 하기 위해, 능사 건립을 전후하여 능사에 봉헌된 것으로 파악하였다(이용현, 2007). 이는 사악하고 매혹된 厲를 제거하려는 呪禁 행위에 해당하며, 聖王의 원혼을 달래기 위한 능사 건립의 목적을 감안하면, 聖王을 비롯한 관산성 전투 전사자들의 혼을 달래고 새로운 생명력을 기억하기 위한 것이었다고 하였다. 李炳鎬는 초기 강당지가 성왕의 추복과 연관된 기능을 수행하고 있을 때 그곳과 능산리 고분군을 연결하는 연결 도로에서 행한 제사와 관련되었을 것이라 보았다(李炳鎬, 2008). 이 도로가 곧 사당이나 왕릉으로 향하는 '神道'에 해당하며, 이 목간은 神道 옆에서 행해진 의례를 보여준다는 것이다. 이상은 길 제사에 사용되었던 목간이라는 견해를 받아들이면서도, 聖王 追福과의 연관성을 놓치지 않고자 한 해석 방식이라고 할 수 있다. 聖王의 追福은 아직 실체가 불확실하므로, '경계' 제사로서의 성격에 주목할 필요가 있다. 한편 김영심은 도교적 方術과 연관하여 이를 해석하면서, 백제에서 불교 사찰이 도교 의례의 공간을 겸했을 가능성을 제기하였다(김영심 2009·2011).

2. 296번 목간

1) 판독표

<table>
<tr><td colspan="2" align="center">전면　　후면</td></tr>
</table>

전면: 「三月十二日梨丑□『之□[牘]□□□□□』」

후면: 「广淸青青[青]『用□□[用]□[用]□□』」

2) 판독 및 교감

(전면) 「三月十二日梨丑[30]□[31]『之[32]□[33][牘][34]□□□[35]□□□』」

(후면) 「广淸青[36]青[青][37]『用□□[用]□[用]□[38]□[39]』」

---

30) 丑 : 기존에는 대부분 '田'으로 판독하였으나, 좌측에 획이 하나 부족하다. '日'일 가능성도 있지만, 가장 가까운 자형은 '丑'이라 하겠다. 300번 목간에서도 비슷한 자형이 확인되는데, 正倉院 所藏 〈佐波理加盤付属文書〉의 '丑'가 '初'을 의미하는 造字임을 추적하는 과정에서 300번 목간의 '丑' 또한 그에 해당한다는 주장이 제기된 바 있다(平川南, 2010).

	元　馮子振	北魏　呉高黎墓誌	唐 玄言新記明老部	唐 春秋穀梁伝集解

3) 역주

(전면) 3월 12일 梨丑 …

(후면) 〈習書〉

4) 해제

발굴보고서의 7차 조사 ②번 목간(도면 86-2, 도판 163-1)에 해당한다. 중문지 남서쪽 초기 자연배수로(S110, W61)의 제2·제3 목책열 사이 굵은 목재편 북쪽에서 출토되었다. 초기 자연배수로의 폐기 연대가 6세기 중엽부터 567년 전후로 추정되기 때문에 초기 시설 뿐 아니라 사원과의 연관성도 가지고 있다고 여겨진다(李炳鎬, 2008a). 길이 27.6㎝, 너비 1.9㎝, 두께 0.4㎝의 홀형 목간으로서, 완형이다. 능산리 유적 출토 목간 중 8차 조사 목간 ① 다음으로 장대하다.

이 목간의 성격에 대해서는, 300번 목간과 관련된 것으로 보아 森林의 관리나 農桑에 관계된 내용이며, 3월 12일의 날짜와 함께 배밭와 감나무가 등장하고 있으므로 수확기가 아니라 봄철의 삼림 관리와 관계된 내용이라는 견해가 제시된 바 있다(국립부여박물관, 2003). 아울러 사찰에서 관리하는 토지의 이용에 관한 내용일 가능성도 제기하였다. 이는 300번 목간에서 '柿山'·'竹山' 등의 내용을 판독하고, 이 목간에서 '梨田'을 판독한 데 기반한 것이다. 이것이 곧 305번 목간에 보이는 '是非相問'의 구체적인 대상을 이루고 있었을 가능성도 제기되었다(朴仲煥, 2002).

近藤浩一은 물건에 묶은 紐 속에 꽂아 사용하였던 하찰일 수도 있다고 하였고(近藤浩一, 2004), 尹善泰는 애초에 帳簿 목간이었다가 용도를 다한 후 하단부를 삭도로 깎아낸 뒤, 습서목간으로 재활용하고, 좌·우 측면을 잘라내 폐기하였던 것으로 추정하였다(윤선태, 2007). 이용현 역시 원래 3월 12일의 배밭 등과 관련된 생산품 및 보리 등에 관한 기록이었는데, 용도가 완료된 뒤 다른 용도로 습서 혹은 낙서되었다고 보았다. 단, 梨나 麥, 麻가 단순한 농산품을 넘어 약재로서의 의미를 가지고 있었음을 지적

---

31) □ : 남은 자형은 '二'와 비슷하나 왼쪽으로 치우쳐 위치하였고, 아래부터는 깎아낸 뒤 異筆로 서사되고 있으므로 원래의 자형을 추정하기 어렵다. '三'으로 판독한 경우도 있다(윤선태, 2007).

32) 之 : 여기부터는 異筆로서, 윗부분보다 큰 글씨로 서사되었다.

33) □ : 우변이 정확하지 않으나 좌변은 '月'이 분명하다. 이어지는 글자들 중에도 月(육달월)을 좌변으로 가지고 있는 것들이 많아 月(육달월)변의 글자들을 나열한 습서로 추정하기고 있다(國立扶餘博物館, 2007).

34) [膌] : 기존에는 판독하지 않았다. 좌변은 '月'이 분명하며, 자형상 '膌'과 유사하다.

35) □ : 좌변은 '月'이 분명하나, 우변이 뭉개져 확실하지 않다.

36) 靑 : '麥'으로 판독하기도 하지만(近藤浩一, 2004; 國立扶餘博物館, 2007; 국립부여박물관, 2009), 바로 위의 '淸'과 아래의 '靑'을 감안할 때, 이 글자 또한 '靑'일 가능성이 크다.

37) [靑] : '用'으로 판독하거나(국립부여박물관, 2003), '耳'로 판독한 경우도 있지만(近藤浩一, 2004; 國立扶餘博物館, 2007; 국립부여박물관, 2009), 위의 글자들에 이어서 '靑'의 다양한 자형을 습서한 것으로 보인다.

38) □ : '麻'로 판독하기도 하지만(國立扶餘博物館, 2007; 국립부여박물관, 2009), 남은 묵흔으로 결정짓기 어렵다.

39) 이상의 8字는 위의 5字에 비하여 크게 서사되어 異筆로 보고 있다. '用'과 유사한 글자가 반복되고 있어 습서로 추정된다.

하였다(이용현, 2007). 김영심도 배의 약재로서의 측면에 주목하여, 梨田이 약초를 재배·공급하는 존재를 보여주므로, 醫藥과 관련된 道敎書에 대한 이해도를 알게 해 준다고 하였다(김영심, 2009).

그러나 '田'이나 '麥'·'麻'의 판독에 의문이 남으며, 후면은 전면 상부의 내용과 별도로 습서된 것이므로 연관지어서 해석할 수 없다. 설사 이러한 판독을 인정한다 하더라도, 이들이 농산품을 넘어 약재로서의 의미를 가지고 있었다는 증거는 찾기 어렵다.

3. 297번 목간

1) 판독표

2) 판독 및 교감

(전면) 「□[40]城下部[41]對德[42]疏加鹵   」

3) 해석 및 역주

(전면) □城[43] 下部[44]의 對德[45]인 疏加鹵[46]

---

40) □ : '韓'(박중환, 2001·2002; 이성배, 2004; 近藤浩一, 2004) 혹은 '漢'(국립부여박물관, 2003; 국립부여박물관, 2008; 국립부여박물관, 2009)의 가능성도 제기되었지만, 현재 남은 묵흔만으로는 판단하기 어렵다(윤선태, 2007).

41) 部 : 'ㅏ'나 'ㄱ'와 같은 형태가 아니라 正字로 쓰여 있다.

42) 德 : 좌측이 손상되었지만 전체적 형태와 문맥상 '德'이 분명하다고 판단된다.

43) □城 : '韓城'으로 판독하여 사비천도 이전 왕도였던 熊津城을 가리킨다고 해석하거나(近藤浩一), '漢城'으로 판독하고 큰 성, 즉 사비도성을 일컫는다고 보기도 한다(국립부여박물관, 2008).

4) 해제

발굴조사보고서 7차 조사 목간 ③(도면 87-1, 도판 163-2)에 해당한다. '對德'銘 목간이라는 명칭으로 소개된 바 있다(朴仲煥, 2002). 중문지 남서쪽 초기 자연배수로에서 출토되었다. 초기 자연배수로의 폐기 연대가 6세기 중엽부터 567년 전후로 추정되기 때문에, 초기 시설 뿐 아니라 사원과의 연관성도 가지고 있었을 것으로 여겨진다(李炳鎬, 2008a). 완형의 홀형 목간으로, 하단부는 뾰족하며, 아랫부분을 공백으로 남겨 두었다. 전면에만 묵서가 있고, 뒷면에는 묵흔이 확인되지 않는다. 길이 21.9㎝, 너비 1.9㎝, 두께 0.3㎝이다. 서예적으로는 전체적으로 운필이 세련되고 필획이 유려하며, 결구가 안정된 수준 높은 행서라고 평가된 바 있다(이성배, 2004).

그 성격에 대해서는 하찰이나 부찰일 가능성(국립부여박물관, 2003 ; 國立扶餘博物館, 2007)과 신분증일 가능성이 아울러 제시되었다(박중환, 2001). 近藤浩一은 공식적 측면이 강한 신분증명서로서, 韓城에서 陵山里 지역으로 보내진 官人이 휴대한 것이었다고 이해하였다(近藤浩一, 2004). 윤선태는 나성대문의 금위와 관련된 목간이라 파악하여, 나성대문을 통과할 때 사용한 관인의 신분증명서라고 보았다(윤선태, 2007). 名簿일 가능성도 제기된 바 있다(국립부여박물관, 2008). 내용과 문장 구성에 있어서는 평양 경상동 출토 고구려 성벽 석각의 '漢城下後部小形文達…'와 유사하다는 지적이 있었다(朴仲煥, 2002).

4. 298번 목간

1) 판독표

---

44) 下部 : 당시 백제 도성의 5부명 중 하나이다(國立扶餘博物館, 2007).

45) 對德 : 백제 16관등 중 11위에 해당한다.

46) 疎加鹵 : 일반적으로 인명으로 추정하고 있다.

2) 판독 및 교감

(전면) 「●奈率[47]加姐白加[48]之[   ][49]□□[50]淨[51]」

(후면) 「●急[52]朋[53]□[54]左[55][   ][56]」

3) 해석 및 역주

(전면) 奈率[57]加姐白加[58]의 … 〈習書〉

(후면) 急朋 …

4) 해제

발굴보고서의 7차 조사 목간 ④(도면 87-2, 도판 163-3)에 해당한다. 완형으로, 상면에 구멍이 있으며, 양면에 묵서되었다. 길이 21.9cm, 너비 1.9cm, 두께 0.3cm이다. 상부의 구멍에 끈이나 못을 관통시켜 매달아 두었던 듯하다. 官位가 선두에 기재되었다는 점에서, 허리 등에 매달아 늘어뜨리고 있다가 특정 장소에 출입하기 위해 제출되었던 신분증명서일 가능성이 높다는 견해도 나왔다(近藤浩一, 2004).

---

47) 奈率 : 이 두 글자는 다음의 글자들과 異筆로 간주하기도 한다(國立扶餘博物館, 2007).

48) 加 : 기존에는 대부분 '刕'로 판독하였지만, 자형은 '加'가 분명해 보인다.

49) [ ] : 기존에는 '之' 다음 글자를 '息'으로 보기도 하였는데(國立扶餘博物館, 2007; 국립부여박물관, 2009), 이 부분은 깎아 냈다 다시 쓴 흔적이 보이므로 한 글자인지 확정짓기 어렵다.

50) □□ : 가운데가 깎여져 나가 판독이 어렵지만, 마지막 글자와 더불어 삼수변 혹은 이수변의 글자로 추정된다.

51) 淨 : 역시 가운데가 깎여져 나갔으나, 남은 자형을 통해 추정해 볼 수 있다.

52) 急 : '慧'로 판독한 견해도 있다(박중환, 2001·2002; 近藤浩一, 2004).

53) 朋 : 기존에는 '明'으로 판독한 경우가 많았으나, 좌변이 '月'이 분명하다고 판단되므로, '朋'으로 판독한 견해(박중환, 2001·2002; 국립부여박물관, 2003; 近藤浩一, 2004)를 따른다.

54) □ : '靜'으로 판독하기도 하지만(국립부여박물관, 2009), 확실하지 않다. 이하의 글자들은 앞의 두 글자와 다른 異筆로 간주하기도 하나, 역시 확정짓기 어렵다.

55) 左 : 기존에는 판독하지 않았는데, 적외선 사진상으로는 '左'로 보인다.

56) [ ] : 묵흔이 확인되지만 정확히 몇 글자인지 알기 어렵다. 기존에는 이 가운데 '師'자를 판독해 내기도 하였다(國立扶餘博物館, 2007; 국립부여박물관, 2009).

57) 奈率 : 백제 16관등 중 6위에 해당한다.

58) 加姐白加 : 인명일 가능성이 크다.

5. 299번 목간

1) 판독표

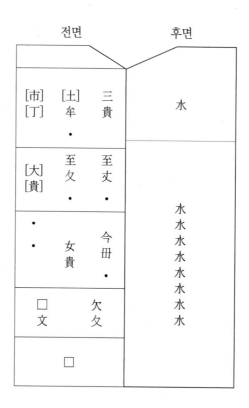

	전면		후면
[市] [丁]	[土] 牟 •	三 貴	水
[大] [貴]	至 攵 •	至 丈 •	水 水 水 水 水 水 水
• •	女 貴	今 冊 •	
□ 文		欠 攵	
	□		

2) 판독 및 교감

(전면)

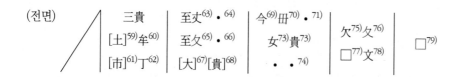

三貴 │ 至丈⁻⁶³⁾ • ⁶⁴⁾ │ 今⁶⁹⁾冊⁷⁰⁾ • ⁷¹⁾ │ 欠⁷⁵⁾攵⁷⁶⁾ │ □⁷⁹⁾
[土]⁵⁹⁾牟⁶⁰⁾ │ 至攵⁶⁵⁾ • ⁶⁶⁾ │ 女⁷³⁾貴⁷³⁾ │ □⁷⁷⁾文⁷⁸⁾ │
[市]⁶¹⁾丁⁻⁶²⁾ │ [大]⁶⁷⁾[貴]⁶⁸⁾ │ • • ⁷⁴⁾ │ │

(후면) 〈'水'의 連書〉⁸⁰⁾

---

59) [土] : 尹善泰와 方国花는 '五'로 판독하였고, 손환일은 '표'으로 판독한 바 있으나(손환일, 2011a), 첫 가로획이 보이지 않
는다. 세로 획이 두 개로 보이는 것은 가운데가 찍힌 흔적 때문으로 판단되므로, 하나의 획으로 감안하여 '土'에 가깝다고
보았다.

3) 해제

발굴보고서의 7차 조사 목간 ⑤(도면 88-1, 도판 163-4)에 해당한다. '女貴'銘 목간이라는 명칭으로 소개된 바 있다(朴仲煥, 2002). 중문지 동남쪽 초기 자연배수로에서 출토되었는데, 목탑 건립 전후에 폐기된 것으로, 능산리사지 초기 시설과 관련된 목간으로 여겨진다(李炳鎬, 2008a). 길이 15.4㎝, 너비 2.0㎝, 두께 0.3㎝이다. 6차 조사 목간 ⑥과 마찬가지로 매우 얇아서, 종이를 의식하여 제작한 것으로

---

60) 牟 : 박중환·尹善泰는 '峯'으로, 方国花는 '牟'으로 판독하였으나, 윗부분이 삼각형을 이루고 있다고 보아 '牟'의 판독을 따랐다.

61) [市] : 왼쪽 부분이 잘려져 나가 원래의 형태를 정확히 파악할 수 없다. 남아있는 부분과 대칭을 이룬다고 볼 경우 '市'자가 유력하다.

62) 丁 : 손환일은 '阿'나 '可'일 가능성을 제기했다가(손환일, 2011a), 다시 '丁'으로 수정한 바 있다(손환일, 2011b). 왼쪽이 잘려져 나갔지만 대부분 '丁'으로 판독하고 있다.

63) 丈 : '女'로 판독하거나(박중환; 국립부여박물관, 2003; 近藤浩一), '文'으로 판독한 경우(손환일, 2011a)도 있지만, '丈'으로 보는 견해(國立扶餘博物館, 2007; 尹善泰; 이용현; 方国花; 손환일 2011b)에 동의한다.

64) · : 기존에는 주목받지 못했지만, 점이 찍혀 있음이 분명하다.

65) 夂 : '父'(박중환, 2002; 국립부여박물관, 2003; 近藤浩一, 2004), '久'(尹善泰; 이용현; 方国花), '夕'(손환일, 2011a·b) 등의 판독안도 있으나, 자형은 夂에 가깝다(國立扶餘博物館, 2007; 국립부여박물관, 2009). 단, '文'의 이체자인지 '치'의 음을 가지는 글자인지는 판단내릴 수 없다.

66) · : 64)와 마찬가지로 점이 찍혀 있다.

67) [大] : 절반이 잘려나가 있지만, '大'에 가까운 것으로 추정된다(尹善泰, 2004).

68) [貴] : 역시 절반만 남아 있으나, 자형상 '貴'로 추정할 수 있다. 다른 글자에 비해 크게 서사되어 횡선에 걸쳐졌다.

69) 今 : '牟'로 보거나(尹善泰), '子'로 판독한 견해(손환일, 2011b)도 있지만, '今'에 가장 가깝다.

70) 丗 : 일반적으로 '母'나 '毌'로 판독해 왔으나, 자형 자체는 '丗'에 가깝다. 문맥에 따라 '母'나 '毌'로도 읽힐 수 있지만, 고유명사의 나열로 보이므로 판단하지 않고 원래의 형태와 가장 유사한 글자를 전재한다.

71) · : '今丗' 아래에 점이 찍혀 있다.

72) 女 : '安'으로 보기도 하지만(國立扶餘博物館, 2007; 이용현; 近藤浩一, 2008; 국립부여박물관, 2009; 손환일), 상부의 가로획이 실획임이 분명하지 않아 '女'로 남겨둔다.

73) 貴 : 68)과 마찬가지로 다른 글자에 비해 크게 서사되어 횡선에 걸쳐져 있다.

74) · · : 두 개의 점이 찍혀 있다. 위의 점은 '大貴'와 관련된 점일 가능성이 상정된다. 아래 점은 글자의 일부일 가능성도 있다.

75) 欠 : '兄'로 판독하거나(박중환, 2002; 국립부여박물관, 2003; 近藤浩一, 2004; 국립부여박물관, 2009), '只'로 판독하기도 한다(近藤浩一, 2008). 왼쪽의 획과 연관시켜 '次'로 판독한 경우도 있다(손환일). 모두 가능하나, 가장 유사한 자형은 欠으로 보인다.

76) 夂 : '文'(박중환, 2002; 近藤浩一, 2004; 이용현; 國立扶餘博物館, 2007), '父'(국립부여박물관, 2003), '久'(尹善泰; 近藤浩一, 2008; 方国花), '夕'(손환일) 등의 판독안도 제시된 바 있으나, 7)과의 유사성에 따라 '夂'으로 판독한다.

77) □ : '奴'로 판독한 경우도 있지만(손환일), 판단내리기 어렵다.

78) 文 : '女'일 가능성도 있으나, '文'으로 판독하는 것이 일반적이다.

79) □ : 묵흔은 진하게 남아 있지만 글자로 보기는 어렵다.

80) 水의 連書 : 習字 과정에서 쓰여진 한자 획의 반복서사로 보는 견해(朴仲煥, 2002)와 주술적 목적을 상정하는 견해(이용현)가 있다. '乙'의 連書로 보거나(국립부여박물관, 2003; 尹善泰, 近藤浩一, 2008), '巛' 혹은 '坤'의 連書로 본 견해도 있지만(손환일, 2011a 및 2011b), 물의 주술성과 연관된 '水'의 이체자로 파악한 方国花의 견해를 따랐다.

간주하기도 한다(국립부여박물관, 2008).

상단 규두형의 모습은 원형의 좌반부가 잘려나간 것으로 보았으나(國立扶餘博物館, 2007; 윤선태, 2007), 사선 부분에도 후면 및 전면의 테두리선이 지나고 있어, 원래 이같은 형태를 의도하였음을 알 수 있다. 전면에는 5개의 횡선을 긋고 4개의 칸에 각각 내용을 썼다. 맨 윗칸은 비어 있고, 마지막 칸은 묵흔이 있으나 글자로 보이지 않는다. 상하좌우 일정한 간격을 두고 인명과 관련 글자들을 적는 기재방법이 일본 7세기대 목간과 유사함이 지적된 바 있다(近藤浩一, 2004).

朴仲煥은 후면의 묵흔이 묵서기록 이전 習字 과정에서 쓰여진 한자 획의 반복서사로 판단하였지만, 동시에 주술적 의미를 갖는다고 본 이용현의 견해를 소개하고, 祭祀·呪術的 성격을 갖는 목간으로 분류하였다(朴仲煥, 2002). 뒷면의 반복적 부호는 주술적인 의미를 가진다고 간주하는 것이 일반적이나(尹善泰, 2004; 국립부여박물관 2007·2008), '巛'을 연습한 흔적이 또렷하다고 보아 습자목간으로 규정한 경우도 있다(孫煥一, 2008).

전면의 내용에 대해서는 기복적 성격의 표현이라고 생각되는 '貴'자가 父·母·兄·女 등 가족관계 명칭에 수반되어 반복 출현한다는 점에서, 참위나 점복적 성격을 가지고 있었을 것이라는 추정이 제기되었다(박중환, 2002). 그러나 父·母·兄·女 등의 판독에 문제가 있으므로 모두 인명으로 보는 것이 합리적이다(尹善泰, 2004). 近藤浩一은 孝 관념과 같은 유교 혹은 불교 관련 의식을 배우기 위해 기록한 습서일 가능성을 배제하지 않으면서도, 일본 戶籍과 기재방식의 유사성에 근거하여, 사람들을 파악·관리하기 위해 작성된 것으로서, 律令制와 관련된 행정조직의 존재를 보여준다고 이해하였다(近藤浩一, 2004).

그와 달리 尹善泰는 상단이 규두 형태를 하고 있으며, 괘선을 긋고 여러 인명을 순차적으로 나열하고 있다는 점에서 제사의례의 위패였을 가능성을 제시하였다(尹善泰, 2004). 나아가 해당 목간 좌변의 의도적 폐기 행정은 백제가 제사에서 사용한 토기를 '毁棄'하였던 것과 유사한 의례의 마지막 절차였을 것으로 보았다. 이용현 또한 얇기가 일본이나 중국의 제사에 쓰이는 인형 모양 목제품과 유사하고, 뒷면의 기호에 주술적 느낌이 있다는 점에서 주술목간이었을 가능성을 제기하였다(이용현, 2007). 方国花는 고대 일본의 大祓儀式에 사용된 人形이나 齋官과의 유사성을 지적하면서, 물에 관련된 祓禊 행사에 사용되었을 수 있다고 보았다(方国花, 2010).

한편, 橋本 繁는 넓은 폭이나 규두 형태는 符籍·呪符가 아니어도 가능하며, 뒷면의 묵흔도 특별한 의미가 있는 것인지 알 수 없다고 하여, 주술적·의례적 해석을 거부하고 역역동원이나 세금 수취에 관련하여 인명을 나열한 것일 가능성을 다시 제기하였다(橋本 繁, 2008). 횡선을 긋고 단별로 글을 써가는 방식은 부여 쌍북리 출토 좌관대식기 목간과 나주 복암리 출토 목간3에서도 확인되는데, 간명을 요하는 행정의 장에서 한눈에 쉽게 알 수 있도록 정리하려는 노력의 산물로 평가된다(국립부여박물관, 2008). 至丈·至冬·大貴·今冊 등의 인명 아래에 점이 찍혀 있음을 고려하면, 실용적인 용도의 명단이었을 가능성을 여전히 배제할 수 없다고 하겠다.

6. 300번 목간

1) 판독표

<table>
<tr><td></td><td>전면</td><td>후면</td></tr>
<tr><td></td><td>「∨
三月□
□
內上
丑」</td><td>「∨[

]」</td></tr>
</table>

2) 판독 및 교감

(전면) 「∨ 三月□[81] □[82] 內[83] 上丑[84]」

(후면) 「∨ [   ][85]   」

3) 해석 및 역주

(전면) 3월에 … 안에 올린 籾

(후면) ……

4) 해제

발굴보고서의 7차 조사 목간 ⑥번(도면 88-2, 도판 163-4)에 해당한다. 중문지 남서쪽 초기 자연배

---

81) □ : 좌변은 'ㅓ'으로 보이나, 우변이 뭉개져 명확하지 않다. '仲'으로 판독하였다(윤선태, 2007; 이병호, 2008).

82) □ : 기존에는 '椋'으로 보아 창고를 나타낸다고 파악했으나(윤선태, 2007; 李炳鎬, 2008a), 우변이 불확실하다. 초기에는 '柿'로 판독된 바 있다(박중환, 2001; 近藤浩一, 2004).

83) 內 : '山'으로 판독하기도 하였지만(박중환, 2001; 近藤浩一, 2004), '內'에 더 가까워 보인다(李炳鎬, 2008a).

84) 丑 : 296번 목간에도 유사한 글자가 보인다. 기존에는 일반적으로 '田'이라고 파악했으나, 자형은 '丑'에 가깝다. 平川南은 正倉院 所藏 〈佐波理加盤付屬文書〉의 '丑'가 '籾'을 의미하는 造字임을 주장하는 과정에서, 이 목간의 '丑' 또한 그에 해당한다고 파악한 바 있다(平川南, 2010).

85) 기존에는 세 자가 기록되어 있었던 것으로 간주하였지만(國立扶餘博物館, 2007; 국립부여박물관, 2009), 몇 자인지 파악하기 어려우며, 모두 묵흔이 아닐 가능성도 있다.

수로에서 출토되었다. 초기 자연배수로의 폐기 연대가 6세기 중엽부터 567년 전후로 추정되기 때문에, 초기시설이나 사원과의 관련성이 모두 상정 가능하다(李炳鎬, 2008a). 길이 16.7㎝, 너비 1.㎝8, 두께 0.6㎝이다. 상단에 좌우로 'V'자형 홈이 있는 데 근거하여 물품 수송에 사용된 하찰임이 분명하다고 보기도 했다(近藤浩一, 2004).

305번 목간의 '是非相間'의 구체적인 대상을 이루고 있을 가능성도 제기된 바 있다(朴仲煥, 2002). 부찰이나 하찰로 추정하는 것이 일반적이다. '三月仲椋內上□'으로 판독하고, 8세기 신라 안압지의 창고 관리용 꼬리표목간에서 확인되는 "월일+창고위치+물품"의 기재양식과 동일하다고 보기도 한다(윤선태, 2007). 李炳鎬 또한 '仲椋'이라는 판독에 근거하여, 이 목간이 출토된 지점 인근에 창고 시설이 있었음을 보여주는 근거로 활용하였다(李炳鎬 2008a). 쌍북리 280번지에서 발견된 '外椋卩' 목간의 '椋'과 동일한 '椋'을 판독하고, 3월에 창고인 椋 안의 上田 물품의 부찰 혹은 하찰로 본 견해도 있다(국립부여박물관, 2008).

7. 301번 목간

1) 판독표

전면　　후면

2) 판독 및 교감

(전면) × 書亦從此法 爲之凡六卩[86]五方 ×
(후면) × [又][87]行色[88]也　凡[89]作形〃[90]中 了[91]其[92] ×

3) 해석 및 역주

··· 書 또한 이 法을 따라서 그것을 한다. 무릇 6부 5방[93] ···
··· 또한 行色이다. 무릇 여러 형태들을 짓는 중에 그 ··· 끝내다 ···

4) 해제

발굴보고서의 7차 조사 목간 ⑦(도면 89-1, 도판 164-2)에 해당한다. '六部五方'銘 목간으로 소개된

---

86) 卩 : '部'의 이체자로서, 사비시대 백제 자료에서는 이와 같은 자형으로 표기된 경우가 많다. 고구려 평양성 석각에서도 이와 같은 자형이 확인되므로, 고구려에서 기원하여 백제와 신라에 전달된 자형으로 보인다.

87) [又] : 상부가 파손되어 원래의 자형을 파악하기 어렵다. '人'으로 보기도 한다(박중환; 국립부여박물관, 2003; 近藤浩一; 손환일, 2011b).

88) 色 : '之'로 판독하기도 하나(국립부여박물관, 2003; 國立扶餘博物館, 2007; 손환일), '色'과 자형이 조금 더 유사하다고 여겨진다(박중환; 近藤浩一; 윤선태; 국립부여박물관, 2009).

89) 凡 : '瓦'로 판독하기도 했으나(국립부여박물관, 2003), 전면의 '凡'과 같은 글자로 보인다(박중환; 近藤浩一, 2004).

90) 々 : '之'로 판독하는 것이 일반적이나, 전면의 '之'와 비교할 때 상부의 삐침이 전혀 보이지 않는다는 점에서 반복 부호일 가능성이 높다고 판단하였다(國立扶餘博物館, 2007; 손환일, 2011b).

91) 了 : 판독불가로 처리한 경우가 많았으며, '尸'로 판독하기도 하였다(박중환, 2007). 형태는 '了'에 가까운 것으로 보인다 (國立扶餘博物館, 2007; 국립부여박물관, 2009; 손환일, 2011a).

92) 其 : '具'로 판독하기도 하지만(박중환; 국립부여박물관, 2003; 近藤浩一; 윤선태), 상부의 두 세로선이 가로선 위로 올라온 데 근거하여 '其'의 판독안(國立扶餘博物館, 2007)을 따랐다.

93) 六卩五方 : 五方과 병칭되고 있다는 점에서 지방 행정구역일 수 없고 사비도성의 행정구역과 관련된 것임을 지적하고, 사비시기에 익산 지역이 수도의 행정구역 중 일부인 別部로 편성되어 있었다는 견해(김주성, 2001)를 뒷받침하는 자료라 판단한 바 있다(朴仲煥, 2002). 六部가 五部에 別部를 포함한 것임은 인정하면서도, 이를 웅진시대에 왕도 5부 이외에 사비가 별부로 편입되었음을 보여주는 것으로 해석한 견해도 있다(김수태, 2004).

바 있다(朴仲煥, 2002). 중문지 남서쪽 초기 자연배수로에서 출토되었다. 초기 자연배수로의 폐기 연대가 6세기 중엽부터 567년 전후로 추정되기 때문에, 초기 시설 뿐 아니라 사원과의 관련성도 함께 가지고 있었다고 생각된다(李炳鎬, 2008a). 상·하단이 모두 파손되었다. 현재길이 16.4㎝, 너비 1.8㎝, 두께 0.5㎝이다.

박중환은 '從此法' 등의 표현에 근거하여 律令制에서와 같은 敎令 관련 내용을 담고 있을 것으로 추정하였고(박중환, 2001), 이후에 후면 마지막 부분을 '尸具'로 판독한 뒤, 전쟁에서 전사하여 신원 확인이 어려운 상태로 귀환한 전몰 병사들의 장송 절차를 규정한 律令의 일부가 곧 '此法'이라고 보았다(박중환, 2007).

近藤浩一은 '凡 ……'으로 시작하는 기재방법이 일본 令 條文의 기본적 형태와 유사함을 지적하였다. '從此法'이 佛法 의식을 가르킨다고 보아, 이 목간의 성격을 불교와 관련된 儀式들에서 사용된 呪符 木簡으로 간주하였다. 백제 영역조직을 가리키는 것으로 보이는 육부오방을 병기한 데 근거하여, '육부오방' 영역의 사람들을 대상으로 하는 '法'을 통한 복속의례가 이 장소에서 행해졌다고까지 추정하였다(近藤浩一, 2004).

반면 윤선태는 '此法'을 무언가를 쓰거나 만드는 방법이라고 보고, 그것을 조목별로 매우 구체적으로 설명한다고 본 견해도 있다. 이 경우 '육부오방'은 어떤 제작물의 세부 부분을 지칭하는 어휘가 된다(윤선태, 2007). 形과 色이 불교적 분위기의 용어이며, '法'이 곧 불법을 가리킨다고 보아서, 佛法 시행과 관련된 문건으로 파악하기도 한다(국립부여박물관, 2008). 김영심은 '作形'을 도교의 術數學과 연관지어 '형체의 보전'으로 해석하고, 전쟁 중 참혹한 죽음을 맞은 성왕과 전사자의 영혼을 달래기 위한 장송의례 또는 제사의례와 연관된 주술·의례용 목간으로 파악했다(김영심, 2009).

8. 303번 목간

1) 판독표

2) 판독 및 교감

× (月)[94][卅][95]六[日][96][上][97][來][98][辛][99]　　　　竹山六
　　　　　　　　　　　　　　　　　　　　[眼][100][　][101]四　　×

3) 해석 및 역주

… 某월 26일에 올린 辛 〈죽산 6 / 眼□ 4〉

4) 해제

발굴보고서의 7차 조사 목간 ⑨(도면 90-1, 도판 165-1)에 해당한다. 중문지 남서쪽 초기 자연배수로에서 출토되었다. 초기 자연배수로의 폐기 연대가 6세기 중엽부터 567년 전후로 추정되기 때문에, 초기시설이나 사원과의 관련 가능성이 모두 상정된다(李炳鎬, 2008a). 좌측과 상·하단이 파손되었다. 큰 글씨로 1행을 쓰고 그 아래 작은 글씨로 3행 정도 썼던 것으로 보인다. 현재 길이 21.0㎝, 현재 너비 1.9㎝, 두께 0.2㎝이다. 뒷면에는 묵흔이 보이지 않는다.

이 목간이 305호 목간에 보이는 '是非相問'의 구체적인 대상을 이루고 있을 가능성도 제기된 바 있다(朴仲煥, 2002). 목간의 성격에 대해서 近藤浩一은 하찰이거나 기록간일 가능성을 동시에 제기하였다(近藤浩一, 2004). '竹山'의 '山'이나 '岸'으로 판독한 부분을 지형 관련 용어로 파악한 견해도 있다(이용현, 2007 ; 國立扶餘博物館, 2007). 몇 월 26일에 이루어진 행위와 관련된 森林의 관리나 農桑 관련 구역이나 단위의 수가 細注로 나열되고 있다고 본 것이다. 여기서 '竹'은 단순한 농산물이 아니라, 특수작물로서 藥材이기도 하였음을 강조하였다. 신라촌락문서에서 연상되는 것처럼 '山'·'岸'과 같은 田地의 관리가 이뤄지고 있었음을 시사하는 것으로 해석하였다. 윤선태도 '죽산'이 단순한 산명이 아니라 대나

---

94) (月) : 상부가 파손되어 글자는 거의 남아 있지 않지만, 오른쪽 최하단의 삐침이 확인되며, 문맥상 26日이라는 날짜 앞에 위치하고 있으므로 '月'로 추독할 수 있다.

95) [卅] : 보통 '卅'으로 판독해 왔고, 가능성이 높지만, 왼쪽 부분이 잘려나갔기 때문에 확신할 수는 없다.

96) [日] : 역시 왼쪽 부분이 잘려 나갔지만 '日'일 가능성이 크다.

97) [上] : '上'일 가능성이 매우 높지만, '土'와 같은 글자였을 가능성도 완전히 배제할 수는 없다.

98) [來] : 남은 자형으로 보아 '來'일 가능성이 크다.

99) [辛] : 기존에는 판독 불능자로 처리하거나(국립부여박물관, 2009), '岸'으로 판독하였으나(國立扶餘博物館, 2007), '辛'일 가능성이 높다고 판단된다.

100) [眼] : 좌변이 파손되어 정확한 자형을 복원할 수 없으나 형태상 '眼'에 가깝다. '服'으로 추독한 경우도 있다(박중환, 2001; 近藤浩一, 2004).

101) [　] : 기존에는 '庫'(박중환, 2001·2002; 近藤浩一, 2004) 혹은 '岸'으로 판독했으나(國立扶餘博物館, 2007; 국립부여박물관, 2009), 남은 자형만으로 판단내리기 어렵다.

무를 생산하는 '대나무밭'을 의미하며, 六은 목간 작성주체들이 관할했던 대나무밭의 數라고 주장하였다(윤선태, 2007). 김영심은 竹山이 약초를 재배·공급하는 존재를 보여주므로, 의약과 관련된 道敎書에 대한 이해도를 알게 해 준다고 하였다(김영심, 2009). 그러나 '屵'은 판독을 인정하기 어려우며, '竹山'은 그 자체가 지명일 수도 있는 어휘로서, 田地의 특별한 지형 지물이라고 단정할 수 없다.

9. 304번 목간

1) 판독표

2) 판독 및 교감

(전면-정방향)　　　　　　　　　　智[寔]^102) ×

　　　　　　　「四月七日寶憙寺

　　　　　　　　　　　　[乘]^103) ×

(후면-역방향)　×『□送塩二石^104)』」

---

102) [寔] : 기존에는 '眞'으로 판독하는 것이 일반적이었으나(박중환, 2001·2002; 국립부여박물관, 2003; 近藤浩一, 2004; 尹善泰, 2004; 國立扶餘博物館, 2007; 국립부여박물관, 2009), 하단부로 돌아나온 획을 볼 때 '寔'일 가능성이 높다. 이성배도 결구가 '寔'과 유사함을 지적한 바 있다(이성배, 2004).

3) 해석 및 역주

(전면) 4월 7일[105] 보희사[106] 智寔 … 乘 …

(후면) … 소금 2섬을 보냄.

4) 해제

발굴보고서의 7차 조사 목간 ㉑(도면 95-2, 도판 169-1)에 해당한다. '寶憙寺'銘 목간으로 소개된 바 있다(박중환, 2002). 중문지 남서쪽 초기 자연배수로에서 출토되었다. 초기 자연배수로의 폐기 연대가 6세기 중엽부터 567년 전후로 추정되기 때문에, 초기 시설 및 사원과의 관련성을 모두 상정해 볼 수 있다(李炳鎬, 2008a). 상부는 완형이며 하부는 파손되었다. 현재 길이 12.7cm, 너비 3.6cm, 두께 0.4cm이다.

양면에 묵서가 있는데, 앞·뒷면이 서로 반대 방향으로 서사되었으며, 異筆이다. 후면은 파손된 우측 하단부를 피해가면서 좁은 잔존 공간을 이용하여 글자를 기록하고 있다는 점도 전면과 기록 시기가 다름을 보여준다(박중환, 2001). 전면은 행서로 쓰였고, 후면은 초서를 함께 사용하였다. '四月七日'은 필획이 가늘고 자간이 좁으며, 四와 七은 횡세가 더 강조되었다. 전체적으로 글씨가 고르고 유려하며, 초서와 행서에 능숙함을 보여준다고 평가된다(이성배, 2004).

近藤浩一은 이 목간의 성격이 보희사에서 보낸 하찰로서, 앞면의 인명은 이를 운반한 사람일 가능성과, 앞면은 보희사에서 4월 7일 이 장소에 智眞 등의 인물을 파견할 때 제출했던 名簿였고 뒷면은 나중에 재사용된 것일 가능성을 모두 제시하였다(近藤浩一, 2004). 尹善泰는 능산리 초기시설에서 석가탄신일 의례에 참석하러 온 승려들을 날짜와 사찰별로 정리한 승려의 출석명단 중 하나였으며, 뒷면은 의례 이후 승려들에게 주어진 답례품을 출납장부 정리를 위해 앞면과 연결시켜 추기한 메모라 추정하였다(尹善泰, 2004).

---

103) [乘] : '慧'로 판독한 경우도 있으나(박중환, 2002; 近藤浩一, 2004), 일반적으로 '乘'으로 판독하고 있다(尹善泰, 2004). 다만 하단부가 손상되어 '垂'일 가능성도 배제할 수 없다(이용현, 2007).

104) 二石 : '一石'으로 판독한 경우도 있으나(박중환, 2001·2002; 국립부여박물관, 2003; 이용현, 2007), 量詞로 쓰일 때 '石'의 첫 가로획이 생략됨을 감안할 때 '二石'으로 판독하는 편이 적당하다고 본다(近藤浩一, 2004; 윤선태, 2004).

105) 4월 7일 : 석가탄신일 하루 전으로서 석가의 탄생회와 관련될 가능성이 있다(東野治之; 국립부여박물관, 2003). 일본에서 불탄회가 왜왕의 보은을 기원하는 불교적 복속의례의 하나였다는 데 근거하여, 능산리 유적에서 벌어졌던 불탄회 행사 또한 불교행사의 하나라기보다 서사적 측면이 강한 행사와 연관될 가능성도 있다는 견해도 제기되었다(近藤浩一, 2004).

106) 寶憙寺 : 삼국시대 사찰 이름으로서는 여기에 처음 보이는 것이다. 능산리 사원의 백제시대 사찰 명칭으로 추정하기도 하였으나, 승려가 이 절에 속한 사람이라면 굳이 寺名을 적을 필요가 없을 것이며, 반대편에 물품을 보낸 내용이 기록되어 있으므로, 보희사를 능산리 사지의 명칭으로 보기는 어렵다고 판단된다(박중환, 2001). 단, 능산리 사원과 교류하고 있던 백제 사찰임은 분명하다고 하겠다. 보희사는 『대승사론현의기』의 寶憙淵師가 머무르던 사찰명으로 보이는데, 중국에서는 확인되지 않으므로, 『대승사론현의기』가 백제에서 찬술되었음을 입증하는 증거로 활용되기도 하였다(崔鉛植, 2007).

10. 305번 목간

1) 판독표

<table>
<tr><th colspan="2" style="text-align:center">전면</th><th>후면</th></tr>
<tr><td>非
相
問
上
拜
白
來</td><td>宿
世
結
業
同
生
一
處
是</td><td>慧
□
□
[藏]</td></tr>
</table>

2) 판독 및 교감

(전면 1행)「宿世結業 同生一處 是

(　　2행)　非相問 上拜白來[107]」

(후면)「慧□[108] □[109][藏][110]」

3) 해석 및 역주

(전면) 宿世[111]에 業을 맺었기에, 같은 곳에 함께 태어났으니, 是非를 서로 묻기를, 절을 올리며 사룁니다.[112]

(후면) 慧 …[113] 藏

---

107) 來 : '事'로 판독하기도 하지만(박중환, 2001·2002; 국립부여박물관, 2003; 이성배, 2004; 近藤浩一, 2004; 이용현, 2007; 國立扶餘博物館, 2007), 하단부 좌우에 점을 찍은 것이 확인되므로, '來'로 판독하였다(金永旭, 2004; 尹善泰, 2004).

飛鳥　聖德太子
法華義疏　　　唐　太宗　　　唐　高宗
　　　　　　　　　　　　　李勣碑

4) 해제

발굴보고서의 7차 조사 목간 ⑪(도면 90-3, 도판 165-3)에 해당한다. '宿世結業同生一處'銘 목간으로 소개된 바 있다(朴仲煥, 2002). 중문지 남서쪽 초기 자연배수로에서 출토되었다. 초기 자연배수로의 폐기 연대가 6세기 중엽부터 567년 전후로 추정되기 때문에, 초기 시설 및 사원과의 관련성을 모두 상정해 볼 수 있다(李炳鎬, 2008a).

목패형으로 완형이나, 상단으로부터 1/3 지점이 절단된 상태로 출토되었다. 다른 목간들의 나뭇결이 종선을 이루고 있는 데 반해 나뭇결이 횡선을 이루고 있는 점이 특징적이다. 길이 12.8㎝, 너비 3.1㎝, 두께 1.2㎝이다. 목간 전체가 글자의 중심이 좌측으로 기울어지는 독특한 장법을 구사하고 있으며, 능숙한 행서로 평가된다(이성배 2004).

박중환은 이 목간의 내용이 형제 간이거나 그와 유사한 혈연관계에 놓여있던 사람들이 서로 이해관계로 얽혀있는 사안들을 정리하는 과정에서 쓴 것이라고 보면서, 함께 사용된 다른 많은 목간들의 내용에 대한 총론적 성격을 갖는다고 추정한 바 있다(박중환, 2001).

한편 金永旭은 4언4구라는 일정한 운문 형식을 갖추고 있고, 한국어 어순과 한문이 혼재한 백제 고유의 문체가 확인되며, 정서적 표현과 불교적 내세관을 담고 있다는 점에서, 백제 최초의 詩歌가 기록된 書簡 목간으로 간주하고, 이 詩歌에 '宿世歌'라는 이름을 붙였다(金永旭, 2003). 그와 달리 發願文의

---

108) □ : 윗부분이 '日'임은 분명해 보이나, 아랫 부분이 명확하지 않다. '疊'(이용현, 2007; 李承宰, 2008)·'暉'(尹善泰, 2004) 또는 '量'(박중환, 2001 ; 국립부여박물관, 2003; 近藤浩一, 2004; 國立扶餘博物館, 2007; 국립부여박물관, 2009)으로 판독해 왔는데, '星'일 가능성도 남아 있다.

109) □ : 기존에는 대부분 '師'로 판독하였으나, 이는 앞의 두 글자를 승려의 이름으로 본 데 기반한 것이다. 적외선사진을 통해 보면 좌변이 '口'로 보이므로, '師'로 판독하기는 어렵다. 우변은 '牛'·'中'이나 '巾'과 유사하지만 분명하지 않다. '叩'자일 가능성이 상정된다. 윤선태는 誤字를 書刀로 깎아낸 부분으로 파악하여 판독에서 제외하였다(尹善泰, 2004).

110) [藏] : '前'(박중환, 2001·2002; 국립부여박물관, 2003; 近藤浩一, 2004; 尹善泰, 2004; 이용현, 2007) 혹은 '宛'으로 보기도 하였으나(國立扶餘博物館, 2007; 국립부여박물관, 2009), 윗부분은 '艹'가 분명해 보인다. '藏'의 초서체와 유사하지만(李承宰, 2008), '花'나 '范', '落' 등 초두가 들어가는 다른 글자일 가능성도 배제할 수는 없다.

| 唐 賀知章 孝経 | 唐 孫過庭 書譜 | 唐 孫過庭 草書千字文 | 隋 智永 真草千字文 |

111) 宿世 : 前世, 前生. 일본 나라의 飛鳥池 출토 목간에도 이 용어가 확인된다(국립부여박물관, 2008).

112) 上拜白來 : 金永旭은 '내세를 사뢴다'는 불교적 해석이 가능하다고 하였다(金永旭, 2003). 이를 '절 올이 슬보'로 訓讀한 경우도 있다(金完鎭).

113) 후면의 앞 세 글자는 승려의 인명으로 보는 것이 일반적이다. 마지막 글자를 '藏'으로 판독하고, '慧暈師가 藏하던 것'으로서, 스승이었던 慧暈師가 제자들에게 남긴 語句, 즉 입적게 또는 열반송이었을 것이라고 본 견해도 나왔다(李承宰, 2008).

일종으로 보거나(李鎭默), 혼인 성례를 선포하는 글 또는 노래로 본 경우도 있다(金完鎭).

불교 경전의 일부분 또는 그와 관련된 어구를 기재한 습서 목간 혹은 교본이었을 가능성도 제기되었다(近藤浩一, 2004). 尹善泰는 누군가가 慧暉라는 승려에게 보낸 書簡으로 보아, 능산리 초기시설에 승려가 상주하고 있었던 증거로 활용하였다(尹善泰, 2004). 조해숙은 이를 백제어로 부른 노래를 漢譯한 것으로 이해하고, 죽음을 당해 장례의 절차를 감당하면서 자신의 소회를 풀어낸 애도가로 규정지었다(조해숙, 2006), 김영심 또한 이러한 견해를 받아들여 죽은 자를 위한 의례와 관련된 목간으로 보았다(김영심, 2009).

11. 306번 목간

1) 판독표

	1면	2면	3면	4면
	×	×	×	×
	□ 斗 之 末 米		当 也	
	×	×	×	×

2) 판독 및 교감

(1면) ×□[114]斗之末米[115][　][116]×
(3면) ×　　当[117]也　　×

---

114) □ : 상단부 파손으로 마지막 가로획의 묵흔만 확인된다.

115) 米 : 우측이 깎여 나갔지만, 남은 획으로 보아 '米'로 판단된다. '末'字 하단의 오른쪽에 작게 씌여졌는데, 이하의 묵흔들은 다시 '末'까지와 마찬가지로 중앙에 크게 자리잡고 있어 2행으로 서사된 것으로 보기는 어렵다.

116) 8차 조사 목간 ①의 내용과 비교하여, 마지막에 '升'자를 추독하기도 한다(李炳鎬, 2008a).

117) 当 : 현재 남아있는 자형으로는 '当'에 가장 가까우나, 완형이 남아있다고 확신할 수 없다. 앞에 한 글자가 더 있었을 것으로 보기도 하나(國立扶餘博物館, 2007; 국립부여박물관, 2009), 묵흔으로 인정하기 어렵다. 면의 오른쪽에 치우쳐 작게 서사되어 있다.

3) 해제

발굴보고서 6차 조사 목간 ②(도면 52-1, 도판 139-2)에 해당한다. 6차 조사 S130W60~40구간 확장 트렌치 서남단 깊이 130㎝ 지점 흑색 유기물층에서 출토되었다. 초기 자연배수로가 아닌 제2석축 배수시설과 할석형 집수조 부근에서 발견되었으므로, 목탑 건립 이후인 6세기 후반에 폐기된 것으로 보아 능산리 사원의 운영과 관련된 목간으로 간주된다(李炳鎬, 2008a).

4면체 막대형 목간으로 상면과 하단이 파손되었다. 하단부가 뭉툭하며 상부가 좁아 사다리꼴을 이룬다. 4면 중 1면과 3면에서 묵흔이 확인된다(1~4면의 구분은 발굴보고서에 따름). 길이 13.2㎝, 너비 3.0㎝, 두께 2.5㎝이다. 묵서를 중심으로 볼 경우 글자의 계속성, 불완전성으로 상·하단이 파손되었음을 짐작할 수 있으나, 상단과 하단에 마감이 되어 있으며, 특히 하단이 반듯하게 깎아져 세워둘 수 있으므로, 목제품으로서는 완형이라고 판단하고, 습서목간을 재가공하여 다른 용도의 목제품으로 재사용했다고 본다(國立扶餘博物館, 2007). 8차 조사 목간 ①(지약아식미기)과 거의 같은 시점에 폐기되었기 때문에, 마찬가지로 쌀의 지급과 관련된 어떤 내역을 정리한 傳票나 帳簿로 추정하기도 한다(李炳鎬, 2008a).

12. 307번 목간

1) 판독표

2) 판독 및 교감

(전면) × □[118]德干尓 ×
(후면 1행) × □[119]爲資丁 ×
(2행) × □□□□ ×

---

118) □ : 상부가 파손되어서 최하단의 삐침만 확인 가능하다. 뒤의 '德'자와 결합된 德系 관등 명칭 중 하나일 경우 '季德'일 가능성이 크다고 할 수 있다.
119) □ : 'ㄱ'자 모양의 검수 표시로 보기도 한다(국립부여박물관, 2008).

3) 해석 및 역주

(전면) … (季)德[120]인 干尒 …
(후면) … 資丁[121]을 삼음 …

4) 해제

발굴보고서의 7차 조사 목간 ⑫(도면 91-1, 도판 166-1)에 해당한다. 중문지 남서쪽 초기 자연배수
로에서 출토되었다. 초기 자연배수로의 폐기 연대가 6세기 중엽부터 567년 전후로 추정되기 때문에, 초
기 시설과 사원 양쪽에 모두 관련되었을 가능성이 있다(李炳鎬, 2008a). 상·하단은 파손되었다. 전면
은 1행, 후면은 2행으로 묵서되었다. 현재 길이 9.3㎝, 너비 3.6㎝, 두께 0.55㎝이다.

13. 308번 목간

1) 판독표

2) 판독 및 교감

(전면) × □[122]二百[123]十五[日][124] 」
(후면) × □[125]□□ 」

---

120) '-德'은 將德·施德·固德·季德·對德 등 백제 관등 제7위에서 제11위에 붙는 접미사. 그렇다면 뒤의 '干尒'는 이름일 수
있다(國立扶餘博物館, 2007).

121) 資丁 : 지역에서 役의 일환으로 파견되어 궁내, 관사나 귀족 아래 잡역에 종사하던 역직을 가리키는 것으로 추정된다(이
용현, 2007; 國立扶餘博物館, 2007).

122) □ : 상부가 파손되어 원래의 형태를 알 수 없지만, 남은 필선에 근거하여 추론해 보면 '啻'와 같은 글자의 하단부일 가
능성이 있다.

3) 해제

발굴보고서의 7차 조사 목간 ⑬(도면 91-2, 도판 166-2)에 해당한다. 중문지 남서쪽 초기 자연배수로에서 출토되었다. 초기 자연배수로의 폐기 연대가 6세기 중엽부터 567년 전후로 추정되기 때문에, 능산리사지 초기시설 뿐 아니라 목탑 건립과 같은 사원과의 관련성도 함께 가지고 있었다고 생각된다(李炳鎬 2008a).

하단부는 반원형으로 완형이 남아 있으나, 상단부는 파손되었다. 현재 길이 12.4, 너비 3.2, 두께 0.8. 국립부여박물관, 2009에 실린 적외선 사진이 선명한 편이다. 국립부여박물관, 2008에는 세부적인 적외선 사진이 제시되어 있으나 선명하지 않다.

14. 309번 목간

1) 판독표

2) 판독 및 교감

(전면) ×□七定徙[126]死□×
(후면) ×□再拜□[127][2] ×

---

123) 二百 : '三日'로도 보이지만(國立扶餘博物館, 2007), '一'과 '日' 사이에 이어지는 선이 확인되므로, '二百'으로 판독하였다.

124) [日] : 기존에는 보통 '日'로 판독하였으나, 묵흔만으로는 판단내리기 어렵다.

125) □ : '疑'로 추정하기도 한다(國立扶餘博物館, 2007; 국립부여박물관, 2008; 국립부여박물관, 2009).

126) 徙 : '食'字일 가능성을 제기하기도 하였으나(國立扶餘博物館, 2007), 남아있는 자형은 '徙'으로 보인다. 거의 사용되지 않는 글자로서, 당시의 造字이거나, 誤字일 가능성이 있다.

127) □ : '云'字일 가능성이 제기된 바 있지만(國立扶餘博物館, 2007), 받아들이기 어렵다.

3) 해제

발굴보고서 ③번 목간(도면 52-2, 도판 140-1). 6차 조사에서 중문지 남쪽 초기 자연배수로 S110~120, W50~40에서 출토되었다. 초기 자연배수로의 폐기 연대가 6세기 중엽부터 567년 전후로 추정되기 때문에, 초기 시설과 사원 양쪽에 모두 관련되었을 가능성이 있다(李炳鎬, 2008a). 매우 얇으며, 양면에 묵서되었다. 잔존 길이 8.4㎝, 너비 2.6㎝, 두께 0.2㎝이다.

尹善泰는 '死'·'再拜' 등 남은 묵서 내용을 근거로 死者를 위한 儀禮와 관련된 목간임을 짐작할 수 있다고 보았다(尹善泰, 2004). 이후 295호 목간과 동일지점에서 출토되었고, '再拜'가 의례 절차에 등장할 수 있는 어휘라는 점에서, 백제 道祭의 의례 절차를 기록한 笏記이거나, '죽은 자'의 不淨을 京外로 내모는 大祓儀式과 관련되었을 가능성도 제기하였다(尹善泰 2007). 李炳鎬는 死者를 위한 儀禮에 관련된 목간이라는 설명을 받아들여, 능산리 유적 출토 목간들이 554년 聖王 사망 이후 567년 목탑 건립 공사 착수 이전까지 聖王陵 조영이나 조상신 제사 등의 기능을 담당했던 특수 시설물에서 사용되었다고 볼 근거로 활용하였다(李炳鎬, 2007).

그러나 이에 대해서는 상하가 파손되어 문맥을 알 수 없는 단편적 내용만을 가지고 구체적 용도를 추측하는 것은 무리라는 비판도 있다(橋本 繁, 2008). '死'는 王의 죽음에 사용되는 용어가 아니며, '伏地再拜'와 같은 관용 어구를 감안하면 '再拜'가 제사 상황에서만 쓰이는 것이 아니므로, 聖王에 대한 제사의 흔적으로는 보기 어렵다.

15. 310번 목간

1) 판독표

전면　　후면

2) 판독 및 교감

(전면) ×□[128]立卄方[129][斑][130]綿[131]衣[132]□×

(후면) ×己[133]　　　　　　×

3) 해석 및 역주

… 20方[134]의 얼룩 무늬 무명옷[135]

4) 해제

발굴보고서의 6차 조사 목간 ④에 해당한다. 홀형으로서 상·하부가 파손되었다. S130W60~50 구간 깊이 130~140㎝ 지점 제2석축 남쪽 끝 흑색 유기물층에서 출토되었다. 초기 자연배수로가 아닌 제2석축 배수시설과 할석형 집수조 부근에서 발견되었으므로, 목탑 건립 이후인 6세기 후반에 폐기된 것으로 보아 능산리 사원의 운영과 관련된 목간으로 간주되고 있다(李炳鎬, 2008a). 나뭇결이 종으로 되어

---

128) □ : 상단부가 파손되어 가운데 丨획만 확인 가능하다.

129) 方 : 미판독자로 남겨둔 경우도 많았지만, '方'으로 판독하는 것이 가장 적합해 보인다(이성배; 이병호). '兩'의 초서체로 본 견해도 있다(孫煥一, 2008).

130) [斑] : 자형이 유사하나 확신하기는 어렵다.

131) 綿 : '停'으로 판독한 경우도 있지만(이성배, 2004), '綿'에 가깝다(李炳鎬, 2008a).

132) 衣 : 기존에는 판독되지 않았으나(國立扶餘博物館, 2007; 국립부여박물관, 2009), 적외선 사진을 통해 '衣'로 판독할 수 있다(李炳鎬, 2008a).

133) 己 : 상단부가 파손되어, 전체 글자의 일부일 가능성도 있지만, 남아 있는 부분은 '己'로 보인다(李炳鎬, 2008a).

134) 卄方 : '方'이 方形 物體의 量詞로 사용됨을 감안할 때, 20方 또한 그와 관련되어 해석될 가능성이 상정된다.

135) 斑綿衣 : 斑은 얼룩 무늬, 綿衣는 무명옷·솜옷을 가리킨다. 『三國志』魏志 東夷傳에 왜의 사신이 중국에 綿衣를 바친 사례가 확인된다(李炳鎬, 2008a).

있다. 현재 길이 12.1㎝, 너비 1.5㎝, 두께 0.5㎝이다. 능숙한 초서로 쓰였으며, 먹의 농담 변화가 분명한 수작으로 평가받고 있다(이성배, 2004). 이 목간은 斑綿衣 20方의 보관이나 이동과 관련된 내용으로 추정된다.

16. 311번 목간

1) 판독 및 교감

「 百□[136] ×

2) 해제

발굴보고서의 7차 조사 목간 ⑭(도면 91-3, 도판 166-3)에 해당한다. 중문지 남서쪽 초기 자연배수로에서 출토되었다. 초기 자연배수로의 폐기 연대가 6세기 중엽부터 567년 전후로 추정되기 때문에, 초기 시설 및 사원과의 관련성을 모두 상정해 볼 수 있다(李炳鎬, 2008a). 상단은 완형이나 하단은 파손되었다. 현재 길이 7.5㎝, 너비 3.7㎝, 두께 0.5㎝이다. 뒷면에는 묵흔이 확인되지 않는다. 상단으로부터 공백을 두고 서사를 시작하고 있음이 주목된다.

17. 312번 목간

1) 판독 및 교감

(전면) × 此□ ×
(후면) × □[137] ×

2) 해제

발굴보고서의 7차 조사 목간 ⑮(도면 91-4, 도판 166-4)에 해당한다. 중문지 남서쪽 초기 자연배수로에서 출토되었다. 초기 자연배수로의 폐기 연대가 6세기 중엽부터 567년 전후로 추정되기 때문에, 초기 시설 및 사원과의 관련성을 모두 상정해 볼 수 있다(李炳鎬, 2008a). 상·하부가 파손되었다. 현재 길이 5.2㎝, 너비 3.1㎝, 두께 0.6㎝이다.

---

136) □ : '耆'로 판독하기도 한다(國立扶餘博物館, 2007; 국립부여박물관, 2008; 국립부여박물관, 2009). '⺿'는 확인되나 하단이 파손되어 정확한 글자는 알 수 없다.
137) □ : 묵흔은 있으나 글자라고 보기는 어렵다.

18. 313번 목간

1) 판독 및 교감

(전면)「∨ 子基寺 」
(후면)「∨ [   ]¹³⁸」

2) 해제

발굴보고서의 7차 조사 목간 ⑩(도면 90-2, 도판 165-2)에 해당한다. '子基寺'銘 목간으로 소개된 바 있다(朴仲煥, 2002). 중문지 남서쪽 초기 자연배수로(S110, W60)의 제2, 제3 목책열 사이 굵은 목재편 북쪽에서 출토되었다. 초기 자연배수로의 폐기 연대가 6세기 중엽부터 567년 전후로 추정되기 때문에, 초기 시설 및 사원과의 관련성을 모두 상정해 볼 수 있다(李炳鎬, 2008a). 상단에 좌우로 V자형 홈이 있어, 끈을 돌려 물건에 맸던 것으로 보인다. 완형으로 길이 7.8㎝, 너비 1.9㎝, 두께 0.6㎝이다.

'자기사'는 문헌에서 확인되지 않는 사찰 명칭으로, '자기사'라는 사찰에서 능산리 유적의 사찰에 물품 등을 송부할 때 사용한 목간으로 보고 있다(박중환, 2001). 안압지 출토 15호 목간처럼 V자 홈이 있는 목간이 신분증명서로 이용된 사례가 있음을 감안하여 목간을 휴대한 인물의 증명서 역할을 했을 가능성이 높다고 본 견해도 나왔다(近藤浩一, 2004). 尹善泰는 형태가 부찰목간이므로, 자기사에서 능산리 초기시설로 보냈거나 능산리 초기시설에서 자기사와 관련하여 제작하였을 것으로 추정하였다. 前者는 사람과 물품이 모두 이동한 것이며, 後者의 경우라면 자기사 관련 물품을 능산리 초기시설 내 창고에 보관할 때 사용한 부찰이었던 것이 된다. 어느 쪽이던 능산리 초기시설과 자기사라는 사찰 간의 인적·물적 소통을 보여준다(尹善泰, 2004).

19. 314번 목간

발굴보고서의 6차 조사 목간 ⑧(도면 54-1, 도판 141-1)에 해당한다. 중문지 남쪽 초기 자연배수로 S110~120, W50~40에서 295번 목간과 인접하여 출토되었다. 초기 자연배수로의 폐기 연대가 6세기 중엽부터 567년 전후로 추정되기 때문에 초기 시설 및 사원과의 관련성을 모두 상정해 볼 수 있다(李炳鎬, 2008a). 막대형으로 상·하부가 파손되었다. 형태만으로는 목제품에 가깝다고 보기도 한다(國立扶餘博物館, 2007). 현재 길이 12.5㎝, 현재 너비 1.6㎝, 두께 0.4~1.0㎝이다. 판독은 어려운 상태이나, 전면의 경우 독특한 필획이 확인된다.

---

138) 묵흔은 확인되나 판독이 어렵다. 마지막 글자는 '內'일 가능성이 있다.

20. 6차 조사 목간 ⑤(도면 53-2, 도판 140-3)

李炳鎬는 2000-3으로 넘버링하였다. 중문지 남쪽 초기 자연배수로(S110~120, W50~40)에서 295번 목간과 인접하여 출토되었다. 초기 자연배수로의 폐기 연대가 6세기 중엽부터 567년 전후로 추정되기 때문에, 초기 시설 및 사원과의 관련성을 모두 상정해 볼 수 있다(李炳鎬, 2008a). 막대형으로 상하·좌우가 결실되었다. 현재 길이 8.9㎝, 현재 너비 1.0㎝, 두께 0.6㎝이다. 4면 중 한 면에서 묵흔이 확인되나 판독이 어렵다.

21. 6차 조사 목간 ⑥(도면 53-3, 도판 140-4)

1) 판독표

2) 판독 및 교감

(전면 – 정방향) ×二裏民[139]□[140]行[141]×
(후면 – 역방향) ×□和矣　　×

3) 해제

李炳鎬는 2000-1로 넘버링하였고, 국립부여박물관, 2008에서 〈능1〉로 소개되었다. 중문지 남쪽 초기 자연배수로(S110~120, W50~40)에서 309번·314번 목간과 공반하여 발굴되었다. 초기 자연배수로의 폐기 연대가 6세기 중엽부터 567년 전후로 추정되기 때문에 초기 시설과 사원에 모두 관련될 가능성이 있다(李炳鎬, 2008a). 두께가 매우 얇으나, 양면에 서사되어 있으므로 삭설은 아니다. 애초부터 얇게 종이처럼 깎아서 사용한 것으로서, 樹皮木簡으로 지칭하기도 한다(國立扶餘博物館, 2007). 종이

---

139) 民 : 우측 중심부가 파손되었으나, 좌측의 남은 획을 바탕으로 추정할 수 있다.
140) □ : 기존에는 '雙'으로 판독한 경우가 많았으나, 확인되는 자형에 기반해서는 인정하기 어렵다.
141) 行 : 좌변이 '彳'으로 되어 있는 자형으로, 〈魏王僧墓誌銘〉 등에서 확인된다.

를 의식한 목간 제작으로 종이시대에도 나무가 여전히 중요한 서사자료였음을 말해준다는 해석이 제기된 바 있다(국립부여박물관, 2008). 앞·뒷면의 서사 방향이 반대이다. 현재 길이 9.8㎝, 현재 너비 2.1㎝, 두께 0.2㎝.

22. 7차 조사 목간 ①(도면 86-1, 도판 162-5)

李炳鎬는 2001-1로 넘버링하였다. 중문지 남서쪽 초기 자연배수로에서 출토되었다. 초기 자연배수로의 폐기 연대가 6세기 중엽부터 567년 전후로 추정되기 때문에 초기 시설 뿐 아니라 사원과의 관련성도 함께 가지고 있었다고 생각된다(李炳鎬, 2008a). 막대형 목간으로 하단이 파손되었으며, 상단도 파손되었을 가능성이 있다. 현재 길이 22.2㎝, 너비 2.9㎝, 두께 2.2㎝이다. 묵흔이 보이므로 목간으로 간주할 수 있으나, 판독은 불가능하다. 2면의 경우 9자 가량으로 추정한 바 있다(國立扶餘博物館, 2007). 아직까지 적외선 촬영 사진이 제시된 바 없다.

23. 7차 조사 목간 ⑯(도면 92-1, 도판 167-1)

1) 판독 및 교감

(1면) 「 [   ] ×
(2면) 「 (묵흔 확인 어려움) ×
(3면) 「 [   ] ×
(4면) 「 馳[馬][142]幸[143]□[144]□[145]憲□[146]□□[147] ×

2) 해석 및 역주

(4면) 말을 달려 ~로 행차하여 … 憲 …

---

142) [馬] : 좌변은 '馬'로 보이지만, 우변이 존재하는지 여부는 판단하기 어렵다.
143) 幸 : '辛'으로 판독하기도 하나(국립부여박물관, 2009), 상단부에 획의 교차가 확인되므로 '幸'으로 판독하였다.
144) □ : '處'로 판독하기도 하지만(國立扶餘博物館, 2007; 국립부여박물관, 2009), 확실하지 않다.
145) □ : '階'로 판독하기도 하지만(國立扶餘博物館, 2007; 국립부여박물관, 2009), 확실하지 않다.
146) □ : '懷'로 판독하는 경우도 있으나(국립부여박물관, 2009), 좌변을 忄으로 보기 어렵다.
147) □ : 좌변을 弓으로, 우변을 古로 판독한 바 있다(國立扶餘博物館, 2007; 국립부여박물관, 2008). 좌변은 '弓'으로 볼 수도 있으나, 우변은 '古'라기보다 'ㅗ'나 'ㅂ'를 포함한 자형으로 보인다. 마지막 두 자는 위아래가 뒤집어진 것으로 간주하기도 한다(國立扶餘博物館, 2007).

3) 해제

李炳鎬는 2001-2로 넘버링하였고, 국립부여박물관, 2008에서는 〈능6〉으로 소개되었다. 중문지 남서쪽 초기 자연배수로에서 출토되었다. 초기 자연배수로의 폐기 연대가 6세기 중엽부터 567년 전후로 추정되기 때문에 초기 시설 및 사원과의 관련성을 모두 상정해 볼 수 있다(李炳鎬, 2008a). 원형의 목재를 끝의 둥근 부분을 남긴 채 나머지를 깎아 4면으로 만든 4면 목간이다. 현재길이 23.6cm, 너비 2.0cm, 두께 1.7cm이다. 각 면에서 묵흔이 확인되지만, 4면을 제외하면 판독이 어렵다. 습서목간으로 간주된다.

24. 7차 조사 목간 ⑰(도면 93-1, 도판 167-2)

1) 판독 및 교감

(앞면) × '見'·'公'·'道'·'進'·'德' ×

2) 해제

李炳鎬는 2001-3으로 넘버링하였고, 국립부여박물관, 2008에서 〈능9〉로 소개하였다. 중문지 남서쪽 초기 자연배수로에서 출토되었다. 초기 자연배수로의 폐기 연대가 6세기 중엽부터 567년 전후로 추정되기 때문에 초기 시설 및 사원과의 관련성을 모두 상정해 볼 수 있다(李炳鎬, 2008a). 비교적 넓은 판에 7자 이상의 글자들이 다양한 방향으로 서사되어 있으며, 묵흔의 농담이 다양하여, 습서 목간으로 판단하고 있다. 습서했던 큰 목판을 재이용하기 위해 잘라낸 것의 일부 조각으로 보기도 한다(국립부여박물관, 2007). 현재 길이 10.4cm, 현재 너비 5.8cm, 두께 1.0cm이다.

25. 7차 조사 출토 목간 ⑱(도면 93-2, 도판 168-1)

1) 판독 및 교감

(1면)「 牟□□□[   ] ×
(2면)「 [   ] ×
(3면)「 [   ] ×
(4면)「 [   ] ×

2) 해제

李炳鎬는 2001-4로 넘버링하였고, 국립부여박물관, 2008에서 〈능3〉으로 소개하였다. 중문지 남서쪽 초기 자연배수로에서 출토되었다. 초기 자연배수로의 폐기 연대가 6세기 중엽부터 567년 전후로 추정되기 때문에 초기 시설 및 사원과의 관련성을 모두 상정해 볼 수 있다(李炳鎬, 2008a). 4면 목간으로서, 한쪽 끝을 둥근 형태로 만들었다. 상단은 완형이고 하단은 파손되었다. 4면에 묵흔이 확인되지만 판독은 어렵다. 현재 길이 34.8㎝, 너비 2.8㎝, 두께 2.8㎝이다.

26. 7차 조사 목간 ㉒(도면 96-1, 도판 169-2)

1) 판독 및 교감

(1면) × □□法[148][   ]□[149][   ]」
(2면) × 則憙拜[150][而][151]受□[152]伏願[153]常□[154]此時[155]   」
(3면) × 道□[156]□[157][   ][礼][158][   ]礼礼[159]」
(4면) × □□□[160]辛道[161][貴][162]困□□灼□[八][163]□[164][而][165]□□□[166]□」

---

148) 法 : 기존에는 '浩'로 판독하였으나(國立扶餘博物館, 2007; 국립부여박물관, 2009), '法'과 자형이 훨씬 유사하다.
149) □ : 좌변이 '言'임은 확인되나 우변은 깎여나가 보이지 않는다.
150) 拜 : '孫'으로 판독한 경우도 있으나, '拜'가 분명하다고 판단된다.

151) [而] : 적외선 사진으로 보이는 묵흔이 '而'와 유사하다.
152) □ : 기존에 판독하지 않고 넘어갔으나(國立扶餘博物館, 2007; 국립부여박물관, 2007), '受'와 '伏' 사이에 한 글자가 더 존재하고 있음이 확인된다. '之'일 가능성이 있다.
153) 願 : '顙'으로 판독한 경우도 있으나(國立扶餘博物館, 2007), '願'에 더 가깝다.
154) □ : '上'으로 판독하기도 하였지만(國立扶餘博物館, 2007), 현재 보이는 묵흔으로는 판단하기 어렵다.
155) 時 : '時' 아래에 글자가 더 있을 것으로 추정하기도 하나(국립부여박물관, 2009), 적외선 사진으로도 묵흔을 확인할 수 없다.
156) □ : 좌변의 '禾'만 확인 가능할 뿐 우변은 깎아내 버린 듯 형체를 알아볼 수 없다.
157) □ : 역시 좌변의 '禾'만 확인 가능하다. 이 글자를 전후한 3개 글자는 좌변으로 '禾'를 가진 글자들이 반복되고 있는 것으로 보인다.
158) [礼] : 기존에는 '死'로 판독하였지만(國立扶餘博物館, 2007; 국립부여박물관, 2009), 아래 유사한 자형이 반복되고 있음을 감안할 때, 동일 字의 習書일 가능성이 높다.
159) 礼 : 이체자인 '礼'의 형태로 연속해서 서사되고 있다.

3) 해석 및 역주

(1면) … 法 …

(2면) … ~하면, 기쁘게 절하고 그것을 받겠습니다. 엎드려 바라건대, 항상 이 때 …

(3면) … 道 … 禮 … 禮禮 …

(4면) … 힘든 길, 귀함과 곤궁함 …

4) 해제

李炳鎬는 2001-5로 넘버링하였고, 국립부여박물관, 2008에서 〈능4〉로 소개하였다. 중문지 남서쪽 초기 자연배수로에서 출토되었다. 초기 자연배수로의 폐기 연대가 6세기 중엽부터 567년 전후로 추정되기 때문에 초기 시설 및 사원과의 관련성을 모두 상정해 볼 수 있다(李炳鎬, 2008a). 4면 목간으로서 상단은 파손되었으며, 하단은 완형에 가깝다. 하단은 둥글게 다듬은 듯하다. 현재 길이 24.2㎝, 너비 3.5㎝, 두께 2.0㎝이다.

'伏願'이라는 문구에 근거하여 국왕에게 올리는 상소문이나 외교문서체로 추정하였으며, '貢困'이라는 판독에 기초하여 貢稅와 관련된 내용일 것으로 추정한 바 있다(國立扶餘博物館 2007). 그러나 習書 木簡으로 보이므로, 정확한 내용은 파악하기 어렵다고 보아야 한다.

北魏　元詮墓誌　　北魏　穆玉容墓誌　　東晋　簡文帝

160) □ : 묵흔이 희미하여 정확히 판단하기 어렵지만, 남아있는 자획만 보면 '七'과 유사하다.

161) 道 : 기존에는 '租'로 판독하였으나(國立扶餘博物館, 2007; 국립부여박물관, 2009), 우변을 '且'로 보기 어렵고, 좌변이 하단의 가로획과 이어지고 있어 '道'에 더 가깝다고 판단된다.

162) [貴] : 기존에는 '貢'으로 판독하였다(國立扶餘博物館, 2007; 국립부여박물관, 2009). 묵흔이 정확하게 남아 있지 않지만, '貴'와도 유사하다.

163) [八] : 적외선 사진으로 확인되는 묵흔만으로 판단하면 '八'에 가깝다.

164) □ : 적외선 사진상으로는 '水'와 비슷하게 보인다.

165) [而] : 적외선 사진에서 확인되는 묵흔에 근거하면 '而'와 가장 가깝다.

166) □ : 기존에는 '四'로 판독하였으나(國立扶餘博物館, 2007; 국립부여박물관, 2009), 결정짓기 어렵다.

27. 8차 조사 목간 ①(도면 125-1, 도판 69-1)

1) 판독 및 교감

(1면)

「支藥兒食米記初日食四斗　二日食米四[斗]¹⁶⁷⁾小升一　三日食米四[斗]¹⁶⁸⁾×

(2면)

「五日食米三斗大升[一]¹⁶⁹⁾ 六¹⁷⁰⁾日食三斗大二 七日食三斗大升二 八日食米[四]□¹⁷¹⁾×

(3면)

「(食)¹⁷²⁾道使□□次如逢悚¹⁷³⁾猪¹⁷⁴⁾耳其身者如黑也 道使後¹⁷⁵⁾後¹⁷⁶⁾彈耶方　^{牟氏}_{牟役役耶}　×

(4면-역방향)

　× 又十三石¹⁷⁷⁾ 又十三石 又□□石 十三石 又 十□石 又[十][三][石]□□[三][石]　」

---

167) [斗] : 문맥상 '斗'가 분명하다고 생각되나, 좌측 상부의 대각선 획이 보이지 않는다. 아마도 誤字이거나 갈려져 나간 듯하다.

168) [斗] : 좌측 상부의 대각선 획이 희미하지만 존재한다.

169) [一] : 묵흔이 희미하지만 목간이 갈라진 선 바로 아래에 '一'자가 보인다.

170) 六 : '壬'으로 판독한 경우도 있으나(近藤浩一, 2004), 전후 맥락과 자형상 '六'으로 볼 수 있다.

171) □ : 일반적으로 '斗'로 판독해 왔으며, 내용적으로도 적합하나, 남아 있는 묵흔과는 일치하지 않는다.

172) (食) : 상부만 희미하게 남아 있다. 원래 '食'으로 시작하는 내용이 3면에도 기재되어 있었는데, 이를 깎아 내고 새로운 내용을 서사한 듯하다(李炳鎬, 2008a).

173) 悚 : '小'와 '吏'의 합자로 보아 직함으로 파악하는 경우가 많으나(近藤浩一, 2004; 윤선태, 2007; 이용현, 2007), '小吏'의 합자가 되려면 좌우가 바뀌어야 하므로 부자연스럽다. '使'의 이체자 중 하나일 것으로 보거나(이용현, 2007), '小'는 재사용 이전의 흔적으로 추정하기도 한다(李炳鎬, 2008a).

174) 猪 : 이체자 '豬'로 표기됨.

175) 後 : '浚'으로 판독한 경우도 있다(近藤浩一, 2004). 尹善泰는 '復'으로 반독하였다(尹善泰, 2007).

176) 後 : 이를 판독하지 않기도 하였지만(국립부여박물관, 2009), 유사한 형태의 두 글자가 연이어 서사되어 있다.

177) 十三石 : 기존에는 '十二石'으로 판독하였으나, '石'이 도량형 단위로 쓰일 때 첫 번째 가로획이 생략됨을 고려하여 '十三石'으로 판독하였다.

2) 해석 및 역주

(1면) 藥兒에게 食米를 支給한[178] 記.[179] 첫날 食[180] 4斗, 2일 食米[181] 4斗 1小升,[182] 3일 食米 4斗 …

(2면) 5일 食米 3斗 1大升,[183] 6일 食 3斗 2大(升), 7일 食 3斗 2大升, 8일 食米 4斗 …

(3면) … 道使 …[184] 그 몸이 검은 것 같다. 道使 … 彈耶方[185] 牟氏/牟役役耶 …

(4면-역방향) 또 13石, 또 13石, 또 13石, 또 13石, 또 13石, 또 13石, 또 13石 …

3) 해제

국립부여박물관, 2008에서 〈능2〉로 소개하였으며, 李炳鎬는 2002−1로 넘버링하였다. 일반적으로 〈支藥兒食米記〉라고 부르고 있다. S90, W60~85트렌치 북쪽에서 출토되었다. 목탑 건립 이후인 6세기 후반에 폐기된 것이 분명하므로 능산리 사원의 운영과 관련된 목간으로 여겨진다(李炳鎬, 2008a). 4면 목간으로서 상부는 완형이며, 하부는 파손되었다. 4면은 1·2·3면과 달리 글자 방향이 거꾸로 서사되었다. 현재 길이 44.0㎝, 너비 2.0㎝, 두께 2.0㎝이다. 1면 하단의 파손부에 '四日'에 관한 기록이 있었을 것으로 보아 목간의 원래 길이는 60~70㎝ 정도였다고 추정하거나(윤선태, 2007), 46.4~55.2㎝ 정도로 추정하고 있다(이용현, 2007; 국립부여박물관, 2007).

近藤浩一은 3면의 내용을 '道使 … 也/道使 … 也'의 구조로 파악하고, 道使와 그들에게 지급된 食米

---

178) 支藥兒食米 : 윤선태는 '지약아'를 '약재를 지급하는 일을 담당했던 사역인'으로 추정하였다(윤선태, 2007). 李炳鎬는 이를 쌀의 지급이나 물품의 보관을 담당하던 건물이나 시설의 명칭으로 파악하여, '지약아식미기'를 '지약아(에서)의 식미 관련 기록부'라고 보았다(李炳鎬, 2008). 이용현은 '약아의 식미를 지급한 기' 또는 '약아를 扶持하는 食米의 記'로 해석하고, 약아는 唐制의 '藥童'을 참조하여 약의 조제와 처방 및 약재 등 약 관련 업무 종사한 실무자로 이해하였다(이용현 2007).

179) 記 : 〈좌관대식기〉에서도 '記'의 용례가 확인된다. 帳簿의 의미로 추정하기도 한다(국립부여박물관, 2008).

180) 食 : '밥'·'식사'로 풀이한다(이용현, 2007).

181) 食米 : '먹는 쌀'을 지칭한다고 해석한 바 있다(近藤浩一, 2004).

182) 小升 : 居延漢簡의 용례에 근거하여 斗의 1/3로 본 바 있다(近藤浩一, 2004). 윤선태는 漢代 大半升·小半升과는 분명히 다르다고 보고, 관인에게 지급되던 일별 식미 양과 일정한 관련이 있으며, 식미 지급의 효율성을 높이기 위해 별도로 소승기(1인분의 식미)와 대승기(2인문의 식미)를 만든 것이 아닌가 추론하였다(윤선태, 2007). 이용현은 10升=1斗, 大升 1≒3.33升, 小升1=1升으로 상정하였다(이용현, 2007). 한편 백제에서 중국의 제도를 받아들이는 과정에서 대용량 양제가 함께 들어왔는데, 백제 내부에서 사용되는 양 단위와 차이가 있어 도입과 동시에 전적으로 사용되지 못하던 과도기적 표기로 본 견해도 있다(홍승우, 2011).

183) 大升 : 居延漢簡의 용례에 근거하여 斗의 2/3로 본 바 있다(近藤浩一, 2004).

184) 猪耳 : 이를 '돗긔'의 이두 표기로 본 견해도 있다(金永旭, 2007). 이용현은 사람이름이라기보다 돼지로 볼 수 있다고 하였다(이용현, 2007).

185) 彈耶方 : 앞에서 道使와 인명이 나열된 것을 참고하여, 이 또한 지방행정단위인 '方'에 해당한다고 보았다(윤선태, 2007). 이를 통해 백제에서 6세기 중반 광영행정구획인 5방제와는 성격을 달리하는 '方'이라는 지방행정제도가 존재하였음을 유추하였다(윤선태, 2007; 김영심, 2007).

에 관계된 것으로 보아, 帳簿의 역할을 한 기록간으로 성격을 규정하였다(近藤浩一, 2004). '道使'에서 '也' 사이의 내용은 道使의 신체적 특징으로 추정하였다. 아울러 이들은 사비도성 주변의 관인이 아니라 다른 장소에서 이곳으로 일정 기간 파견된 관인일 가능성이 높다고 보았다.

한편 윤선태는 지방사회에 역병이 만연했을 때, 藥部에서 이들의 치료에 필요한 약재를 지급하기 위해, 도성 바깥의 藥田에 약재의 공급을 요청하였고, 나성 대문을 통제하던 관인들이 약재를 운반해 온 지약아들에게 식미를 지급한 뒤 그 출납을 정리한 것으로 보았다(윤선태, 2007). 그러나 이 목간은 목탑 건립 이후 폐기된 것으로서 나성 대문의 금위와 연관시켜 이해할 수 없다는 반론이 있다(李炳鎬, 2008a). 나아가 '지약아'를 쌀의 지급이나 물품의 보관을 담당하던 건물이나 시설의 명칭으로 보고, 백제 불교의 의학적 요소를 고려하여 呪噤師와 같은 존재를 상정하였다. 능산리사지 초기 강당지를 전사한 성왕과 관련지어 해석하면서, 주금사의 임무가 성왕의 행적과 잘 연관된다고 보았다.

28. 2001-8번 목간

1) 판독 및 교감

(1면) × [永]¹⁸⁶⁾[壽]¹⁸⁷⁾□□ ×
(2면) × [   ] ×
(3면) × 一□江   ×
(4면) × [迦]¹⁸⁸⁾□[   ]□¹⁸⁹⁾ ×

---

186) [永] : '永'으로 보는 견해와(국립부여박물관, 2008; 국립부여박물관, 2009), '太'로 판독하는 견해가 모두 제시된 바 있다(李炳鎬, 2008a). 상부에 가로획이 적어도 둘 이상 확인되므로 여기에서는 '永'으로 판단하였다.

187) [壽] : '歳'(李炳鎬, 2008a)와 '春'(국립부여박물관, 2008; 국립부여박물관, 2009)이라는 판독안도 제시된 바 있으나, '寿'에 가까운 것으로 보인다.

188) [迦] : 우측 하단이 손상되어 자형이 명확하지 않은데, '迦'로 판독한 바 있다(李炳鎬, 2008a). 해당 논문에서 제시된 적외선 사진에 따르면 '迦'와 매우 유사하다.

189) □ : 李炳鎬, 2008a에서 '葉'으로 판독하였지만, 초두만 남아 있고 아래가 파손되어 확정짓기 어렵다.

2) 해제

능산리사지 출토 4면 목간으로서, 발굴보고서에는 수록되지 않았다. 李炳鎬가 2001-8번 목간으로 소개하였으며(李炳鎬, 2008a), 국립부여박물관, 2008에서 〈능5〉 목간으로 소개한 바 있다. 중문지 동남쪽 초기 자연배수로(S100, W20)에서 출토되었는데, 목탑 건립 전후에 폐기된 것으로, 능산리 유적 초기 시설과 관련된 목간으로 여겨진다(李炳鎬, 2008a). 상·하단이 파손되었는데, 현재 길이는 16.5㎝, 너비 3.5㎝, 두께 3.5㎝이다. 4면에서 묵서가 확인된다. 李炳鎬는 1면에서 '太歲'를 판독하고, 창왕명 석조가리감에 사용된 太歲 기년법과 연관시켰으며, 4면의 '迦'와 '葉'은 불교적 명칭의 일부로 파악하여, 불교와 밀접한 관련을 맺고 있음을 보여준다고 주장한 바 있다(李炳鎬, 2008a).

29. 능7 목간

1) 판독 및 교감

(1면)「 □□^190)□^191)   」
(2면)「 □大[   ] 」
(3면)「   □^192)   」
(4면)「 [   ] 」

2) 해제

독특한 모양의 목제품 4면에 묵서가 남아 있다. 길이 16.5㎝, 너비 3.5㎝, 두께 3.5㎝. '覺'과 '苦' 등 불교적 용어를 판독한 뒤, 불법과 관련짓고, 주술적인 역할을 했을 가능성을 제기하였으나(국립부여박물관, 2008), 판독에 다소 무리가 있다. 목조 구조물의 부재에 묵서한 것으로서 주술적 의도 하에 새 모양으로 만든 것으로 볼 수 없다는 반론도 있다(이병호).

30. 능8 목간

상·하단이 파손되고 세로로 반이 갈라져 있다. 양면에 묵서가 있으나 절반 이하만 남아서 판독은 어렵다. 현재 길이 16.7㎝, 너비 1.0㎝, 두께 0.2㎝.

---

190) □ : 남은 묵흔은 '堂'의 윗부분과 유사하다.

191) □ : 기존에는 '覺'으로 판독하였다(국립부여박물관, 2008; 국립부여박물관, 2009). 그러나 남은 묵흔만으로는 '覺'으로 확정짓기 어렵다.

192) □ : '苦'로 판독해 온 글자이다(국립부여박물관, 2008; 국립부여박물관, 2009). 그러나 국립부여박물관, 2009의 적외선 사진에 따르면 '苦'의 초두로 간주된 부분은 묵흔이 아닌 것으로 보인다. 남은 묵흔은 '右'나 '者'의 아랫 부분과 유사하다.

Ⅲ. 삭설

1. 302번 1편

1) 판독 및 교감

× [   ]¹⁹³⁾大¹⁹⁴⁾[丈]¹⁹⁵⁾□¹⁹⁶⁾□¹⁹⁷⁾[藏]¹⁹⁸⁾□¹⁹⁹⁾□²⁰⁰⁾□²⁰¹⁾□□²⁰²⁾⁾ ×

2) 해제

발굴보고서에서 7차 조사의 ⑧번 목간껍질(도면 89-2, 도판 164-3)로 소개된 삭설 2편 중 1편에 해당한다. 손환일, 2011a에서는 [陵]8-1로 넘버링하였다. 중문지 남서쪽 초기 자연배수로(S120W60)의 목교 인접 구간에서 발굴되었다. 초기 시설 뿐 아니라 사원과의 관련성도 함께 가지고 있었다고 생각된다(李炳鎬, 2008a). 수종은 소나무로 보이며, 매우 얇다. 현재 길이 36.1㎝, 현재 너비 1.8㎝, 두께 0.05㎝이다. 동일 혹은 유사 자형이 반복되고 있어 습서로 추정된다.

2. 302번 2편

1) 판독 및 교감

× □[無] ×

---

193) [ ] : '戈?'와 '代?'로 보기도 하는데(국립부여박물관, 2008), 유사한 자획이 남아 있지만 일부 뿐으로, 전체적인 자형은 알 수 없다. 손환일, 2011b은 한 글자로서 '戈'일 가능성도 제시하였다. 정확하게 몇 자였는지도 판단하기 어렵다.

194) 大 : '丈'으로 보기도 하지만(國立扶餘博物館, 2007·2008). 朴仲煥·손환일, 2011a·b는 '大'로 판독하였다.

195) [丈] : 자형은 '丈'과 유사하나, 위의 글자와 동일하게 '大'를 서사한 것일 가능성도 있다. 朴仲煥·손환일, 2011a·b은 '大'로 판독하였다.

196) □ : '聽'으로 판독하기도 하나(손환일, 2011a·b), 남아 있는 자형만으로는 확신하기 어렵다.

197) □ : '藏'으로 보기도 하나(國立扶餘博物館, 2007·2008), 확실하지 않다. 朴仲煥은 '貳'로, 손환일, 2011a는 '歲'로, 손환일, 2011b는 '成'으로 판독한 바 있다.

198) [藏] : '藏'과 유사한 부분이 있으나(國立扶餘博物館, 2007·2008), 확신할 수 없다. '歲'로 판독한 경우도 있다(손환일, 2011a·b).

199) □ : '艹'와 유사한 자형이다(國立扶餘博物館, 2007·2008). 다음의 글자도 초두로 시작하고 있어, 해당 글자를 쓰다가 중단한 것으로 보인다.

200) □ : '茸'으로 추정하거나(國立扶餘博物館, 2007·2008), '眥'로 판독한 경우도 있으나(손환일, 2011a·b), 확실하지 않다.

201) □ : '[肆]'로 추정하기도 하나(손환일, 2011b), 확실하지 않다.

202) □ : '[嚴]'으로 추정하기도 하나(손환일, 2011b), 확실하지 않다.

2) 해제

발굴보고서에서 7차 조사 ⑧번 목간껍질(도면 89-2, 도판 164-3)로 소개된 2편의 삭설 중 2편에 해당한다. 302번 1편과 동일 목간에서 잘라낸 삭설의 일부로 보인다. 중문지 남서쪽 초기 자연배수로(S120W60)의 목교 인접 구간에서 발굴되었다. 초기 시설 및 사원과의 관련성을 함께 가지고 있었다고 생각된다(李炳鎬, 2008a). 현재 길이 7.6㎝, 현재 너비 1.7㎝, 두께 0.05㎝이다.

3. 6차 조사 목간 ⑨(도면 54-2, 도판 141-2)

1) 판독 및 교감

× □²⁰³⁾□ ×

2) 해제

李炳鎬는 2000-4로 넘버링하였고, 국립부여박물관, 2008에서는 〈능11〉로 소개하였다. 6차 조사에서 중문지 남쪽 초기 자연배수로 S110~120, W50~40 구간의 황갈색 모래층 하단 흑색 니질토로부터 6차 조사 목간 ⑤·⑩·⑪ 등과 함께 일괄 출토된 삭설들 중 하나이다. 제2목책렬과 제3목책렬 동쪽 끝에서 발견된 지게 발채 출토 지점의 동쪽에서 발견되었는데, 초기 자연배수로의 폐기 연대가 6세기 중엽부터 567년 전후로 추정되기 때문에 초기 시설 뿐 아니라 사원과의 관련성도 함께 가지고 있었다고 생각된다(李炳鎬, 2008a). 현재 길이 5.8㎝, 현재 너비 1.4㎝, 두께 0.15㎝이다. 상하좌우가 모두 파손되어 있으며, 매우 얇아서 삭설로 추정된다. 기존에 '高'로 판독한 글자 우측에 글자를 겹쳐서 쓴 흔적이 보이며, 아래 글자 □이 농담이 다른 묵서가 보이는 점 등에 근거하여 습서로 추정한 바 있다(國立扶餘博物館, 2007, pp.148~149). 뒷면에도 묵흔이 보이긴 하나, 애초에 면에 쓴 것이 아니라 묻어온 것으로 추정된다.

4. 6차 조사 목간 ⑩(도판 54-3, 도판 141-3)

1) 판독 및 교감

× [意]²⁰⁴⁾意 ×

---

203) □ : 기존에는 '高'로 판독하고 우측에 글자를 겹쳐서 쓴 흔적이 보인다고 보았으나(國立扶餘博物館, 2007, pp.148~149), 남아 있는 자형이 '高'에 잘 들어맞지 않는다. 획이 특이한 곡선을 이루고 있어, 자형의 습서거나 呪符일 가능성도 상정된다.

2) 해제

李炳鎬는 2000-2로 넘버링하였고, 국립부여박물관, 2008에서는 〈능10〉으로 소개하였다. 6차 조사에서 중문지 남쪽 초기 자연배수로 S110~120, W50~40 구간의 황갈색 모래층 하단 흑색 니질토로부터 출토되었다. 목간 ⑨와 같은 곳에서 발견되어 동일한 목간에서 나온 삭설일 가능성도 제기된 바 있다(國立扶餘博物館, 2007, 150쪽). 제2목책렬과 제3목책렬 동쪽 끝에서 발견된 지게 발채 출토 지점의 동쪽에서 발견되었는데, 초기 자연배수로의 폐기 연대가 6세기 중엽부터 567년 전후로 추정되기 때문에 초기 시설 뿐 아니라 사원과의 관련성도 함께 가지고 있었다고 생각된다(李炳鎬, 2008a). 우면은 비교적 완형이나 상하·좌면은 파손되었다. 현재 길이 4.6㎝, 현재 너비 1.4㎝, 두께 0.2㎝이다. 같은 자의 반복 서사로 보여, 습서로 추정된다.

5. 6차 조사 목간 1(도면 54-4의 ①, 도판 141-4의 ①)

1) 판독 및 교감

× □□ ×

2) 해제

李炳鎬는 2000-5로 넘버링하였고, 국립부여박물관, 2008에서는 〈능16〉의 삭설 7편 중 하나로 소개하였다. 6차 조사에서 중문지 남쪽 초기 자연배수로 S110~120, W50~40 구간의 황갈색 모래층 하단 흑색 니질토로부터 목간 ⑤·⑨·⑩ 등과 함께 일괄 출토된 14편의 삭설들 중 하나이다. 제2목책렬과 제3목책렬 동쪽 끝에서 발견된 지게 발채 출토 지점의 동쪽에서 발견되었는데, 초기 자연배수로의 폐기 연대가 6세기 중엽부터 567년 전후로 추정되기 때문에 초기 시설 뿐 아니라 사원과의 관련성도 함께 가지고 있었다고 생각된다(李炳鎬, 2008a). 6차 조사 목간 ⑨·⑩과 동일 목간에서 나온 삭설일 가능성도 제기된 바 있다(國立扶餘博物館, 2007, p.150).

6. 6차 조사 목간 2의 상부(도면 54-4의 ②, 도판 141-4의 ②)

1) 판독 및 교감

× □ ×

---

204) [意] : 남아 있는 자형이 다음 글자인 '意'와 유사하지만 상단부와 좌측이 결실되어 확실하지 않다.

2) 해제

李炳鎬는 2000-6으로 넘버링하였고, 국립부여박물관, 2008에서 〈능16〉로 소개된 삭설 7편 중 하나이다. 國立扶餘博物館, 2007에서는 2의 하부와 연결되어 있었던 것으로 파악하였다. 6차 조사에서 중문지 남쪽 초기 자연배수로 S110~120, W50~40 구간의 황갈색 모래층 하단 흑색 니질토로부터 목간 ⑤·⑨·⑩ 등과 함께 일괄 출토된 14편의 삭설들 중 하나이다. 제2목책렬과 제3목책렬 동쪽 끝에서 발견된 지게 발채 출토 지점의 동쪽에서 발견되었는데, 초기 자연배수로의 폐기 연대가 6세기 중엽부터 567년 전후로 추정되기 때문에 초기 시설 뿐 아니라 사원과의 관련성도 함께 가지고 있었다고 생각된다(李炳鎬, 2008a). 6차 조사 목간 ⑨·⑩과 동일 목간에서 나온 삭설일 가능성도 제기된 바 있다(國立扶餘博物館, 2007, p.150).

7. 6차 조사 목간 2의 하부(도면 54-4의 ②, 도판 141-4의 ②)

1) 판독 및 교감

× □²⁰⁵⁾□ ×

2) 해제

李炳鎬는 2000-6으로 넘버링하였고, 국립부여박물관, 2008에서 〈능16〉로 소개된 삭설 7편 중 하나이다. 國立扶餘博物館, 2007에서는 2의 상부와 연결되어 있었던 것으로 파악하였다. 6차 조사에서 중문지 남쪽 초기 자연배수로 S110~120, W50~40 구간의 황갈색 모래층 하단 흑색 니질토로부터 목간 ⑤·⑨·⑩ 등과 함께 일괄 출토된 14편의 삭설들 중 하나이다. 제2목책렬과 제3목책렬 동쪽 끝에서 발견된 지게 발채 출토 지점의 동쪽에서 발견되었는데, 초기 자연배수로의 폐기 연대가 6세기 중엽부터 567년 전후로 추정되기 때문에 초기 시설 뿐 아니라 사원과의 관련성도 함께 가지고 있었다고 생각된다(李炳鎬, 2008a). 6차 조사 목간 ⑨·⑩과 동일 목간에서 나온 삭설일 가능성도 제기된 바 있다(國立扶餘博物館, 2007, p.150).

---

205) □ : '死'로 판독하거나 '列'일 가능성을 제기한 바 있으나(國立扶餘博物館, 2007, 현재는 '夕'에 가까운 자형만 확인 가능하며 원형을 확신하기 어렵다.

8. 6차 조사 목간 3(도면 54-4의 ③, 도판 141-4의 ③)

1) 판독 및 교감

× □□金□[206] ×

2) 해제

2000-7. 6차 조사에서 중문지 남쪽 초기 자연배수로 S110~120, W50~40 구간의 황갈색 모래층 하단 흑색 니질토로부터 목간 ⑤·⑨·⑩ 등과 함께 일괄 출토된 14편의 삭설들 중 하나이다. 제2목책렬과 제3목책렬 동쪽 끝에서 발견된 지게 발채 출토 지점의 동쪽에서 발견되었는데, 초기 자연배수로의 폐기 연대가 6세기 중엽부터 567년 전후로 추정되기 때문에 초기 시설 뿐 아니라 사원과의 관련성도 함께 가지고 있었다고 생각된다(李炳鎬, 2008a). 6차 조사 목간 ⑨·⑩과 동일 목간에서 나온 삭설일 가능성도 제기된 바 있다(國立扶餘博物館, 2007, 150쪽). 현재 길이 3.5㎝, 현재 너비 0.8㎝, 두께 0.08㎝이다.

9. 6차 조사 4(도판 141-4의 ④)

1) 판독 및 교감

× □ ×

2) 해제

李炳鎬는 2000-8로 넘버링하였다. 6차 조사에서 중문지 남쪽 초기 자연배수로 S110~120, W50~40 구간의 황갈색 모래층 하단 흑색 니질토로부터 목간 ⑤·⑨·⑩ 등과 함께 일괄 출토된 14편의 삭설들 중 하나이다. 제2목책렬과 제3목책렬 동쪽 끝에서 발견된 지게 발채 출토 지점의 동쪽에서 발견되었는데, 초기 자연배수로의 폐기 연대가 6세기 중엽부터 567년 전후로 추정되기 때문에 초기 시설 뿐 아니라 사원과의 관련성도 함께 가지고 있었다고 생각된다(李炳鎬, 2008a). 6차 조사 목간 ⑨·⑩과 동일 목간에서 나온 삭설일 가능성도 제기된 바 있다(國立扶餘博物館, 2007, p.150).

---

206) □ : 남아 있는 자형은 'ㅏ'에 가깝다.

10. 6차 조사 5(도면 54-4의 ⑤, 도판 141-4의 ⑤)

1) 판독 및 교감

× □ ×

2) 해제

李炳鎬는 2000-9로 넘버링하였다. 6차 조사에서 중문지 남쪽 초기 자연배수로 S110~120, W50~40 구간의 황갈색 모래층 하단 흑색 니질토로부터 목간 ⑤·⑨·⑩ 등과 함께 일괄 출토된 14편의 삭설들 중 하나이다. 제2목책렬과 제3목책렬 동쪽 끝에서 발견된 지게 발채 출토 지점의 동쪽에서 발견되었는데, 초기 자연배수로의 폐기 연대가 6세기 중엽부터 567년 전후로 추정되기 때문에 초기 시설 뿐 아니라 사원과의 관련성도 함께 가지고 있었다고 생각된다(李炳鎬, 2008a). 6차 조사 목간 ⑨·⑩과 동일 목간에서 나온 삭설일 가능성도 제기된 바 있다(國立扶餘博物館, 2007, p.150).

11. 6차 조사 6(도면 54-4의 ⑥, 도판 141-4의 ⑥)

1) 판독 및 교감

× □ ×

2) 해제

李炳鎬는 2000-10으로 넘버링하였고, 국립부여박물관, 2008에서는 〈능16〉으로 소개하였다. 6차 조사에서 중문지 남쪽 초기 자연배수로 S110~120, W50~40 구간의 황갈색 모래층 하단 흑색 니질토로부터 목간 ⑤·⑨·⑩ 등과 함께 일괄 출토된 14편의 삭설들 중 하나이다. 제2목책렬과 제3목책렬 동쪽 끝에서 발견된 지게 발채 출토 지점의 동쪽에서 발견되었는데, 초기 자연배수로의 폐기 연대가 6세기 중엽부터 567년 전후로 추정되기 때문에 초기 시설 뿐 아니라 사원과의 관련성도 함께 가지고 있었다고 생각된다(李炳鎬, 2008a). 6차 조사 목간 ⑨·⑩과 동일 목간에서 나온 삭설일 가능성도 제기된 바 있다(國立扶餘博物館, 2007, p.150).

12. 능12

1) 판독 및 교감

× [蔥]²⁰⁷⁾[權]²⁰⁸⁾ ×

2) 해제

국립부여박물관, 2010에서는 목간편으로 소개하였다. 현재 높이 7.0㎝, 현재 너비 1.5㎝, 두께 0.2㎝이다.

13. 능13

현재 높이 7.0㎝, 현재 너비 1.7㎝, 두께 0.2㎝이다. 4~5字 정도 분량이 남아 있지만 판독은 어렵다.

14. 능14

현재 높이 4.0㎝, 현재 너비 1.7㎝, 두께 0.5㎝이다. 2字 정도가 서사될 만한 공간이나 판독은 어렵다.

15. 능15

1) 판독 및 교감

× 卩²⁰⁹⁾□□ ×

2) 해제

능14보다 현재 높이가 조금 길고, 현재 너비는 약간 짧다. 3字 정도가 서사된 것으로 보이나 전반적으로 판독은 어렵다.

16. 능17

국립부여박물관과 국립중앙박물관이 보존처리를 통해 새롭게 수습하여 국립박물관, 2008에서 〈능17〉로 소개한 125편에 해당한다. 이 가운데 약간이라도 판독이 가능한 삭설들만을 소개한다.

---

207) [蔥] : 상부의 묵흔이 명확하지 않아서 확실하지 않다. '急'이나 '慧'일 가능성도 있다.
208) [權] : 남은 자형이 '權'과 유사하나 확실하지 않다.
209) 卩 : '部'의 이체자로서, 궁남리 출토 315번 목간이나 능산리 출토 301번 목간 등에도 유사한 자형이 확인된다.

a. 능17-4

× □²¹⁰⁾□ ×

b. 능17-5

× [ ]德²¹¹⁾ ×

c. 능17-10

× □²¹²⁾ ×

d. 능17-21

× 了²¹³⁾ ×

e. 능17-24

× □子²¹⁴⁾ ×

f. 능17-25

　　　□　　　　　×
× 　　六日
　　石　　　　□²¹⁵⁾

---

210) □ : '也?'로 판독한 경우도 있지만(국립부여박물관, 2008), 남은 자획만으로는 판단하기 어렵다.

211) 德 : 좌·우단이 잘려 나갔지만, 남은 자형으로 보아 '德'으로 판단된다(국립부여박물관, 2008).

212) □ : 상부를 결실하고 우측 하단은 깎여 나가서 원형을 정확히 알기 어렵지만, 急 또는 慧의 일부일 가능성이 있다.

213) 了 : 상부가 결실되었지만, 남은 자형은 '了'로 판단된다(국립부여박물관, 2008). 길게 늘여서 서사한 것으로 보아, 문장 마지막에 사용되었을 가능성이 있다.

214) 子 : 기존에는 판독하지 않았다. '予'일 가능성도 있으나 '子'와 더 가깝다고 판단된다.

215) □ : 좌측이 결실되어 있는데, 남은 자형의 위쪽은 '日'이 오른편으로 치우쳐져 서사되었고, 아래쪽은 '可'와 유사하다. '哥'일 가능성이 있다. '日'의 치우침을 제외한다면 '得'과 같은 글자의 오른쪽만 남은 것일 수도 있다.

g. 능17-28

× [金]²¹⁶⁾ ×

h. 능17-49

× [木]²¹⁷⁾ ×

| 투고일 : 2014. 3. 29 | 심사개시일 : 2014. 3. 31 | 심사완료일 : 2014. 4. 15 |

---

216) [金] : 좌·우측이 모두 결실되어, 원래 글자의 일부인지 알 수 없지만, 남아 있는 부분은 '金'에 가깝다.
217) [木] : 우측 상단과 좌측 하단이 잘려서 '木' 또는 '不'에 가까운 자형만 남아 있다.

참/고/문/헌

姜仁求, 1997, 『百濟古墳研究』, 一志社.

이도학, 1997, 『새로 쓰는 백제사』, 푸른역사.

金壽泰, 1998, 「百濟 威德王代 扶餘 陵山里 寺院의 創建」, 『百濟文化』第27輯.

金相鉉, 1999, 「百濟 威德王의 父王을 위한 追福과 夢殿觀音」, 『한국고대사연구』15.

國立扶餘博物館·扶餘郡, 2000, 『陵寺－扶餘陵山里寺址發掘調査進展報告書－』.

국립청주박물관, 2000, 『한국 고대의 문자와 기호유물』.

金鍾萬, 2000, 「扶餘 陵山里寺址에 대한 小考」, 『新羅文化』第17·18合輯.

김주성, 2001, 「백제 사비시대의 익산」, 『한국고대사연구』21.

박중환, 2001, 「扶餘 陵山里寺址 발굴조사개요－2000년~2001년 조사내용－」, 『東垣學術論文集』4.

국립부여박물관, 2003, 『百濟의 文字』.

박경도, 2002, 「扶餘 陵山里寺址 8次 發掘調査 槪要」, 『東垣學術論文集』5.

朴仲煥, 2002, 「扶餘 陵山里 發掘 木簡 豫報」, 『한국고대사연구』28.

金永旭, 2003, 「百濟 吏讀에 對하여」, 『口訣硏究』第11輯.

김수태, 2004, 「백제의 천도」, 『한국고대사연구』36.

이성배, 2004, 「百濟書藝와 木簡의 書風」, 『百濟研究』第40輯.

近藤浩一, 2004, 「扶餘 陵山里 羅城築造 木簡의 研究」, 『百濟研究』第39輯.

金永旭, 2004, 「漢字·漢文의 韓國的 受容」, 『口訣硏究』13.

尹善泰, 2004, 「扶餘陵山里 出土 百濟木簡의 再檢討」, 『東國史學』第40輯.

平川南, 2005, 「百済と古代日本における道の祭祀」, 『백제 사비시기 문화의 재조명』.

平川南, 2006, 「道祖神信仰の源流」, 『国立歴史民俗博物館研究報告』133.

조해숙, 2006, 「백제 목간기록 "宿世結業…"에 대하여」, 『관악어문연구』31.

김영심, 2007, 「백제의 지방통치에 관한 몇 가지 재검토－木簡·銘文瓦 등의 문자자료를 통하여－」, 『한국고대사연구』48.

윤선태, 2007, 『목간이 들려주는 백제 이야기』, 주류성.

이용현, 2007, 「목간」, 『百濟의 文化와 生活』백제문화사대계 12, 충남역사문화원.

朴仲煥, 2007, 「百濟 金石文 研究」, 전남대 대학원 박사학위논문.

최연식, 2007, 「백제 찬술문헌으로서의 《大乘四論玄義記》」, 『韓國史研究』136.

國立扶餘博物館, 2007, 『陵寺－부여능산리사지 6~8차 발굴보고서－』.

李炳鎬, 2008a, 「扶餘 陵山里 出土 木簡의 性格」, 『木簡과 文字』創刊號.

李炳鎬, 2008b, 「扶餘 陵山리寺址 伽藍中心部의 變遷 過程」, 『韓國史研究』143.

국립부여박물관, 2008, 『백제목간－소장품조사자료집－』.

孫煥一, 2008, 「百濟의 筆記道具와 木簡 分類」, 『백제목간-소장품조사자료집-』, 국립부여박물관.

李丞宰, 2008, 「295번과 305번 木簡에 대한 管見」, 『백제목간-소장품조사자료집-』, 국립부여박물관.

近藤浩一, 2008, 「扶餘 陵山里 羅城築造 木簡 再論」, 『한국고대사연구』49.

平川南, 2008, 「道祖神 신앙의 원류-고대 길의 제사와 양물형 목제품-」, 『木簡과 文字』第2號.

국립부여문화재연구소, 2008, 「능사 : 부여 능산리사지 10차 발굴조사보고서」.

橋本 繁, 2008, 「윤선태 著《목간이 들려주는 백제 이야기》(주류성, 2007년)에 대하여」, 『木簡과 文字』
    第2號.

국립부여박물관·국립창원문화재연구소, 2009, 『나무 속 암호 목간』.

김영심, 2009, 「扶餘 陵山里 출토 '六卩五方' 목간과 백제의 數術學」, 『木簡과 文字』第3號.

국립부여박물관, 2010, 『백제 중흥을 꿈꾸다-능산리사지-』.

平川南, 2010, 「正倉院佐波理加盤付屬文書の再檢討-韓国木間調査-」, 『日本歷史』750.

方国花, 2010, 「扶餘 陵山里 출토 299호 목간」, 『木簡과文字』第6號.

金英心, 2011a, 「百濟의 道敎 成立 問題에 대한 一考察」, 『百濟研究』第53輯.

김영심, 2011b, 「백제문화의 도교적 요소」, 『한국고대사연구』64.

손환일, 2011a, 『韓國 木簡字典』, 국립가야문화재연구소.

손환일, 2011b, 『한국 목간의 기록문화와 서체』, 서화미디어.

한국전통문화대학교 고고학연구소, 2011, 『부여 능산리사지: 제11차 발굴 조사 보고서』.

尹善泰, 2013, 「新出資料로 본 百濟의 方과 郡」, 『한국사연구』163.

홍승우, 2013, 「扶餘 지역 출토 백제 목간의 연구 현황과 전망」, 『목간과 문자』10.

이재환, 2013, 「한국 고대 '呪術木簡'의 연구 동향과 展望」, 『목간과 문자』10.

〈日文要約〉

扶餘陵山里寺址遺跡出土の木簡や削屑

李在晥

　　扶余陵山里寺址遺跡は、陵山里古墳群からわずか100m離れていないため、王陵を守護し、そこに埋葬された百済の諸王の追福を願う陵寺であると推定されてきた。特に〈昌王銘石造舎利龕〉が出土し木塔が567年に建造されはじめ、聖王の娘であり、威徳王の妹である公主が木塔建造を主導したことが確認されると、聖王の冥福を祈念するための寺刹とみる見解がひろく受け入れられるようになった。

　　67次発掘調査の結果、西排水路の隣接区域に露出したV字形南北方向の溝(初期排水路)内部と第5排水施設から20点余りの百済木簡が出土したため、陵山里遺跡の性格に関する議論も一層深化した。木簡が出土した場所が層位上西排水路の下に流れる水路に位置するので、陵山里の寺院よりも前の時期の遺構である可能性が高いことがわかり、567年木塔建造以前の遺跡の性格に関心を寄せるようになった。

　　まず木簡の使用年代を遷都以前の527年から538年頃までと見て、泗沘都城の東羅城の築造に関連した場所とする見解が提起された。それとは違い、該当遺跡から発見された木簡が泗沘都城移転の538年以後から陵寺建立の567年以前までと見て、都城の四方の境界地点で開かれた国家儀礼や羅城の禁衛に関連した施設とする見解もある。以後木簡の出土状況に対する精密な分析に基盤を置いた研究が進められ、木簡を時期別に三種類に分け、そのうちもっとも早い時期のものは、聖王が死亡した554年から昌王銘石造舎利龕が埋納された567年の間に使用されたとし、その結果聖王の追福施設と関連性があるとする見解も出ている。

　　しかし陵山里寺址遺跡の性格を聖王の追福と関連付けるのにはまだ証拠が不十分であると思われる。'亡王子'に対する追福を明示している王興寺址の舎利器の場合と違い、昌王銘石造舎利龕には'百済昌王13年である丁亥年(567)に妹兄公主が舎利を供養した'と明らかにしているのみであり、先王を慰霊するという目的が言及されていないからである。初期施設と関連したものと推定される木簡の内容からも、やはり聖王への祭祀と関連付けることは難しい。木簡の内容および一緒に出土した遺物の性格を考慮すると、陵山里寺址遺跡の初期施設は境界祭祀の空間(祭場)であった可能性が高いと考える。

▶ キーワード：陵山里, 木簡, 削屑, 境界, 祭祀

李濟 墓誌銘

안정준*

〈국문 초록〉

중국 陝西省 西安市의 長安 박물관에 소장된 「李濟 墓誌銘」은 2004년 봄, 백제 義慈王 曾孫女인 太妃 扶餘氏의 墓誌銘이 발견된 이후부터 받기 시작했다. 李濟는 太妃 扶餘氏와 嗣虢王 李邕의 曾孫子이다. 이에 그는 곧 唐 高祖 李淵으로부터 이어지는 황실의 후손이자, 혈통상 멀리 의자왕의 外孫에 해당된다. 그러나 「李濟 墓誌銘」에서 내세우고 있는 묘주의 주요 행적들을 고려할 때, 백제계 유민 후손으로서의 활동이나 정체성보다는 당 황실 宗族이자 忠臣으로서의 면모가 강조되고 있는 점이 특징이다.

誌文에서는 이제 일족과 成德軍 절도사 王武俊과의 관계, 그리고 이제가 成德軍 절도사의 승계 과정에서 보여주는 모종의 활동을 강조하고 있다. 이러한 내용들은 9세기 초반에 당조정이 독립적인 성격의 藩鎭 세력들을 조정으로 차츰 귀부시켜 중앙 관료화하는 등 그 통제를 강화해가는 양상과 관련이 있다고 생각된다. 즉 「李濟 墓誌銘」은 8세기 후반~9세기 초 당시에 있었던 당조정의 藩鎭 세력에 대한 규제 정책(順地化)과 그 귀결을 보여주는 자료로서 주목할 필요가 있다고 생각된다.

▶ 핵심어 : 李濟, 義慈王, 太妃 扶餘氏, 成德軍, 王武俊, 節度使, 藩鎭

*　연세대학교 사학과 박사과정

Ⅰ. 개관

중국 陝西省 西安市에 있는 長安 박물관에는 北魏에서 淸代에 이르는 181점의 묘지명을 소장하고 있는데, 이 가운데 唐代의 「李濟 墓誌銘」이 있다. 이 묘지명은 1991년에 이미 『隋唐五代墓誌彙編』 陝西 4(天津古籍出版社)에 탁본이 소개되었고, 『唐代墓誌彙編續集』(上海古籍出版社)을 통해 판독문도 제시된 바 있었다. 「이제 묘지명」이 주목받게 된 것은 2004년 봄에 嗣虢王 李邕의 묘(陝西省 富平縣 杜村鎭 呂村鄕에 있던 唐 高祖 李淵의 獻陵의 陪冢) 내부에서 의자왕 증손녀인 太妃 扶餘氏의 墓誌銘이 발견된 이후이다.

「太妃扶餘氏 墓誌銘」의 내용을 통해 義慈王-扶餘隆-扶餘德章-太妃 扶餘氏로 이어지는 의자왕 후손의 가계뿐만 아니라, 태비 부여씨의 남편인 嗣虢王 李邕의 先代와 그의 다섯 아들들(巨·承昭·承曦·承晬·承晊)에 대한 정보를 확인할 수 있다. 또한 「李濟 묘지명」에 기재된 선조에 대한 기록에 의하면, 이옹의 다섯째 아들인 漢州刺史 承晊→工部侍郎 望之→李濟로 이어져 왔으니, 이제는 곧 太妃 扶餘氏와 嗣虢王 李邕의 증손자가 되는 셈이다.

「이제 묘지명」은 묘주의 장례가 치러진 唐 敬宗 元年인 825년 윤7월 19일 이전에 작성된 것으로 볼 수 있다. 현재 長安 박물관에는 지석만 소장하고 있는데, 이는 청석으로 제작되었고 거의 완전한 형태로 남아있다. 형태는 장방형으로 가로 65㎝, 세로 65.3㎝, 두께 15㎝인데,[1] 이는 唐代 3품 이하의 중하급 관원이 보통 한 변이 45~60㎝인 묘지석을 사용한 것과 비교할 때 조금 큰 편이라고 할 수 있다.[2]

誌文은 가로·세로 30행으로 방격을 긋고 단정한 해서체로 새겨 넣었는데, 총 글자수는 749자이며 대부분 판독이 가능하다. 지문의 찬자는 '通直郎 守尙書水部郎中 賜緋魚袋 李仍叔'으로 기재되어 있으며, 書者도 묘지명의 마지막에 鄕貢進士 周漢賓으로 밝혀놓았다. 銘記하는 과정에서 문장의 내용이 완전히 바뀌거나 황제의 이름이 나올 때는 행을 바꿨고, 묘주의 선조나 묘주에 대한 표기 앞에는 빈칸을 두어 尊崇의 뜻을 표했다.

이제는 唐 高祖 李淵으로부터 이어지는 황실의 후손이자, 혈통상 멀리 의자왕의 外孫에 해당하지만, 묘지명에 나타난 가문에 대한 설명, 그리고 묘지명에서 내세우고 있는 묘주의 주요 행적들을 고려할 때, 백제계 유민 후손으로서의 활동이나 정체성 보다는 당 황실 宗族이자 忠臣으로서의 면모가 강조되고 있는 점이 눈에 띈다. 이제의 활동 시기인 9세기 전반은 당나라 후기에 지방 번진세력들이 당 왕조 체제로의 편입을 거부하고 있던 시점이었다. 誌文에서는 이제 일족과 왕무준 일족과의 혼인 관계, 그리고 이제가 成德軍 절도사의 승계 과정에서 보여주는 모종의 활동을 강조하고 있다. 이는 당시 당조정이 독립적인 성격의 절도사 세력을 조정으로 차츰 귀부시켜 관료화하는 등 당조정과의 유착을 강화하는 방향으로 전환시켜가는 모습을 보여주고 있다. 즉 이제 묘지명은 8세기 후반~9세기 초 당시에 있었던

---

1) 西安市 長安博物館 編, 2011, 『長安新出墓誌』, 文物出版社, p.250.
2) 김영관, 2013, 「百濟 義慈王 外孫 李濟 墓誌銘에 대한 연구」, 『百濟文化』49, pp.165~166에서 주로 참고하였다.

당조정의 번진 세력에 대한 규제 정책(順地化)과 그 귀결을 보여주는 자료로서 주목할 필요가 있다고 생각된다.

Ⅱ. 문자자료

1. 자료사진, 탁본, 판독표

※ 자료사진(탁본)

※ 판독표

30	29	28	27	26	25	24	23	22	21	20	19	18	17	16	15	14	13	12	11	10	9	8	7	6	5	4	3	2	1	
官	朝	公	伍	好	葬	揮	公	而	少	太	鳳	公	太	東	德	事	度	道	二	禦	四	郡	理	秘	神	公				①
理	天	常	什	古	於	涕	柩	足	卿	師	翔	不	師	夏	宗	修	巡		已	率	年	君	評	書	堯	諱				②
榮		汲	款	耽	萬	而	爲	也	制	之	節	度	離		正	皇	序	轉		下	府	殯	夫	事	監	高	濟			③
衛		汲	忠	書	年	感	送	及	詞	褒	復	僕			將	帝	進	殿	公	人	曹	鎭	外	工	封	嗣	皇	字	唐	④
疾		星	事	名	縣	之	往	玆	褒	光	射	舊		帝	進	中	初	公	人	參	州	祖	部	號	生	躬		恕	故	⑤
生	公	氣	泄	從	義		存	喪	稱	光	射	舊		亂	初	實	中	初	皆	參	州	祖	部	號	生	躬		躬	宗	⑥
沉	隨	生	割	軍	善		生	歿	此	僕	公	職	[公]	自	平	府	爲	任	未	軍	眞	諱	侍	國	元	隴		通	正	⑦
然	伯	蹰	地	立	鄉	情	儆	績	射	也	而	之	建	寇	也	推	試	字	次	定	瑂	郞	贈	鳳	西	通		直	少	⑧
不	姊	下	功	投	舊	公	禮	宇	之	將	賢	殊	邀	庸	歸	官	太	也	同	縣	開	侍	荊	爲	成	直		上	卿	⑨
起	乃	應	集	筆	塋	享	皆	莫	名	公	死	不	竭	者	領	禮	元	又	祝	自	師	今	州	郞	州	號	紀	郞	上	⑩
魂	得	人	疑	論	之	五	備	容	不	竭	者	領	禮	復	中	改	次	同	同	則	刺	卽	大	王	人	守	柱			⑪
神	生	間	責	功	東	十	豈	伯	公	墮	忠	數	賓	加	京	侍	轉	辰	贊	不	史	都	王	也	向	國		書	賜	⑫
鎭	還	王	俾	侯	北	寶	不	姊	自	得	謀	矣	職	寵	邑	御	金	而	同	及	娶	督	生	書	賜	水	紫			⑬
離	氏	死	封	維	歷	道	晉	笙	非	潛	元	歲	崇	錄	史	吾	冠	玄	襯	京	都	宏	水	紫	部	金			⑭
嗚	忠	詞	不	刻	元	高	國	仕	吝	和	月	許	定	仍	倉	者	同	兆	公	督	爲	六	部	金	定	代	郞	[魚]		⑮
呼	烈	拒	及	石	年	人	大	至	伯	歲	淹	婚	功	帶	曹	性	行	府	先	生	定	代	郞	[魚]		中	袋			⑯
已	寵	忽	血	奔	銘	正	倫	夫	于	姊	末	久	宗	德	舊	遷	懷	同	華	考	承	襄	祖	中	袋					⑰
矣	錫	然	泣	波	墓	月	義	人	登	公	全	鎭	官	族	以	職	監	善	文	公	原	也	晊	郡	賜	李				⑱
鄉	斯	昭	仰	敷	以	十	激	哀	之	實	有	至	趙	遷	察	良	同	之	縣	皇	公	緋	公							⑲
貢	極	宣	諸	奏	難	日	風	傷	力	王	師	外	帥	戶	御	克	泰	墓	令	漢	郡	魚	墓							⑳
進	擢	僕	鴻	差	朽	寢	俗	生	朝	焉	氏	喪	郞	部	史	奉	同	生	彭	先	州	公	袋	銘						㉑
士	貳	射	翔	池	也	疾	與	疾	曾	之	三	旋	公	外	賜	家	賓	子	城	夫	刺	生	李	并						㉒
周	卿	承	悲	憂	銘	而	徹	無	族	軍	因	從	太	郞	緋	法	同	九	劉	人	史	邑	仍	序						㉓
漢	寺	家	同	悒	日	歿	虛	兼	丞	將	伯	師	轉	魚	哭	証	人	偃	弘	使	爲	叔								㉔
賓	日	舉	虫	跡	閏	正	月	朝	列	乱	姊	大	爲	袋	泣	女	長	女	農	君	銀	撰								㉕
書	星	族	蟄	爲	七	公	寢	之	廷	忠	欲	得	變	判	爲	之	六	日	先	楊	生	青								㉖
半		人	賓	月	游	安	糧	擢	臣	立	太	至	艱	官	成	節	人	同	氏	望	光									㉗
紀		多	寮	十	者	盡	拜	之	其	師	于	危	皆	德	顏	長	辰	公	贈	之	祿									㉘
未		閑	道	九	莫	入	宗	家	弟	蠆	趙	却	以	軍	見	弟	右	歿	華	皇	大									㉙
移		閑	皆	日	不	俸	正	今	落	立		公	節	孝	廿	司	十	陰	大	夫										㉚

- 1-⑯: 자획은 대부분 보이지 않으나 '紫金魚袋'의 魚字로 추독이 가능하다.
- 14-㉖: 變의 異體字

14-㉖	唐 顏眞卿 多宝塔碑	宋 蘇軾 赤壁賦	

- 15-⑧: 좌변의 辶획이 잘 남아있으며, 聿부의 맨 위 가로획이 일부 남아있는 흔적 보인다. 建字로 볼 수 있다.

15-⑧	東魏 王偃墓誌銘	北齊 許儁等造像	北魏 寇猛墓誌銘

- 16-⑦: 자획은 대부분 보이지 않으나 문맥상 公字로 추독이 가능하다.
- 7-⑭: 京의 異體字

7-⑭	唐 歐陽詢 九成宮醴泉銘	唐 歐陽通 道因法師碑	唐 褚遂良 孟法師碑

- 17-⑫: 좌변이 일부 결손된 상태이나, 잔획을 통해 볼 때 數로 판독하는데 큰 무리가 없다.

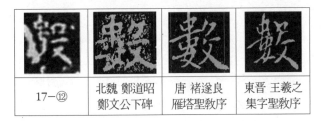

17-⑫	北魏 鄭道昭 鄭文公下碑	唐 褚遂良 雁塔聖教序	東晋 王羲之 集字聖教序

- 20-⑧: 기존 판독은 좌변을 糸部 혹은 禾部로 보는 차이이다. 같은 묘지명의 사례들과 비교해 볼 때, 糸部로 보아도 무방하므로 績으로 판독하였다.

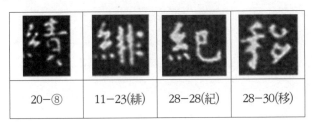

20-⑧	11-23(緋)	28-28(紀)	28-30(移)

• 22-⑪: 修로 보기도 하지만, 備의 이체자가 분명하다.

22-⑪	唐 虞世南 孔子廟堂碑	唐 虞世南 孔子廟堂碑(2)	東晋 王洽 快雪堂帖	唐 歐陽詢 皇甫府君碑

• 28-㉓: 형태상, 그리고 문맥상 卿자로 보아야할 것이다. "貳卿"이라는 것은 묘주가 역임했던 宗正少卿을 표현한 것으로 보인다.

28-㉓	唐 歐陽詢 九成宮醴泉銘	唐 顏眞卿 建中告身帖	唐 褚遂良 孟法師碑

2. 판독 및 교감[3]

唐故宗正少卿上柱國賜紫金魚[4]袋李公墓銘幷序」

通直郎守尙書水部郎中賜緋魚袋李仍叔撰」

公諱濟字恕躬, 隴西成紀人也. ∨∨六代祖,」神堯高皇帝. 生元鳳, 爲虢王. 王生宏, 爲定襄郡公. 郡公生邕, 爲銀靑光祿大夫,」秘書監, 嗣封虢國, 贈荊州大都督. 都督生承旰, 皇漢州刺史. 使君生望之, 皇大」理評事, 贈工部侍郎. 侍郎卽∨∨∨公先考也. ∨∨先夫人 弘農楊氏, 贈華陰」郡君. 夫人外祖諱瑀, 開州刺史, 娶京兆府 華原縣令 彭城劉偃女. ∨先公歿十」四年, 殯于鎭州眞定縣, 今則不及祔∨∨∨公之墓. 生子九人, 長曰同辰, 右司」禦率府倉曹參軍, 次同師, 同贊, 同玄, 同行, 同文, 同泰, 同賓, 同証, 女六人, 長弟廿」二, 已下五人, 皆未字也. 自同辰而冠者, 性懷善良, 克奉家法, 哭泣之節, 頗見孝」道. ∨∨∨公初任試太祝, 次轉金吾倉曹, 遷監察御史. 賜緋魚袋, 爲成德軍節」度巡官, 轉殿中爲推官, 又改侍御史, 仍帶舊職. 遷戶部外郎, 轉爲判官, 皆以公」事修擧, 序進賓府也. 貞元中,」德宗文皇帝, 初平寇賊, 歸復

3) 판독문은 周紹良·趙超 主編, 2001, 『唐代墓誌彙編續集』, 上海古籍出版社, pp.871~872과 西安市 長安博物館 編, 2011, 앞의 책, p.251, 김영관, 2013, 「百濟 義慈王 外孫 李濟 墓誌銘에 대한 연구」, 『百濟文化』49, pp.166~167에도 제시되어 있다. 이하 판독 관련 諸說은 다음과 같이 표시한다(周紹良·趙超: 周·趙; 西安市 長安博物館: 西; 김영관: 金).

4) 周·趙:魚, 西:魚, 金:魚.

京邑, 錄定功德. 以趙帥∨∨太師, 大變艱危, 却立」東夏, 撥正將乱. 自建5)殊庸, 禮加寵崇, 許婚宗族. ∨∨∨公從伯姊, 得至于趙, ∨」太師知∨∨∨公6)之賢, 邀領賓職. 歲月淹久, 官至外郎, 旋因∨∨∨太師薨落,」公不得離去舊職, 而將死者數7)矣. 元和歲末, 鎮有師喪, 三軍將乱, 欲立其弟, 今」鳳翔節度僕射公也.∨ 公竭忠謀, 潛咨伯姊. 全實王氏之族, 巫列忠臣之家, 使」太師之業復光, 僕射之名不墮, 得非∨∨∨公之力焉. ∨∨∨朝廷擢拜宗正」少卿, 制詞襃稱此績8). ∨∨∨公自筮仕至于登∨∨朝, 曾無兼月之糧, 盡入倖」而足也. 及茲喪歿, 儀宇莫容, 伯姊晉國大夫人哀傷生疾, 徹虛正寢, 安∨∨∨」公柩焉. 送往存生, 情禮皆備9), 豈不道高人倫, 義激風俗. 与∨∨∨公游者, 莫不」揮涕而感之. ∨∨∨公享五十, 寶歷元年正月十日, 寢疾而歿, 閏七月十九日,」葬於萬年縣 義善鄉, 舊塋之東北, 維刻石銘, 墓以難朽也. 銘曰:

　好古耽書, 名從軍立. 投筆論功, 侯封不及. 奔波敷奏, 差池憂悒. 跡爲賓寮, 道皆」伍什. 款忠事泄, 割地功集. 疑責俾死, 詞拒血泣. 仰諸鴻翔, 悲同虫蟄. 人多閑閑,」公常汲汲. 星氣生躔, 下應人間. 王氏忠烈, 忽然昭宣. 僕射承家, 舉族∨∨∨∨」朝天. ∨∨∨公隨伯姊, 乃得生還. ∨∨∨寵錫斯極, 擢貳卿10)寺. 日星半紀, 未移」官理. 榮衛疾生, 沉然不起. 魂神鎖離, 嗚呼已矣.」

　鄉貢進士 周漢賓書.」

3. 譯註

□ 唐 故宗正少卿11) 上柱國12)賜紫金魚袋13) 李公의 墓銘 아울러 序.
通直郎14) 守尙書水部郎中15) 賜緋魚袋16) 李仍叔이 撰함.

---

5) 周·趙: □, 西: 建, 金: 建.

6) 周·趙: 公, 西: 公, 金: 公.

7) 周·趙: 數, 西: 數, 金: 數.

8) 周·趙: 績, 西: 績, 金: 積.

9) 周·趙: 備, 西: 備, 金: 修.

10) 周·趙: 卿, 西: 卿, 金: 鄉.

11) 宗正少卿: 9寺 가운데 하나인 宗正寺는 皇宗·皇親을 관장하는 기구이며, 예하 少卿은 정원 2인 종4품상의 관직이다(『唐六典』卷18 大理寺鴻臚寺). 宗室 중에서 선발하여 임용하였다.

12) 上柱國: 唐代 최고위 武官 勳爵.

13) 紫金魚袋: 魚袋는 唐代 이래 公服에 패용하여 官의 等威를 가리던 물고기 모양의 장식물이다. 당 현종대에 이르러 魚袋制가 제도화되었고, 紫金魚袋·緋銀魚袋 등 公服과 魚袋가 합쳐진 용어가 나타났다. 관직명 뒤의 魚袋 표기는 의무화되기도 했는데, 대체로 현종 말년에서 당 말기에 이르는 시기에 紫金魚袋는 官階 4품 이하, 官職 4품 이상인 자가 관직명 뒤에 倂記했던 것으로 나타난다(『唐會要』卷31 輿服上章服品第條; 『通志二十四略』器服略; 『宋史』卷152 輿服 5 公服條).

14) 通直郎: 從6品下의 散官(『唐六典』卷2 尙書吏部).

15) 尙書水部郎中: 尙書省 工部 소속 水部의 정원 1인 從九品上 관직. 水運과 灌漑에 관한 政令을 관장함(『唐六典』卷7 尙書工部).

공의 이름은 濟이며 字는 恕躬으로 隴西 成紀사람이다.[17] 6대조는 神堯高皇帝이다.[18] 元鳳을[19] 낳았는데 虢王이 되었다. 괵왕은 宏을[20] 낳았는데 定襄郡公이 되었다. 郡公은 邕을 낳았는데 銀靑光祿大夫[21] 秘書監이[22] 되었고, 承襲하여 虢國에 봉해졌으며,[23] 荊州大都督에 추증되었다. 도독은 承晊을 낳았으니 漢州[24]刺史였다. 使君은[25] 望之를 낳았는데 大理評事였고,[26] 工部侍郎에[27] 추증되었다. 侍郎은 곧 공의 돌아가신 아버지이다. 돌아가신 夫人은[28] 弘農[29] 楊氏로 華陰郡君에[30] 추증되었다. 부인의 외할아버지는 諱가 瑀이며 開州刺史였고, 京兆府 華原縣令인[31] 彭城 劉偃의 딸에게 장가들었다. 공보다 14년 먼저 세상을 떠나 鎭州 眞定縣에[32] 장사지냈는데 지금도 공의 무덤에 합장되지 못하였다.[33] 아들

---

16) 緋魚袋: 본문의 緋魚袋는 곧 緋銀魚袋를 가리키는 것으로 보이며, 官階 6품 이하, 官職 6품 이상인 자가 관직명 뒤에 倂記했다(출처는 註13과 같음).

17) 隴西成紀人: 『舊唐書』에 의하면 당 황실 李氏는 隴西 成紀 출신임을 내세운 것으로 나온다["高祖神堯大聖大光孝皇帝 諱淵 字叔德 姓李氏 隴西成紀人也"(『舊唐書』 卷1 本紀 第1 高祖)]. 이제는 神堯高皇帝(唐 高宗)으로부터 이어지는 당 종실의 일원으로서 隴西 成紀人으로 그 출자를 표시했을 것이다. 그가 역임했던 최고위 官인 宗正少卿(종4품 상)도 주로 宗室 중에서 선발하여 임용된 관직이었다.

18) 神堯高皇帝: 唐 高祖 李淵을 가리킨다. 정식 시호는 神堯大聖大光孝皇帝였다(上同).

19) 元鳳: 당 고조 李淵의 15번째 아들인 李鳳을 가리킨다. 636년에 처음 虢王에 봉해졌다. 鄧州刺史와 虢州·豫州刺史를 거쳐 664년에 靑州刺史를 지냈고, 674년에 52세를 일기로 사망했다. 死後에는 正1품인 司徒 및 종2품 揚州大都督으로 추증되었다(『舊唐書』 卷64 列傳 第14 高祖二十二子 虢王鳳).

20) 宏: 李鳳의 셋째 아들이며 虢王을 승습하지 못하고 定襄郡公에 머물렀다.

21) 銀靑光祿大夫: 종3품의 散官.

22) 秘書監: 秘書省의 장관으로 정원 1인 종3품이다.

23) 墓誌에 의하면 李鳳이 봉해졌던 虢王의 작호를 李邕代에 가서 이어받은 것으로 기록되어 있다. 원래 李宏은 李鳳의 셋째 아들이었기 때문에 李鳳의 死後에 그의 맏아들인 平陽郡王 翼이 虢王을 이어받았다. 翼은 681년에 세상을 떠났고 이후 翼의 아들 寓가 虢王의 자리를 다시 이어받았다. 그러나 688년에 측천무후의 황제 즉위에 대항해 韓王 元嘉의 아들 黃國公 譔과 越王 貞의 아들 琅邪王 沖이 주모자가 되어 반란을 일으켰고, 이들이 측천의 군대에 패함으로써 당 황실 일족이 모두 誅滅되는 사건이 발생했다(『舊唐書』 卷6 本紀 第6 則天皇后 武曌 垂拱 4年 8月·9月). 이 사건과 관련하여 寓가 虢王의 봉작을 削奪당한 것으로 추정된다(金榮官, 2010, 「百濟 義慈王 曾孫女 太妃 夫餘氏 墓誌」, 『百濟學報』 창간호, pp.126~127). 李宏의 아들이었던 李邕은 당시 11살의 어린 나이였기에 다른 일족들과 달리 화를 피할 수 있었던 것으로 보인다. 이후 측천무후가 죽고 중종이 즉위한 新龍 初年(705년)에 복권 조치가 이루어지면서 이굉의 또다른 적통자인 李邕이 李寓의 虢王을 이어받았던 것이다(『舊唐書』 卷64 列傳 第14 高祖二十二子 虢王鳳).

24) 漢州: 지금의 四川省 德陽市 부근.

25) 使君: 漢代 이래 太守 혹은 刺史를 역임한 자에 대한 존칭으로 사용됨. 본문에서는 漢州刺史를 가리킨다.

26) 大理評事: 皇城 내 9寺의 하나로서 나라의 재판을 관장하는 大理寺의 정원 12인 종6품상의 관직이다(『唐六典』 권38 大理寺).

27) 工部侍郎: 工部侍郎은 정원 1인으로 정4품하의 관직이다(『唐六典』 卷 第7 尙書工部).

28) 先夫人: 묘주의 모친으로 해석하기도 하는데(김영관, 2013, 앞의 논문, p.168, p.173), 문맥상 먼저 죽은 부인을 가리키는 것으로 보는 것이 타당하다고 생각된다.

29) 弘農: 漢代에 최초 설치되었고 수대에 치폐되는 과정을 거쳐 唐 武德元年(618)에 虢州로 고쳐졌다(『舊唐書』 卷38 志 第18 地理 1 十道郡國 1 河南道 虢州望). 지금의 河南省 靈寶 일대.

30) 郡君: 4품의 母·妻와 훈관 2품으로서 봉작이 있는 자의 母·妻에게 주는 봉작이다(『唐六典』 卷2 尙書吏部 外命婦之制).

31) 京兆府 華原縣: 華原縣은 貞觀 17년(643)에 雍州에 속하게 되었으며, 大足 元年(701)에 경조부에 예속되었다(『舊唐書』 卷38 志 第18 地理1 道郡國1 關內道).

아홉을 낳았는데 장남은 同辰으로 右司禦率府 倉曹參軍이었다.[34] 다음은 同師, 同賛, 同玄, 同行, 同文, 同泰, 同賓, 同証이다. 딸은 여섯을 두었는데 가장 나이가 많은 이가 스물 둘이고, 나머지 다섯은 모두 아직 혼인하지 않았다. 同辰부터 관례를 올린 자식들은 性情이 선량하고 집안의 禮法을 잘 받들어 哭泣之節에[35] 자못 孝道를 드러내었다. 공은 太祝에[36] 처음 임명되었으며, 다음으로 金吾衛의 倉曹參軍事가[37] 되었고, 監察御史로[38] 옮겼다. 緋魚袋를 하사받아 成德軍[39] 節度巡官이[40] 되었다. 옮겨서 殿中省에서[41] 推官이[42] 되었는데, 또 고쳐서 侍御史가[43] 되었으며 예전 職을 그대로 겸하였다. 戸部外郞으로[44] 옮겼으며 判官으로[45] 승진했으니, 모두 公事를 잘 다스려서 순차적으로 나아가 賓府에[46] 이른 것이었다.[47] 貞元年間(785~804)에 德宗文皇帝가 처음 寇賊을 평정하고 京邑에 돌아와서 功德을 기록하여 정하였다.[48] 趙州의[49] 절도사인 太師가[50] 큰 재난으로 곤란하고 위급하였을 때에 도리어 東夏를

---

32) 鎭州 眞定縣: 지금의 河北省 正定縣 일대.

33) 이제의 부인 弘農楊氏는 이제보다 14년 이른 811년에 세상을 떠났다. 鎭州 眞定縣에 장사지낸 것은 이제가 成德軍 절도순관으로 있을 당시에 죽었기 때문이며, 이로 인해 萬年縣 義善鄕(장안성 남쪽 지역)에 묻힌 이제의 묘에 합장하지 못했던 것으로 보인다(김영관, 2013, 앞의 논문, p.173).

34) 右司禦率府 倉曹參軍: 右司禦率府는 황태자가 거주하는 東宮의 관속 가운데 10率府의 하나이며, 예하 倉曹參軍은 정원 1인 종8품하의 관직이다(『唐六典』卷 第28 太子左右衛及諸率府).

35) 哭泣之節: 부모의 상을 당했을 때를 이르는 것으로 보인다.

36) 太祝: 太常寺에 속한 정원 3인의 정9품상 관직이다(『唐六典』卷14 太常寺).

37) 金吾衛 倉曹參軍事: 金吾衛는 16衛의 하나로 京城을 晝夜로 巡警하는 법을 집행하는데, 좌·우로 나누어져 있다. 예하의 倉曹參軍事는 정원 2人의 正8품下 관직이다(『唐六典』卷25 諸衛府).

38) 監察御史: 御史臺의 속관이며 정원 10인의 정8품상 관직이다. 流外官 令史들을 거느리고 州郡을 巡按하며 刑獄을 糾察하였다(『唐六典』卷13 監察御府).

39) 成德軍: 成德軍 절도사의 관할 지역. 『舊唐書』卷 38 志 第18 地理1에는 그 치소가 恒州(河北省 正定縣)이며 恒, 趙, 翼, 深 4州를 관할했다고 한다. 그러나 이전 시기에 成德軍 절도사 李寶臣이 恒州·定州 등 7개 주를 관할했다는 기록도 있어서 시기에 따라 관할범위는 변동이 있었던 것으로 보인다.

40) 節度巡官: 巡官은 절도사부에 속한 문관(『新唐書』卷49下 百官4下 外官).

41) 殿中: 殿中은 즉 殿中省으로 황제의 御物과 禮物에 관한 政令을 관장한다.

42) 推官: 전중성 예하 속관부의 직책을 통칭한 것으로 보인다.

43) 侍御史: 御史臺의 속관인 殿中侍御史를 말한다. 정원 6인의 종7품상 관직으로, 流外官 令史와 書令史를 거느리고 궁정의 供奉 의식을 관장하였다(『唐六典』卷13 監察官府).

44) 戸部外郞: 戸部는 尙書省에 속한 6尙書 중의 하나이다(『新唐書』권46, 百官1, 尙書省). 예하 員外郞은 정원 2인 종6품상의 관직으로, 戸口·籍帳·賦役·孝義·優復·蠲免·婚姻·繼嗣·百官·衆庶·園宅·口分·永業 등의 일을 관장하였다(『唐六典』卷3 尙書禮部).

45) 判官: 원래 당의 전체 관직은 사무 처리의 계통상 長官·通判官·判官·句檢官·主典으로 나누었는데, 본문의 判官은 이어지는 '賓府'라는 표현을 고려할 때, 절도사 예하에서 藩鎭 사무를 총괄하는 문관직을 일컫는 것으로 보인다.

46) 賓府: 府州 長官의 僚屬을 두는 곳. 혹은 그 幕僚.

47) 이제의 역임 관직들을 순서대로 정리하면, 太祝(종9품 상)→金吾衛의 倉曹參軍事(정8품 상)→監察御史(정8품 상)→成德軍 節度巡官(종6품 하)→殿中省 예하 屬官→殿中省 侍御史(종6품 하)→戸部 員外郞(종6품 상)→判官→宗正 少卿(종4품 상)의 관직을 역임한 것이 된다.

48) 당 왕조의 절도사 억압책에 대응하여 781년부터 天雄·成德·盧龍 절도사를 비롯해 평로, 淮西, 山南西道, 涇原의 화북 번

⁵¹⁾ 세웠기에 장차의 난리를 다스리고 바로잡을 수 있었다. 스스로 특출난 공로를⁵²⁾ 세움에 禮가 더해지고 영예가 높아졌으며 宗族과 혼인하는 것이 許與되었다.⁵³⁾ 공이 맏누이를 따라 趙州에 오니 太師가 공의 현명함을 알고 맞이하여 賓府의 일을⁵⁴⁾ 맡도록 하였다.⁵⁵⁾ 세월이 오래 지남에 관직은 外郎에 이르렀으나, 갑자기 태사가 세상을 떠남에 인하여 공은 할 수 없이 舊職을 떠났고, 장차 죽은 자도 여럿이었다. 元和年間(806~820)末 鎭에 師喪이 있자,⁵⁶⁾ 三軍이 난을 일으켜 그 아우를 세우고자 하였으니,⁵⁷⁾ 지금의 鳳翔節度使 僕射公이다.⁵⁸⁾ 공은 충성스러운 謀劃을⁵⁹⁾ 다하였고, 몰래 맏누이에게 상의하였다. 왕씨 일족을 온전하게 두고 충신의 가문을 빠르게 세워, 태사의 업적을 거듭 빛나게 하고, 복야의 이름을 실추시키지 않았으니, 공의 힘이 아니겠는가.⁶⁰⁾ 조정은 (공을) 발탁하여⁶¹⁾ 宗正少卿을 제수하였고,

---

진들이 대거 연합해 반란을 일으킨 사건을 가리킨다. 본문의 "寇賊"은 이 반란군을 일컬을 것이다. 반란은 781년부터 6년 간 화북·화중 지역에 걸쳐 지속되었는데, 이때 반란을 일으킨 절도사들은 왕 혹은 황제를 칭하고, 국호를 내세워 당 왕조의 존재 자체를 부정하였다. 이로 인해 약 6년간에 걸쳐 화북·화중 지역이 전란에 휩싸였으며, 朱泚에 의해 장안이 일시 점령당하고 德宗이 피난을 가기도 했다(『資治通鑑』卷231 唐紀 47 德宗 興元 1年). 당조정은 안사의 난 때처럼 함께 반란을 일으킨 유력 번진들을 회유함으로써 이 반란을 겨우 종식시킬 수 있었는데, 이 당시 반란군에서 황제 측으로 돌아선 자가 바로 成德軍 절도사 王武俊이었다.

49) 趙州: 지금의 河北省 石家庄 부근 趙縣을 가리킴. 王武俊은 당시 成德軍 절도사였는데, 그 치소는 恒州이며 恒, 趙, 翼, 深 4州를 관할했다.

50) 太師: 太師는 王武俊(735~801)이 死後에 추증 받은 직명이다(『舊唐書』卷13 本紀 13 德宗 李适 下 貞元 17年). 왕무준은 원래 契丹人으로 자는 元英이다. 德宗 建中 3년(782) 4월에 朱泚의 동생 朱滔와 더불어 난을 일으켰으나, 李抱眞 등에게 회유되어 황제 측으로 돌아섰다. 이후 그는 德宗 興元 元年(784년) 정월 19일에 恒·冀·深·趙州 절도사를 제수받았다(『資治通鑑』卷229 唐紀45 德宗 興元 元年).

51) 東夏: 中國 東部(『書』微子之命). 본문에서는 成德軍 節度使가 된 것을 이른다.

52) 殊庸: 특출난 功勞(唐 司空圖『故鹽州防禦使王縱追述碑』).

53) 許婚宗族: 왕무준이 이제의 맏누이와 혼인한 사실을 일컫는다.

54) 賓職: 幕賓의 職位. 州郡 長官의 僚屬이다(宋 王禹偁「送第三人朱嚴先輩從事和州」詩).

55) 王武俊은 780년대에 있었던 화북 번진세력들의 반란을 진압하는데 일조한 공로로 황실의 일족이었던 이제의 맏누이를 아내로 맞아들이게 되었던 것으로 보인다. 이때 인연으로 이제는 맏누이를 따라 趙州에 가서 王武俊 휘하의 막료로 활동하게 된 것으로 보인다.

56) 鎭有師喪: 원화 15년(820) 겨울 10월 成德軍 절도사인 王承宗이 죽은 사실을 가리킨다. 801년 왕무준이 죽자 아들 王士眞이 이어받아 成德軍 절도사가 되었고, 809년 3월 王士眞이 죽자 그의 아들인 副大使 王承宗이 스스로 留後가 되어 지위를 승계했다(『資治通鑑』卷237 唐紀 53 憲宗 元和 4년). 782년에 왕무준이 처음 恒·冀州 일대를 차지한 이래로 그의 집안이 30여 년 동안 이 지역을 계속 장악했다.

57) 三軍將乱 欲立其弟: 성덕절도사 王承宗이 죽자, 軍內에서 동생인 王承元이 추대되었는데, 이 과정에서 왕승종의 祖母(왕무준의 처, 이제의 맏누이)인 涼國夫人의 일정한 역할이 있었다. 그러나 왕승원은 결국 成德軍 절도사의 지위를 계승하지 않고, 조정에 은밀히 표문을 올려 다른 인물로 하여금 자리를 대신하게 했다. 이로 인해 穆宗에게 檢校工部尚書 兼 義成軍 절도사를 제수 받았고, 이후에 다시 鳳翔으로 옮겼다. 왕승원은 이후 토번의 침입을 막는 데도 공을 세운 바 있다(『新唐書』卷148 列傳 第73 王承元;『資治通鑑』卷237 唐紀 57 憲宗 元和 15년).

58) 鳳翔節度使 僕射公: 왕승원의 직을 가리킨다. 鳳翔節度使 치소는 鳳翔府(陝西省 西安 서쪽의 渭水 근린)이며, 鳳翔府·隴州를 관할한다(『舊唐書』卷38 志 第18 地理1).

59) 忠謀: 忠誠스러운 謀劃(『荀子』致士).

制詞는[62] 이 공적을 기리고 칭찬한 것이었다. 공은 관직에 나아가기 전부터[63] 조정에서 등용되기까지 [64] 일찍이 달의 헤아림을 더할 수 없었고, 관리로서의 책무를 다하여 충분하였다. 이 喪歿에 미쳐 건물 (빈소)을 세내는 것이 용납되지 않았으니, 맏누이인 晉國大夫人이[65] 슬퍼하여 병을 얻었다. (부인의) 정 침을 비워 공의 관을 안치하였다. 죽은 자를 떠나보냄에[66] 살아있는 이를 모시듯이 하여 情理와 禮儀가 모두 갖추어졌으니, 어찌 道는 人倫을 높이고 義는 風俗을 떨치는 것이 아니겠는가. 공과 더불어 사귄 사람들은 눈물을 흘리며[67] 원통해하지 않는 이가 없었다. 공은 향년 50세인 寶歷 元年(825) 정월 10일 에 병석에 누워서 세상을 떠났고, 閏 7월 19일에 萬年縣 義善鄕[68] 舊塋의 동북쪽에 장사를 지내고, 돌 에 묘지명을 새기니 무덤이 오래도록 소멸하지 않을 것이다. 銘하여 가로되,

옛 것을 좋아하고[69] 책 읽는 것을 즐겼으며[70] 이름은 종군하여 드날렸도다. 文士의 길을 그만두고[71] 功을 논하니 제후로 봉해짐에는 미치지 못하였구나. 세찬 파도처럼[72] 아뢰었지만,[73] 착오가 있어[74] 우 울하도다.[75] 자취는 賓寮가[76] 되었고 길은 모두 군인이로다. 정성으로 섬기고 충성으로 아뢰었으니, 땅 을 分封받음은[77] 공로가 쌓인 것이라. 의심과 시샘은 죽음과 같이 여기고, 찬사는 피눈물로 거절하였

---

60) 이 구문은 나이가 20살에 불과한 왕승원을 成德軍 절도사로 삼는 과정에서 묘주인 이제의 노력이 있었음을 과시한 내용 으로 이해하기도 한다(김영관, 2013, 앞의 논문, p.176). 그러나 기록에 따르면 왕승원은 처음부터 성덕군 절도사를 승 계할 생각이 없었고, 결국 諸將과 병사들의 요구를 뿌리치고 이를 조정에 반납해버렸다는 점을 주목할 필요가 있다. 지 문에서도 묘지명 작성 당시에 왕승원은 이미 당 조정으로부터 성덕군이 아닌 鳳翔節度使 僕射公을 제수받은 것으로 나타 난다. 또한 묘지명에서 왕승원에 대해 "忠臣 云云"한 대목이라든가, 당조정이 이제의 공로를 인정해 制詞로 기리고 칭찬 하였으며 宗正少卿을 제수하였다는 대목은, 당시 이제의 역할이 당조정의 의도에 부합하였음을 보여주는 것으로 생각된 다. 이와 관련한 자세한 논의는 4장 참조.
61) 擢拜: 발탁하여 官을 수여하다(『後漢書』 趙岐傳).
62) 制詞: 制辭라고도 씀. 詔書上의 文詞를 가리킴(唐 王建 「賀楊巨源博士拜虞部員外」 詩).
63) 筮仕: 관직에 나아가기 전에 길흉을 점쳐 보다(『左傳』 閔公元年). 혹은 처음 관직에 나가다(宋 王禹偁 「感流亡」 詩).
64) 登朝: 朝廷에 나아가 등용됨(『漢書』 敘傳 下).
65) 晉國大夫人: 왕승원의 祖母(王武俊의 처)인 涼國夫人을 가리킴. 문헌에는 나타나지 않으나 이 시기에 晉國大夫人의 爵號 를 받았던 것으로 보인다.
66) 送往: 죽은 사람을 떠나보냄(『禮記』 祭義).
67) 揮涕: 눈물을 흩뿌리다(『孔子家語』 曲禮子夏問).
68) 萬年縣 義善鄕: 장안성 남쪽 정문인 明德門 정면 15리에 해당하는 곳. 현재의 陝西省 西安市 섬서사범대학 정문의 서쪽 지역에 해당한다(武伯綸, 1963, 「唐萬年, 長安縣 鄕里考」, 『考古學報』1963-2 제32책, 文物出版社, p.92; 忠念海 主編, 1996, 「唐長安縣, 萬年縣鄕里分布圖」, 『西安歷史地圖集』, 西安地圖出版社, p.77; 김영관, 2013, 앞의 논문, p.177).
69) 好古: 古代의 事物을 좋아함(『論語』 述而).
70) 耽書: 書籍을 매우 좋아함(唐 皇甫冉 「送韋山人歸所居鍾山」 詩).
71) 投筆: 붓을 던짐. 文士가 길을 그만두고 다른 일에 종사함. 주로 武藝에 종사한다는 뜻으로 많이 쓰인다(唐 魏徵 「述懷」 詩).
72) 奔波: 세차게 출렁이는 파도(晉 葛洪 『抱樸子』 正郭).
73) 敷奏: 진술하여 아뢰다. 임금에게 보고하다(『書』 舜典).
74) 差池: 실수. 착오(唐 韓愈 「寄崔二十六立之」 詩).
75) 憂悒: 걱정하고 번민하다. 우울하다(『世說新語』 賞譽 下).
76) 賓寮: 幕僚(唐 白居易 「韋審規可西川節度副使禦使中丞制」).

다. 기러기가 나는 모습에 우러르고, 슬퍼함은 벌레들이 고요함에 한가지로다. 사람은 많으며 한가로운데 공은 매양 쉬지 않고 골몰하였도다. 星宿와[78] 節氣는 자취를 남기며 人間世에 아래로 응하였도다. 왕씨의 충성스러움은 홀연히 밝게 宣揚되었구나. 복야는 대대로 家業을 이어[79] 온 가족이[80] 조정에서 복무하였다. 공이 맏누이를 따라서 살아 돌아왔구나. 천자의 恩賜는[81] 지극하였고, 貳卿寺에 발탁되었도다. 세월은 6년여를 흐름에[82] 아직 官을 옮겨 다스리지 않았도다. 몸에[83] 병이 생겨 오래도록 일어나지 못하였구나. 혼백은 갇히고 기운은 사라져버렸으니, 오호라! 끝났구나.

鄉貢進士[84] 周漢賓이 글씨를 썼다.

4. 연구쟁점

墓誌에 나타난 李濟 일가의 활동을 이해하기 위해서는 8세기 중반~9세기 초 唐 조정의 藩鎭 개입 과정에 대해 살펴볼 필요가 있다. 당 전기의 지방 통치는 중앙-州-縣의 구조로 이루어졌고, 지방관은 귀족이나 과거 출신의 문관이었다. 그러나 安祿山·史思明의 난(755~763) 이래로 당 내지에도 藩鎭이 출현하였다. 안사의 난은 당 왕조가 반란세력을 철저히 타도하여 막을 내린 것이 아니라, 반란 말기에 반란 측의 유력한 무장들이 휘하의 병력을 이끌고 당 왕조 측에 귀부하여 일단락된 것이었다.

이에 여러 번진들이 안사의 난 이후에도 세력을 일정하게 유지할 수 있었는데, 당 왕조는 주로 화북에서 세력을 떨치고 있던 이들에게 절도사직을 주었고, 이렇게 성립된 번진이 있는 지역은 중앙-번진-주-현 형태의 지배 구조가 성립하였다. 안사의 난 이래 8세기 후반까지 당조정은 절도사 이하의 병력을 기반으로 한 번진권력집단을 매개로 해당 지역을 불완전하게 통치하고 있던 상태였다.

이 가운데 중앙에 순종하여 당 왕조 체제에 편입해 들어온 번진('順地')이 존재하는 한편, 명목상으로만 왕조를 받들 뿐, 관리 임면·징세·사법·경찰의 여러 권한을 독자적으로 행사하며, '소왕국'이라 할 정도의 독립적인 지방 정권 성격을 띠는 번진들도 나타났다.[85] 이들은 주로 안사의 반란군이 석권했던 지역과 그 인접 지역에 근거를 두고, 780년대 이래 당 왕조로의 편입에 시종일관 응하지 않았다. 그 대표적인 번진 세력은 天雄·成德·盧龍의 3개 번진이었는데, 모두 하북에 존재했기 때문에 일괄하여 '하북 3

---

77) 割地: 田邑을 分封하다(『禮記』 月令).
78) 星氣: 星宿와 節氣. 세월이나 시간을 이르는 표현(晉 陶潛 「飲酒」 詩 19).
79) 承家: 家業을 승계하다(『易』 師).
80) 擧族: 온 겨레. 전 가족(唐 元結 「與瀼溪隣里詩」).
81) 寵錫: 帝皇의 恩賜(唐 白行簡 「李娃傳」).
82) 半紀: 1紀인 12년의 반, 곧 6년(『警世通言』 宋小官團圓破氈笠).
83) 榮衛: 氣血 혹은 身體를 의미함(晉 葛洪 『抱樸子』 道意).
84) 鄉貢進士: 지방 주현에서 추천하여 올려 보낸 貢士 가운데 進士試를 볼 자격이 있거나 혹은 합격한 자를 가리킴.
85) 이들은 주로 안사의 반란군이 석권했던 지역과 그 인접 지역이었다.

진'이라고 칭하였다. 이제의 맏누이가 시집간 王武俊 역시 이 하북 3진 가운데 하나인 成德軍 절도사로서 강력한 번진 세력을 이루고 있었다.

이처럼 안사의 난 이래 강고한 번진들이 많은 병력을 거느리고 분권적 성향을 띠고 있던 가운데, 大曆 14년(779) 5월 德宗은 국정을 쇄신하고 토번·회흘과 같은 주변 이민족과 관계를 개선하는 등, 번진 세력을 약화시키기 위한 노력을 다각도로 기울였다.[86] 특히 768~781년에 걸쳐 안사의 난 당시 반란세력이자 강고한 번진이었던 노령절도사 이회선(768)과 천웅 절도사 전승사(779), 성덕 절도사 이보신(781)이 차례로 죽음을 맞기도 했는데, 이를 기회로 당 조정은 번진 세력에 대한 규제에 들어갔다. 예컨대 강고한 번진들을 통제 하에 두기 위해 번진 병사의 수와 兵備 상황을 매년 조정에 보고하게 하였고, 절도사 예하 각 州의 병사수를 제한하는 조치를 취하였으며, 780년에 兩稅法을 시행하여 번진의 독자적·자의적 수취를 어렵게 하였던 것이다.[87] 또한 번진 할거의 가장 중요한 요소인 절도사 계승권을 회수하려고 시도하기도 하였다.[88]

이에 위협을 느낀 天雄·成德·盧龍 절도사와 평로, 淮西, 山南西道, 涇原의 화북 번진들이 대거 연합해 반란을 일으켰는데, 墓誌에서는 이 반란 주도세력을 '寇賊'이라고 표현하였다.[89] 이 반란은 781년부터 6년간 화북·화중 지역에 걸쳐 지속되었는데, 이때 반란을 일으킨 절도사들은 왕 혹은 황제를 칭하고, 국호를 내세워 당 왕조의 존재 자체를 부정하기도 하였다. 이에 대해 당조정은 안사의 난 때처럼 함께 반란을 일으킨 유력 번진들을 회유함으로써 반란을 겨우 종식시킬 수 있었는데, 이 당시 반란군에서 황제 측으로 돌아선 자가 바로 成德軍 절도사 王武俊이었다.

王武俊은 784년에 난을 진압할 당시 세운 공로로 德宗으로부터 恒·冀·深·趙州 절도사를 제수받았는데, 이는 그가 원래 있던 成德軍 절도사의 권한을 그대로 인정받은 것이다. 墓誌에 따르면 이때 王武俊은 "스스로 특출난 공로를 세움에 禮가 더해지고 영예가 높아졌으며 宗族과 혼인하는 것이 許與되었다"고 하였다. 즉 반란 진압에 협력한 공로로 황실의 일족이었던 이제의 맏누이를 아내로 맞아들이게 되었던 것이다. 이러한 인연으로 이제는 맏누이를 따라 趙州에 가서 王武俊 휘하의 막료로 활동하게 된 것으로 보인다.

王武俊의 成德軍 절도사직은 801년 그의 死後에도 아들 王士眞과 손자 王承宗까지 이어져 820년경까지 승계되었다. 782년에 王武俊이 처음 恒·冀州 일대를 차지한 이래로 그의 집안이 30여 년이나 독자적으로 같은 지역의 절도사직을 승습하였던 것이다. 당 왕조의 입장에서 보자면 이는 궁극적으로 타도해야 할 대상이었을 것이다. 9세기 초에 당조정은 다시 번진의 세력의 규제를 위해 황제 직속의 禁軍

---

86) 鄭炳俊, 2012, 「德宗의 藩鎭改革 政策과 平盧節度使 李正己」, 『中國史研究』81, pp.134~139.

87) 누노메 조후·구리하라 마쓰오, 2001, 『중국의 역사(수당오대)』, 혜안, pp.276~277; 栗原益男, 2005, 「안사의 난과 번진(藩鎭)체제의 전개」, 『세미나 수당오대사』, 서경, p.321.

88) "建中二年 鎭州李惟岳·淄靑李納求襲節度 不許"(『新唐書』 卷210 田悅傳); "李納始發喪 奏請襲父位 上不許"(『資治通鑑』 卷227 建中 2年 8月). 鄭炳俊, 2012, 앞의 논문, p.162 참조.

89) 구체적으로 장안을 점령하고 황제를 칭한 朱泚의 난에 국한될 가능성도 있다.

을 강화하기 위한 노력을 기울였으며, 이를 배경으로 憲宗代(805~820)에 들어와 다시 번진들을 토벌하고 위압하는 조치들을 시행하였다.[90] 誌文에서 "元和年間(806~820)末에 王武俊의 손자인 왕승종이 죽자 成德軍의 병사들이 난을 일으켜 그 아우를 세우고자 하였다"는 대목은 바로 9세기에 들어서면서 당조정이 재차 번진들을 압박하고 있던 시기에 벌어진 사건이다.

당시 하북 지역의 절도사 휘하 병사들은 당 왕조 체제로의 편입에 대해 상위 무인층보다 더 강하게 저항하고 있었다. 번진용병제가 성립된 이후 당 조정에서는 번진 병사가 국가 재정을 압박하는 최대 요인이라 하여 자주 그 수를 삭감할 것을 주장했는데, 병사수가 많은 화북의 번진들은 당 왕조 체제에 편입되게 되면 자연히 다수의 용병들이 생활기반을 잃게 되는 문제에 직면해있었다.[91] 이는 成德軍도 예외가 아니라서, 왕승원의 후임으로 이곳 절도사가 된 田弘正이 藩鎭의 재물을 빼돌리고 일족을 관료화하여 당왕조와의 유착을 강화한 탓에 병사들에게 살해당하는 일도 발생했던 것이다.[92] 지문에서 成德軍의 諸將·병사들이 절도사 왕승종 死後에 그의 일족인 아우 왕승원을 세우려 했던 사건은 이러한 맥락에서 이해해야 할 것이다.

그렇다면 이제와 왕승원은 이에 어떻게 대응하였을까. 문헌에 따르면 왕승원은 이제의 맏누이이자 王武俊의 처인 양국부인에 의해 成德軍 절도사의 후임으로 추대받았다고 하였으나, 이는 그를 추대한 예하 諸將·병사들을 무마시키기 위한 일시적인 조처였다고 생각된다. 실제로 왕승원은 내심 이를 승계하기를 거부하였고, 조정에 비밀리에 표문을 올려 다른 인물로 대체해주기를 요구했다고 한다.[93] 이는 당 왕조의 하북 번진에 대한 토벌 및 위압 정책이 그 배경이었을 것으로 추정된다.

墓誌에서 "공(李濟)은 충성스러운 謀劃을 다하였고, 몰래 맏누이에게 상의하였다"고 기술하고 있다. 기존에는 이에 대해 나이가 20살에 불과한 왕승원을 成德軍 절도사로 삼는데 이제의 노력이 있었음을 과시한 대목으로 보기도 했지만,[94] 왕승원은 애초에 성덕 절도사를 승계할 생각이 없었고, 결국 諸將과 병사들의 요구를 뿌리치고 이를 조정에 반납해버렸던 것이다. 墓誌 작성 당시에도 왕승원은 이미 당조정으로부터 성덕군이 아닌 鳳翔節度使 僕射公을 제수받은 상황이었다.

墓誌에서 왕승원에 대해 "忠臣 云云"한 대목이라든가, 당조정이 이제의 공로를 인정해 制詞로 기리고 칭찬하였으며 宗正少卿을 제수하였다는 대목은, 당시 이제의 역할이 당조정의 의도에 부합하였음을 보여주는 것으로 생각된다. 즉 成德軍 절도사의 승계 당시, 이제와 맏누이인 양국부인의 노력은 당조정의 成德軍 번진에 대한 '順地化' 정책, 즉 剛藩에 대한 규제정책과 같은 의도였다고 보는 것이 타당할

---

90) 누노메 조후·구리하라 마쓰오, 2001, 앞의 책, pp.287~288; 栗原益男, 2005, 앞의 논문, p.326.

91) 누노메 조후·구리하라 마쓰오, 2001, 위의 책, p.277.

92) 『新唐書』 卷148 列傳 第73 田弘正.

93) 왕승원은 좌우에 있는 사람들로 하여금 자기를 '留後'라고 부르지 못하게 하고, 일을 參佐들에게 위임한 뒤, 비밀리에 표문을 올려 조정에서 다른 統帥(成德軍 절도사)를 제수해 줄 것을 요구했다고 한다(『資治通鑑』 卷237 唐紀 57 憲宗 元和 15년).

94) 김영관, 2013, 앞의 논문, p.176.

것이다. 이는 지문에서 병사들이 아우 왕승원에게 절도사직을 승계하도록 요구한 대목을 "三軍將亂 欲立其弟"라고 하여 다소 부정적으로 표현한 대목에서도 알 수 있다.[95]

　물론 이제는 맏누이가 하북의 번진이었던 成德軍 절도사 王武俊과 혼인한 관계였고, 王武俊의 휘하에서 막료로 종사한 적도 있었다. 따라서 과거에 독립적인 번진으로서 당 조정에 대항했던 王武俊의 행적을 드러내서 비판하고 있지 않다. 다만 스스로 당 宗室의 일원임을 자부하고 있었고, 820년대에는 당이 강화된 금군을 바탕으로 독립적인 번진에 대한 토벌과 위압을 성공적으로 관철시키고 있다는 사실도 인지하고 있었을 것이다. 이에 이제와 그의 맏누이인 양국부인은 당시 정세 변동에 따라 왕승원 일가의 일족을 조정으로 귀부시켜 관료화하고 당조정과의 유착을 강화하는 방향으로 전환하고자 하였다. 그리고 이러한 행적을 이제의 死後, 그의 묘지명에서 자랑스럽게 내세웠던 것이다.

　「이제 묘지명」은 9세기 전반인 당 후기, 안사의 난과 주차의 난 이래로 여전히 번진들이 세력을 떨치고 있던 모습, 그리고 중앙 조정이 中央官 사여와 종실과의 혼인 등 다각도의 노력을 통해 독립적인 절도사 세력을 점차 장악해가는 모습 등을 보여준다. 왕무준과 이제 일족의 혼인관계도 독립성이 강한 하북 3진의 절도사가 당조정과 유착해가는 과정을 보여주는 것으로 해석될 여지가 있다. 이러한 관점에서 볼 때, 본 묘지명은 문헌에 드러나지 않는, 당 황실 일족이자 지방 절도사에 대한 조정의 '順地化' 정책에 일조했던 이제의 행적을 드러내주는 자료로서 주목해 보아야 할 것이다.

투고일 : 2014. 4. 25　　　심사개시일 : 2014. 4. 27　　　심사완료일 : 2014. 5. 11

---

95) 기록에 의하면 成德軍鎭 내에서 벌어진 이 사건은 이후 憲宗의 詔書에 따라 의성절도사로 移任하려는 왕승원과 이를 만류하려는 휘하 十將 李寂 등의 대립으로 격화되었는데, 결국 왕승원이 반대하는 부하들의 목을 베어 軍中에 돌림으로써 진정되었다고 한다. 이와 관련해서는 다음의 기록을 참조. "十一月 癸卯 遣諫議大夫鄭覃詣鎭州宣慰 賜錢一百萬緡以賞將士 王承元既請朝命 諸將及鄰道爭以故事勸之 承元皆不聽 及移鎭義成 將士誼譁不受命 承元與柏耆召諸將以詔旨諭之 諸將號哭不從 承元出家財以散之 擇其有勞者擢之 謂曰 諸公以先代之故 不欲承元去 此意甚厚 然使承元違天子之詔 其罪大矣 昔李師道之未敗也 朝廷嘗赦其罪 師道欲行 諸將固之 其後殺師道者亦諸將也 諸將勿使承元為師道 則幸矣 因涕泣不自勝 且拜之 十將李寂等十餘人固留承元 承元斬以徇 軍中乃定 丁未 承元赴滑州 將吏或以鎭州器用財貨行 承元悉命留之"[(『資治通鑑』卷241 唐紀 57 憲宗 元和 15년(820년)].

참/고/문/헌

『舊唐書』
『新唐書』
『唐六典』
『資治通鑑』

吳鋼 主編, 1991, 『隋唐五代墓誌彙編』陝西 4, 天津古籍出版社.
누노메 조후·구리하라 마쓰오, 2001, 『중국의 역사(수당오대)』, 혜안.
周紹良·趙超 主編, 2001, 『唐代墓誌彙編續集』, 上海古籍出版社.
栗原益男, 2005, 「안사의 난과 번진(藩鎭)체제의 전개」, 『세미나 수당오대사』, 서경.
張蘊·汪幼軍, 2008, 「唐'故歟王妃夫餘氏墓誌'」, 『碑林輯刊』13, 陝西人民美術出版社: 2008, 『목간과 문자』2, 한국목간학회.
西安市 長安博物館 編, 2011, 『長安新出墓誌』, 文物出版社.
鄭炳俊, 2012, 「德宗의 藩鎭改革 政策과 平盧節度使 李正己」, 『中國史研究』81.
김영관, 2013, 「百濟 義慈王 外孫 李濟 墓誌銘에 대한 연구」, 『百濟文化』49.

〈日文要約〉

百濟義慈王の外孫である「李濟の墓誌銘」に対する検討

安政烇

　中国の陝西省西安市にある長安博物館に所藏されている「李済墓誌銘」は、2004年の春、百済の義慈王の曽孫である「太妃扶餘氏の墓誌銘」が発見されてから注目を集めている。李済は太妃扶餘氏と嗣號王李邕の曽孫である。李済という人物は唐高祖李淵と繫がりがある皇室の後孫であり、血統上からいうと義慈王の外孫にも当たる。しかし、「李済墓誌銘」に表れている墓主の主な行蹟から考えてみれば、百済係遺民の出身として彼の活動やアイデンティティーなどよりも、唐皇室の一族でありながら忠臣としての面が強調されていることが特徴である。

　誌文には李済の一族と成徳軍の節度使である王武俊との関係、そして李済が成徳軍の節度使を継ぐ過程から見えてくる、ある種の活動が強調されている。このような内容は、当時唐の朝廷が独立の性格を持つ藩鎮勢力を朝廷へ帰部させ、その勢力を中央官僚化することなど、彼らに対する統制を強めていく様子と関わりがあろうと思われている。つまり、「李済墓誌銘」は8世紀後半から9世紀初までの間にあった、唐朝廷の藩鎮勢力に対する規制政策(順地化)と、その帰結を見せている資料として注目すべき必要があると思うのである。

▶ キーワード：李済, 義慈王, 太妃 扶餘氏, 成徳軍, 王武俊, 節度使, 藩鎮

「勿部珣將軍功德記」

오택현*

Ⅰ. 개관
Ⅱ. 「勿部珣功德記」
Ⅲ. 「勿部珣功德記」 연구쟁점

〈국문 초록〉

「勿部珣功德記」는 한국의 고대 금석문을 모아놓은 『韓國古代金石文』에서 처음으로 국내에 소개되었다. 당시에는 「珣將軍功德記」로 알려졌지만, 2003년에 윤용구에 의해 잔편이 소개되면서 「勿部珣功德記」로도 알려지게 되었다. 하지만 중국에서는 2003년 이전부터 「勿部珣功德記」 잔편의 사진과 탁본을 소개했기 때문에 우리보다 먼저 「勿部珣功德記」라는 명칭을 사용하고 있었다. 이는 「勿部珣功德記」가 백제의 유이민이기는 하지만, 관련된 「勿部珣功德記」가 중국에 남아있기 때문에 중국에 비해 상대적으로 정보의 수용이 늦었던 것으로 파악된다. 그러다 보니 중국의 연구성과를 그대로 인용하는 경우가 많았다. 이에 「勿部珣功德記」를 다시 한번 재 검토해보고자 한다. 「勿部珣功德記」만을 다룬 것은 『韓國古代金石文』 이후 전무하기 때문에 새로운 자료의 보충으로 명칭을 「勿部珣功德記」로 고치고, 이에 대한 판독을 재 실시하고자 한다. 게다가 중국에서 실시한 「勿部珣功德記」의 탁본이 우리나라에는 제대로 소개된 것이 없어 정확한 판독보다는 기존의 판독을 인용하는 경우가 많았다. 하지만 이번에 탁본을 살펴본 결과 이견이 있는 글자는 많지 않지만 탁본으로는 확인되지 않는 글자가 판독된 경우가 다수 있었기 때문에 이에 대한 재점검을 실시함으로써 「勿部珣功德記」의 정확한 상황을 알리는데 도움이 되고자 한다.

▶ 핵심어 : 勿部珣功德記, 珣將軍功德記, 物部氏, 黑齒常之

---

* 동국대학교 사학과 박사수료

Ⅰ. 개관

「勿部珣功德記」[1]가 발견된 곳은 중국 山西省 太原市 남서쪽으로 40㎞ 떨어진 天龍山 天龍寺 뒤이다. 이곳은 해발 1,500m로 東魏 시대부터 五代까지 조성된 석굴 25개가 존재하고 있지만 상당수가 당나라 때에 만들어졌다. 대부분의 석굴은 불교와 관련된 조각품들이 많이 남겨져 불교와 관련된 연구 및 미술사적으로도 의미가 깊은 곳이다. 그중에서도 「물부순공덕기」라고 불리는 석굴은 707년 경 불상헌납을 둘러싼 역사적 사실이 기재되어 있어 주목이 된다. 「물부순공덕기」에 기록된 제작연대와 비문을 작성한 배경 및 이유를 파악할 수 있을 뿐만 아니라 당시의 불교 조각들과의 비교검토를 하는데 중요한 편년을 제공하기 때문이다.

「물부순공덕기」의 위치는 미국학자 Marylin M. Rhierk 천룡산 석굴 불상의 조각 양식을 상호 비교하며 물부순 부부가 조성한 석굴을 21굴이라고 고증한 바 있다.[2] 그리고 이러한 연구성과가 국내에 받아들여졌다.[3] 하지만 최근에는 「물부순공덕기」가 있는 천룡산에 산악도로가 개설되고 포장 공사가 완료되어 차량으로 약 30분 정도면 입구에 도달하게 되면서 천룡산 석굴에 대해 전면적인 재조사가 이루어지게 되었다. 그 결과 중국학자 李裕群과 李鋼이 물부순 부부가 조성한 석굴이 21굴이 아니라 15굴이라는 주장을 펼쳤고,[4] 박현규는 실제로 15굴의 동편에 비신 홈이 있는데, 홈의 크기가 비석의 크기와 부합해 15굴이 물부순 부부가 조성한 석굴로 보인다는 주장을 펼쳤다. 이러한 주장은 교통의 발달로 인해 천룡산 석굴의 접근이 용이해져 자세한 관찰이 가능했기 때문이다. 앞으로 물부순 부부가 조성한 석굴의 실체를 담고 있는 단서들이 지금보다는 더 많은 내용들이 새롭게 나타날 것이며, 이를 통해 더욱 많은 연구성과가 축적될 것이다. 정확한 내용에 대해서는 더욱 많은 연구가 진행되어야 할 것이며, 이를 위한 기초작업인 판독을 지금부터 살펴보겠다.

그렇다면 지금부터 「물부순공덕기」의 내용에 대해 살펴보겠다. 초창기에는 「물부순공덕기」의 탁본을 통해서 공덕기의 크기 및 글자 수, 판독문을 이해하였다. 그 결과 「물부순공덕기」의 크기는 높이 96㎝, 너비 64㎝이며, 제액의 篆書體를 제외하고는 모두 隸書體로 기록되어 있고, 전체 18행의 글자가 기록되어 있음이 밝혀졌다. 판독문에 의하면 「물부순공덕기」는 707년 10월 18일에 건립되었으며, 郭謙

---

1) 추후 언급하겠지만 '勿部'로 표현한 것을 원문에 기록된 그대로를 옮겨쩍은 것이다. '勿部'는 일본에 존재하고 있던 '物部'일 가능성이 높다.

2) 朴現圭, 2009, 「天龍山石屈 제15굴과 勿部珣將軍功德記」, 『서강인문논총』제25집, 각주 1 재인용.

3) 東國大學校篇, 1993.9, 『실크로드의 문화: 太原·天龍山石窟』, 한국언론자료간행회, pp.41~42.
   이도학, 2003, 『백제장군 흑치상지 편전』, 주류성, pp.254~259; 2003, 『살아있는 백제사』, 휴머니스터, pp.641~644.
   KBS 역사스페셜, 「흑치상지 묘지석··1604자의 비밀」, 2000년 10월 21일자.
   불교신문, 「정주 지나 태원 '천룡사 석굴'로, 고구려, 백제 유민이 21굴 개착···신한 훼손」, 2004년 10월 24일자(이상 朴現圭, 2009, 위의 논문, 각주 2 재인용).

4) 朴現圭, 2009, 위의 논문, pp.57~63.

光이 글을 짓고 글씨를 썼다는 것을 알 수 있다.

「勿部珣功德記」가 국내에 널리 알려지게 된 것은 송기호에 의해서이다.[5] 물론 송기호 이전에도 「물부순공덕기」에 대한 연구는 있었다. 하지만 전문적인 연구이기보다는 외국의 연구성과를 번역해서 소개하는 정도의 수준이었다.[6] 그래서 송기호에 의한 역주작업은 「물부순공덕기」를 심도 있게 이해하는 발판이 되었다고 생각된다. 하지만 여기에도 몇 가지 문제점이 있다.

우선 초창기의 연구와 마찬가지로 탁본을 중심으로 설명을 했다는 점이다. 그러다 보니 碑의 現狀에 대해서 언급하지 않았다. 「물부순공덕기」가 위치하고 있는 天龍山 석굴은 20세기 초부터 수 차례 盜掘로 수난을 당했고, 1988년에 이르러서야 제대로 된 학술조사가 이루어졌다. 이러한 상황이었기 때문에 「물부순공덕기」가 정상적인 상태로 존재할 수 없었다고 생각된다. 그렇지만 이러한 상황적인 설명은 없었다.[7] 이는 국내에 아직까지 「물부순공덕기」에 대한 인식이 제대로 정착되지 못했고, 자료적인 한계가 있었기 때문이라고 생각된다.

또 자료적인 한계라고 느낀 이유는 「勿部珣功德記」를 「珣將軍功德記」라고 했다고 하는 점 때문이다. 송기호의 역주가 공개되고 한참 뒤인 2003년에 이르러서야 체계적인 발굴조사도 이루어졌으므로 정확한 상황을 이해할 수 없었을 수도 있다. 하지만 현재의 관점으로 본다면 중국에서 발행된 보고서도 이전보다는 쉽게 확인할 수 있게 되었고, 그 결과 윤용구에 의해 「물부순공덕기」의 殘片이 天龍山文物管理所에 보관되어 있다는 연구성과를 확인,[8] 탁본이 국내에 소개된 것이다.[9] 탁본의 결과 80여자가 더 판독되었고, 순장군의 성씨가 '勿部'임이 확인되었다. 물론 기존의 탁본이나 현존 碑片이 마모되어 논란의 여지는 존재하지만, 北宋代에 간행된 『文苑英華』(986)와 『唐代詔令集』(1070)에서 '勿部珣'이라는 동일인을 찾을 수 있어 '물부'가 성일 가능성이 매우 높다.[10]

5) 宋基豪, 1992, 「珣將軍功德碑」, 『譯註 韓國古代金石文』제1권, pp.577~582.

6) Marylin M. Rhie, 1974-75, 「A Tang Period Stone Inscripion and Cave XXI st Tien-lung Shan」, 『Archives Asian Art』28; 文明大 역, 1980, 「天龍山 第21石窟과 唐代碑銘의 硏究」, 『佛敎美術』5집.

7) 윤용구, 2003, 「중국출토의 韓國古代 遺民資料 몇 가지」, 『한국고대사연구』32, p.310.

8) 李裕群·李剛, 2003, 『天龍山石屈』, 科學出版社, pp.166~175.

9) 자세한 탁본은 윤용구, 2005, 앞의 논문, p.311 참조.

10) 윤용구는 電子版 四庫全書를 이용해 이 같은 내용을 밝혀냈다(윤용구, 2005, 앞의 논문, p.313). 또 김영관도 2006년 신라사학회 56차 발표회장에서 '물부'(勿部)는 백제에서는 도대체 보이지 않는 성씨인 반면, 고대 일본에서 보이는 '물부'(物部), 즉, 모노노베씨(物部氏)를 지칭할 가능성이 농후하다고 지적하기도 했다.

Ⅱ.「勿部珣功德記」

1.「勿部珣功德記」전체 탁본

北京圖書館金石組, 1990, 『北京圖書館藏 中國歷代石刻拓本匯編』 20冊, 中州古籍出版社

2. 「勿部珣功德記」 ‘勿部’ 잔편 부분 사진 및 탁본

李裕群·李剛, 2003, 『天龍山石屈』, 科學出版社, p.171

李裕群·李剛, 2003, 『天龍山石屈』, 科學出版社, p.170.

3. 「勿部珣功德記」 판독표

18	17	16	15	14	13	12	11	10	9	8	7	6	5	4	3	2	1	
■	■		■	刻	只	資	莊	富	焉	將	勤	枝	無	合	崖	咎		①
■	■		鑠	此	大	孝	嚴	以	於	軍	驟	東	虛	墼	呂	故		②
■	■		明	樂	蒐	爲	冀	上	是	燕	徒	月	誼	广	因	天	大	③
■	■		德	石	之	忠	籍	接	公	天	世	焉	譁	广	龍	唐		④
■	部		知	以	隙	■	勝	奉	足	之	兵	大	唐	則	修	寺	勿	⑤
兵	選		終	旌	且	義	因	爲	禮	中	重	鎭	德	天	參	者	部	⑥
部	宣		至	厥	閦	而	圓		已	女	鎭	德	天	參	世	兆	將	⑦
選	德		而	問	三	乘	資		卻	也	實	虞	中	之	濟	基	軍	⑧
仲	郎		忠	其	乘	顎	居	先	尊	一	京	中	不	軍	秀	有	功	⑨
容	昕	大	信	辭	然	領	尊	往	陵	軍	中	不	軍	秀	美	齊	德	⑩
		唐	孝	敬	日	則	以	暨	及	面	陵	軍	臘	副	夫	其	記	⑪
公	次	景	敬		居	國	三	見	瞻	越	于	之	使	也	其	虜		⑫
聲	子	龍	元		業	塞	年	存	覘	巨	神	奇	雖	峯	隋	郭	謙	⑬
天	吏	元	亨		定	連	八	姻	歷	再	鼇	龍	緇	金	辯	季	光	⑭
兵	部	年	利		功	匱	月	族	出	二	行	吾	徒	炭	蓋	光	文	⑮
中	選	歲	而		於	躬	功	敬	歎	入	坎	衛	久	石業	教	理	及	⑯
軍	上	在	摠		斯	德	斯	造	未	坎	三	將	曠	丹	理	歸	書	⑰
摠	柱	鶉	戎		爲	立	畢	三	曾	窨	月	軍	禪	翠	含	寂	寂	⑱
管	國	首	衛		盛	■	焉	世	有	牽	與	上	廡	荒	含	載		⑲
彌	陳	十	服		光	行	夫	佛	相	攀	內	上	柱	國	赧	灌	宅	⑳
義		月	要		昭	事	作	像	與	莖	子	懷	國	荒	闠	灌	茲	㉑
		乙	荒		將	時	而	并	俱	蔓	樂	遵	而	木	茲	山		㉒
	次	丑	謐		軍	禮	不	諸	時	再	浪	化	邁	蕭	之	奧		㉓
	子	朔	而		之	順	記	賢	發	休	郡	載	種	蕭	森	之		㉔
	上	十	乘		令	塞	非	聖	純	再	郡	格	德	開	濫	奧		㉕
	■	八	緣		德	既	盛	德	刻	人	夫	歷	國	者	泉	龕		㉖
	■	日	詣		可	清	德	彫	誓	迺	黑	官	公	陟	膚	室		㉗
	■	壬	覺		不	只	也	博	詹	齒	夫	內	■	降	沸	千		㉘
	次	午	歸		務	人	遵	相	施	氏	外	部	遐	險	或	萬		㉙
	子	建	■		虜	亦	化	百	財	即	以	珣	險	固	叫	彌		㉚
			■	故	寧	公	福	具	域	大	貞	本	固	而	亘			㉛

■ : 「물부순공덕기」 잔편에 의해 판독된 글자
▨ : 남아있는 자획을 통해 비교 가능한 글자을 통해 판독한 글자
▨ : 판독이 불가능한 글자

1차적으로 탁본을 통해 불완전한 글자에 대한 판독을 시도하고자 한다. 「물부순공덕기」는 비문이므로 때문에 돌에 새겨진 글자들과 비교·검토하여 판독을 시도하고자 한다.

1-⑤ : 勿

순장군공덕기 1-⑤	순장군공덕기 잔편 1-⑤	漢 熹平石經	魏 曹眞殘碑	北齊 天柱山銘

∴ 이 글자는 초기의 탁본으로는 전혀 자획을 알 수 없었다. 하지만 최근에 발견된 잔편과 탁본에 의해 일부의 자획이 확인되었고, 그 결과 '勿'이라는 것을 알 수 있게 되었다. 그 결과 성씨가 '勿部'임이 밝혀졌다. '勿部'는 왜계 성씨인 '物部'와 음상통하고, 백제의 유이민인 黑齒常之와 관련이 있는 것으로 보아 백제에서 중국으로 넘어간 유이민으로 보인다.

1-⑧ : 軍

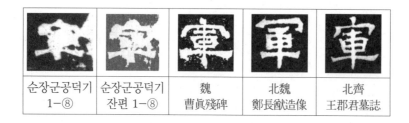

순장군공덕기 1-⑧	순장군공덕기 잔편 1-⑧	魏 曹眞殘碑	北魏 鄭長猷造像	北齊 王郡君墓誌

∴ 이 글자는 초기의 탁본으로는 전혀 자획을 알 수 없었다. 하지만 최근에 발견된 잔편과 탁본에 의해 일부의 자획이 확인되었고, 그 결과 '軍'이라는 것을 알 수 있게 되었다. '軍'의 윗부분은 '冖' 자획이지만 탁본으로 보면 '艹'처럼 보인다. 비가 마멸되어서 생겼을 가능성도 있지만 '軍'에도 '艹'를 쓴 예가 보이기 때문에 '軍'으로 보는 것에 무리가 없다.

2-④ : 龍

순장군공덕기 2-④	순장군공덕기 잔편 2-④	漢 熹平石經	漢 石門頌	北魏 元引墓誌

∴ 이 글자는 초기의 탁본으로는 전혀 자획을 알 수 없었다. 하지만 최근에 발견된 잔편과 탁본에 의해 일부의 자획이 확인되었고, 그 결과 '龍'이라는 것을 알 수 있게 되었다. 비편이 많이 마멸되었지만 '龍'의 자획이 좌측에 보이고 있고, 우측도 마멸된 상태이지만 '龍'의 일부가 보이고 있기 때문에 '龍'으로 판독하고자 한다.

2-⑤ : 寺

순장군공덕기 2-⑤	순장군공덕기 잔편 2-⑤	漢 史晨碑	東魏 敬史君碑	唐 多寶塔碑

∴ 이 글자는 초기의 탁본으로는 전혀 자획을 알 수 없었다. 하지만 최근에 발견된 잔편과 탁본에 의해 일부의 자획이 확인되었고, 그 결과 '寺'이라는 것을 알 수 있게 되었다. 좌변과 밑의 파침이 정확하게 보이기 때문에 '寺'로 보는 것에 무리가 없다. 그 결과 '天龍寺'라고 하는 지명을 확인할 수 있게 되었다.

3-㉖ : 泉

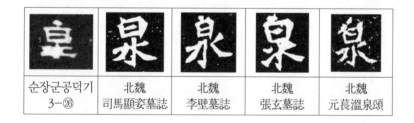

순장군공덕기 3-㉖	北魏 司馬顯姿墓誌	北魏 李壁墓誌	北魏 張玄墓誌	北魏 元萇溫泉頌

∴ 이 글자는 자칫하면 皇으로도 읽힐 수 있다. 하지만 앞뒤의 문맥을 살펴보면 자연의 아름다움을 노래하고 있는 것을 알 수 있기 때문에 이 글자를 샘을 뜻하는 泉으로 보는 것이 타당할 것이다. 비록 '白' 아래에 위치한 '水'의 좌변이 제대로 보이지 않지만 현재 남아있는 자획만으로 본다면 '水'가 될 수 있는 여지는 충분하다. 그래서 이 글자는 앞뒤의 문맥에 맞춰 '泉'으로 판독한다.

4-⑥ : 則

순장군공덕기 4-⑥	北魏 李淑眞墓誌	北魏 比丘道匠造像	唐 雁塔聖敎序	唐 道因法師碑

∴ 문맥 상 이 글자를 두고 앞과 뒤의 문장으로 나눌 수 있다. 그리고 아래의 문단은 앞의 문단을 받아서 이야기하는 구절이 나오고 있다. 그래서 접속사일 가능성이 높다. 그래서 접속사라는 것을 염두에 두고 글자를 판독해보니 글자의 우측에 'リ'변이 보이고 있고, 좌측에는 '貝'변이 보이고 있다. 가장 좌측 상단은 글자의 크기를 비교해볼 때 비문이 파손되면서 생긴 부분으로 글자는 아니라고 생각된다. 이러한 판독을 근거로 '則'으로 판독하는 것은 남아있는 자획으로도 확인되며, 접속사로서도 적절해 '則'으로 판독한다.

4-㉑ : 闃

순장군공덕기 4-㉑	唐 五經文字

∴ '門' 사이에 있는 글자는 '炅'로도 보이지만, 이러한 글자는 존재하지 않는다. 하지만 '夾'으로 본다면 '闃'이라는 글자가 되며, 앞뒤의 문맥으로 보아도 황폐 혹은 적막을 뜻하는 단어로도 볼 수 있다. 그래서 이 글자는 '闃'으로 판독한다.

5-⑯ : 衛

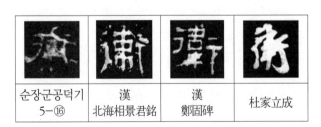

순장군공덕기 5-⑯	漢 北海相景君銘	漢 鄭固碑	杜家立成

∴ 글자의 자획이 많이 뭉개져서 정확하게 판독하기 어렵지만 우변과 좌변에 존재하는 '行'을 확인할

수 있다. 이를 근거로 하여 글자를 확인한 결과 '衛'가 가장 가능성이 높다고 생각되어 '衛'로 판독하였다.

5-㉒ : 遵

순장군공덕기 5-㉒	北魏 中岳嵩高靈廟碑	東魏 王令媛墓誌	東魏 敬史君碑	隋 元公墓誌

∴ 이 글자는 'ⴿ'변은 확실한데 위의 글자가 불명확했다. 그러나 남아있는 자획을 토대로 글자를 추론한 결과 尊로 판독되었다. 물론 위에 '艹'변이 보여 혼동할 수 있지만 '尊'의 다른 사례를 보면 위를 '艹'와 같이 쓰는 경우가 많기 때문에 큰 문제가 되지 않는다.

6-⑪ : 臘

순장군공덕기 6-⑪	唐 圭峯禪師碑	宋 黃庭堅

∴ 이 글자는 좌편 윗부분이 보이지 않았지만 기타 사례를 통해 '臘'으로 판독하였다.

10-㉕ : 聖

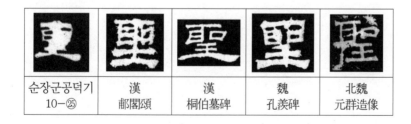

순장군공덕기 10-㉕	漢 郙閣頌	漢 桐伯墓碑	魏 孔羨碑	北魏 元群造像

∴ 이 글자를 보면 '更'처럼도 보이기도 한다. 처음보면 '聖'으로 보이지 않는 것이 상단 우측에 '口'가 마멸되어 전혀 보이지 않기 때문이다. 그리고 위에 '一'과 같이 길게 늘어진 선이 있어 우리가 알고 있는 '聖'과도 모양이 다르다. 하지만 '聖'의 여타 사례를 살펴보면 현재 남아있는 자획으로도

'聖'으로 보는 것이 가능하다. 그리고 문맥상 '聖'으로 보는 것이 비문을 판독하는데 무리가 없기에 '聖'으로 판독한다.

11-⑤ : 勝

순장군공덕기 11-⑤	北魏 寇臻墓誌	北魏 山徽墓誌	唐 顔勤禮碑

∴ 이 글자는 좌측 하단의 '力'이 보이지 않아 판독이 어려웠지만 문맥과 남아있는 자획을 통해서 글자를 추론하면 '勝'으로 보는 것에 무리가 없다.

16-㉙ : 午

순장군공덕기 16-㉙	漢 熹平石經	漢 石門頌

∴ 이 글자는 처음에 좌측 상단의 삐침이 없어 '午'로 보는 것이 맞는지 의심스러웠지만 다른 사례를 통해보면 '午'로 보는데 무리가 없다. 그리고 이 글자 뒤에는 날짜가 나오고 있는 것으로 보아 간지일 가능성이 높아 '午'로 판독한다.

* 남아있는 자획과 앞뒤 문맥으로 판독이 가능한 글자

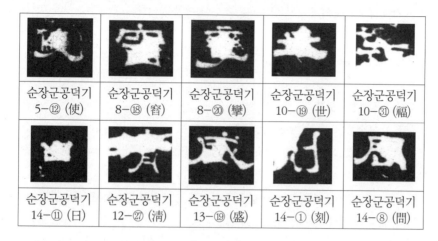

순장군공덕기 5-⑫ (使)	순장군공덕기 8-⑱ (窅)	순장군공덕기 8-⑳ (攣)	순장군공덕기 10-⑲ (世)	순장군공덕기 10-㉛ (福)
순장군공덕기 14-⑪ (日)	순장군공덕기 12-㉗ (清)	순장군공덕기 13-⑲ (盛)	순장군공덕기 14-① (刻)	순장군공덕기 14-⑧ (問)

* 글자를 파악할 수 없는 글자

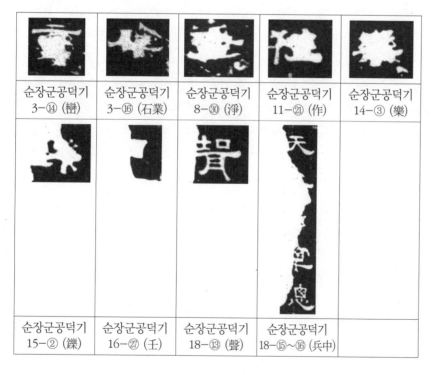

순장군공덕기 3-⑭ (戀)	순장군공덕기 3-⑯ (石業)	순장군공덕기 8-㉚ (淨)	순장군공덕기 11-㉑ (作)	순장군공덕기 14-③ (樂)
순장군공덕기 15-② (鑠)	순장군공덕기 16-㉗ (壬)	순장군공덕기 18-⑬ (聲)	순장군공덕기 18-⑮~⑯ (兵中)	

∴ 기존의 판독문에서는 대부분의 글자를 판독하였는데, 이는 앞뒤의 문맥을 가지고 판독하는 경우
가 많았다. 그렇기 때문에 문맥상 맞는 글자라고 하더라고 정확하다고 단정할 수 없다고 생각된
다. 다만 자획의 일부가 모인다면 글자의 정확한 판독이 어려운 상황이더라도 문맥상 맞는 글자
로 해석을 하는 것에는 동의한다. 하지만 자획을 전혀 판독할 수 없다면 문맥으로 미루어 짐작하

여 판독하는 것은 위험하다고 판단되었다. 그래서 해독할 수 없는 글자를 따로 정리하며 이 부분에 대한 판독은 각자의 연구자의 몫으로 남겨두는 것이 적당할 것이다.

4. 「勿部珣功德記」 판독 및 교감[11]

大唐勿[12]部將軍功德記 郭謙光文及書

咨故天龍寺者 兆基有齊 替虞隋季. 蓋敎理歸寂 載宅兹山之奧 龕室千萬 彌亘崖嵒. 因广增修 世濟其美.

夫其峰巒岌礴 丹翠含蝦 灌木蕭森 濫泉鬻沸 或叫而合壑誼譁者 則參虛之秀麗也. 雖緇徒久曠 禪廡荒闕 而邁種德者 陟降遐險 固無虛月焉.

大唐天兵中軍副使 右金吾衛將軍 上柱國 遵化郡開國公勿[13]部珣 本枝東海 世食舊德. 相虞不臘 之奇族行. 太上懷邦 由余載格. 歷官內外 以貞勤驟徒天兵重鎮 實佐中軍.

于神龍二年三月 與內子樂浪郡夫人黑齒氏 卽大將軍燕公之中女也. 躋京陵 越巨壑 出入坎窞 牽攀莖蔓 再休再呻 逎詹夫淨域焉. 於是接足禮巳 卻住一面 瞻覼履[14]歷 嘆[15]未曾有. 相與俱時發純善[16]誓博施財具富以■上.

奉爲先尊及見存姻族 敬造三世佛像 幷諸賢聖 刻彫衆[17]相 百福莊嚴. 冀籍勝因 圓資居往. 暨三年八月 功斯畢焉. 夫作而不記 非盛德也.

遵化公資孝爲忠 仗[18]義而勇. 鮀穎以國 塞連匪躬. 德立■行 事時禮順. 塞旣淸只 人亦寧只. 大蒐之隙 且閱三乘. 然則居業定功 於斯爲盛 光昭將軍之令德 可不務虜 故刻此樂石 以旌厥問.

其辭曰 ■鑠明德知終至 而忠信孝敬元亨利 而撼戎衛服要荒謐 而乘緣詣覺歸■■.

大唐景龍元年 歲在鶉首十月乙丑朔十八日■[19]午建 (缺)[20] 部選宣德郞昕 次子吏部選上柱國睐 次子上■■[21] 次子(缺)[22] 兵部選仲容 公聲天兵中軍摠管彌義.

---

11) 「물부순공덕기」의 역주는 윤용구가 殘片을 발견하고 전체적인 원문을 기재하였기 때문에 이를 기초로 하고자 한다(윤용구, 2003, 앞의 논문, pp.312~313). 여기에 송기호의 글과 박현규의 글을 통해 원문교감을 진행하고, 역주에서는 『백제사료역주집』에 게재된 윤선태의 역주를 기본으로 진행하고자 한다(충청남도역사문화연구원, 2007, 『百濟史資料譯註集(I)-韓國篇-』, pp.672~676).

12) 한국고대금석문에는 '□'로 되어 있다.

13) 한국고대금석문에는 '□'로 되어 있다.

14) 한국고대금석문에는 '□'로 되어 있다.

15) 한국고대금석문에는 '歎'로 되어 있다.

16) 한국고대금석문에는 '羨'로 되어 있다.

17) 한국고대금석문에는 '□'로 되어 있다.

18) 한국고대금석문에는 '□'로 되어 있다.

19) 한국고대금석문에는 '壬'로 되어 있다.

20) 한국고대금석문에는 '□□□'로 되어 있다.

21) 한국고대금석문에는 '次子上□□□'로 되어 있다.

5. 「勿部珣功德記」 역주

大唐 勿部將軍[23]의 功德記. 郭謙光[24]이 글을 짓고 쓰다.

아아, 옛날 天龍寺[25]란 절은 北齊 때에 비로소 터를 잡았고, 隋나라 말기에 쇠락하였도다. 대체로 불교 교리는 고요한 곳을 찾게 되어 있어, 이 산 깊은 곳에 자리를 잡게 되었다. 이로 인해 감실이 수천, 수만을 이루어 산 절벽을 따라 가득히 널려 있다. 그리고 건물도 증수됨에 따라 대대로 그 아름다움을 전할 수 있게 되었다.[26]

무릇 산봉우리는 높이 솟아 붉은 듯 푸른 듯 아침노을을 머금었고, 떨기나무들이 우거진 곳에 샘물이 용솟음치고 있다. 혹 새나 짐승 소리 들리면 이에 화답하여 그 소리가 온 골짜기에 시끄럽게 가득 차니, 參과 虛 같은 별자리들의 수려함을 보는 듯하다. 비록 승려들이 오랫동안 자리를 비워 절이 황폐해지고 적막하게 되었지만, 덕을 심는 데에 힘쓰는 사람들이 멀고 험한 길을 오르내렸으니, 허송세월만 한 것은 아니었다.

大唐의 天兵中軍[27] 副使 右金吾衛將軍[28] 上柱國[29] 遵化郡[30] 開國公[31] 勿部珣[32]은 본래 일본(東海)[33]의 한 가문으로 선조의 공덕으로 대대로 벼슬을 하였지만,[34] 마치 "虞나라는 망하여 연말의 臘日 제사

---

22) 한국고대금석문에는 '□□□□□'로 되어 있다.

23) 勿部將軍: 『百濟史資料原文集(Ⅰ)-韓國篇-』, p.303에는 '□部將軍'으로 되어 있다. 勿部氏는 비문에 '東海 한 가문의 출신'으로 기록되어 있어, 古代日本의 '物部(모노노베)' 집안일 가능성이 제기되고 있다. 모노노베씨는 백제멸망 이전부터 倭系 백제관료로 활동한 바 있고, 또 백제부흥군을 지원하기 위해 풍왕과 함께 건너왔을 가능성도 있다(윤용구, 2003, 앞의 논문, p.315). 이 두 가지 가능성 중에서 물부순의 부인이 백제 멸망후 당으로 망명한 黑齒常之의 中女라는 점에서, 물부순 집안이 백제멸망 이전부터 왜계 백제관료로 활동하였을 가능성이 보다 높다고 생각된다. 왜냐하면 후자의 경우라면 물부순이 흑치상지 집안의 사위가 될 가능성이 극히 적기 때문이다.

24) 郭謙光: 開元 6년(718)에 國子博士를 역임하였던 인물이다(『舊唐書』 권102 褚无量傳 참조).

25) 天龍寺: 중국 山西省 가운데에 있는 太原市의 남서쪽 天龍山에 있던 절로, 北齊 皇建 원년(560)에 세워졌다.

26) 兆基有齊~世濟其美: 『山西通誌』에도 천룡사가 북제 때인 560년에 절이 세웠다고 기록되어 있다. 또한 이곳 석굴에는 수나라 말기에서 8세기까지에 이르는 시기의 조각품들이 희소하며, 물부순이 이곳에 이르러 불상 조각의 후원자가 되면서, 천룡사가 중흥기를 맞이하였던 것으로 짐작된다(송기호, 1992, 앞의 논문, p.578). 그리고 이 구절 중에서 '世濟其美'라고 하는 것은 『左傳』 文公 18년 조에 "此十八族也 世濟其美 不隕其名 以至於堯."라는 기록에서 인용한 것이다.

27) 天兵中軍: 太原府의 성 안에 두었던 군대로서 開元 11년(723)에 폐지되었다(『新唐書』 권39 지리지 太原府條 참조).

28) 右金吾衛將軍: 右金吾衛는 당나라 16衛의 하나이다. 將軍은 大將軍 다음의 지위로서 종3품에 해당한다.

29) 上柱國: 당나라 때 제일 높은 勳官이다.

30) 遵化郡: 당시에 遵化란 이름을 가진 지명은 현재의 廣東省 靈山縣의 서남쪽에 두었던 遵化縣 밖에 없다. 이 현은 당시에 嶺南道 欽州에 소속되어 있었다(『舊唐書』 권40 嶺南道 欽州 참조).

31) 開國公: 郡公은 당나라 때의 封爵으로 정2품에 해당한다.

32) 勿部珣: 『百濟史資料原文集(Ⅰ)-韓國篇-』, p.303에는 '□部珣'으로 되어 있다.

33) 東海: Marylin M. Rhie는 한국이라고 하였고, 송기호는 단순하게 동방을 가리킨다고 하였다. 그리고 윤선태는 日本이라고 하였다. 이에 대해 勿部가 倭姓인 物部와 관련이 있다는 윤용구의 견해를 취신하면, 동해는 일본이 될 것이다.

34) 食舊德: 선조의 공로에 의해 자손이 작위를 받는 것을 가리킨다.

를 지내지 못할 것이다"라고 하면서 宮之奇[35]가 가족을 이끌고 떠나버린 것과 같이 고국(백제)을 떠나 당나라로 들어왔다. 천자는 이들을 어루만져 分封하니, 마치 由余[36]가 처음 중국에 이르렀을 때 받았던 대우와 같았다. 그는 중앙과 지방의 관직을 두루 역임하면서도 곧고 근면하였기 때문에 빨리 승진하였다. 天兵軍이 있는 곳은 중요한 요해처인데, 그는 이곳에서 中軍을 보좌하기에 이르렀다.

神龍 2년(706) 3월에 아내(內子)인 樂浪郡夫人[37] 黑齒氏 즉 大將軍 燕國公[38]의 둘째 따님과 함께, 높은 언덕을 오르고 커다란 산골짜기를 건넜고, 구덩이에 빠졌다 나오기도 하고 나무줄기와 덩굴을 잡아 당기기도 하였으며, 힘들면 거듭 휴식을 취하면서 마침내 이 청정한 사원에 이르게 되었다. 接足禮[39]를 마치고 한쪽으로 물러 나와서, 두루 올려다보면서 일찍이 볼 수 없었던 광경에 감탄하였다. 두 사람이 모두 동시에 진심에서 우러나는 선한 마음이 일어나니, 널리 은혜를 베풀 것을 서약하여 財와 富를 바치게 되었다.

돌아가신 천자[40]와 살아 있는 姻戚들을 받들기 위하여 삼가 三世佛像[41]과 여러 聖賢들의 상을 만들었으니, 衆相[42]과 百福莊嚴相[43]을 조각하여,[44] 아주 좋은 인연[45]을 쌓음으로써 往生하는 데에 두루 바탕이 되고자 하였다. 신룡 3년 8월에 이르러 이제 功德이 끝나게 되었으니, 무릇 공덕을 쌓은 사람이 있는 데에도 이를 기록하지 않는다면 그것은 덕이 많다고 할 수 없을 것이다.

遵化郡 開國公 珣은 자질이 효성스럽고 충성스러웠으며, 의롭고 용맹스러웠다. 나라 일에 힘써 몸이 야위었으나, 자신을 돌보는 데에는 힘쓰지 않았다. 德을 세워 힘써 행하고, 윗사람을 모실 때에는 예의와 공손함으로 행하였다. 변방을 이미 조용하게 만들어 사람들 역시 평안하게 되었다. 봄에 크게 수렵

---

35) 宮之奇 : 춘추시대 虞나라의 大夫였다. 晉나라가 다른 나라를 치기 위해 우나라에 길을 빌려달라고 했을 때에 허락하지 말도록 간청하였으나, 임금이 이를 듣지 않자 가족을 이끌고 西山으로 도망하였다. 결국 3년 뒤에 진나라가 우나라를 멸망시켰다(『左傳』僖公 5년조 참조).

36) 由余 : 춘추시대 사람으로 원래 戎의 신하로서 秦나라에 사신으로 가서 穆公에게 당시에 중원이 어지러웠던데 비해 융적이 잘 다스려졌던 원인에 대해 강론하였다. 나중에 진나라로 들어가 목공에게 중용되어 西戎을 정벌하는데 크게 공헌하였다(『史記』권5 및 권110 참조).

37) 樂浪郡夫人 : 흑치상지의 둘째 따님이 夫人의 칭호를 얻은 것은 물부순이 3품 이상의 지위에 올랐기 때문이다(『唐六典』권2 司封郎中).

38) 大將軍 燕公 : 백제 멸망 후 당으로 망명한 黑齒常之를 말한다. 그는 聖曆 원년(698)에 복권되어 左玉鈐衛大將軍으로 추증되고 燕國公으로 복구되었다.

39) 接足禮 : 고대 인도 예법의 하나. 두 손을 펴서 손바닥으로 상대방의 다리를 잡고 여기에 자신의 머리를 숙여 갖다 붙이 듯이 하는 예배.

40) 先尊 : 앞에 두 자 정도 칸을 비우고 있으므로 先代의 천자를 가리킨다.

41) 三世佛像 : 迦葉佛(과거불), 석가모니불(현세불), 미륵불(미래불)을 의미한다.

42) 衆相 : 『百濟史資料原文集(Ⅰ)-韓國篇-』, p.303에는 '□相'으로 되어 있다.

43) 百福莊嚴 : 百福莊嚴相으로서, 부처의 32상 하나 하나에 100가지 福德이 갖추어져 있는 것을 이른다.

44) 三世佛像 幷諸賢聖 刻彫衆相 : 물부순 부부가 707년에 헌납한 불상들은 Marylin M. Rhie의 견해에 따른다면 천룡산 제21굴에 보존되어 있는 것들을 가리킨다고 한다(Marylin M. Rhie著·文明大譯, 1980, 앞의 논문).

45) 勝因 : 아주 좋은 인연을 말한다.

을 행할 즈음에도 3乘[46]을 살폈다. 그런즉, 본업에 종사하여 공을 세운 것이 이에 무성하였고 또한 빛났으니, 장군의 아름다운 덕을 어찌 알리지 않을 수 있겠는가? 이에 樂石(비석)[47]에 새겨 그 명성[48]을 드러내고자 하노라.

  그 辭는 다음과 같다.

  밝은 덕을 갈고 닦아 마침내 이를 곳을 알았고, 충성스럽고 신의 있으며 효성스럽고 공경스러워 네 가지 덕을 갖추었도다.[49] 衛服[50]에서 군대를 총괄하니 변방(要荒)[51]이 고요하였고, 인연을 따라 깨달음에 나아가고자 □□에 귀의하였도다.

  大唐 景龍 元年(707) 丁未(鶉首[52])年 10月 18日 壬午日에 세우다.

  [맏아들 □]部選 宣德郎[53] 昕.
  둘째 아들 吏部選[54] 上柱國 暕.
  셋째 아들 上□□ □.
  [넷째 아들 …] 兵部選[55] 仲容.
  公의 사위(婿) 天[兵中]軍 摠管 珍義.

---

46) 三乘 : 사람들을 각기 능력과 소질에 따라 깨달음으로 이끄는 가르침을 사물에 비유한 것으로, 聲聞乘, 緣覺乘, 菩薩乘의 三乘을 말한다.
47) 樂石 : 원래 악기를 만드는 데에 사용하는 돌을 가리킨다. 그러나 진시황이 嶧山의 刻石에 이 말을 사용함으로써 후세에는 碑碣을 지칭하는 말로 되었다.
48) 問 : 聞과 같은 것으로 명성을 가리킨다.
49) 元亨利 : 元亨利貞으로서, 이것은 易에서 乾(하늘)의 괘가 가진 네 가지 덕을 가리킨다.
50) 衛服 : 周나라 때에 王畿를 사방 1000리로 하고, 그 주위를 500리 단위로 1畿(服)를 삼아 9畿까지 설정하였는데, 衛服은 다섯 번째를 가리킨다. 服은 천자에게 복종한다는 뜻이다.
51) 要荒 : 要服과 荒服으로 서울에서 멀리 떨어진 곳을 가리킨다.
52) 鶉首: 원래 별자리 이름인데, 옛 甲子에 의하면 未를 가리킨다.
53) □部選 宣德郎 : 宣德郎은 정7품하에 해당하는 文散階이다. 따라서 □部選은 吏部選으로 추정된다(정병준, 2007, 「당에서 활동한 백제유민」, p.317).
54) 吏部選 : 吏部에서 치루는 임용시험인 전전을 받을 자격이 있거나, 아니면 전선을 거쳤으나 아직 관직을 받지 못한 사람을 가리키는 일종의 관함과도 같은 것이다(정병준, 2007, 앞의 논문, p.317).
55) 兵部選: 兵部에서 치루는 임용시험인 전전을 받을 자격이 있거나, 아니면 전선을 거쳤으나 아직 관직을 받지 못한 사람을 가리키는 일종의 관함과도 같은 것이다(정병준, 2007, 앞의 논문, p.317).

III. 「勿部珣功德記」 연구쟁점

판독안을 통해서 번역을 하면 위와 같다는 것을 알 수 있다. 이러한 해석은 송기호에 의해 정리된 이후 변화가 거의 없다. 국내에서는 「물부순공덕기」에 대한 유물소개가 늦었고, 국내가 아닌 국외(중국)에 존재하는 자료이기 때문에 심층적인 연구보다는 일부에 한정된 연구가 진행되었기 때문에 별다른 진전이 없었다. 그렇지만 이후 윤용구에 의해 공덕기의 잔편이 발견되면서 판독이 진척되기도 했다. 하지만 「물부순공덕기」의 명문을 판독하기 위한 탁본과 관련 서적을 살펴보면 기존의 판독이 일부 잘못되었음을 확인할 수 있었다.

우선 「물부순공덕기」를 판독하기 위해 사용된 기본 탁본은 1990년에 北京圖書館金石組에서 발간한 『北京圖書館藏 中國歷代石刻拓本滙編』 20冊이다. 이를 통해 대부분의 판독이 진행되었다. 이를 기본으로 해서 윤용구는 李裕群·李剛 編, 2003, 『天龍山石屈』, 北京, 科學出版社를 이용해 기존에 판독되지 못한 글자를 찾아내었다(1행 5번째 글자, 1행 8번째 글자, 2행 4번째 글자, 2행 5번째 글자). 하지만 윤용구가 참고한 李裕群·李剛 編, 2003, 『天龍山石屈』, 北京, 科學出版社에는 3행의 11번째 글자부터 4행의 12번째 글자, 11행 20번째 글자부터 15행 31번째 글자, 17행과 18행의 해석이 누락되어 있다. 여기에 대해서는 송기호가 판독한 판독문을 인용해서 판독을 진행하였다.

그러나 탁본을 확인해본 결과 16행의 1번과 30번과 31번 글자, 18행의 15번과 16번 글자는 마멸되어 판독이 불가능한 상태였다. 물론 앞뒤 문맥에 의해 추독하는 것은 가능할 수 있어도 전혀 보이지 않는 상태에서 판독을 진행한다는 것은 무리한 추정일 가능성이 높다. 그리고 마멸되어 알 수 없는 글자는 판독이 불가능함에도 불구하고, 방금 언급된 5글자는 무슨 이유로 판독을 한 것인지 확인이 안된다. 전체적인 문맥에 이상이 없기 때문에 문제제기를 안했을 수 있지만 탁본을 실견한 이상 이 부분은 미상자로 처리하고 넘어가는 것이 옳다고 생각된다.

이렇게 판독에 대한 문제를 정리하고, 다음으로는 「물부순공덕기」가 갖는 의의에 대해 살펴보겠다. 우선 「물부순공덕기」가 주목된 이유는 黑齒常之와 연결되었기 때문이다. 내용을 살펴보면 물부순의 부인이 흑치상지의 中女라고 기록되어 있다. 그래서 「물부순공덕기」를 통해 백제 유민의 활동상을 이해하고자 하였다. 물론 흑치상지 가문이 백제 유민으로써 唐에서 활약을 하고 있었기 때문에 연장선 상에서 물부순을 이해하고자 한 것이다. 그러다 보니 흑치상지와 물부순이 唐에서 어떠한 활약을 펼쳤는지에 대해 조망되었다. 그 결과 흑치상지와 흑치준은 武將 가문임이 묘지명을 통해서 밝혀졌다. 그런데 흑치상지의 사위인 물부순도 무장이라고 「물부순공덕기」에 기록되어 있다. 흑치상지와 연결된 사람들에 한정되어 있을지 몰라도 백제 유민들이 唐에서 활동할 때 무장으로 활동한 예가 있었음을 보여주는 것이다. 전체적인 백제 유민들의 양상은 아니지만 유이민들이 唐에서 어떻게 적응하며 살아갔는가를 이해할 수 있었으며, 그들이 무장과 관련된 집단이 있었다고 추론을 할 수 있게 된 것이다.[56]

그리고 흑치씨는 백제계 유민임을 묘지명을 통해 알려져 있지만 물부씨는 백제와 어떤 관련이 있는지 명확하게 밝혀진 게 없다. 이는 백제에 물부씨가 있었다는 기록이 보이지 않기 때문이다. 심지어 '물부'라는 성씨는 漢姓에서도 찾아볼 수 없는 성씨이다. 물론 「물부순공덕기」의 내용을 통해 백제계 인물로 파악되지만 '물부'씨를 백제계 성씨로 이해해야 하는가의 문제는 별도의 문제이기 때문이다. 그래서 '물부'씨가 어디서 등장했는지를 밝혀내는 일이 '물부'씨의 성격을 규명하는데 매우 중요한 과제인 것이다. 이에 대해 윤용구는 '勿部'를 倭姓인 '物部氏'로 추론하였다. '勿'과 '物'이라는 자획의 차이가 있으나 음상사하기 때문에 通用될 수 있다고 생각한 것이다.[57]

게다가 백제에는 왜계백제관료라고 해서 왜에서 넘어와 백제에서 생활한 인물들이 다수 존재한다. 그들이 언제 왔다가 갔는지, 어느 시기에 두드러진 활동을 했는지에 대해서는 자세하게 살펴봐야하지만, 백제 내에서 혼인관계를 맺고 백제에서 살았을 가능성은 충분하다. 그럼 왜 물부순이 백제에 들어오게 되었을까. 아마도 「물부순공덕기」에 보이는 것과 같이 물부순이 장수로서 이름을 알리고 있기 때문에 백제에서도 장수로 활약했을 가능성이 높다. 그리고 백제에 물부순과 같이 왜계의 장수가 유입될 수 있었던 이유는 백제가 왜에 병력을 요청하는 기록이 있기 때문에 가능했던 것으로 보인다. 물론 정확하게 물부씨가 언제 백제에 들어왔는지는 확정할 수 없지만 6세기 야마토 정권부터 백제의 멸망기까지 다양한 시간적 스펙트럼 속에서 '물부'씨가 백제에 유입되었다는 것은 염두에 둘 수 있을 것이다.

또 「물부순공덕기」가 주목되는 이유는 아내를 일컬어 '內子'라고 표현하고 있고, 말미에 물부순의 아들과 사위가 기록되어 있다. 일반적으로 묘지명에는 이러한 표현이 등장하지 않는다. 그렇지만 「물부순공덕기」는 묘지명이 아니라 공덕을 기록한 기록문이다. 비문에 쓰여져 있고, 흑치가와 연관이 있다고 해서 「물부순공덕기」를 묘지명의 형식과 같을 것이라고 이해하면 안된다. 그래서 묘지명과 다른 방식으로 비문을 구성하고 있는 것이다. 공덕기이기 때문에 문체의 얽매이지 않고, 물부순과 관련된 모든 내용이 기록되기도 하며, 찬양하는 문구가 쓰여지는 것은 어찌보면 당연하다고 여겨진다.

아직까지 「물부순공덕기」는 그 의미와 배경에 대해서 설명해야하는 부분이 많다고 생각된다. 흑치상지 가문과의 연결배경, 중국에서의 활동양상, 공덕기를 쓴 목적, 물부씨와 백제계의 결합 등 다양한 분야에서 다각도로 활용될 수 있기 때문이다. 앞으로 「물부순공덕기」를 통해 왜계와 백제의 연결성, 나아가 중국으로 건너간 유민들의 생활상의 일면이 밝혀지기를 기대해본다.

투고일 : 2014. 2. 6   심사개시일 : 2014. 2. 9   심사완료일 : 2014. 2. 28

---

56) 송기호, 1992, 앞의 논문, p.577.
57) 이러한 예는 고대에서 많이 보인다. 성씨뿐만 아니라 지명에서도 음상사하는 사례가 다수 보이기 때문에 이러한 추론은 타당하다고 생각된다.

北京圖書館金石組, 1990, 『北京圖書館藏 中國歷代石刻拓本匯編』20冊, 中州古籍出版社.

韓國古代社會硏究所, 1992, 『譯註 韓國古代金石文』I, 駕洛國史蹟開發硏究院.
國史編纂委員會, 1995, 『韓國古代金石文資料集』I, 國史編纂委員會.
權悳永, 2002, 『韓國古代金石文綜合索引』, 학연문화사.
李裕群·李剛, 2003, 『天龍山石屈』, 科學出版社.

Marylin M. Rhie 著·文明大 譯, 1980, 「天龍山 第21石窟과 唐代碑銘의 硏究」, 『佛敎美術』5.
윤용구, 2003, 「중국출토의 韓國古代 遺民資料 몇 가지」, 『한국고대사연구』32.
박현규, 2009, 「天龍山石窟 제15굴과 勿部珣將軍功德記」, 『서강인문논총』25.

〈日文要約〉

「勿部珣功徳記」に対する検討

呉澤呟

　「勿部珣功徳記」は韓国の古代の金石文を集めておいた『韓國古代金石文』で初めて国内に紹介された。当時は「珣將軍功徳記」とされているが、尹龍九によって2003年に残片が紹介され、「勿部珣功徳記」でも知られるようになった。しかし、中国では2003年以前から「勿部珣功徳記」寝た方の写真と拓本を紹介したため、我々より先に「勿部珣功徳記」という名称を使用していた。これは「勿部珣功徳記」が百済の流移民ではあるが、関連された「勿部珣功徳記」が中国に残っているために中国に比べて相対的に情報の受け入れが遅れたものと把握される。そのため、中国の研究成果をそのまま引用する場合が多かった。これに「勿部珣功徳記」をもう一度再検討してみよう。「勿部珣功徳記」だけを取り上げたのは『韓國古代金石文』からはゼロするために新たな資料の補充で名称を「勿部珣功徳記」に改めて、これについた読み取りを再実施しようとする。さらに、中国で実施した「勿部珣功徳記」の拓本が韓国にはきちんと紹介されたことないため、正確な判読よりも、従来の判読を引用する場合が多かった。しかし、今回に拓本を調べた結果、意見の食い違いがある文字は多くないが、拓本からは確認されない文字が判読された場合が多数いたため、それに対する再点検を実施することで、「勿部珣功徳記」の正確な状況を知らせるのに役になろうとする。

▶ キーワード：勿部珣功徳記, 珣將軍功徳記, 物部氏, 黑齒常之

癸酉銘 阿彌陀三尊四面石像 銘文 검토

강진원[*]

I. 개관

II. 문자자료

〈국문 초록〉

계유명 아미타삼존사면석상은 673년 백제 유민들에 의해 만들어졌으며, 국왕, 대신과 모든 사람들을 위해 사원을 짓고 불상을 만들었다는 글이 새겨져 있다. 글은 사면에 있으며, 우측면부터 시작된다. 비문에는 사원과 불상을 만든 사람들의 이름도 나오는데, 이들의 출신 성분은 다양하다. 이들은 모두 신라 관등을 가지고 있으나, 身次만은 達率이란 백제 관등을 가지고 있다. 신라는 673년 백제인들에게 신라 관등을 쓰도록 강요하였는데, 아마 이때 신차와 같은 고위 귀족들에게는 유예 기간이 주어졌던 것으로 여겨진다. 표면적으로 비문에 나오는 국왕과 대신은 신라의 그들일 것이다. 그러나 백제 유민들이 실제로 그들을 기리며 절을 만들고 불상을 조성하였는지는 확신할 수 없다. 내부적으로는 아미타불 신앙에 의지한 채 나라가 멸망한 안타까움을 안고 있었던 것으로 보인다.

▶ 핵심어 : 백제 유민, 우측면, 달솔, 신차, 아미타불 신앙

---

[*] 서울대학교 국사학과 강사

I. 개관

계유명 아미타삼존사면석상은 1960년 7월 당시 동국대 불교대학에 재학 중이던 李在玉의 제보에 의해 존재가 알려졌으며, 같은 해 9월 黃壽永·李弘稙·朴魯春·鄭永鎬 등에 의해 본격적인 조사가 이루어짐에 따라 그 실상이 밝혀지게 되었다.[1] 이 불상은 기축명 아미타불상 및 미륵보살반가석상과 함께 발견 당시 忠南 燕岐郡 全東面 多方里(다방골)의 碑巖寺에 있었다. 불상은 1962년 10월 19일 비암사 측의 동의에 따라 국립중앙박물관으로 옮겼으나 현재는 국립청주박물관에서 보관 중이며, 국보 제106호이다. 屋蓋(덮개돌)·碑身·座臺(받침돌)로 이루어진 佛碑像 가운데 비신에 해당한다. 높이는 43㎝, 전면 폭 26.7㎝, 측면 폭 17㎝이다.[2]

아미타불의 극락정토 장면이 잘 표현되어 있는 佛碑像으로 정면은 가장자리에 테두리를 둘러 감실 효과를 내었다. 앉아 있는 작은 부처와 불꽃무늬가 각각 배치된 2개의 커다란 광배를 배경으로, 아미타불을 가운데에 두고 菩薩·仁王 및 여러 天人 등을 가득 채웠다. 그 아래로 머리를 맞댄 두 마리의 사자와 연꽃잎이 장엄함을 더하고 있다. 좌우 측면에는 활기 넘치는 용의 모습과 연꽃 위에서 악기를 연주하는 천인상(奏樂天)이 섬세하게 표현되어 있다. 배면은 4단으로 나뉘는데 각 단에 5구씩 작은 부처를 배치하였다.[3]

정면의 밑 부분과 양 측면, 배면에 해서체로 쓰인 명문이 존재한다.[4] 字徑 정면 약 1㎝이다.[5] 國王·大臣 및 七世父母와 모든 영혼을 위하여 사원을 짓고 불상을 만들었다는 내용이며, 거기에 주도적으로 참여한 이들의 이름이 명기되어 있다. 불상 양 측면에는 '癸酉年'이라는 간지가 보인다. 정면 중앙에 대형의 舟形光背를 지닌 通肩衣의 본존과 군상을 조각하는 형식이 8세기까지 내려가지 않는 점, 그리고 신라 관등인 乃末(奈麻)·大舍와 더불어 백제 관등인 達率이 명기되어 있는 점을 보면, 이 불상은 백제 멸망 이후 오래지 않은 시점에 조성된 것으로 볼 수 있다. 따라서 계유년은 673년(문무왕 13)으로 추정된다.[6] 613년으로 보면 백제 당시에 신라 관등 소지자가 함께 있으므로 문제가 되며,[7] 733년으로 볼 경우 너무 오랜 뒤라서 그때까지 달솔이란 관등을 칭하는 인물이 살아 있었다거나, 혹은 그가 달솔을 관칭했다고 보기도 힘들기 때문이다.[8]

---

1) 黃壽永, 1964, 「忠南燕岐 石像調査−百濟遺民에 의한 造像활동−」, 『藝術院論文集』3; 1998, 『黃壽永全集1−한국의 불상 (상)−』, 혜안, p.73.

2) 金貞淑, 1992, 「癸酉銘 阿彌陀佛三尊四面石像」, 『譯註 韓國古代金石文』2, 駕洛國史蹟開發研究院, p.179.

3) 국립청주박물관 편, 2013, 『불비상 염원을 새기다』, 국립청주박물관, p.10.

4) 金貞淑, 1992, 앞의 논문, p.180.

5) 黃壽永, 1976, 『韓國金石遺文』, 一志社; 1999, 『黃壽永全集4−금석유문−』, 혜안, p.280.

6) 金貞淑, 1992, 앞의 논문, pp.179~180.

7) 金昌鎬, 1991, 「癸酉銘阿彌陀三尊佛碑像의 銘文」, 『新羅文化』8, p.140.

불상 자체가 백제 양식일 뿐더러[9] 백제 관등인 달솔을 띤 인물이 나오고 토착세력으로 여겨지는 佺氏의 존재가 확인되는 것을 보면, 아마도 이 석상의 조성 주체는 백제 유민들일 가능성이 높다. 그런데 신라 관등도 함께 나오기 때문에, 이를 통하여 백제 유민들이 통일전쟁 후 신라로부터 관등을 수여받으면서 신라의 지배층에 편입되어 간 모습을 엿볼 수 있다. 계유명 삼존천불비상 등 이 불상과 형식이나 연대가 비슷한 불상들이 연기 일대에서 더 나오고 있으므로, 해당 문자자료들을 면밀히 검토한다면 이른바 삼국통일 즈음의 사회상을 파악하는 데에 도움이 될 것이다.

II. 문자자료

1. 사진과 탁본

1) 사진[10]

정면	우측면	좌측면	배면

---

8) 金昌鎬, 1991, 위의 논문, p.140; 조경철, 2004, 「백제 유민의 숨결, 계유명아미타불삼존불비상」, 『고대로부터의 통신』, 푸른역사, p.316.

9) 곽동석, 2013, 「연기지방 불비상의 조형미」, 『불비상 염원을 새기다』, 국립청주박물관, p.76; 박영민, 2010, 「忠南 燕岐 地域 蠟石製 佛像群 研究」, 『東岳美術史學』11, p.150; 鄭恩雨, 2003, 「燕岐 佛碑像과 충남지역의 백제계 불상」, 『百濟文 化』32, p.90; 최병식, 2003, 「癸酉銘三尊千佛碑像에 대한 再檢討」, 『先史와 古代』19, p.422.

10) 국립청주박물관 편, 2013, 앞의 책, p.11·14·15·13. 각기 정면, 우측면, 좌측면, 배면이다.

3) 판독표

[정면]

XIV	XIII	XII	XI	X	IX	VIII	VII	VI	V	IV	III	II	I	
十	内	此	佛	願	上	□	世	像	阿	同	二	述	全	1
六	外	石	像	敬	爲	道	至	觀	弥	心	兮	況	氏	2
□	□	佛	廿	造	□	□	像	音	陀	敬	介	右	□	3
□	□	像	也	化	□	□	□	大	佛	造	术	□	□	4

[좌측면]

좌하	우하	좌상	우상	중앙		
道 作 公 願	使 眞 公 □	□ ⊔ 願	□ ⊔	諸 佛 □ ⊔	日 爲 諸 □ 敬 造 此 石	歲 □ □ 年 □ 月 十 五

[우측면]

左下	右下	左上	右上	中央	上段									
木咀大舍願	眞武大舍	「」願	達率身次願	及七世父母含靈發願敬造寺智識名記	爲國王大臣	十人智識共	□等□五	全氏三□	乃□止□乃末	「」弥次	□□道□	□□首		□□癸酉年四月十五日

[배면]

「」「」	「」「」	豆兎大舍願	三久知乃末	与次乃末	1단
「」「」師	「」「」	「」「」	夫信大舍願	□□大舍願	2단
惠信師	□久大舍願	「」願	□久大舍願	□□乃末願	3단
「」「」	□身道師	惠明法師	林許乃末願	□夫乃末願	4단

2. 판독 및 교감

[정면]

全氏□□述況右□二兮介术, 同心敬造, 阿弥陀佛像, 觀音大世至像, □□道□□上爲□□, 願敬造化, 佛像卄也, 此石佛像, 內外□□十六□□

Ⅰ-1: 그간 대부분 '全'으로 판독해 왔다.[12] 상부에 '人'字의 형태가 보이고, 하부는 '王'字로 볼 수 있기에, '全'이 타당할 것 같다.

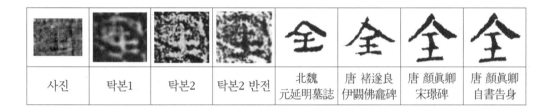

사진	탁본1	탁본2	탁본2 반전	北魏 元延明墓誌	唐 褚遂良 伊闕佛龕碑	唐 顏眞卿 宋璟碑	唐 顏眞卿 自書告身

Ⅱ-3: 종래 대부분 미상자로 처리하였는데,[13] RTI 촬영 결과 '右'로 보는 편이 좋다고 여겨진다.[14]

사진	RTI	탁본1	탁본2	탁본2 반전	王羲之 洛神賦十三行	北魏 高貞碑	隋唐 房山雲居寺 石經

Ⅲ-3: 종래 介로 읽거나[15] 미상자로 처리하였다.[16] 상부에 '人'字의 형상이 있고, 하부는 '刂'로 보이

---

11) 國史編纂委員會 編, 1995, 『韓國古代金石文 資料集2-新羅·伽耶編-』, 국사편찬위원회. 해당 탁본은 국사편찬위원회 한국사데이터베이스 사이트(http://db.history.go.kr/item/level.do?itemId=gskh&setId=217018&position=2)를 통해 구하였다.

12) 국립경주박물관 편, 2002, 『文字로 본 新羅』, 국립경주박물관, p.194; 국립청주박물관 편, 2013, 앞의 책, 국립청주박물관, p.16; 文明大, 1980, 『韓國彫刻史』, 悅話堂, p.268; 李蘭暎 編, 1968, 『韓國金石文追補』, 中央大學校出版部, p.50; 충청남도역사문화원 편, 2005, 『百濟史資料原文集(Ⅰ)-韓國篇-』, 충청남도역사문화원, p.319; 許興植 編, 1984, 『韓國金石全文-古代篇-』, 亞細亞文化社, p.78; 黃壽永, 1999, 앞의 책, p.278; 中吉功, 1971, 『新羅·高麗의 佛像』, 二玄社, p.416; 金貞淑, 1992, 앞의 논문, p.183.

13) 국립경주박물관 편, 2002, 위의 책, p.194; 文明大, 1980, 위의 책, p.268; 李蘭暎 編, 1968, 위의 책, p.50; 충청남도역사문화원 편, 2005, 위의 책, p.319; 許興植 編, 1984, 위의 책, p.78; 黃壽永, 1999, 위의 책, p.278; 中吉功, 1971, 위의 책, p.416; 金貞淑, 1992, 위의 논문, p.183; 金昌鎬, 1991, 위의 논문, p.135.

14) 성재현, 2013, 「계유명전씨아미타불비상 글자의 내용」, 『불비상 염원을 새기다』, 국립청주박물관, p.90.

15) 국립청주박물관 편, 2013, 앞의 책, p.16; 金昌鎬, 1991, 앞의 논문, p.135.

기에, '介'로 보면 큰 무리가 없을 것으로 여겨진다.

사진	탁본1	탁본2	탁본2 반전	北魏 李媛華墓誌	唐 李邕 李思訓碑	唐 顔眞卿 宋璟碑	唐 世說新書

Ⅲ-4: 종래 '木'으로 판독되었으나[17] RTI 촬영 결과 '木' 위에 점이 있는 것으로 보여 '等'의 古語인 '朮'로 볼 수 있다.[18]

사진	RTI	탁본1	탁본2	탁본2 반전

Ⅹ-4: 기존에는 판독이 어려웠으나 RTI 촬영 결과 '化'로 판독되었다.[19] 탁본을 보아도 좌측이 'イ'으로 보이고, 우측은 'ヒ'로 여겨진다.

사진	RTI	탁본1	탁본2	탁본2 반전	東魏 敬史君碑	隋 蘇孝慈錨地	唐 顔眞卿 郭虛己墓誌

Ⅺ-3: 종래에는 판독이 어려웠으나 RTI 촬영 결과 '卄'으로 판독되었다.[20]

---

16) 국립경주박물관 편, 2002, 앞의 책, p.194; 文明大, 1980, 앞의 책, p.268; 李蘭暎 編, 1968, 앞의 책, p.50; 충청남도역 사문화원 편, 2005, 앞의 책, p.319; 許興植 編, 1984, 앞의 책, p.78; 黃壽永, 1999, 앞의 책, p.278; 中吉功, 1971, 앞의 책, p.416; 金貞淑, 1992, 앞의 논문, p.183.

17) 국립경주박물관 편, 2002, 위의 책, p.194; 文明大, 1980, 위의 책, p.268; 李蘭暎 編, 1968, 위의 책, p.50; 충청남도역 사문화원 편, 2005, 위의 책, p.319; 許興植 編, 1984, 위의 책, p.78; 黃壽永, 1999, 위의 책, p.278; 中吉功, 1971, 위의 책, p.416; 金貞淑, 1992, 위의 논문, p.183; 金昌鎬, 1991, 앞의 논문, p.135.

18) 성재현, 2013, 앞의 논문, p.90.

19) 성재현, 2013, 위의 논문, p.90.

20) 성재현, 2013, 위의 논문, p.90.

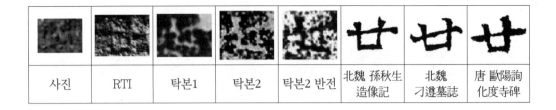

사진	RTI	탁본1	탁본2	탁본2 반전	北魏 孫秋生 造像記	北魏 刁遵墓誌	唐 歐陽詢 化度寺碑

XI-4: '也'로 읽기도 하고[21] 미상자로 처리하기도 하였다.[22] 중앙에 'ㅣ'이 있고, 좌측에서 우측으로 선이 곡선으로 이어지고 있으므로, '也'로 보는 편이 좋을 것이다.

사진	탁본1	탁본2	탁본2 반전	北魏 鄭道昭 鄭義下碑	隋 龍華寺碑	隋唐 房山雲 居寺石經	唐 叔氏墓誌

[우측면]

(상단) □□癸酉年四月十五日, □□□首□□道□□發願敬[　]弥次乃□止□乃末, 全氏三□□等
　　　□五十人智識共, 爲國王大臣

(중앙) 及七世父母含靈, 發願敬造寺, 智識名記

(우상) 達率身次願

(좌상) [　　　]願

(우하) 眞武大舍

(좌하) 木□ᄆ大舍願

좌하-1: '木'으로 읽기도 하고,[23] 미상으로 처리하기도 하였다.[24] 사진과 탁본을 보면 전자가 더 타당성 있게 여겨진다.

---

21) 국립청주박물관 편, 2013, 앞의 책, p.16; 金昌鎬, 1991, 앞의 논문, p.135.

22) 국립경주박물관 편, 2002, 앞의 책, p.194; 文明大, 1980, 앞의 책, p.269; 李蘭暎 編, 1968, 앞의 책, p.50; 충청남도역
　　사문화원 편, 2005, 앞의 책, p.319; 許興植 編, 1984, 앞의 책, p.78; 黃壽永, 1999, 앞의 책, p.278; 中吉功, 1971, 앞
　　의 책, p.416; 金貞淑, 1992, 앞의 논문, p.183.

23) 국립청주박물관 편, 2013, 앞의 책, p.17; 金昌鎬, 1991, 앞의 논문, p.135.

24) 국립경주박물관 편, 2002, 앞의 책, p.194; 文明大, 1980, 앞의 책, p.269; 李蘭暎 編, 1968, 앞의 책, p.50; 충청남도역
　　사문화원 편, 2005, 앞의 책, p.317; 許興植 編, 1984, 앞의 책, p.79; 黃壽永, 1999, 앞의 책, p.279; 中吉功, 1971, 앞
　　의 책, p.416; 金貞淑, 1992, 앞의 논문, p.182.

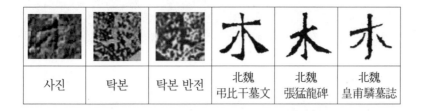

사진	탁본	탁본 반전	北魏 弔比干墓文	北魏 張猛龍碑	北魏 皇甫驎墓誌

좌하-2: 좌변은 확실치 않으나 우변에 '目'이 오는 글자로 판단된다.[25]

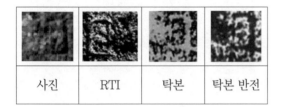

사진	RTI	탁본	탁본 반전

[좌측면]

(중앙) 歲□□年□月十五日, 爲諸□敬造此石諸佛

(우상) [　　　　　]

(좌상) [　　　]願

(우하) 使眞公□

(좌하) 道作公願

중앙-16: 보통 '石'으로 읽었으나[26] '右'로 보기도 하였다.[27] 사진을 보면 위로 삐쳐 나온 획을 찾기가 어려워 '石'으로 판독하는 편이 더 적당할 것 같다.

사진	탁본	탁본 반전	北魏 鄭道昭 論經書詩	北魏 張玄墓誌	北齊 劉碑造像記	隋 龍華寺碑

---

25) 李蘭暎 編, 1968, 앞의 책, p.50; 中吉功, 1971, 앞의 책, p.416; 성재현, 2013, 앞의 논문, p.95.

26) 국립경주박물관 편, 2002, 앞의 책, p.194; 文明大, 1980, 앞의 책, p.269; 李蘭暎 編, 1968, 앞의 책, p.50; 충청남도역사문화원 편, 2005, 앞의 책, p.318; 許興植 編, 1984, 앞의 책, p.79; 黃壽永, 1999, 앞의 책, p.279; 中吉功, 1971, 위의 책, p.416; 金貞淑, 1992, 앞의 논문, p.183.

27) 국립청주박물관 편, 2013, 앞의 책, p.17; 金昌鎬, 1991, 앞의 논문, p.135.

우하-2: 대개 '眞'으로 읽었으며,[28] 간혹 '三'으로 보기도 하였다.[29] RTI 촬영 결과로는 '直'에 가깝다.[30] 하지만 이는 아래에 있는 '八'을 고려하지 않은 것이다. 이를 아울러 생각하면 '眞'으로 보는 편이 합당하다.

사진	RTI	탁본	탁본 반전	北魏 鞠彦雲墓誌	隋 曹子建碑	隋 甯贊碑	隋 智永 關 中本千字文
真	真			真	真	真	真

우하-3: '大舍'의 신라식 표현으로 여기기도 하고,[31] '公'으로 보기도 한다.[32] 좌하-3의 '公'과 비슷한 자형으로 생각되기에 '公'이라 판독한다.

사진	좌하-3 사진	탁본	좌하-3 탁본	탁본 반전	좌하-3 탁본 반전	北魏 崔敬邕墓誌	隋 智永 眞 草千字文
						公	公

[배면]

(1단) 与次乃末, 三久知乃末, 豆兎大舍願, [   ], [   ]

(2단) □□大舍願, 夫信大舍願, [   ], [   ], [   ]師

(3단) □□乃末願, □久大舍願, [   ]願, □久大舍願, 惠信師

(4단) □夫乃末願, 林許乃末願, 惠明法師, □身道師, [   ]

---

28) 국립경주박물관 편, 2002, 앞의 책, p.194; 文明大, 1980, 앞의 책, p.269; 李蘭暎 編, 1968, 앞의 책, p.50; 충청남도역 사문화원 편, 2005, 앞의 책, p.318; 許興植 編, 1984, 앞의 책, p.79; 黃壽永, 1999, 앞의 책, p.279; 中吉功, 1971, 앞의 책, p.416; 金貞淑, 1992, 앞의 논문, p.183.

29) 金昌鎬, 1991, 앞의 논문, p.135.

30) 성재현, 2013, 앞의 논문, p.95.

31) 국립청주박물관 편, 2013, 앞의 책, p.17; 金昌鎬, 1991, 앞의 논문, p.135.

32) 국립경주박물관 편, 2002, 앞의 책, p.194; 文明大, 1980, 앞의 책, p.269; 李蘭暎 編, 1968, 앞의 책, p.50; 충청남도역 사문화원 편, 2005, 앞의 책, p.318; 許興植 編, 1984, 앞의 책, p.79; 黃壽永, 1999, 앞의 책, p.279; 中吉功, 1971, 앞의 책, p.416; 金貞淑, 1992, 앞의 논문, p.183.

3. 역주

[정면] 全氏…述況…二兮介 등이 마음을 같이 하여 阿彌陀佛像과 觀音大世至像을 삼가 만들었다. … 道…上爲…원하여 삼가 化佛[33]像 20구를 만들었다. 이 石佛像이 內外…十六…

[우측면] (상단) …癸酉年(673, 문무왕 13) 4월 15일, …首…道…발원하여 삼가…弥次乃□止□ 나마·全氏三□□ 등 50인의 智識[34]이 함께 국왕·대신 (중앙) 및 칠세부모와 含靈[35]을 위하여 발원하여 삼가 절을 짓는다. 智識의 이름을 기록한다. (우상) 달솔 身次가 원했다. (좌상) … 이 원했다. (우하) 眞武 대사 (좌하) 木□ 대사가 원했다.

[좌측면] (중앙) □□年 □월 15일 諸□를 위하여 삼가 이 석제 諸佛을 만든다. (우상) … (좌상) … 이 원했다. (우하) 使眞公□ (좌하) 道作公이 원했다.

[배면] (1단) 与次 나마, 三久知 나마, 豆兎 대사가 원했다. …… (2단) □□ 대사가 원했다. 夫信 대사가 원했다. ……師 (3단) □□ 나마가 원했다. □久 대사가 원했다. …가 원했다. □久 대사가 원했다. 惠信師 (4단) □夫 나마가 원했다. 林許 나마가 원했다. 惠明法師, □身道師, ……

4. 연구 쟁점

1) 판독 순서

계유명 아미타삼존사면석상은 四面에 명문이 남아있기 때문에 글이 시작되는 부분을 어디로 볼 것인지에 대해 의견이 엇갈리고 있다.

먼저 정면을 시작으로 보는 경우이다.[36] 애초에는 정면을 가장 중요한 부분으로 파악하여 거기서부터 읽어 나갔다. 즉 '정면-우측면-좌측면-배면'의 순서로 명문을 배치하였던 것이다.[37] 이에 대해 시

---

33) 변화한 부처로 應身佛이나 變化佛이라고도 한다. 중생의 근기와 소질에 따라 갖가지로 형상을 변화하여 나타나는 佛身이다.

34) 불교도와 불승을 일컬음. 여기서의 용례를 檀越로 보는 견해(김주성, 2000, 「연기 불상군 명문을 통해 본 연기지방 백제 유민의 동향」, 『先史와 古代』15, p.66)도 있다.

35) 衆生을 일컫는다.

36) 文明大, 1980, 앞의 책, 悅話堂, pp.268~270; 李蘭暎 編, 1968, 앞의 책, 中央大學校出版部, pp.50~51; 黃壽永, 1999, 앞의 책, pp.278~280; 許興植 編, 1984, 앞의 책, pp.78~80; 中吉功, 1971, 앞의 책, p.416; 성재현, 2013, 앞의 논문, pp.97~98.

37) 黃壽永, 1998, 앞의 책, pp.84~85.

작을 정면으로 보면서도 우측면이 智識의 이름을 나열하는 데에서 끝난다는 점에 주목하여, 그 다음 면은 인명이 계속해서 이어지고 있는 배면으로 추정, '정면-우측면-배면-좌측면'으로 보아야 한다는 입장이 제기되었다.[38] 해당 논자의 경우에는 측면을 시작으로 보는 견해에 대해서도 반대 입장을 표명하였는데, 특별한 의도가 없다면 정면이 첫 번째 면일 것이라는 점, 불상의 명칭을 정면에서 밝히고자 하였을 것이라는 점, 좌측면이 "道作公願"으로 끝나므로 그 다음 면을 정면으로 보기 힘들다는 점 등을 들었다.[39]

다음으로 측면을 시작으로 보는 경우이다. 여기서는 '정면-우측면-배면-좌측면'으로 볼 경우 우측면과 배면은 내용상 연결이 되지만, 정면과 우측면, 배면과 좌측면은 그렇지 못한 점을 언급하였다. 이에 중국의 경우 우측면부터 명문이 적힌 사례가 있는 점, 삼존불 조성을 다루는 좌측면·정면보다는 사찰 조영을 다룬 우측면·배면이 더 우선 수위일 것이라는 점, 그리고 정면에 앞서는 면이 좌측면으로 보면 내용상 연결이 자연스럽다는 점을 들어 '우측면-배면-좌측면-정면'으로 파악하였다.[40] 이 견해는 이후 다른 연구자들에게도 받아들여지게 된다.[41] 특히 비슷한 시기에 조성된 계유명 삼존천불비상 및 무인명 연화사 사면석상은 측면에, 기축명 아미타불상은 배면에 글자가 새겨져 있는 것을 들어 불상과 명문이 따로 취급되었고 보아, 측면에서부터 글이 시작되었을 가능성이 높다는 의견도 개진되었다.[42]

연기 일대의 다른 불상 명문을 보건대 측면을 시작 면으로 보는 것이 타당할 것 같다. 단 이미 언급하였듯이 명문상 우측면과 배면은 '造寺記'이고 좌측면과 정면은 '造像記'[43]이며, 양 측면에 모두 간지가 있다. 그렇기에 어느 측면이 먼저인지를 밝혀야 할 필요가 있는데, 일반적으로 사찰이 불상보다 먼저 조성되므로 '우측면-배면'이 먼저일 것이다. 혹시 처음에는 여기까지만 새겨 넣었는데, 그 명문이 새겨진 불상에 대한 기록 또한 남기는 것이 좋다고 여겨져 '좌측면-정면'에까지 기술이 이어졌다고 볼 수도 있지 않을까 한다.[44]

2) 조성 세력의 실체

계유명 아미타삼존사면석상 명문에는 사찰과 불상 조성에 참여한 이들이 명기되어 있으며, 이는 동일시기에 만들어진 계유명 삼존천불비상 명문 또한 다르지 않다. 이들 불상을 포함하여 비슷한 시기에

---

38) 金周成, 1990, 「百濟 泗沘時代 政治史 硏究」, 全南大學校博士學位論文, p.166 주5.

39) 김주성, 2000, 앞의 논문, p.64.

40) 金昌鎬, 1991, 앞의 논문, p.131.

41) 충청남도역사문화원 편, 2005, 앞의 책, 충청남도역사문화원, pp.317~319; 곽동석, 2013, 앞의 논문, p.83; 金貞淑, 1992, 앞의 논문, pp.182~183.

42) 金貞淑, 1992, 위의 논문, p.181.

43) 金昌鎬, 1991, 앞의 논문, p.131; 조경철, 2004, 앞의 논문, pp.313~314.

44) 좌측면과 정면은 명문의 양식이 다소 다르므로, 전체적으로 보면 '우측면-배면', '좌측면', '정면'의 3개 내용으로 나누어진다고 볼 수도 있겠다. 그러나 정면처럼 문장이 시작되는 사례는 드물기에, 역시나 그 앞에 다른 내용이 있었을 것으로 보는 편이 좋다(金貞淑, 1992, 앞의 논문, p.181).

연기 일대에서 집중적으로 나타난 불상들은 백제 양식을 띠고 있으며, 특히 이 불상에서는 백제 관등 소지자 및 大姓八族의 하나인 眞(牟)氏 인물[45] 및 土姓으로 여겨지는 全氏[46]까지 나오고 있다. 그러므로 이 불상군의 조성 세력을 백제 유민으로 보는 데에는 큰 이견이 없다. 단 이들의 실체를 어떻게 보아야 할지에 대해서는 논의가 분분하였다.

먼저 이들 대부분을 재지세력으로 보는 견해가 있다. 토착 재지세력으로 身次의 가문이나 전씨 등이 존재하였는데, 백제의 南遷에 따라 진씨 가문의 새로운 근거지가 되었으나, 백제 멸망기의 혼란 속에서 진씨는 그 세력이 약해졌고, 신차 가문이나 전씨 등의 힘이 커졌으며 그것이 관등에서도 드러났다고 보았다.[47] 전씨는 토성으로 여겨지고 있으며, 진무 또한 백제 관등으로 보자면 신차보다 하위인 은솔 소지자가 되는데, 언젠가부터 家勢가 하락하여 재지세력이 되었을 가능성은 있다.[48] 그러나 신차를 토착 재지세력으로 볼 뚜렷한 근거는 없다. 한편으로는 명문에 나오는 인물들의 직명이 없는 것에 주목하여 이것이 실직 없이 관등만 지닌 탐라 지배층의 사례와 비슷하므로, 이들을 재지세력으로 보기도 한다.[49] 하지만 당시는 백제 유민에 대한 관등 수여가 이루어진 초창기인데다가 전시라 상황이 안정되지도 않았기에, 이들에게 직명이 주어지지 않았을 가능성도 충분하다. 설령 직명이 부여되었다 한들, 해당 불상의 조성은 국가적인 사업은 아니기에 굳이 직명까지 언급할 필요는 없을 것이다.[50] 어느 경우로 보아도 직명이 나오지 않았다는 것을 통해 이들을 재지세력으로 볼 것까진 없다고 생각한다. 요컨대 이들 모두를 통틀어 재지세력으로 보기에는 무리가 따른다. 재지세력으로 보아도 '지방민에게는 본래 신라 외위를 수여해야 하는데,[51] 이들은 경위를 사용하고 있으니 문제가 있다.

다음으로 이들을 중앙귀족으로 보는 입장이다. 이 또한 해당 인물들이 신라 경위를 받았다는 점에서 중앙관으로 보기도 하고,[52] 오히려 지방관적 성격을 가졌다고 이해하기도 한다.[53] 한편으로는 신라 관등을 받은 백제 유민들이 중앙정계 진출에 한계를 느껴 연기 지역에 은거하고 있었다고 보기도 한다.[54] 입장은 각자 다르지만 이들을 중앙귀족으로 보는 데에는 큰 차이가 없다. 그런데 이들 모두를 중앙관으

---

45) 강종원, 2012, 「백제시대 연기지역의 在地勢力과 眞氏」, 『백제와 주변세계』, 진인진, p.31; 김수태, 2003, 「燕岐地方의 百濟復興運動」, 『先史와 古代』19, p.275; 김주성, 2000, 앞의 논문, p.71; 조경철, 2004, 앞의 논문, p.322; 최병식, 2003, 앞의 논문, p.421.

46) 강종원, 2012, 위의 논문, p.34; 김수태, 2003, 위의 논문, p.274; 金貞淑, 1992, 앞의 논문, p.184.
   관련 사료는 이러하다. 『세종실록』지리지, 충청도, 청주목 연기현, "燕岐縣 土姓五 魏河全耿張".

47) 강종원, 2012, 위의 논문, pp.26~34.

48) 이에 대해서는 오택현, 2013, 「백제 복성(複姓)의 출현과 그 정치적 배경」, 『역사와 현실』88, p.183 주32 참조.

49) 강종원, 2012, 앞의 논문, p.30.

50) 국가적인 사업이 아니었기에 직명이 쓰이지 않았을 가능성에 대해서는 金貞淑, 1992, 앞의 논문, p.180 참조.

51) 金壽泰, 1999, 「新羅 文武王代의 對服屬民 政策-百濟遺民에 대한 官等授與를 中心으로-」, 『新羅文化』16, p.56.

52) 朱甫暾, 1989, 「統一期 地方統治體制와 整備와 村落構造의 變化」, 『大邱史學』37, p.42.

53) 김주성, 2000, 앞의 논문, pp.71~73.

54) 李基白, 1990, 『新羅思想史研究』, 一潮閣, pp.173~174.

로 보기는 의심스러우며 중앙관이 어떻게 연기 지역에 이처럼 대거 웅거하게 되었는지에 대해서도 딱히 설명하기가 쉽지 않다.[55] 지방관으로 볼 경우에도 고위 관등 소지자들이 특정 지역에 너무 많이 몰려 있는 인상을 준다.[56] 즉 郡에는 덕솔 관등의 郡將 3인이 두어지는데,[57] 이들은 673년 이후에는 대사가 된다. 그런데 명문의 인물들을 모두 지방관으로 본다면, 좁은 지역에 너무 많은 지방관이 있을 뿐더러, 그 상위 관등 소지자까지 함께 하고 있는 형국이 되어 부자연스럽다.

계유명 아미타삼존사면석상과 계유명 삼존천불비상 등에 나오는 인물들은 그 이름을 알 수 있는 경우만 셈해도 그 수가 결코 적지 않다. 이들을 재지세력이나 중앙귀족이란 하나의 범주에 넣는 것은 상식적으로도 무리라고 여겨진다. 이에 전씨 등으로 대표되는 재지세력, 중앙귀족 출신 지방관, 재지세력 출신 지방관, 낙향한 중앙귀족 등으로 그 성분을 다각도로 나누어 이해하기도 한다.[58] 개인적으로도 그렇게 보는 것이 가장 타당하다고 여겨지며, 거기에 흑치상지 가문의 예에서 보이듯 分封이나 기타 사정 등으로 백제 멸망 이전에 이미 해당 지역을 세력 기반으로 삼고 있던 중앙귀족도 함께하였을 가능성이 있다고 여겨진다. 후술하겠으나 현재로서는 신차가 그러한 인물일 가능성이 있지 않을까 한다.

3) 백제 관등 소지의 이유

신라는 670년(문무왕 10) 웅진도독부에 대한 적극적인 공세를 취하였고,[59] 671년(문무왕 11) 소부리주를 설치하면서[60] 옛 백제 지역에 대한 지배권을 공고히 하였으며, 673년(문무왕 13)에는 백제 유민들에게 신라의 京官과 外官을 수여한다. 이때 백제의 달솔(2위)은 신라의 대나마(10위), 은솔(3위)은 나마(11위), 덕솔(4위)은 대사(12위), 한솔(5위)은 사지(13위)에 비정되었다.[61] 명문의 다른 인물들이 신라 관등을 소지하고 있다. 우측면 명문을 보면 계유년, 즉 673년 4월에는 眞武 등을 비롯한 인물들이 신라 관등을 칭하고 있다. 이를 통하여 해당 조치가 673년 4월 이전에 이루어진 것임을 알 수 있다.

명문에 나오는 인물들은 대개 乃末(奈麻)이나 大舍의 관등을 칭하고 있기에, 백제가 존속했을 당시에는 은솔이나 덕솔의 고위 관등 소지자였을 것이다.[62] 그런데 達率 身次의 경우에는 백제 멸망 후 10

---

55) 金壽泰, 1999, 위의 논문, pp.55~56.

56) 강종원, 2012, 앞의 논문, pp.29~30.

57) 『주서』권49, 열전 제41, 이역상, 백제, "郡將三人 以德率爲之".

58) 金壽泰, 1999, 앞의 논문. p.56; 김수태, 2003, 앞의 논문, pp.274~276.

59) 『삼국사기』권 제6, 신라본기 제6, 문무왕 10년 7월, "王疑百濟殘衆反覆 遣大阿湌 儒敦於熊津都督府 請和 不從 乃遣司馬 禰軍窺覘 王知謀我 止禰 軍不送 擧兵討百濟 品日文忠衆臣義官天官等 攻取城六十三 徙其人於內地 天存竹旨等取城七 斬首二千 軍官文潁取城十二 擊狄兵 斬首七千級 獲戰馬兵械甚多".

60) 『삼국사기』권 제7, 신라본기 제7, 문무왕 11년 7월, "置所夫里州 以阿湌眞王爲都督".

61) 『삼국사기』권 제40, 잡지 제9, 직관하, "百濟人位 文武王十三年 以百濟來人授內外官 其位次視在本國官銜 京官 大奈麻 本達率 奈麻本恩率 大舍本德率 舍知本扞率 幢本奈率 大烏本將德 外官 貴干本達率 選干本恩率 上干本德率 干本扞率 一伐 本奈率 一尺本將德".

62) 黃壽永, 1998, 앞의 책, p.104.

년도 더 지난 시점에 만들어진 불상에, 그것도 다른 인물들은 신라 관등을 소지하였음에도, 본인만은 백제 관등을 칭하고 있다. 조치에 따른다면 신차는 그 관등을 '大乃末'(大奈麻)이라 표하였어야 한데, 실상은 그렇지 않은 것이다. 따라서 그가 왜 달솔이란 옛 백제 관등을 내세울 수 있었는지에 대해서 논의가 오갔다.

이에 대해 진무 등은 신라의 회유책에 응한 이들이고, 신차는 그와 달리 멸망한 백제에 대한 미련을 가지고 있었다거나,[63] 福信이나 흑치상지의 예에서 보이듯 달솔이 부흥운동을 실질적으로 이끌어 나갔던 계층이었으므로 신라가 달솔 관등 소지자들을 견제하고자 하였고, 신차는 그에 대한 불만으로 본인의 본래 관등을 칭했다고 여기기도 한다.[64] 이를테면 신차가 불만을 품고 독자적으로 그렇게 행동했다는 것이다. 그런데 꼭 그렇게 볼 수 있을지는 모르겠다. 관등 소지자 대부분의 신라의 그것을 띠고 있는 상황에서, 더욱이 신라의 國王과 大臣을 염두에 둔 불사와 관련된 일에서 저항 의식의 발로로 백제 관등을 버젓이 내세우기는 쉽지 않은 일일 것 같기 때문이다.[65] 설령 신차가 그러한 마음가짐을 가지고 있었다 해도, 그것을 밖으로 드러내기란 쉽지 않은 일이다.

한편으로는 신라의 관등 수여가 京位와 外位로 구분되어 이루어졌기에, 불만을 품은 백제 유민들이 경위를 칭하거나 혹은 백제 관등을 썼다고 보기도 한다.[66] 이 또한 넓은 틀에서 보자면 불만으로 인해 그러하였다는 것이다. 그런데 명문에 이름을 남긴 것은 해당 지역에 있던 사람들 중 일부였고, 이들 신라 관등 소지자 대개는 애초 경위를 받은 반면, 외위를 받은 인물들은 명문에 언급되지 않았기에 그러했을 가능성도 있다.

그밖에 신차가 신라의 관등을 받지 못한 것이라 이해하기도 한다.[67] 그러나 만일 신라의 조정에 의해 관등을 받지 못한 것이라면 그러한 인물이 명문 앞부분에 언급되고 있는 현상을 선뜻 이해하기도 쉽지 않다. 신차가 신라 관등을 못 쓴 것이 아니라 안 썼으며, 그 배경이 무엇인지에 대해 생각해보는 편이 실상에 부합하리라 여겨진다. 그 면에서 신차가 자신의 정치적·신분적 위상을 보여주기 위해 달솔 관등을 버리지 않았다고 보는 설[68]도 주목된다. 단 홀로 백제 관등을 외부적으로 드러내는 일이 과연 온전히 자신의 의지로만 가능한 일인지도 의문이다. 다른 이들과 구별되는 본인의 특별한 선택이 허용될 수 있었던 배경 또한 존재했다고 보는 편이 보다 타당하리라 생각한다. 아무리 과거라 하여도 보는 눈과 듣는 귀는 있기 때문이다.

---

63) 김주성, 2000, 앞의 논문, p.75; 盧重國, 1988,「統一期 新羅의 百濟故地 支配-《三國史記》職官志·祭祀志·地理志의 百濟 關係記事分析을 中心으로-」,『韓國古代史研究』1, p.152; 조경철, 2004, 앞의 논문, pp.322~323.

64) 김수태, 2003, 앞의 논문, p.277.

65) 신라 관등 소지자들은 백제 유민이었다가 신라에 귀부한 계층으로, 이들은 당시 신라의 국왕과 대신들을 위해 사찰을 조영하였던 것으로 이해된다(金昌鎬, 1991, 앞의 논문, pp.141~142).

66) 金壽泰, 1999, 앞의 논문, p.57.

67) 곽동석, 2013, 앞의 논문, p.84.

68) 오택현, 2013, 앞의 논문, p.197.

백제 유민에 대한 신라 조정의 관등 수여 조치를 보면 제1관등인 좌평에 대한 부분이 없는데, 이는 당의 고위층 압송 조치나 이어지는 전란으로 인하여 해당 관등을 가진 인물이 거의 없었기 때문이다.[69] 다시 말해 당시 달솔 관등 소지자는 사실상 백제 유민 가운데 최고의 위상을 가진 인물이라 하겠다. 「흑치상지묘지명」에서도 나오듯 黑齒常之 가문이 흑치 지역에 머문 뒤 대대로 달솔을 역임했던 것을 보면,[70] 신차의 가문 또한 재지 사회에서 그러한 위상을 가졌을 가능성이 있으며, 그것이 신차가 백제 관등을 칭할 수 있던 배경으로 작용하였을 수 있다.[71] 나아가 본래 왕실의 일파로 여겨지는 흑치상지나 계백의 관등이 달솔이었던 점을 보면, 신차 또한 백제 왕실과 모종의 관계를 가지고 있다거나 거기서 分枝化한 집안 출신일 가능성도 있다. 여하튼 달솔이란 관등이 당시 사회에서 가지는 위상은 강고하였을 것이다.

이러한 상황 속에서 673년 1~4월 사이 신라 조정에서는 자국의 관등을 쓸 것을 조치하였다. 당시 연기 지역에서 백제를 부흥하고자 하는 뚜렷한 움직임이 있었다고 보기는 힘들고, 아울러 신라는 670~671년 이후 옛 백제 지역에 대한 통제를 강화해 나갔으리라 여겨진다. 당과의 전쟁이 이어지고 있고, 조치가 취해진 지 오래지 않았을 시점이기에 신라 조정의 명령이 곧바로 일률적으로 이루어지지 못했을 가능성이 크다. 더욱이 신차는 앞서 보았듯이 나름의 세력 기반을 가지고 있었다. 물론 신차가 아무리 강대한 세력을 가졌다 해도 조정의 명령을 함부로 거부하면서, 그 와중에 신라 관등 소지자들과 불상을 함께 조성했다고 보기는 어렵다.

그렇다면 어떻게 이해해야 할까? 아마도 673년 조치 이후 경우에 따라 일정 정도 유예 기간이 두어졌거나, 혹은 특정 계선을 그어 그 아래의 관등 소지자들에 대해서만 우선적으로 신라 관등을 쓰도록 강제되었던 것이 아닌가 한다. 후자라면 백제 존속 당시 덕솔이었을 진무가 대사를 칭하였으니, 달솔을 제외한 나머지 관등이 일차적인 집행 대상이라고 볼 수 있겠다. 좌평과 달솔까진 정해진 인원이 있었으나 은솔부터는 그것이 없다는 것[72]에서도 볼 수 있듯이, 백제 존속 당시에도 달솔과 은솔 사이에는 모종의 사회적 계선이 존재했을 것으로 보이는 점을 생각하면 더욱 그러하다. 단 신라의 옛 백제 지역에 대한 지배력이 강화됨에 따라 종국에는 신차도 달솔 대신 대나마란 관등을 사용할 수밖에 없었을 것이며, 그 시기는 673년 이후 삼국통일이 완료된 676년 전후한 시점 사이로 추정된다.

---

69) 李鍾旭, 1999, 『新羅骨品制研究』, 一潮閣, p.259.

70) "府君諱常之 字恒元 百濟人也 其先出自扶餘氏 封於黑齒 子孫因以爲氏焉" 판독문은 宋基豪, 1992, 「黑齒常之 墓誌銘」, 『譯註 韓國古代金石文 I -고구려·백제·낙랑 편-』, 駕洛國史蹟開發研究院, p.507 참조.

71) 강종원, 2012, 앞의 논문, pp.30~31. 여기서는 신차를 재지세력으로 파악하고 있는데 선뜻 동의하기는 어렵다. 애초 해당 지역에 웅거하던 가문이 달솔을 역임할 정도로 성장했다고 보기보다는, 후술하듯 본디 왕실의 일원 혹은 고위 귀족 출신이었다가 재지세력이 되었거나, 혹은 모종의 이유로 이 지역에 머물게 된 중앙귀족으로 이해하는 편이 자연스럽지 않을까 한다.

72) 『주서』 권49, 열전 제41, 이역상 백제, "左平五人 一品 達率 三十人 二品 …… 自恩率以下 官無常員".

4) 國王·大臣의 실체

　계유명 아미타삼존사면석상은 물론이요, 계유명 삼존천불비상 명문에서도 國王과 大臣을 위하여 사찰 혹은 불상을 만든다는 문구가 나온다. 이 불상들의 조성될 때에는 이미 백제가 멸망하고 웅진도독부 또한 와해된 뒤이다. 단 그럼에도 백제 멸망으로부터 엄청나게 오래된 시점도 아니기에 국왕과 대신은 누구를 지칭하는지에 대한 궁금증이 증폭되었다. 물론 이것을 불상 명문에 의례적으로 언급되는 형식이긴 하지만,[73] 그렇다 해도 어떠한 지칭 대상은 있었다고 보는 편이 자연스러울 것이다. 특정 왕 재위 기간에 만들어진 명문에 나오는 국왕이란 호칭이 명목상이라 할지라도 결국에는 그 왕을 지칭하고 있는 것처럼 말이다.

　먼저 백제의 국왕과 대신으로 보는 입장으로, 불상이 백제 유민들에 의해 만들어졌다는 점에 주목하여 망국의 군주와 대신의 명복을 빌고 극락왕생을 바라는 것으로 받아들였다.[74] 그런데 이미 671년에 소부리주가 설치되었고, 673년에는 신라 관등 수여와 함께 外司正이 두어졌으며,[75] 675년에는 州郡印이 만들어지는 등[76] 신라 조정의 지방 장악은 급속도로 진전되고 있었다. 연기의 상황 또한 크게 다르지는 않았을 것이기에, 그렇게 보기에는 무리가 있지 않을까 한다.

　다음으로 신라의 국왕과 대신으로 보는 입장으로, 명문의 백제 유민 대개가 신라 관등을 띠고 있고,[77] 위에서 언급하였듯이 당시 신라의 지배력이 강화되고 있던 시기였다는 점에 근거하고 있다.[78] 명문에 백제 부흥운동과 관련된 내용이 전혀 없다는 사실[79]을 아울러 생각하면, 국왕과 대신은 신라 조정의 그들이라고 보는 편이 자연스러울 것이다. 계유명 아미타삼존사면석상 우측면의 "含靈"이란 표현이 망자의 영혼이 아니라 法界衆生을 의미하기에[80] 죽은 이들을 위해 조성했다고 보기 힘들다는 점을 생각하면 더욱 그러하다.

　단 표면적으로는 신라의 국왕과 대신들을 위한다고 하였으나 실제로도 그들이 그러했을지는 알 수 없다. 계유명 아미타삼존사면석상을 비롯하여 계유명 삼존천불비상·무인명 연화사 사면석상·기축명 아미타불석상 등 삼국통일 직후에 만들어진 연기 일대 불상군을 보면, 이들은 납석이라는 재료 뿐 아니라 표현 양식 면에서도 백제의 옛 유형을 따르고 있다.[81] 이를 통해 백제계 장인들이 불상 조성에 참여

---

73) 金英美, 1994, 『新羅 佛敎思想史 硏究』, 民族社, p.133.

74) 김주성, 2000, 앞의 논문, p.76; 秦弘燮, 1962, 「癸酉銘 三尊千佛碑像에 대하여」, 『歷史學報』17·18, p.98; 최병식, 2003, 앞의 논문, p.422.

75) 『삼국사기』 권 제7, 신라본기 제7, 문무왕 13년, "始置外司正 州二人郡一人".

76) 『삼국사기』 권 제7, 신라본기 제7, 문무왕 15년 정월, "以銅鑄百司及州郡印 頒之".

77) 金昌鎬, 1991, 앞의 논문, pp.140~141.

78) 김수태, 2003, 앞의 논문, p.278.

79) 곽동석, 2013, 앞의 논문, p.84.

80) 곽동석, 2013, 위의 논문, p.84; 金昌鎬, 1991, 앞의 논문, p.140.

81) 곽동석, 2013, 위의 논문, p.76; 박영민, 2010, 앞의 논문, p.150; 鄭恩雨, 2003, 앞의 논문, p.90; 최병식, 2003, 앞의 논문, p.422.

하였고, 발원자들 또한 백제 유민들이었음을 엿볼 수 있다.[82] 아마도 발원자들이 亡國의 현실은 인정하였으나 백제 유민으로서의 정체성을 가지고 있었기에 옛 백제 양식으로 불상을 조성하려 하였던 것이 아닌가 한다.[83] 명문에 언급된 백제유민 대개가 신라의 관등을 칭하면서 겉으로는 신라의 권위를 인정한 것 같음에도, 실상은 복잡한 심경이었음을 알 수 있다.

그 면에서 주목되는 것은 이 시기에 조성된 불상들이 아미타신앙에 근거하여 조성되었다는 사실이다. 아미타불은 죽어서 가는 서방정토의 구세주로 죽음과 맞닿아 있는 중생들에게 위안을 주는 존재이다. 따라서 이 불상 명문들이 표면적으로는 신라의 국왕과 대신들을 위한다고 나오지만, 심정적으로는 백제의 국왕과 대신들을 위하는 것이었다고 볼 수도 있다.[84] 한편으로는 아미타신앙이 현세 도피적이고 염세적이기에 조성 세력이 신라 왕권에 비판적이었다 해도, 실제로는 타협적인 국면을 드러낸 것으로 생각할 수도 있다.[85] 어떻게 보든 國王·大臣의 실체가 복합적이라는 것인데 필자 또한 공감한다.

백제가 멸망하고 이제는 '신라인 아닌 신라인'으로서 참담한 삶을 살아가야 하였기에 불사에서도 신라 조정을 언급하게 되었으나, 아미타신앙에 의지한 채 망국의 스타일로 불상을 만들며 사라져간 이들을 마음 한 구석에 담아두는 것. 이것은 시간과 공간만 다를 뿐 어느 경우에나 생길 법한 일들이 아닐까 한다. 뒤집어 보자면 백제에 대한 미련이 있다 해도 신라 관등을 칭할 수밖에 없고 신라 조정의 안녕을 빌 수밖에 없는 상황인데, 이는 신라의 백제 지역 지배가 나름대로는 순조롭게 이루어지고 있었음을 보여주는 하나의 사례이기도 할 것이다. 아마 673년에는 신차가 달솔이라 하였으나 계속 속세에 머물렀다면, 오래지 않아 신라 조정의 새로운 조치가 내려지기도 전에 스스로 대나마임을 인정하였을지도 모른다. 사람도 그대로이고 산수도 그대로인데 사직이 사라지고 凶賊으로 여기던 이들의 신민이 되었을 때의 그 고뇌를 잘 보여주는 것이 바로 이 불상이 아닐까 한다.

투고일 : 2014. 4. 25   심사개시일 : 2014. 4. 27   심사완료일 : 2014. 5. 7

---

82) 鄭恩雨, 2003, 위의 논문, p.90.
83) 박영민, 2010, 앞의 논문, p.150.
84) 盧重國, 1988, 앞의 논문, pp.152~153; 조경철, 2004, 앞의 논문, pp.324~326.
85) 김수태, 2003, 앞의 논문, p.279.

국립경주박물관 편, 2002, 『文字로 본 新羅』, 국립경주박물관.

국립청주박물관 편, 2013, 『불비상 염원을 새기다』, 국립청주박물관.

文明大, 1980, 『韓國彫刻史』, 悅話堂.

李蘭暎 編, 1968, 『韓國金石文追補』, 中央大學校出版部.

충청남도역사문화원 편, 2005, 『百濟史資料原文集(Ⅰ)-韓國篇-』, 충청남도역사문화원.

許興植 編, 1984, 『韓國金石全文-古代篇-』, 亞細亞文化社.

黃壽永, 1976, 『韓國金石遺文』, 一志社; 1999, 『黃壽永全集4-금석유문-』, 혜안.

中吉功, 1971, 『新羅·高麗の佛像』, 二玄社.

강종원, 2012, 「백제시대 연기지역의 在地勢力과 眞氏」, 『백제와 주변세계』, 진인진.

곽동석, 2013, 「연기지방 불비상의 조형미」, 『불비상 염원을 새기다』, 국립청주박물관.

金壽泰, 1999, 「新羅 文武王代의 對服屬民 政策-百濟遺民에 대한 官等授與를 中心으로-」, 『新羅文化』 16.

김수태, 2003, 「燕岐地方의 百濟復興運動」, 『先史와 古代』19.

金貞淑, 1992, 「癸酉銘 阿彌陀佛三尊四面石像」, 『譯註 韓國古代金石文』2, 駕洛國史蹟開發硏究院.

金周成, 1990, 「百濟 泗沘時代 政治史 硏究」, 全南大學校博士學位論文.

김주성, 2000, 「연기 불상군 명문을 통해 본 연기지방 백제유민의 동향」, 『先史와 古代』15.

金昌鎬, 1991, 「癸酉銘阿彌陀三尊佛碑像의 銘文」, 『新羅文化』8.

盧重國, 1988, 「統一期 新羅의 百濟故地 支配-《三國史記》職官志·祭祀志·地理志의 百濟關係記事分析을 中心으로-」, 『韓國古代史硏究』1.

박영민, 2010, 「忠南 燕岐地域 蠟石製 佛像群 硏究」, 『東岳美術史學』11.

성재현, 2013, 「계유명전씨아미타불비상 글자의 내용」, 『불비상 염원을 새기다』, 국립청주박물관.

宋基豪, 1992, 「黑齒常之 墓誌銘」, 『譯註 韓國古代金石文Ⅰ-고구려·백제·낙랑 편-』, 駕洛國史蹟開發硏究院.

오택현, 2013, 「백제 복성(複姓)의 출현과 그 정치적 배경」, 『역사와 현실』88.

尹善泰, 2005, 「新羅 中代末~下代初의 地方社會와 佛敎信仰結社」, 『新羅文化』26.

全榮來, 1994, 「燕岐 碑岩寺石佛碑像과 眞牟氏」, 『百濟硏究』24.

鄭恩雨, 2003, 「燕岐 佛碑像과 충남지역의 백제계 불상」, 『百濟文化』32.

조경철, 2004, 「백제 유민의 숨결, 계유명아미타불삼존불비상」, 『고대로부터의 통신』, 푸른역사.

朱甫暾, 1989, 「統一期 地方統治體制와 整備와 村落構造의 變化」, 『大邱史學』37.

秦弘燮, 1962, 「癸酉銘 三尊千佛碑像에 대하여」, 『歷史學報』17·18.

최병식, 2003, 「癸酉銘三尊千佛碑像에 대한 再檢討」, 『先史와 古代』19.

홍련희, 2011, 「7世紀 燕岐地域 阿彌陀佛像의 西方淨土圖像 硏究」, 『불교미술사학』11.

洪連禧, 2012, 「7世紀 阿彌陀佛像의 圖像 硏究」, 『韓國古代史探究』10.

黃壽永, 1960, 「碑巖寺所藏의 新羅在銘石像」, 『考古美術』1-4; 1998, 『黃壽永全集1-한국의 불상 (상)-』, 혜안.

黃壽永, 1962, 「燕岐 蓮花寺의 石像」, 『考古美術』3-5; 1998, 『黃壽永全集1-한국의 불상(상)-』, 혜안.

黃壽永, 1964, 「忠南燕岐 石像調査-百濟遺民에 의한 造像활동-」, 『藝術院論文集』3; 1998, 『黃壽永全 集1-한국의 불상(상)-』, 혜안.

〈Abstract〉

The Study of Kyeyumyeong Amita Samjonsamyeon Seoksang's epitaph

Kang, Jin-won

Kyeyumyeong Amita Samjonsamyeon Seoksang was created by the ancient Baekje people in 673. The epitaph that is inscribed on this statue states that the temple and the statue were made for the sake of king, vassals, and common people. It is inscribed on all sides of the statue, starting from its right side. When we read this epigraph, we can find the names of those who made the temple and the statue. These people are from diverse origins; while the majority of them use the official ranks of Shilla, Shincha uses Dalsol, an official rank of Baekje. In 673, Shilla forced the displaced people of Baekje to use the official ranks of Shilla. It can be assumed that the high-ranking aristocrats like Shincha were given a grace of time. I conclude that the displaced people of Baekje were unofficially maintaining their loyalty to Baekje, their lost kingdom, with the aid of the Amitabha Buddhism, while they acknowledged the authority of the king and the vessels of Shilla on the official level.

▶ Key words : the displaced people of Baekje, the right side of Kyeyumyeong Amita Samjonsamyeon Seok-sang, Dalsol, Shincha, Amitabha Buddhism

扶餘 지역 출토 印刻瓦와 기타 명문자료

최경선*

〈국문 초록〉

　扶餘는 538년에 遷都한 이후부터 멸망할 때까지 100여 년간 백제의 都城이었던 곳으로 많은 銘文資料가 계속해서 出土되고 있다. 부여지역에 대한 조사는 일제시기부터 이루어져 印刻瓦를 비롯한 여러 명문자료가 일찍부터 출토·수습되었다. 해방 이후에는 부여지역에 대한 계획적이고 장기적인 학술조사와 구제 발굴 등을 통해 꾸준히 명문자료가 축적되고 있다.

　여기에서는 부여지역 가운데 東南里, 佳塔里, 軍守里, 井洞里, 佳增里, 龍井里, 石木里, 舊校里, 窺岩面, 場岩面 등지에서 출토·수습된 인각와를 비롯한 명문기와와 명문토기 등을 중심으로 명문자료를 정리하면서, 초기에 발견된 명문자료에 대한 혼란을 정리하고, 최근의 발굴성과를 가능한 한 반영하고

---

*　연세대학교 박사과정

자 하였다.

부여지역에서 출토된 명문자료 가운데 큰 비중을 차지하는 것 중 하나가 인각와이다. 泗沘都邑期의 특징적인 유물인 인각와의 명문은 기와의 생산시기나 기와를 생산 또는 공급한 집단을 표시하거나 檢證印의 성격을 가진 것으로 추정된다. 인각와를 생산 또는 공급한 집단은 백제 중앙의 五部나 解氏, 斯氏, 毛氏 등 귀족세력과 관련된 것으로 보인다. 이러한 명문자료는 백제의 도성제이나, 기와나 토기의 생산과 공급 등 사비시기 백제를 연구하는 데 기초적인 자료로서 활용된다.

▶ 핵심어 : 泗沘都邑期, 百濟, 扶餘, 銘文資料, 印刻瓦

I. 개관

여기에서는 백제의 도성이었던 부여지역 내에서 출토된 명문 자료 중 목간자료와 부소산성, 관북리, 쌍북리, 능산리, 구아리 등에서 출토된 토기류, 와전류, 금속제 등의 명문자료 등을 제외한 나머지 명문자료를 다루었다. 부여는 538년(성왕 16) 천도한 이후부터 멸망할 때까지 100여 년간 백제의 도성이 있었던 곳으로 寺址나 건물지 등에서 적지 않은 명문자료가 계속해서 출토되고 있다.

부여지역에 대한 조사는 일제시기부터 이루어졌다. 조선총독부에 의한 고적조사의 차원이나 지역의 부여고적보존회나 개인 수집가 등의 활동에 의해 유적지가 조사되고, 유물이 수집되었다. 왕흥사지 (1934),[1] 군수리사지(1935, 1936),[2] 가탑리사지(1938),[3] 동남리사지(1938),[4] 부소산폐사지(1942), 정림사지(1942~1943), 금성산폐사지(1942), 구아리사지(1942),[5] 구교리사지 등이 조사되었는데, 그러한 과정 속에서 인각와를 포함한 여러 유물이 발견되었다. 1936년에 나온 사이토 타다시(齋藤忠)의 논문을 통해 부소산성과 관북리, 쌍북리 등지에서 많은 인각와가 출토되었으며, 정림사지나 가탑리, 규암면, 군수리사지 등에서 소량의 인각와가 발견되었음을 알 수 있으며,[6] 인각와에 찍힌 명문이 기와 제작 시기나 기와를 생산한 집단과 관련이 있음이 처음 지적되었다. 그러나 일제시기 조사보고서가 소략하게 작성되거나, 아예 작성되지 않아서 이 시기 출토되거나 수습된 인각와에 대한 정보를 충분히 얻을

---

1) 鄭僑源 編, 1934, 『扶餘古蹟名勝案內記』, 扶餘古蹟保存會, p.38.

2) 石田茂作, 1937, 「扶餘軍守里廢寺址發掘調査(槪要)」, 『昭和11年度 古蹟調査報告』, 朝鮮古蹟研究會.

3) 石田茂作, 1938, 「扶餘東南里廢寺址發掘調査」, 『昭和13年度 朝鮮古蹟調査報告』, 朝鮮古蹟研究會.

4) 石田茂作, 1938, 「扶餘佳塔里廢寺址の試掘」, 『昭和13年度 朝鮮古蹟調査報告』, 朝鮮古蹟研究會.

5) 40년대 이루어진 발굴조사에 대해서는 李炳鎬, 2007, 「扶餘 舊衙里 出土 塑造像과 그 遺蹟의 性格」, 『百濟文化』36, pp.68 ~69 참조.

6) 齋藤忠, 1939, 「百濟平瓦に見られる刻印銘に就いて」, 『考古學雜誌』29-5, pp.31~32의 논문에는 모두 29점의 인각와 탁본이 수록되어 있는데, 출토지는 알 수 없다. 『朝鮮古蹟圖譜 3』(조선총독부, 1916)와 『博物館 陳列品圖鑑』(조선총독부 박물관)에도 인각와 사진이 수록되어 있다.

수 없는 상태이다.

해방 이후 부여지역에 대한 계획적이고 장기적인 학술조사와 구제 발굴 등을 통해 최근까지 계속해서 명문자료가 축적되고 있다. 부여지역에서 출토되는 명문자료는 백제 도성의 성격이나, 기와나 토기의 생산과 공급 등 사비시기 백제를 이해하는 데 의미 있는 자료이다. 부여지역 내에서 출토·수습된 인각와를 비롯한 명문기와와 명문토기 등의 명문자료를 정리하면서 초기에 발견된 명문자료에 대한 혼란을 정리하고, 최근의 발굴성과를 가능한 한 반영하고자 하였다.

II. 동남리

1. 향교 부근 田地(동남리 445-1번지 일대)

일제시기에 부여 향교 부근 田地에서 '前部'명 표석과 '左卩乙瓦', '首卩甲瓦', '石卩乙瓦', '後卩乙瓦' 등의 인각와가 출토된 것으로 전한다.[7] 부여향교는 정림사지 북쪽으로 사지를 내려다보는 곳(부여읍 동남리 445-1)에 있다.[8] 본래 부여읍 구교리의 부소산 서쪽에 있던 것을 18세기 말에 현 위치로 이전하였으며, 1916년 부여군수 안기선이 중수하였다고 한다. 인각와는 지금의 동남리 445-1번지 주변에서 수습되었을 것이다.

1) '左卩乙瓦'銘 인각와

실물을 확인할 수 없다. 실제 명문은 '上卩乙瓦'일 것으로 추정되기도 하나,[9] '左卩乙瓦'로 판독되었던 왕궁리와 미륵사지의 인각와가[10] '寺下乙瓦'로도 판독된 점을 고려하면, '上卩乙瓦'로 추정하기는 어렵다고 판단된다.

2) '前卩甲瓦'銘 인각와

'首卩甲瓦'로 소개되었으나, 실제 명문은 '前卩甲瓦'로 판독된다고 한다.[11] 해당 인각와의 출토지나 소재가 불분명하여 확인할 수 없다고 한다.[12] 『百濟瓦塼圖錄』(1983)에 수록된 534번 인각와의 경우,

---

7) 洪思俊, 1971, 「百濟城址研究」, 『百濟研究』2, p.122.

8) 충청남도·충남대학교 박물관, 2002, 『부여의 문화유산』, p.168 참조.

9) 金英心, 1992, 「3. 扶餘地域 出土 瓦·塼銘」, 『(譯註) 韓國古代金石文 제1권, 고구려.백제.낙랑편』, 駕洛國史蹟開發研究院, p.194; 충청남도역사문화연구원, 2008, 『百濟史資料譯註集: 韓國篇 I』, 충청남도역사문화연구원, p.767 각주 23번.

10) 이다운, 1999, 「百濟五部銘刻印瓦について」, 『九州古文化研究會』43, pp.100~101, p.103 圖5-12 참조. 오른쪽 상단 글자만 좌서되었다고 보아, '左'로 읽었다.

11) 金英心, 1992, 앞의 글, p.195; 충청남도역사문화연구원, 2008, 앞의 책, p.767 각주 26번.

12) 이다운, 1999, 앞의 글, p.122 각주 20번.

'前ㅏ甲瓦'로 판단되는데, 인각의 우측 상단이 결실되어 남은 부분만 보면 '首'자로 읽었을 개연성이 있다.[13] 해당 인각와가 향교 부근 田地에서 출토된 인각와일 가능성을 제시해둔다. 『백제와전도록』에서는 이 기와의 명문을 '甲田瓦' 또는 '甲旨(?)'로 읽었다.[14] 글자는 음각되어 있다.[15]

『百濟瓦塼圖錄』(1983), 534번

五部銘 인각와에 대해서는 크게 두 가지 견해가 있다. 인각와가 귀속인으로서 생산집단과 관련된 성격과 검증인으로서의 성격을 함께 지닌다고 보는 견해가 있으며,[16] 한편에서는 같은 형태의 인각와 중에 오부명과 무관한 사례들이 있으며, 각기 다른 부의 기와가마에서 생산되었다면, 인장형태에서 차이가 있어야 하는데 그렇지 않다는 점을 근거로 건축물 내에서 기와의 사용처를 표시한 것이라는 주장도 있다.[17] 익산 왕궁리 유적 내에서 인각와가 출토되는 양상이 일정한 규칙성이 보이지 않으며,[18] 주로 암키와에 인각와가 찍힌 점 등을 고려하면, 인각와가 사용처와 관련된다는 주장은 무리한 점이 있다.

3) '右ㅏ乙瓦'銘 인각와

실물을 확인할 수 없다. 맨처음에는 '石ㅏ乙瓦'로 소개되었으나,[19] '石'이 아니라 '右'일 가능성이 클 것이다. 지금까지 '右ㅏ乙瓦'명 인각와에 대한 보고 사례가 없기 때문에, '上ㅏ乙瓦'나 '下ㅏ乙瓦'의 오독이거나, 부소산성에서 출토된 '右城甲瓦'명 인각와일 가능성이 제기되었다.[20] 그러나 '甲瓦'를 '乙瓦'로 오독할 가능성은 낮을 것이며, 지금까지의 사례 중에서 '右寺乙瓦'와 가장 유사한 것으로 생각된다.

4) '後ㅏ乙瓦'銘 인각와

좌변을 'ㅓ'로 표기한 경우도 있으나,[21] 이는 '後'를 잘못 읽은 것으로 판단된다.[22] '後ㅏ乙瓦'명 인각

---

13) '前ㅏ甲瓦'명 인각와는 관북리에서 3점, 부소산성에서 7점 출토되었으며, 출토지 미상인 것이 1점이다(沈相六, 2005, 앞의 글, p.14 〈표 2〉 참조). 『백제와전도록』에 수록된 '전부갑와'명 인각와는 출토지 미상으로 파악된 것으로 생각된다.

14) 財團法人 百濟文化開發硏究院, 1983, 『百濟瓦塼圖錄』, p.413.

15) ○○甲瓦'는 양각이고, '○○乙瓦'는 음각인 점이 특징으로 지적된 바 있는데(이다운, 1999, 앞의 글, pp.99~100), 이 경우는 예외적인 사례인가 의문이다.

16) 이병호, 2004, 「기와 조각에서 찾아낸 백제 문화, 인각와」, 『고대로부터의 통신』, 푸른역사; 沈相六, 2005, 「百濟時代 印刻瓦에 關한 硏究」, 공주대학교 석사학위논문.

17) 林仲煥, 2008, 「百濟 金石文 資料의 分類와 形態的 分析」, 『東垣學術論文集』8, pp.49~50.

18) 沈相六, 2005, 앞의 글, pp.28~29 참조.

19) 洪思俊, 1971, 앞의 글, p.122.

20) 충청남도역사문화연구원, 2008, 앞의 책, p.767 각주 29번.

21) 金英心, 1992, 앞의 글, p.195.

와는 관북리 왕궁지와 부소산성 등에서도 출토된 바 있다.[23] 『百濟瓦塼圖譜』
(1972)에 실린 '後ㄷ乙瓦'명 인각와는 출토지 미상으로 소개되었는데,[24] 이것
이 관북리 왕궁지나 부소산성에서 출토된 것이 아니라면[25] 동남리에서 출토
되었을 가능성이 있다. 음각으로 테두리가 둘려져 있으며, 글자도 음각되어
있다.

『百濟瓦塼圖譜』(1972),
도145

5) 참고문헌

洪思俊, 1971, 「百濟城址硏究」, 『百濟硏究』2
忠南大學校 百濟硏究所, 1972, 『百濟瓦塼圖譜』
財團法人 百濟文化開發硏究院, 1983, 『百濟瓦塼圖錄』

2. 錦城山

금성산은 부여 시가지 동쪽에 자리하고 있는 표고 121m의 산으로 가
마터와 사지 등 백제시기의 유적이 다수 분포하고 있다. 그중 '금성산백
제와적기단건물지'(동남리 산 10-1, 34-1·2, 35번지)는 금성산 서남록
에 위치한다. 이 건물지는 1944년 금성산 순환도로를 만들기 위한 작업
을 하던 도중 발견되어 당시 후지사와 카즈오(藤澤一夫)에 의하여 긴급
조사되었다.[26] 이때 석조여래입상, 청동제소탑편과 더불어 부여읍 구아
리 구경찰서 부지에서 출토된 '天王'명 수키와와 동일한 명문기와가 발견
되어 '傳 天王寺址'라고 부르게 되었다.[27] 국립부여박물관이 금성산의 신
부지로 이전하게 되면서 1989년 이 지역에 대한 발굴조사가 이루어졌다.
발굴조사 결과 寺址로 볼 만한 유적이 확인되지 않고 와적기단으로 된 건
물지 1동만 발견되어 '금성산백제와적기단건물지'로 명명되었다.

금성산 출토 '天王'銘 수키와

'금성산백제와적기단건물지'는 이층기단으로 되어 있으며, 하층기단은 기와를 이용하여 만든 와적기
단으로 기단규모가 동서 18.04m, 남북 14.72m이다. 이층기단에서 남쪽으로 3m 가량 떨어진 곳에 풍

22) 충청남도역사문화연구원, 2008, 앞의 책, p.769 각주 39번.
23) 沈相六, 2005, 앞의 글, p.14 〈표 2〉 부여지역 인각와 출토현황 참조.
24) 이다운, 1999, 앞의 글, p.100.
25) 沈相六, 2005, 앞의 글, p.14 〈표 2〉에는 관북리 출토 3점, 부소산성 출토 1점, 기타 유적 출토 1점으로 정리되어 있다.
26) 문화재청, 국립부여문화재연구소, 2008, 『백제폐사지 학술조사보고서-扶餘郡 篇-』, p.100.
27) 고려시기 기와로 추정되며(충청남도·충남대학교 박물관, 2002, 앞의 책, p.692), 1989년 조사가 이루어진 곳에서 북동쪽
    으로 떨어진 곳에서 발견된 것으로 전한다(國立扶餘博物館, 1992, 『扶餘錦城山百濟瓦積基壇建物址 發掘調査報告書』,
    p.14).

화암반층을 U자형으로 파내고 기와편, 토기편, 치미편, 잡석, 점토를 섞어 보강한 溝 시설이 발견되었다. 인각와가 溝 시설 내부에서 1점, 지표에서 2점이 수습되었다.

1) '己-酓'銘 인각와(삽도 7-④, 도판 46-①[28])

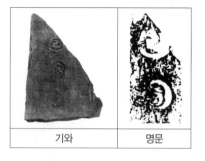

| 기와 | 명문 |

이층기단 앞 溝 시설 안에서 발견된 것으로 직경 2.5㎝의 원형 안에 글자가 한 자씩 음각되어 있다. 발굴보고서에서는 '己 -□'로 하부의 인장 명문을 미상자로 처리하였는데, 탁본으로 보아 왼쪽 부분이 일부 결실되었으나 '酓'자로 판단된다. 보통 '己-酉'로 읽어 간지를 의미하는 것으로 보았지만, '酉'자 위에 획(ʺ)이 더 있기 때문에 '酓'로 판독된다.[29] 음각으로 테두리가 둘러져 있으며, 글자도 음각으로 되어 있다.

2) '巳-助'銘 인각와(삽도 7-⑤, 도판 46-②)

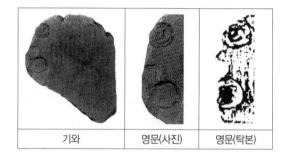

| 기와 | 명문(사진) | 명문(탁본) |

지표에서 수습된 인각와 2점에는 직경 1.5㎝의 원형 안에 '巳', '助'자가 찍혀져 있다. 이 중 1점은 불완전하다. 아래 인장의 명문을 '助(= 늡)'로 보기도 하는데,[30] 탁본으로는 획을 확인하기 어려우며, 사진으로는 '助'인지 '肋'인지 명확하지 않다. 다른 사례를 참조하면 '肋'자일 가능성도 있다. 양각으로 테두리가 둘러져 있으며, 글자도 양각이다.

3) '巳-□'銘 인각와

| '巳-□'銘 인각와 |

금성산 서남록에서 출토된 인각와로 인각이 2개 찍혀 있으며,[31] 인각 부분이 일부 결실되어 상부의 '巳'자만 판독 가능하다.[32] 글자는 양각되어 있다.

---

28) 발굴보고서나 도록에 유물번호나 도면(삽도, 탁본), 도판(사진) 번호가 있는 경우, 이를 표시하였다.

29) 沈相六, 2005, 앞의 글, p.14 〈표 2〉에서도 '己-酓'로 판독하였다. 정림사지에서 출토된 인각와(도판 106-d)의 경우, 동일한 글자로 '酓'자가 뚜렷하다.

30) 노명호 외, 2004, 『韓國古代中世 地方制度의 諸問題』, 집문당, p.331 각주 33번.

31) 금성산백제와적기단건물지와 직접적으로 관련된 유물은 아니다.

4) 참고문헌

國立扶餘博物館, 1992, 『扶餘錦城山百濟瓦積基壇建物址 發掘調査報告書』

충청남도·충남대학교 박물관, 2002, 『부여의 문화유산』

3. 東南里寺址(동남리 211-1번지 외 4필지 일대)

1938년 일본인 이시다 시게사구(石田茂作)에 의해 발굴조사가 이루어져 다양한 와전류와 함께 납석제 불상과 수조 2개 등이 확인되었으며, 그의 보고서에 의하면 남북을 축으로 하여 중문, 금당, 강당만이 배치되고 탑이 없는 특이한 형태의 절터로 주목되었다.[33] 여기에서는 인각와가 1점 출토되었다.

1) '申卩甲瓦'銘 인각와

『百濟瓦塼圖譜』(1972)에 동남리사지에서 출토된 명문기와로 소개되어 있다.[34] 잔존 폭은 7~8㎝이며, 길이는 8.7㎝, 두께는 1.7㎝이다. 연회색이며, 태토는 정선되고 견고하다. 인장의 지름은 도장 지름 3.5㎝이며, 글자 크기는 1.2~1.3㎝ 정도이다. 테두리는 음각으로 되어 있으며, 글자는 양각으로 되어 있다.

'申卩甲瓦'에 대해서는 오부명 인각와 중 '中卩甲瓦'銘 인각와가 지금까지 출토되지 않은 점을 근거로 '신부갑와'를 '중부갑와'로 잘못 새긴 것으로 보아 五部銘 인각와의 하나로 파악하기도 한다.[35] 하지만 '신부갑와' 인각와가 적지 않게 발견되고 있기 때문에 이를 잘못 새긴 것으로 보기는 어렵다.[36]

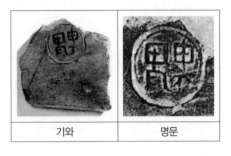

| 기와 | 명문 |

2) 참고문헌

洪思俊, 1971, 「百濟城址研究」, 『百濟研究』2

忠南大學校 百濟研究所, 1972, 『百濟瓦塼圖譜』

---

32) 충청남도·충남대학교 박물관, 2002, 앞의 책, p.614, 소장번호 부여 1327번.

33) 충남대학교박물관, 부여군, 2013, 『부여 동남리유적』 참조.

34) 忠南大學校 百濟研究所, 1972, 앞의 책, p.63, p.71에는 탁본 사진(147번)이 수록되어 있다. 財團法人 百濟文化開發研究院, 1983, 『百濟瓦塼圖錄』, p.278에도 동일한 기와의 사진이 수록되어 있다.
   國立扶餘博物館, 1989, 『(特別展)百濟의 瓦塼』, p.52에서는 동일한 '申卩甲瓦'명 기와를 가탑리사지에서 출토된 것으로 소개하고 있다.

35) 이다운, 1999, 앞의 글, p.99.

36) 김영심, 2007, 「백제의 지방통치에 관한 몇 가지 재검토-木簡, 銘文瓦 등의 문자자료를 통하여」, 『한국고대사연구』48, pp.254~255.

財團法人 百濟文化開發研究院, 1983, 『百濟瓦塼圖錄』

이다운, 1999, 「百濟五部銘刻印瓦について」, 『古文化談叢』43, 九州古文化研究會

4. 화지산(동남리 105번지 일대)

화지산은 부여읍의 남편에 위치하며, 부여읍의 중심부에 있는 금성산에서 서남편으로 뻗어내린 지맥에 해당한다. 서편으로는 일명 '군수뜰'로 불리는 매우 평탄한 대지가 형성되어 있고, 현 화지산 서편으로는 궁남지가 인접해 있다. 화지산이 백제 오천결사대 충혼탑 건립지로 선정되면서 2000년에 구제발굴조사가 이루어졌으며, 이때 4점의 인각와와 명문토기 등이 수습되었다.

1) 인각와(도판 239-5, 6, 탁본 1-1)

가 지구 건물지 2를 조사하던 중에 표토층에서 수습되었다. 회색 연질이며 기와 등면에는 선문이 일부 시문되어 있으며, 두께는 1.3㎝이다. 인장은 지름이 1.7㎝이며, 테두리를 양각으로 둘렀고, 글자도 양각

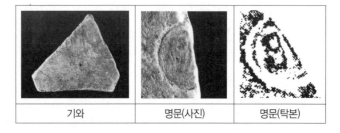

| 기와 | 명문(사진) | 명문(탁본) |

되어 있는, 반 정도가 결실되어 명문을 정확하게 판독하기 어렵다. 다만 '日'자 혹은 '月'자와 비슷한 획이 남아 있는 상태이다. 발굴보고서에서는 다른 사례를 참조하여 '午−助'銘 인각와로 추정하였다.

2) 인각와(도판 239-7, 8, 탁본 1-2)

가 지구 건물지 2의 주변을 조사하던 중 표토층에서 수습되었다. 황색 연질 기와로 기와의 두께는 1.7㎝이다. 인장은 지름 2.7㎝ 크기이며, 양각된 명문은 다소 마모되어 있다. 어느 방향을 위로 보아야 할지 모호한데, 남은 획은 'y'자 혹은 '人'자와 비슷해 보인다. 글자인지 문양인지 판별하기 어렵다.

| 기와 | 명문(사진) | 명문(탁본) | 명문(회전) |

3) '□-□'銘 인각와(도판 240-1, 2, 탁본 6)

가 지구 건물지 2의 내부 와적층에서 출토되었다. 회색의 경질 기와이며, 기와의 등면에는 단선문이 전체적으로 타날되어 있고, 두께는 1.3㎝이다. 인장은 2개가 아래위로 배치되어 있는데, 반파된 상태여

서 정확한 명문은 파악할 수 없다. 아래 인장의 남은 부분에서 '力'자가 보이므로 '助'나 '肋', '肋' 등으로 추정해 볼 수 있다. 보고서에서는 '午-助'로 추정하였다. 지름 1.5cm 정도의 양각 테두리 안에 글자가 양각되어 있다.

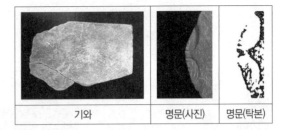

| 기와 | 명문(사진) | 명문(탁본) |

4) '刀'銘 인각와(도판 240-3, 4, 탁본 41-1)

석곽묘 8의 남편인 암반층의 남측 황갈색 사질점토층에서 수습되었다. 회청색 경질의 수키와편이며, 등면은 무문이다.

지름 2.4cm 정도의 테두리

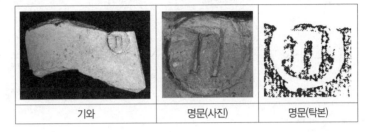

| 기와 | 명문(사진) | 명문(탁본) |

가 음각으로 둘러져 있으며, 그 안의 명문도 역시 음각되어 있다. 기와가 상단 부분이 유실되었으나, 다른 인각와의 사례로 보아 인장 2개가 짝을 이루는 유형으로 추정된다.

5) 대부완(도면 128-9, 도판 220-3)

화지산 라 지구 건물지 8의 북편에 조성된 배수로 내부 퇴적층에서 출토되었다. 회색의 경질토기로서 구연 및 동체 일부가 결실되었으나 전체 기형은 파악 가능하다.

구연부 외측 1개소에는 수직의 침선이 1cm 가량 나있고, 동체의 하단부 굽 바로 위

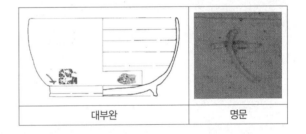

| 대부완 | 명문 |

에는 '七'자 또는 '十'자 모양의 기호가 거꾸로 음각되었으며, 일정한 간격을 두고 '大'자를 음각한 다음 물손질하여 지운 흔적이 확인된다.

구연부 외측의 수직침선은 뚜껑과 세트관계를 표시하기 위한 기호이며, 동체 하부의 기호는 제작수량이나 규격과 관련되었을 것으로 추정된다.

(높이 10.5cm, 구경 19.6cm, 저경 13.2cm, 기벽 두께 0.3~0.8cm)

6) 기대편(도면 178-1, 도판 231-2, 3)

화지산 마 지구 퇴적층에서 출토되었다. 고화도로 소성된 회청색의 경질토기로서 기대의 동체부만 남아 있다. 외기벽에는 사격자문이 불규칙적으로 타날되어 있으며, 등간격으로 굵은 음각선이 돌아간다.

상단부에 기하학적 문양의 인장이 찍혀 있다. 음각의 원 내에 네 개의 타원형이 원을 이루며 양각되

어 있고, 그 중앙부에 원형의 양각 무늬가 조성되어 있다.

(잔존 높이 23.3㎝, 기벽 두께 0.8~1.2㎝)

기대편(사진)	기대편(도면)	문양(사진)	문양(탁본)	문양(도면)

7) 참고문헌

국립부여문화재연구소, 2002, 『화지산 유적발굴조사보고서』

5. 정림사지

정림사지는 부여읍 동남리 254번지 일대에 위치한다. 사지에는 「大唐平百濟國碑銘」이 새겨져 있는 오층석탑 1기가 있고, 신라통일기~고려시대의 양식인 석불좌상이 백제시대 강당지 자리에 안치되어 있다.

정림사지에 대한 최초의 조사는 일제강점기 1940년대에 유적이 부여의 신궁조성계획과 도시계획 대상에 포함되면서 후지사와 카즈오(藤擇一夫)에 의해 이루어졌다. 1942년 1차 발굴조사에서는 '太平八年戊辰定林寺大藏當草'銘 기와가 출토되었고, 명문에 기록된 '定林寺'를 근거로 정림사지로 부르게 되었다.

해방 이후 정림사지에 대한 본격적인 발굴조사는 충남대학교 박물관의 윤무병 교수에 의해 1979년부터 1992년까지 6차례에 걸쳐 실시되었다. 그 결과 삼국시대~고려시대의 유물을 다량 수습하는 성과를 거두었고, 사찰의 가람배치가 일본 고대 사찰인 四天王寺와 같은 1탑 1금당식인 것이 밝혀졌다.

이후 국립부여문화재연구소에서 2008년부터 2010년까지 3년에 걸쳐 중심사역에 대한 전면적인 재조사를 실시하여, 정림사 창건 이전 단계, 백제시대 정림사 창건 단계, 고려시대 중건과 재건 단계가 확인되어 정림사의 대지조성부터 폐사에 이르기까지의 변천과정을 파악할 수 있게 되었다.

일제시기부터 최근까지의 여러 차례에 걸친 발굴조사를 통하여 '刀下', '申卩甲瓦', '後卩乙瓦', '前卩乙瓦', '未-斯', '午-助', '巳-刀', '咨', '戈', '斯' 등 다양한 명문의 인각와와 문양 인각와가 출토·수습되었다.

1) '刀下'銘 인각와(유물번호 90, 도면 56, 사진 310)[37]

2008년 제8차 조사 때 강당지 동편 와적기단의 적갈색사질점토층(백제 성토층)에서 출토되었다. 등면은 태선문이 타날되어 있으며, 흑회색을 띠는 경질기와이다.

인장은 측면에서 8.6㎝ 떨어진 지점에 찍혀 있다. 인장의 지름은 3.3×3.1㎝이며, 0.1㎝ 깊이의 테두리가 음각으로 둘려져 있으며, 그 안에 '刀下'가 상하로 음각되어 있고, '刀'자는 좌서로 되어 있다.

'巳-刀'의 '刀'와 '刀下'의 '刀'가 자형이 다른 점을 근거로, '刀'를 '卩(部)'와 같은 것으로 보기도 한다. 즉 '刀下'를 '部下'로 보고, 5부 아래에 편성되어 있는 5巷를 뜻하는 것으로 해석하였다.[38] 하지만 인각와에 보이는 '卩(部)'자와 '刀下'의 '刀'자도 자형이 다르거니와, 단순히 '卩下'라고만 표기할 경우 어느 부의 어느 항인지, 생산주체를 제대로 밝힐 수가 없다는 점도 문제이다. 여기에서는 '刀下'로 판독해 둔다.
(잔존 길이 10.7㎝, 잔존 너비 15.1㎝, 두께 1.3㎝)

기와(90)	명문(탁본)	명문(사진)	화지산 출토 '刀'銘 인각와	『百濟瓦塼圖譜』, 도145의 卩

2) '□□'銘 인각와(삽도 2-6)[39]

1980년에 정림사지 주변에 대한 환경정비 사업계획이 세워지고, 주차장 예정지역을 대상으로 발굴조사를 실시한 결과, 중문지 정면으로 인접한 지점에서 동, 서 2개의 연못이 발견되었다. 이에 1980~1984년에 3차 걸쳐 발굴 조사하여, 정림사의 입구로 생각되는 남문지 기단과 동, 서 2개의 연지, 그리고 두 연

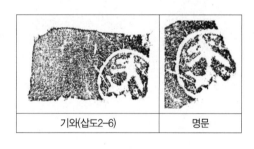

기와(삽도2-6)	명문

못 사이를 경유하는 중앙통로가 발견되었다. 東池 북반부에서 가장 많은 유물이 나왔고, 여기에서 나온 와편은 일부를 제외하고 모두 수집하였다고 하였으므로, 인각와도 東池에서 나온 것으로 추정된다.

삽도 2-6의 인각와는 글자의 획이 분명하지 않아 다소 판독하기 어려운데, '本文'이나 '本夫'으로 추정된 바 있다.[40] 다른 지역에서 출토된 인각와의 사례를 참조한다면, '本支'로 추정해 볼 수 있으나,[41]

---

37) 국립부여문화재연구소, 2011, 『부여 정림사지』.

38) 이다운, 2007, 「印刻瓦를 통해 본 益山의 기와에 대한 연구」, 『고문화』70, pp.105~106. 5부는 물론이고 5부 아래의 5항도 기와를 생산하여 왕실 중심의 국가적 조영사업에 기와를 기진한 것으로 보았다.

39) 尹武炳, 1987, 『扶餘定林寺址蓮池遺蹟發掘調査報告書』, 忠南大學校 博物館.

40) 尹武炳, 1987, 『扶餘定林寺址蓮池遺蹟發掘調査報告書』, 忠南大學校 博物館, p.12; 노명호 외, 2004, 앞의 책, p.349 각주 65번.

상부의 글자가 '本'보다는 '木'자에 가깝고, 하부의 글자는 획이 거의 보이지 않아 단정 짓기 어려워, 미상자로 둔다. 인장의 지름은 2.8㎝이며, 음각의 테두리 안에 글자가 음각되어 있다.

3) '□□'銘 인각와(도판 106-c, 삽도 12)[42]

1979년 10월부터 1980년 3월까지 사지를 전면적으로 발굴조사하는 과정에서 발견되었다.[43] 음각의 테두리가 둘러져 있으며, 글자도 음각되어 있다. 보통 '刀下'로 읽는 인각와와 비슷해 보이기는 하나, 글자가 명확하지 않아 미상자로 둔다.

| 기와(도판 106-c) | 명문(사진) | 명문(탁본) |

4) '申卩甲瓦'銘 인각와(도판 106-b, 삽도 12)[44]

1979년 10월부터 1980년 3월까지 사지를 전면적으로 발굴조사하는 과정에서 출토되었다. 발굴보고서에서는 '甲申'으로 읽었으며, '甲申乙瓦'로 소개되기도 하였으나,[45] 인각와 출토 사례를 고려하였을 때 '申卩甲瓦'로 판단된다. 명문의 하단부가 결실되어 있으며, 인장의 지름은 약 3.6㎝이다. 양각으로 테두리가 둘러져 있으며, 글자는 양각되어 있다.[46]

| 기와[47] | 명문 |

---

41) 이은솔, 2014, 「백제 印刻瓦의 재검토」, 『한국 고대 문자자료 연구』, BK21플러스 동아시아학 융합사업단 국내학술회의 참조.

42) 忠南大學校博物館, 忠清南道廳, 1981, 『定林寺』.

43) 인각와가 출토된 정확한 지점을 파악할 수 없다. 발굴조사 시 백제시대 와편들이 집중적으로 유기된 지역이 몇 개소에 발견되었는데, 그중에서 가장 와당류의 출토수가 풍부하였던 E6, S6의 그리드 내의 와퇴적의 전량을 표본자료로 삼아 채취하여 분류하였다고 하므로(忠南大學校博物館, 忠清南道廳, 1981, 위의 책, p.42), 인각와도 여기에서 출토되었을 가능성이 클 것이다.

44) 忠南大學校博物館, 忠清南道廳, 1981, 위의 책.

45) 金英心, 1992, 앞의 글, p.195.

46) 이다운, 1999, 앞의 글, p.9의 〈표 2〉에서는 이 기와와 별개로 정림사지에서 '申?甲?'銘 인각와(인장 지름 3.7㎝, 두께 1.1~1.4㎝)가 출토된 것으로 정리하였는데, 사실상 동일한 기와라고 판단된다. 표2에 나온 '申?甲?'銘 인각와의 수치는 洪在善, 1981, 「百濟 泗沘城研究」, 동국대학교 석사학위논문, p.48-1의 표 36번 '甲申??'銘 인각와의 수치를 옮긴 것으로 보인다.

47) 忠南大學校博物館, 忠清南道廳, 1981, 『定林寺』와 忠南大學校, 1983, 『博物館圖錄(百濟資料 篇)』에 수록된 기와 사진의 좌우가 반대이다. 기와의 방향을 돌렸을 때 오른쪽에 申, 왼쪽에 甲이 위치한 『定林寺』의 사진을 수록하였다.

5) '後卩乙瓦'銘 인각와(삽도 2-4)[48]

1980년 연지를 발굴하는 과정에서 출토
된 인각와이다. 인장의 우측 상단이 일부
결실되었고, 기와면이 훼손되어 우측 줄
의 글자를 판독하기 어렵다. 발굴보고서
에서는 '中卩乙瓦'로 판독하였고, 이후 대
체로 이를 따랐으나,[49] 탁본상에 'ㆍ'로 보
이는 획이 일부 보이므로, '後卩乙瓦'로 추

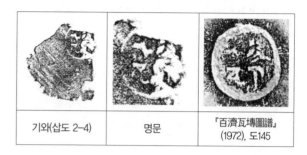

| 기와(삽도 2-4) | 명문 | 『百濟瓦塼圖譜』 (1972), 도145 |

정해 볼 수 있다. 음각의 테두리 안에 글자가 음각되어 있다.

6) '前卩乙瓦'銘 인각와(89, 도면 56, 사진 309)[50]

2008년부터 2010년까지 정림사지
의 중심사지에 대한 전면적인 재조사
를 실시하였을 때, 동회랑지 동편부
(N0E3)의 기와다량 포함층인 적갈색
사질점토층(백제시대층)에서 출토되
었다. 회청색을 띠는 경질기와이며,

| 기와 | 탁본 | 사진 |

등면은 무문이고 물손질로 정리되어 있다. 태토는 점토에 가는 사립이 혼입되어 있다.

측면에서 1.1㎝ 떨어진 지점에 인장이 찍혀 있다. 직경 3.4×3.3㎝, 깊이 0.2㎝인 음각 테두리 안에
글자가 음각되어 있다. 발굴보고서에서는 상단우측 글자를 미상으로 처리하였으나, '前'자로 읽는 데 무
리가 없다고 판단된다.

(잔존 길이 6.1㎝, 잔존 너비 5.8㎝, 두께 1.8㎝)

7) '未-斯'銘 인각와

일제시기에 정림사지 오층석탑 부근에서 '未-斯'銘 인각와가 출토된 바 있다고 한다.[51] 사이토 타다
시(齋藤忠)의 논문에는 '未-斯'銘 인각와 탁본이 하나 수록되어 있는데,[52] 이것이 정림사지에서 출토된
것인지는 불확실하다. 양각으로 테두리가 둘러져 있으며, 글자도 양각으로 되어 있다. '未'는 간지 즉,

---

48) 尹武炳, 1987, 『扶餘定林寺址蓮池遺蹟發掘調査報告書』, 忠南大學校 博物館.
49) 尹武炳, 1987, 위의 책, p.12; 문동석, 2011, 「신발견 백제의 문자자료에 대한 역주」, 『인문논총』23, 서울여자대학교 인
　　문과학연구소, p.185. 이 인각와를 근거로 중부의 위치를 추정한 연구도 있다(이다운, 1999, 앞의 글, p.118).
50) 국립부여문화재연구소, 2011, 앞의 책.
51) 齋藤忠, 1939, 앞의 글, p.311.
52) 齋藤忠, 1939, 위의 글, p.309.

기와의 생산시기와 관련된 것으로, '斯'는 인명과 관련된 것으로 이해된다. 544년에 백제의 사신으로 임나에 파견된 '斯那奴次酒'란 인물이 있으며,[53] 근초고왕 때 고구려의 내침에 책략을 올린 인물로 '斯紀'가 있다.[54] 인각와에서 인명으로 파악된 글자는 기와생산을 담당한 와장의 이름이나 가문을 표시한 것으로 추정된 바 있다.[55]

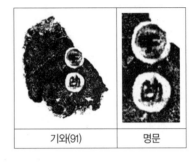
'未-斯'銘 인각와

8) '午-助'銘 인각와(91, 도면 57, 사진 310)[56]

2008년부터 2010년까지 정림사지의 중심사지에 대한 전면적인 재조사를 실시하였을 때, 남회랑지 교란 수혈(S4W3) 내부토 제거과정 중에 출토되었다. 등문은 무문이며, 회갈색을 띠는 경질기와이다.

직경 1.8×1.7㎝, 깊이 0.3㎝의 '午'자와 직경 1.8×1.6㎝, 깊이 0.2㎝의 '助'자가 0.3㎝ 간격으로 압인되어 있다. 2개의 인장 모두 양각의 테두리가 둘러져 있으며, 글자도 양각되어 있다. 아래 인장의 '助'자는 좌변이 '日'자가 아니라 '巳'자처럼 보이기도 한다.

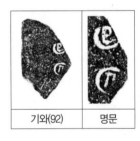

기와(91)	명문

(잔존 길이 6.5㎝, 잔존 너비 6.9㎝, 두께 1.3㎝)

9) '巳-刀'銘 인각와(92, 도면 57, 사진 310)[57]

2009년에 서회랑지 서편부 미상원형수혈 상면 기와무지(N0W4) 내에서 출토되었다. 등면은 무문이며, 갈회색을 띠는 연질계 기와이다. 한쪽 측면이 남아 있는데, 와도로 깔끔하게 정리되어 있다.

인장은 직경 2.0×2.0㎝, 깊이 0.2㎝의 '巳'자와 직경 2.3×2.0㎝, 깊이 0.2㎝의 '刀'자가 상하로 1.6㎝ 간격으로 압인되어 있다. 인장은 남아 있는 측면에서 5.5㎝ 떨어진 지점에 위치하며, 2개의 인장 모두 음각의 테두리로 둘러져 있으며, 글자도 음각되어 있다.

기와(92)	명문

(잔존 길이 8.1㎝, 잔존 너비 7.1㎝, 두께 1.2㎝)

---

53) 『日本書紀』 卷19 欽明紀 5년 2월조.
54) 『三國史記』 卷24 百濟本紀2 近仇首王 元年.
55) 齋藤忠, 1939, 위의 글, pp.312~313.
56) 국립부여문화재연구소, 2011, 앞의 책.
57) 국립부여문화재연구소, 2011, 위의 책.

10) '酋'銘 인각와(도판 106-d, 삽도 12)[58]

1979년 10월부터 1980년 3월까지 사지를 전면적으로 발굴조사하는 과정에서 출토되었다. 보고서에서는 미상으로 처리되었는데, '酉'자 위에 획(ˇ)이 더 있어서 '酋'로 판독된다.[59] 음각의 테두리가 둘러져 있으며, 글자도 음각이다. 와편이어서 인각와의 유

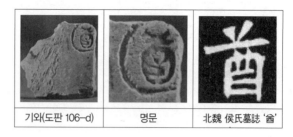

| 기와(도판 106-d) | 명문 | 北魏 侯氏墓誌 '酋' |

형을 파악하기 어려우나, 인장 2개가 짝을 이루어 찍힌 경우가 아닐까 생각된다.

11) '戊'銘 인각와(삽도 2-2)[60]

1980년에 정림사지 연지를 발굴조사하면서 출토되었다. 인각와의 명문은 탁본으로 '戈'로 판독되었는데,[61] 천간의 하나인 '戊'자로 볼 수 있다.[62] 희미하지만 양각의 테두리가 있으며, 글자도 양각되어 있다. 인장의 지름은 2cm이다. 다른 인각와 사례로 보아 인장 2개가 짝을 이루어 찍힌 유형으로 추정된다.

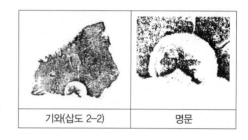

| 기와(삽도 2-2) | 명문 |

12) '斯'銘 인각와(삽도 2-3)[63]

1980년에 정림사지 연지를 발굴조사하면서 출토되었다. 발굴보고서에서는 미상자로 처리하였는데, '斯'자로 볼 수 있다. '斤'을 거의 '勹'자에 가깝게 썼는데, 초서처럼 획을 간략히 한 것이 아닌가 생각된다. 음각의 테두리가 둘러져 있으며, 글자도 음각되어 있다. 인장의 지름은 2.1cm이다.

| 기와(삽도 2-3) | 명문 |

13) 인각와(88, 도면 56, 사진 309)[64]

2008년부터 2010년까지 정림사지의 중심사지에 대한 전면적인 재조사를 실시하였을 때 동승방지 동

---

58) 忠南大學校博物館, 忠淸南道廳, 1981, 앞의 책.

59) 沈相六, 2005, 앞의 글.

60) 尹武炳, 1987, 앞의 책.

61) 탁본으로 '大'자와 비슷하게도 보이나, 기와가 깨진 테두리 부분에 먹이 진하게 묻은 것이다.

62) 이은솔, 2014, 앞의 글 참조.

63) 尹武炳, 1987, 앞의 책.

서탑색 트렌치(N0E3) 내부의 적갈색사질점토층(백제시대층)에서 출토되었다. 밝은 회갈색을 띠는 경질기와이며, 등면은 무문이다. 측면이 모두 결실되어 원형의 크기를 알 수 없다. 인장은 지름 2.3㎝이며, 글자는 양각된 것으로 보이나, 판독하기 어렵다.

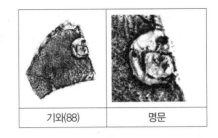

| 기와(88) | 명문 |

　　(잔존 길이 7.6㎝, 잔존 너비 5.9㎝, 두께 1.6㎝)

14) 기타

　　정림사지에서 '□□上□'명 인각와와 '右城甲瓦'명 인각와 등이 출토되었다고 하는데,[65] 발굴보고서에서는 확인되지 않는다. '□□上□'명 인각와는 기와의 두께나, 글자가 음각되어 있었다는 기록이 남아 있기 때문에 실재할 가능성이 높다.[66] '右城甲瓦'명 인각와는 정림사지에서 출토되었는지 여부가 확실하지 않다.

15) 문양 인각와[67]

　　도판 106-a 인각와(삽도 12)는 1979년 10월부터 1980년 3월까지 사지를 전면적으로 발굴조사하는 과정에서 출토되었으며, 삽도 2-5의 인각와는 1980~1984년에 연지를 조사하면서 출토된 것이다. 둘 다 문양이 양각되어 있으며, 삽도 2-5의 인각와는 인장의 지름이 2㎝이다.

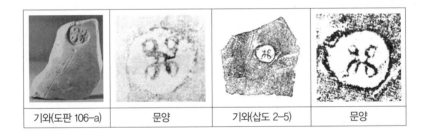

| 기와(도판 106-a) | 문양 | 기와(삽도 2-5) | 문양 |

16) 참고문헌

齋藤忠, 1939, 「百濟平瓦に見られる刻印銘に就いて」, 『考古學雜誌』29-5
忠南大學校博物館, 忠淸南道廳, 1981, 『定林寺』
忠南大學校, 1983, 『博物館圖錄(百濟資料 篇)』

---

64) 국립부여문화재연구소, 2011, 앞의 책.
65) 이다운, 1999, 앞의 글, p.99과 p.102.
66) 洪在善, 1981, 앞의 글, p.48-3 표의 128번에 해당 인각와의 기록이 보인다.
67) 忠南大學校博物館, 忠淸南道廳, 1981, 앞의 책; 尹武炳, 1987, 앞의 책.

尹武炳, 1987,『扶餘定林寺址蓮池遺蹟發掘調査報告書』, 忠南大學校 博物館

國立扶餘博物館, 1989,『(特別展)百濟의 瓦塼』

국립부여문화재연구소, 2011,『부여 정림사지』

6. 기타

1) 동남리 702번지 유적[68]

동남리 702번지는 개인주택을 신축하기 위한 부지로, 주변에 백제시기 유적이 밀집하여 분포한 지역이므로 2005년에 발굴조사가 이루어졌다. 조사 결과 사비기의 구상유구 1기와 유물포함층이 확인되었고, 명문토기가 2점 출토되었다.

(1) '女'銘 盌(49번, 도면 8, 도판 37)

Ⅴ-2층(구상유구 내부토층)에서 출토된 완편이다. 내외면 흑회색, 속심 회색을 띠며, 소성도는 연질이다. 태토는 정선된 편이다.

대각 안쪽 바닥면에 '女'자를 線刻한 흔적이 보이는데, 기면과 달리 선각된 부분은 흑회색의 피막이 보이지 않는다. 더불어 일반적인 印刻이나 線刻에 비해 그 새김의 깊이가 매우 얕은 점으로 볼 때, 소성 후에 글자를 새긴 것으로 추정된다.

(총 높이 10.05㎝, 대각 높이 1.2㎝, 口徑 18.5㎝, 대각 지름 11.4㎝, 기벽 두께 0.45~0.75㎝)

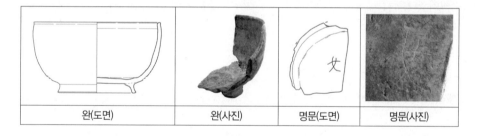

| 완(도면) | 완(사진) | 명문(도면) | 명문(사진) |

(2) '北'銘 盌(66번, 도면10, 도판40)

Ⅳ층(백제시기 유물포함층)에서 출토된 완편이다. 외면은 흑회색, 내면과 속심은 회백 혹은 회황색을 띤다. 소성도는 연질이며, 태토는 미세한 사립이 섞인 고운 점토를 사용하였다. 저부가 결실되어 대각의 유무는 알 수 없다.

기면은 매끄럽게 정면하였으며, 기하부에 '北'字를 비스듬하게 印刻하였다. 음각으로 테두리를 둘렀으며, 글자도 음각되어 있다. 도장의 지름은 1.45㎝이다.

---

68) 忠淸南道歷史文化院, 2007,『東南里 702番地遺蹟』.

(총높이 7.2cm, 口徑 15.25cm, 기벽두께 0.35~0.85cm)

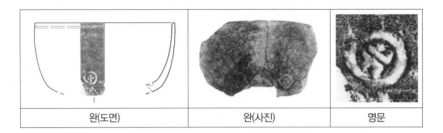

| 완(도면) | 완(사진) | 명문 |

2) 동남리 부장골[69]

인각와가 1점 출토되었다.[70] 위는 좁고 아래는 넓은 암키와로 태토는 정선
된 점토를 사용하였으나, 소성은 불량하여 가루가 묻어나올 정도이다. 표면에
는 눈이 굵은 평행 타날문이 있으며, 인장이 찍혀 있으나 판독이 불가능하다.
(잔존 길이 41cm, 잔존 너비 33cm)

3) 부여 중앙로-백강로 연결도로부지

부여 중앙로-백강로 연결도로부지는 동남리 일원에 위치하며 구릉의 말단부와 저지대가 만나는 지
역에 자리하고 있다. 발굴 결과 사비기의 건물지와 구상유구 1기와 건물지 이전 및 이후 시기에 해당하
는 구상유구 1기, 주혈이 확인되었다. 건물지는 정면 2칸, 측면 2칸의 기와건물로 동서 약 3.6m, 남북
약 6.6m의 크기였다. 출토유물은 건물지에 사용되었던 기와류가 대부분이며, 이 중 인각와가 출토되
었다.

(1) '木'銘 인각와(도면 18-③, 도판 21-④)

건물지 내의 와적층에서 출토된 회청색을 띠는 경질의 암키와편이다. 인장은 3.3~3.8cm 지름의 타

| 기와 | 명문 | 관북리 출토 '木'명 인각와 |

---

69) 부장골은 궁남초등학교 서쪽의 성왕로와 계백로 사이 일대이다(忠淸南道·忠南大學校博物館, 1998, 『文化遺蹟 分布 地圖
  －扶餘郡』, p.55 참조).
70) 충청남도·충남대학교 박물관, 2002, 앞의 책, pp.613~614. 소장번호는 부여 2618이다.

원형이며, 양각으로 테두리가 둘러져 있고, 글자도 양각되어 있다. '木'자로 판독된다.[71]

　(잔존 길이 19.5㎝, 폭 31.15㎝, 두께 1.65㎝)

(2) '□-□'銘 인각와(도면 10-②, 도판 18-③)

　표면은 회색, 속심은 적갈색을 띠는 연질의 수키와이
다. 중상부 좌측에 인장이 두 개가 연접해서 찍혀 있다. 하
나는 지름이 1.8㎝ 정도이다. 글자가 양각되어 있는데, 하
나는 그나마 일부 획이 보이나 다른 하나는 박리되어 자획
을 확인하기 어렵다. 자획이 보이는 인장을 보고서에서는
하부 인장으로 보고, 글자를 '土'로 판독하였는데, 상부 인
장으로 볼 경우, '午'자에 가까워 보인다.

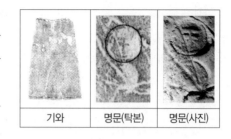

| 기와 | 명문(탁본) | 명문(사진) |

　(길이 40.3㎝, 폭 12.1~18.3㎝, 두께 1.3㎝)

(3) 참고문헌

　국립부여박물관, 충청남도역사문화원, 2007, 『그리운 것들은 땅 속에 있다-충청남도역사문화원의
신발굴 백제문화재-』

　충청남도역사문화원, 2008, 『扶餘 中井里建物址·사비로-백강로 연결도로부지 내 扶餘 東南里遺蹟-』

4) 동남리 136-4번지 백제유적

　궁남지가 서동공원으로 확대되면서, 서동공원의 부속시설 및 편의시설을 확대, 정비하기 위한 과정
에서 2011년에 발굴조사된 지역이다. 시굴조사 과정에서 상, 하층으로 확인된 유물포함층은 백제 사비
기에 사비도성 내 가용공간을 확보하기 위해 궁남지 주변의 저습지 및 저지대에 1, 2차에 걸쳐서 토목
공법으로 대지를 조성하면서 이루어진 것으로 밝혀졌다. 하층 대지조성토는 '1차 공정층', 상층 대지조
성토는 '2차 공정층'이라 명명하였으며, 2차 공정층에서는 굴립주 건물지 1동, 성격미상의 석축유구 1
기, 목주열이 확인되었다. 대지조성 시점은 출토유물로 보아 7세기 2/4분기를 전후한 시점으로 판단되
며, 인각와는 1차 공정층에서 1점, 2차 공정층에서 2점이 출토되었다.

(1) 인각와(157번, 도면 53, 사진 67)

　굴립주 건물지 및 미상석축유구가 확인된 Pit D의 2차 공정층에서 출토되었다. 경질소성의 암키와편
으로 회청색을 띠고 있다. 외면에는 집선문을 타날하였으나, 물손질로 정면하여 그 흔적만 남아 있다.

---

71) 국립부여박물관, 충청남도역사문화원, 2007, 위의 책, p.126.

좌측 하단부에 치우쳐 한 개 인각이 확인된다. 인장의 지름은 2.1cm이며, 글자는 양각으로 되어 있다. 보고서에서는 '申'자 내지 '田'자로 추정하였으나, 남은 부분으로는 글자인지 문양인지 판단하기 어렵다.

(잔존 길이 17.9cm, 잔존 너비 19.1cm, 두께 1.3~1.7cm)

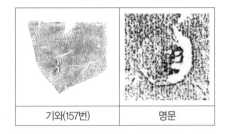

| 기와(157번) | 명문 |

(2) 인각와(169번, 도면 58, 사진 71)

굴립주 건물지 및 미상석축유구가 확인된 Pit D의 2차 공정층에서 출토되었다. 경질소성의 암키와편으로 회백색을 띠고 있다. 외면은 소문이며, 좌측 하단에 1개의 인각이 압인되어 있다. 인각은 장방형이며, 글자는 양각되어 있다. 보고서에서는 '申'자 내지는 '田'자로 추정하였는데, 남은 자형을 보았을 때 '申'자로 볼 수는 없으며, '田'자나 가운데 세로획이 짧게 처리된 '甲'자일 가능성이 있다.[72] 인각이 장방형이며, 하단부에 여백이 남아 있는 것으로 보아 글자가 한 자 더 있었을 가능성이 있으나, 임실 성미산성에서 출토된 인각와 사례를 참고하면 글자가 한 자만 있을 가능성도 있다.

(잔존 길이 11.8cm, 잔존 너비 9.4cm, 두께 1.3~1.5cm)

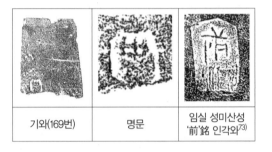

| 기와(169번) | 명문 | 임실 성미산성 '前'銘 인각와[73] |

(3) '申-□'銘 인각와(62번, 도면 28, 사진 50)

Pit C의 1차 공정층에서 출토된 경질소성의 암키와편으로, 회색을 띠고 있다. 등면은 소문이며, 하단부에 2개의 원형 인각이 연접하여 압인되어 있다. 인장의 지름 1.8cm이며, 양각의 테두리를 두르고, 글자도 양각되어 있다. 상부의 명문은 '申'자로 확인되나, 하부의 인장의 명문은 상당 부분이 결실되어 알 수 없다.

(잔존 길이 15.2cm, 잔존 너비 7.6cm, 두께 1.6~1.8cm)

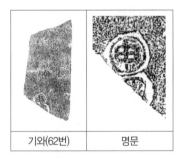

| 기와(62번) | 명문 |

(4) 참고문헌

재단법인 한얼문화유산연구원, 2013, 『부여 동남리 136-4번지 백제유적』

---

72) 인각와에서 '甲'의 가운데 세로획을 짧게 처리한 사례를 찾아볼 수 있다.

73) 전북문화재연구원, 2009, 『任實 城嵋山城』.

5) 기타

동남리에서 '上 $\lceil$ 乙瓦'와 '申 $\lceil$ 甲瓦'명 인각와가 출토된 것으로 전한다.[74] 이는 홍재선의 논문을 근거로 한 것인데, 이다운의 논문에서 동남리 출토로 정리된 '申 $\lceil$ 甲瓦'(인장 지름 3.8㎝, 두께 1.4㎝)는 홍재선의 논문에서 동남리에서 출토된 '甲申乙瓦'에 대한 정보를 옮긴 것으로 보인다.[75] 그런데 홍재선은 '甲申乙瓦'명 인각와가 부소산성 서복지 및 정림사지에서 발견된 유일한 인각와라고 밝히고 있으므로,[76] 결국 홍재선 글의 '甲申乙瓦'銘 인각와는 정림사지(동남리 소재)에서 출토된 '申 $\lceil$ 甲瓦'명 인각와에 해당한다.

'上 $\lceil$ 乙瓦'명 인각와에 대해서는 인장의 지름이 3.2㎝이며, 글자가 음각되어 있고, 기와의 두께가 1.1~1.0㎝인 것으로 기록되어 있다.[77] 출토지는 동남리와 교육청(관북리)[78]이 함께 기록되어 있는데, 한 유물에 출토지가 2곳으로 기록된 것은 출토지가 불분명하기 때문이 아닌가 생각된다.

Ⅲ. 궁남지

궁남지 유적은 행정구역상 충남 부여군 부여읍 동남리 117번지 등 군수리, 왕포리 일대에 걸쳐 약 261,311㎡의 면적을 차지하며, 현재 사적 제 135호로 되어 있다. 1990~1993년도에 궁남지 일대에 대한 조사가 진행된 바 있으며, 그 이후 8개년의 조사계획이 수립되어 연차적인 발굴조사가 이루어져 왔다. 여기에서는 '後 $\lceil$ 甲瓦', '前 $\lceil$ 乙瓦' 등의 인각와와 '卄', '井'銘 기와, '北舍', '中', '舍'銘 등의 토기, 開元通寶 등의 다양한 명문자료가 출토되었다.

1. 인각와

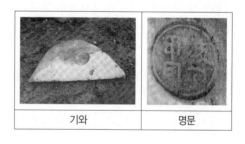

| 기와 | 명문 |

1) '後 $\lceil$ 甲瓦'銘 인각와(탁본 5, 도판 173-4)[79]

동서수로 Ⅲ의 다갈색점토층에서 출토되었다. 회청색 경질의 수키와로 배면에 선문을 타날하였으나, 물

---

74) 成周鐸, 1982, 「百濟 泗沘都城硏究」, 『百濟硏究』13, p.35; 이다운, 1999, 앞의 글, p.99 〈표 2〉의 34번과 36번.

75) 이다운, 1999, 앞의 글, p.99 〈표 2〉의 36번의 정보와 홍재선, 1981, 앞의 글, p.48-1 표의 11번의 정보가 일치한다.

76) 洪在善, 1981, 앞의 글, p.48.

77) 洪在善, 1981, 위의 글, p.48-1 표의 23번.

78) 1952년에 설치된 부여교육청은 1967년 2월에 교육청 청사가 신축되어 관북리로 이전하였다가, 1992년 12월에 다시 교육청 청사를 신축하여 현재의 가탑리 413-4번지로 이전한 상태이다(부여군지편찬위원회, 2003, 『부여군지 제3권-부여의 정치와 행정-』, pp.193~194).

79) 國立扶餘文化財硏究所, 2001, 『宮南池 Ⅱ-現 宮南池 西北便一帶-』.

손질하여 지워진 상태이다. 인장의 지름은 3.6㎝이고, 글자는 양각의 테두리 안에 양각되어 있다.
(잔존 크기 28.2×12.3㎝, 두께 1.4㎝)

2) '前卩乙瓦'銘 인장와(탁본 22, 도판 184-1)[80]

백제 시대층인 적갈색사질점토층에서
출토되었다. 외면의 문양은 2차 처리에
의하여 문질러져 희미한 선문이 관찰된
다. 선문 위에는 인장이 찍혀 있는데, 인
장을 찍고 뗄 때 글자가 흔들렸다. 발굴보
고서에서는 '上卩甲瓦'로 판독하였으나,

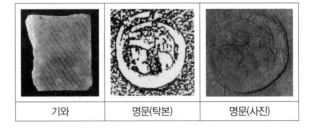

| 기와 | 명문(탁본) | 명문(사진) |

'前卩乙瓦'로 판단된다. 보고서에서 '上'으로 읽은 글자가 '卩'에 해당하며, '甲'으로 본 글자가 '前'에 해
당한다고 본다. 인장의 지름은 3.1㎝ 내외이며, 음각으로 테두리를 둘렀으며, 글자도 음각되어 있다.
(잔존 크기 14.5×18㎝, 두께 1.6㎝)

3) '□-□'銘 인각와(도면 29-4, 도판 62-3)[81]

1991~1992년에 이루어진 2차 조사 시에 출토되었으며, 출토
위치를 알 수 없다. 연질소성의 암키와로 회백색이다. 외면에
지름 1.8㎝의 원형 명문인장이 찍혀 있다. 양각의 테두리가 둘
러져 있고, 그 내부에는 양각으로 글자가 찍혀 있으나 인장의
내부가 많이 마모되어 명문의 내용은 알 수 없다.
(잔존 길이 9.5㎝, 두께 1.7㎝)

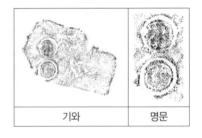

| 기와 | 명문 |

2. 명문기와

1) 명문기와(도면 30-4, 도판 63-5~6)[82]

2차 조사 시에 출토되었으며, 출토 위치를 알 수 없
다. 회청색 경질의 기와로 외면은 무문이다. 외면에
명문이 타날되어 있는데, '卄'자나 '井'자와 비슷하나
명문의 일부가 결실되어 온전한 형태를 알 수 없다.

| 기와 | 명문 |

---

80) 國立扶餘文化財研究所, 2001, 위의 책.
81) 국립부여박물관, 2007, 『궁남지』.
82) 국립부여박물관, 2007, 위의 책.

(잔존 길이 13.6㎝, 두께 1.9㎝)

2) '井'銘 암키와(도판 163-5, 탁본 16)[83]

수로의 상면인 사질점토층에서 출토되었다. 기와 내면에
는 마포문이 있고, 색조는 회색이고 소성도는 보통이다. 기
와의 외면에는 선문이 타날되어 있고, 문양 위에 '井'자가 양
각되어 있다. '井'자는 주술적인 의미를 갖거나 수량을 표시
하기 위한 것으로 이해된다.[84]

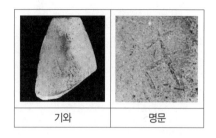

| 기와 | 명문 |

(잔존 크기 12×8.2㎝, 두께 1.5㎝)

3) '卄'銘 암키와(도판 162-5,6, 탁본 12)[85]

회색 연질기와로 외면의 문양은 타날 후
에 문질러 옅게 남아 있다. 기와의 표면에
는 음각으로 쓰인 글자가 있는데, 이 자는
'中' 또는 '卄'으로 판독된다. '中'자로 볼 경
우 가운데 세로획을 먼저 쓰고 'ㄱ' 모양 획
을 나중에 썼으며, 'ㅁ'의 첫 획이 없기 때문

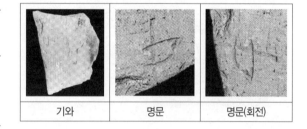

| 기와 | 명문 | 명문(회전) |

에 '中'자로 보기는 어렵다. '卄'자로 본다면, 수량과 관계된 것으로 이해될 수 있을 것이다. 글자의 크
기는 3.3×2.2㎝ 정도이며, 어느 정도 건조한 후 눌러쓴 것으로 짐작된다.

(잔존 크기 15×12㎝, 두께 1.7㎝)

3. 토기류

1) '北舍'銘 壺(도면 150-1, 도판 218-4)[86]

웅덩이 유구Ⅰ에서 출토되었다. 회청색 경질의 구연부편이다. 외반구연으로 구순은 결실되었다. 경
부에서 넓게 벌어져 나간 동체부에는 선문이 타날되었다. 견부에는 '北舍'자가 거꾸로 압인되어 있으나
선명하지 않으며, '北'자는 일부 결실되었다. 글자는 양각되어 있다.

(복원 頸徑 8.0㎝, 잔고 4.0㎝, 기벽두께 0.4~0.6㎝)

---

83) 국립부여문화재연구소, 1999, 『궁남지』, p.117.
84) 국립중앙박물관, 1997, 『한국 고대의 토기』, p.114.
85) 국립부여문화재연구소, 1999, 앞의 책, p.115.
86) 國立扶餘文化財硏究所, 2001, 앞의 책.

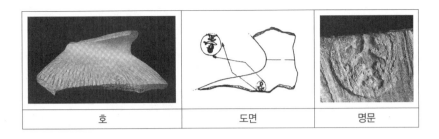

| 호 | 도면 | 명문 |

2) 인장 壺(도면 77-2, 도판 206-4)[87]

남북수로 I 의 회색모래층에서 출토되었다. 회청색 경질이며, 견부에 자연유가 발라져 있다. 외반구연에 口脣은 각이 있고, 편평하다. 견부에는 '⊛'문양이 압인되어 있다.

(복원 구경 15.0㎝, 잔존 높이 10.0㎝, 두께 0.6~1.1㎝)

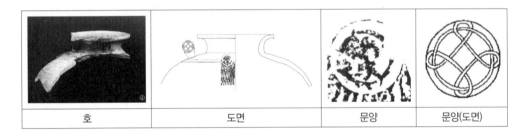

| 호 | 도면 | 문양 | 문양(도면) |

3) 인장 토기(도면 79-4, 도판 208-3)

남북수로 I 의 흑갈색유기물층에서 출토되었다. 흑색 연질토기로 기벽에 지름 2.9㎝의 인장을 압인하였다. 양각의 테두리를 둘렀고, 그 안에도 양각으로 되어 있는데, 문양인지 글자인지 확실하지 않다. 태토는 정선되었고, 기벽에 선문이 타날되었다. (두께 0.6㎝)

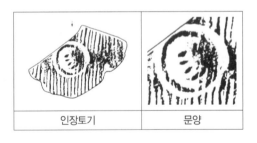

| 인장토기 | 문양 |

4) 인장 토기(286, 도면 50, 도판 93)[88]

04-3트렌치의 적갈색 사질점토층(백제시기 유물포함층)에서 출토되었다. 회청색 경질로 외면은 선문타날하였고, 인장이 찍힌 부분은 물손질하였다. 인장은 양각으로 찍혀 있는데, 양각으로 테두리가 둘러져 있으며, 가운데 원을 기준으로

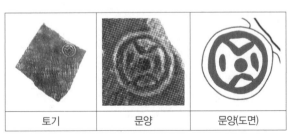

| 토기 | 문양 | 문양(도면) |

'V' 문양과 'ㅣ' 문양이 각각 대칭이 되게끔 배치되어 있다.

(잔존 크기 13.3×14.7㎝)

5) '中'銘 완(도면 43-5, 도판 115-7)[89]

3차 조사 시 출토되었으며, 출토 위치는 알 수 없다. 평저이며, 동부는 저부에서 완만하게 벌어지며 구연에 이른다. 구연 끝부분은 둥글게 처리하였고, 저부와 동부는 따로 제작하여 부착하였다. 표면은 회갈색, 속심은 암적갈색인 연질토기로 소성상태는 양호하다. 저부 외면에 '中'자가 선각되어 있다.

(높이 5.8㎝, 입지름 13.4㎝, 밑지름 7.8㎝)

| 완(도면) | 완(사진) | 명문 |

6) '舍'銘 완(도면 145-1, 도판 216-3)[90]

웅덩이 유구 Ⅰ의 수로 상면의 회색모래층과 적갈색사질점토층의 경계지점에서 수습되었다. 회흑색 연질토기로 외면은 박락이 심해 회백색을 띤다. 구연은 직립하고 평저로 안쪽이 들려 있다. 저부 내면에는 회전물손질 정면흔이 남아 있고, 중앙에는 '舍'자가 음각되어 있다.

(구경 14.0㎝, 저경 8.4㎝, 높이 6.8㎝, 두께 0.3~0.8㎝)

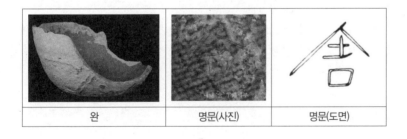

| 완 | 명문(사진) | 명문(도면) |

87) 國立扶餘文化財硏究所, 2001, 위의 책.
88) 국립부여문화재연구소, 2007, 『궁남지 Ⅲ-남편일대 발굴조사보고서-』.
89) 국립부여박물관, 2007, 『궁남지』.
90) 國立扶餘文化財硏究所, 2001, 앞의 책.

7) 盤(도면 10-10, 도판 192-3)[91]

동서수로 Ⅱ-1의 갈색점토층에서 목제품과 함께 출토되었다. 흑회색 연질로 완형이다. 저부 내면에 조족문과 같은 선이 새겨져 있는데, 글자인지 문양인지 분명하지 않다. 글자로 본다면, '小'자에 가까워 보인다.

(구경 27.5cm, 두께 5.1cm)

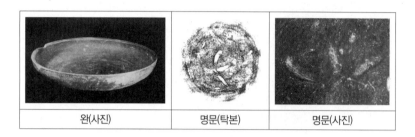

| 완(사진) | 명문(탁본) | 명문(사진) |

4. 금속류

1) 開元通寶(탁본 28-1~8, 도판 274-1~8)[92]

2000년도 조사과정에서 수로의 직상층이자 백제시기의 층위로 파악된 적갈색사질점토층에서 출토되었다. 남북 수로 Ⅰ과 동서수로가 교차하는 지점에서 출토된 開元通寶는 총 8점이며 꾸러미처럼 세워진 모습으로 노출되었다. 이들 동전을 엮은 줄은 발견되지 않았으며 맨 앞 열의 동전 표면은 적색을 띠고 있었다.

| 출토 상태 | 명문 |

개원통보는 원형의 주곽과 중앙의 구멍이 뚫린 방곽, 그 사이에 예서체의 '開', '元', '通', '寶' 네 자가 상-하-우-좌의 순서로 쓰여 있다. 唐 高祖 武德 4년(621)에 처음 주조, 발행된 동전이며, 그 이후에도 몇 차례 주조, 발행된 바 있다.

5. 참고문헌

국립부여문화재연구소, 1999, 『궁남지』
國立扶餘文化財研究所, 2001, 『宮南池 Ⅱ -現 宮南池 西北便一帶-』
국립부여박물관, 2007, 『궁남지』

---

91) 國立扶餘文化財研究所, 2001, 위의 책.
92) 國立扶餘文化財研究所, 2001, 위의 책.

국립부여문화재연구소, 2007, 『궁남지 Ⅲ-남편일대 발굴조사보고서-』

Ⅳ. 가탑리

1. 가탑리 출토

1) 인각와

(1) '官卩甲瓦'銘 인각와

홍재선의 논문에는 국립부여박물관이 소장한 인각와 중 가탑리에서 출토된 '官卩甲瓦'銘 인각와가 있는 것으로 정리되어 있다.[93] 인장의 지름은 3.6㎝, 글자 크기는 0.9㎝, 기와의 두께는 1.6㎝이며, 글자는 양각되어 있다고 한다. 현재에는 소재가 불분명하여 실물을 확인하기 어려운 상태이다.[94] 지금까지 '官卩甲瓦'의 사례가 없었으므로 다른 글자로 추정된다는 견해도 있다.[95]

(2) '上卩乙瓦'銘 인각와

『(特別展) 百濟의 瓦塼』에 가탑리사지에서 출토된 인각와로 소개되어 있다.[96] 가탑리사지(가탑리 273-1)는 부여읍 가탑리에 있는 금성산 남쪽 기슭에 위치한 부여고등학교 후면과 인접한 지역에 있다.

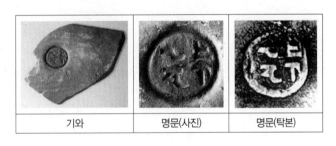

| 기와 | 명문(사진) | 명문(탁본) |

이 사지는 1938년에 발굴조사가 실시되어 건물지 기단일부가 확인되었다. 발굴조사시 출토된 유물은 연꽃무늬수막새, 인동문전편, 치미편 등과 다수의 암·수키와가 있다.

그런데 도록에서 가탑리사지 출토 인각와로 같이 소개된 것 중에 동남리사지에서 출토된 것으로 알려진 '申卩甲瓦'銘 인각와가 포함되어 있으며,[97] 『백제의 문자』에서는 동일한 '상부을와'명 인각와가 관북리 출토 유물로 소개되어 있다.[98] 해당 유물의 출토지가 불분명하다고 판단된다.[99]

---

93) 洪在善, 1981, 앞의 글, p.48-1 표의 4번.
94) 이다운, 1999, 앞의 글, p.122 각주 20번, 이 논문에서는 '官卩乙瓦'라고 하였는데, 이는 오기이다.
95) 노명호 외, 2004, 앞의 책, 집문당, p.322.
96) 國立扶餘博物館, 1989, 앞의 책, p.52.
97) 이다운, 1999, 앞의 글, p.99에서 가탑리사지 출토로 소개된 '신?갑와'명 인각와는 동남리사지 '신부갑와'명 인각와로 판단된다.

주황색의 암키와편이며, 태토는 정선되고 견고하다.[100] 인장의 지름은 3.5㎝이고, 음각의 테두리가 둘러져 있고, 글자도 음각되어 있다.

(잔존 길이 및 너비 13.4×12.2㎝, 두께 1~1.4㎝)

(3) '甲-毛'銘 인각와

사이토 타다시(齋藤忠)의 논문에서 가탑리에서 '甲-毛'銘 인각와가 발견된 바 있다고 밝히고 있다. 동일 논문에 수록된 탁본 중 이에 해당하는 것이 2점 있는데, 이 중 어느 것이 가탑리에서 출토된 것인지는 알 수 없다. 이와 같은 명문을 '田-毛'로 읽기도 하는데, 인각와에서 '甲'의 가운데 세로획을 짧게 처리하기도 한다는 점을 고려하면, '甲'으로 볼 수 있다고 판단된다. '甲'은 간지, 즉 기와의 생산 시기와 관련된 것으로 이해되며, '毛'는 인명과 관련된 것으로 추정

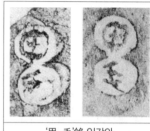

'甲-毛'銘 인각와

된다. 『新撰姓氏錄』에는 백제인 인명으로 '毛甲'이라는 姓이 나오며, 신라인의 이름 중에는 毛가 들어간 경우가 있음을 근거로 '毛'가 인명과 관련 있을 가능성이 제시된 바 있다.[101]

2) 기타

(1) '一斤'銘 석제용범[102]

사암질 석제를 장방형으로 다듬은 뒤, 거푸집은 9.8×5.5㎝의 장방형으로 깎아 만들었는데, 안쪽으로 약간 경사지게 깎았으며 바닥의 한쪽에 지름 0.5㎝의 원형 구멍을 냈다. 거푸집 한쪽 변에는 길이 1.7㎝, 너비 1.3㎝ 정도의 주물을 부을 수 있는 홈을 경사지게 파내고 매끄럽게 다듬어 마무리하였다. 바닥

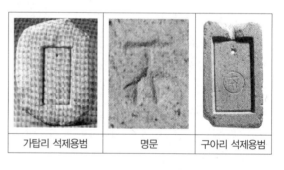

| 가탑리 석제용범 | 명문 | 구아리 석제용범 |

면에는 '一斤'이 음각되어 있다. 구아리 출토 석제용범과 달리 '一斤'이 좌서로 새겨져 있지 않아, 실제

---

98) 국립부여박물관, 2002, 『百濟의 文字』, p.76.

99) 충청남도·충남대학교 박물관, 2002, 『부여의 문화유산』, p.617의 281번 인명와편에는 '부여 258'의 동일한 소장번호 아래 31점의 인각와가 포함되어 있는데, '부여읍'으로 출토지가 표기되어 있다. 이 가운데 '상부을와'명 인각와와 '신부갑와' 명 인각와가 포함되어 있다.

100) '상부을와'명 인각와의 형태와 크기에 대한 정보는 忠南大學校 百濟硏究所, 1972, 앞의 책 참조.

101) 齋藤忠, 1939, 앞의 글, pp.34~35.

102) 출토지에 대한 정보를 찾기 어렵다.

로 금속판을 주조할 경우, 글자가 좌서로 나타나게 된다.

가탑리 석제용범의 부피값은 27.33㎤로 금으로는 527.21g, 은으로는 286.97g, 동으로는 244.06g, 철로는 215.25g의 금속판을 제작할 수 있다. 진한대의 1근 무게가 적용되었다면, 동을 제작한 것으로 생각할 수 있으며, 무게가 291.6g인 남조의 1근 무게가 적용되었다면, 은이 제작되었을 것이다. 석제 용범이 발견된 유적의 연대를 고려하여 남조의 무게가 적용되었을 것으로 추정되었다.[103] 이렇게 제작된 금속판은 고액의 화폐로 사용되었을 것이다.[104]

(길이 16.8㎝, 너비 14㎝, 두께 6.5㎝)

3) 참고문헌

齋藤忠, 1954, 「百濟平瓦に見られる刻印銘について」, 『考古學雜誌』29-5

忠南大學校 百濟研究所, 1972, 『百濟瓦塼圖譜』

洪在善, 1981, 「百濟 泗沘城研究」, 동국대학교 석사학위논문

國立扶餘博物館, 1989, 『(特別展) 百濟의 瓦塼』

국립부여박물관, 2002, 『百濟의 文字』

충청남도·충남대학교 박물관, 2002, 『부여의 문화유산』

국립부여박물관, 2003, 『百濟의 度量衡』

2. 가탑리 유적(부여-논산간 확·포장공사 구간)

2000년에 부여-논산간 확·포장공사 구간에 대해 발굴조사가 이루어져 가탑리 유적에서는 백제시대 사비기의 수혈유구 22기, 고상건물 3동, 구상유구 1기, 우물 2기, 옹관묘 3기, 그리고 수전과 함께 고려시대 와요지 1기 등이 조사되었다.

1) '辰'銘 인각와(도면 52-1, 사진 184-3)

고려시대 와요지에서 출토된 수키와로 내면에는 통쪽 와통을 사용하여 제작한 흔적과 미세한 포목흔이 관찰된다. 그리고 측면에서 약 1.0㎝ 정도 떨어진 지점에 인장이 찍혀 있다. 발굴보고서에서는 '圓'으로 추정하였으나, 좌서된 '辰'자로 볼 수 있으며, 음각면 안에 글자가 양각되어 있다.

(잔존 길이 16.55㎝, 잔존 너비 9.3㎝, 두께 1.7㎝)

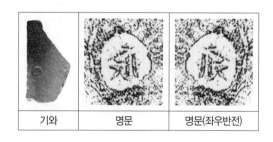

| 기와 | 명문 | 명문(좌우반전) |

---

103) 국립부여박물관, 2003, 『百濟의 度量衡』, p.78.

104) 朴南守, 「益山 彌勒寺址 출토 金鋌과 百濟의 衡制」, 『韓國史研究』149, p.83.

2) 참고문헌

(재) 충청문화재연구원, 대전지방국토관리청, 2003, 『부여 가탑리, 왕포리, 군수리 유적』

3. 가탑들 유적(가탑리 403-15번지 일대)

2009~2010년에 부여 우회국도연결 도시계획도로 구간의 5개 지점에 대해 발굴조사가 이루어졌다. 백제시기 건물지와 석축유구, 수로, 도로유구 등이 확인되었다.

1) 토기(도면 97-6, 사진 107-6)

유적의 서쪽 끝에 위치한 5지점의 2호 수로에서 출토되었다. 전체적으로 회청색을 띠는 경질소성된 직구호의 구연부편이다. 동최대경은 동체 최상부에 위치해 있다. 구연부는 완만하게 내만하는 형태이다. 구순부는 평평하게 처리하였다. 외면에는 동체부 최대경을 이루는 부분에 2줄의 횡침선을 둘렸다. 종방향의 평행타날문이 시문되어 있으며, 물손질 흔적이 관찰된다.

동체상부에는 양각의 테두리 안에 양각으로 마름모 모양이 찍혀 있다. 'ㅁ'자일지, 아니면 문양일지 알 수 없다. 비슷한 형태의 인장이 찍힌 기와편이 장수 봉서리 산성에서 수습된 바 있다.[105] 단, 이 경우는 문양이 음각으로 되어 있다.

(구경 27.1㎝, 잔존 높이 17.3㎝, 두께 0.8㎝)

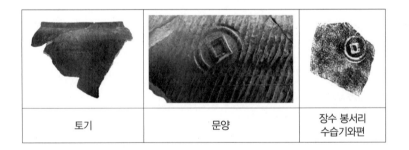

| 토기 | 문양 | 장수 봉서리 수습기와편 |

2) 참고문헌

(재)금강문화유산연구원, 2010, 『부여 가탑리 가탑들 유적』

4. 가탑리 백제유적(가탑리 152-11번지 일대)

부여군 부여읍 가탑리 152-11번지 일대로, 금성산, 필서봉, 오석산으로 둘러싸인 석불들에 위치한다. 도로와 건물지, 우물, 폐기장, 수로 등이 발견되었다.

---

105) 長水文化院, 群山大學校博物館, 2002, 『長水郡의 山城과 烽燧』, p.175, p.177, p.180 참조.

1) 인각와

(1) '後卩乙瓦'銘 인각와(그림 77-2, 사진 231-1)

2EN 트렌치 Ⅱ층에서 출토된 암키와편으로 색조는 전체적으로 흑회색을 띠며, 경질소성이다. 인장이 압인된 일부만 남아 있다. 인장이 희미하게 압인되어 있고, 일부 유실되어 두세 자 정도만 판독이 가능한 상태이다. 보고서에서는 '後卩乙瓦'로 추정하였다. 오른쪽 하부의 글자는 '卩'로 볼 수 있다. 상부의 글자는 획이 희미하고 훼손되어 불분명하지만, 하단부의 획이 '後'의 '夂'와 유사하며, 'ㅓ'(=彳)에 해당하는 획이 보이므로 '後'자로 판독할 수 있다. '後'자 왼편에 획이 일부 보이는 듯한데, 보고서에서는 이를 '乙'자로 본 듯하다. 보고서의 판독안을 따른다. 음각의 테두리가 둘러져 있으며, 글자도 음각되어 있다.

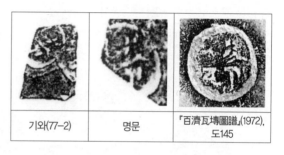

| 기와(77-2) | 명문 | 『百濟瓦塼圖譜』(1972),
도145 |

(잔존 길이 5.2㎝, 잔존 너비 3.0㎝, 두께 1.0~1.3㎝)

(2) '甲-毛'銘 인각와

동서소로1과 동서중앙로 사이의 1폐기장에서 2점이 출토되었다.[106] 둘 다 암키와편이며, 원형의 인장 2개가 접해서 압인되어 있다. 인장의 지름은 직경 1.8~2.2㎝ 정도이며, 글자는 양각되어 있다. 인장의 명문은 '甲'과 '毛'로 판독된다.

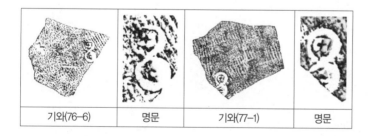

| 기와(76-6) | 명문 | 기와(77-1) | 명문 |

(3) '申-斯'銘 인각와(그림 76-7, 사진 230-7)

5EN Pit에서 출토된 암키와편이며, 내외면은 흑회색, 속심은 적갈색을 띠며, 경질소성이다. 등면에는 선문이 타날되었으며, 내면에는 와포흔이 남아 있다. 원형의 인장 2개가 접해서 압인되어 있는데, 지름은 1.8㎝ 정도이다. 양각으로 테두리가 둘러져

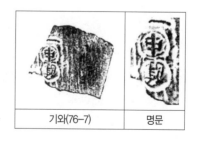

| 기와(76-7) | 명문 |

---

106) ① 그림 76-6, 사진 230-6, ② 그림 77-1, 사진 230-8.

있으며, 글자도 양각되어 있다. '申−斯'로 판독된다.

(잔존 길이 5.7㎝, 잔존 너비 6.6㎝, 두께 0.7~1.3㎝ 정도)

2) 토기류

(1) 토기 동체부편(그림 70−3, 사진 224−5)

회색의 경질 토기편이다. 5WS 트렌치에서 출토되었다. 보고서에서는 기벽 외면에 '斤月'자가 새겨져 있는 것으로 판독하였는데, 글자를 쓰는 순서(우→좌)상 '月斤'으로 읽어야 할 것이다. 보통 토기에 세로로 명문을 새긴다는 점을 고려하면 방향을 돌려 '…▨止▨…'로 볼 수도 있을 것이다.

(잔존 높이 5.6㎝, 두께 0.8㎝)

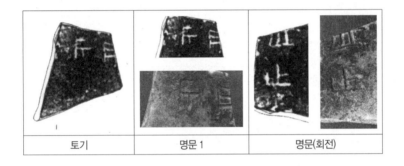

| 토기 | 명문 1 | 명문(회전) |

(2) 토기 저부편(그림 72−1, 사진 225−8)

5ES 트렌치에서 출토되었다. 회색 경질의 토기 저부편으로 태토에는 석립이 혼입되어 있다. 외면은 평행 타날문이 있다. 평저이며, 바닥이 약간 들린다. 바닥 외면에는 ∈모양의 기호가 새겨져 있다.

(잔존 높이 13.2㎝, 저경 11.2㎝, 두께 0.7~1.3㎝)

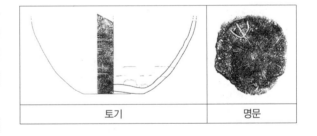

| 토기 | 명문 |

(3) 토기 저부편(그림 74−9, 사진 228−6)

3폐기장 Ⅱ층에서 출토되었다. 흑색 경질이며, 태토는 사질이다. 평저로 바닥이 약간 들리며, 동체 외면에는 횡선이 여러 줄 돌아간다. 바닥 내면 중앙에는 직경 2.0㎝ 가량의 원형 도장이 찍혀 있다. 양각으로 '▨' 모양이 찍혀 있는데, 문양인지 글자인지 불확실하다.

(잔존 높이 5.4㎝, 저경 9.4㎝, 두께 0.6~0.8㎝)

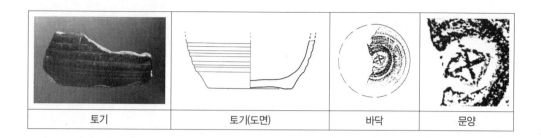

토기	토기(도면)	바닥	문양

(4) 토기 저부편(그림 75-9, 사진 229-7)

5WS 트렌치 Ⅱ층의 남북소로Ⅰ에서 출토되었다. 황갈색의 연질 토기이며, 바닥부분만 남아 있다. 바닥 외면에는 '卍'자가 새겨진 것으로 보인다.

(잔존 높이 1.5㎝, 저경 5.0㎝, 두께 0.2∼0.5㎝)

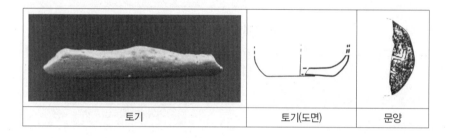

토기	토기(도면)	문양

(5) 참고문헌

재단법인 부여군문화재보존센터, 2010, 『부여 가탑리 백제유적』

5. 가탑리 358-3번지 유적

2009년에 가탑리 358-3번지 단독주택 신축부지에 대해 발굴조사가 이루어졌다. 이곳은 백제시기의 건물지, 석축 등이 확인된 '부여 우회국도연결 도시계획도로 개설공사 구간내 유적'과 인접한 곳이다. 조사 결과, 백제시기 문화층인 청색사질점토층과 흑색유기물층에서 다량의 사비시기의 토·도기류와 굴립주 2기 등이 확인되었다.

1) '午-斯'銘 인각와(그림 52-9, 사진 128-13~15)

사비시기 문화층의 최하층면에서 노출된 구상유구를 덮고 있는 흑회색점토층에서 출토되었다. 회청색 경질의 암키와편으로 등면에는 물손질 정면하여 문양이 지워졌으나 일부 승문 타날 흔적이 보인다. 등면에는 2개의 인장이 서로 인접하여 찍혀 있다. 인장의 지름은 1.8 ㎝이며, 양각으로 테두리가 둘러져 있으며, 글자도 양각되어 있다.

기와	명문

(잔존 길이 17.0cm, 너비 9.0cm, 두께 1.2cm)

2) 참고문헌

재단법인 부여군문화재보존센터, 2011, 『부여지역 소규모 발굴유적(2008~2009)』

6. 관음사지(가탑리 201번지 일대)

관음사지는 부여군 부여읍 가탑리 201번지에 위치한 백제 사지로 사명이나 유래에 대해서는 전혀 알려지지 않았지만, 1972년에 고려시대 청동제 여래입상 1점과 1996년에 치미편이 유적 주변에서 수습되어 사지로 추정되어오던 곳이다. 2004년도에는 부여군 일대에 산재한 백제시대 폐사지 28개소에 대한 예비조사가 이루어지면서, 관음사지에 대한 시굴조사도 이루어졌으며, 건물지 2기가 확인되었다.

1) 인각와(도면 25-44, 도판 36-44)

트렌치6의 회갈색사질점토층에서 출토되었다. 황색을 띠고 있으며 경질계이다. 선문 타날 후 물손질로 등면을 정리하였다. 음각의 테두리 안에 명문이 음각되어 있는데, 인장이 일부만 남아 있어 글자인지 문양인지 판독하기 어렵다.

(잔존 크기 7.4×8cm, 두께 1cm)

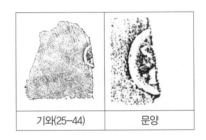

| 기와(25-44) | 문양 |

2) 인각와(도면 25-45, 도판 36-45)

트렌치6의 회갈색사질점토에서 출토되었다. 경질소성이며, 색조는 회색을 띠며, 등면을 선문 타날하고 물손질하여 정면하였다. 양각의 테두리 안에 글자도 양각되어 있는 것으로 보인다. 기와가 일부 결실되고, 마모가 심하여 명문을 확인하기 어렵다. 자획의 흔적으로 보아 인장의

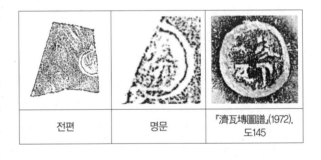

| 전편 | 명문 | 『濟瓦塼圖譜』(1972), 도145 |

글자가 네 자이며, 상단 우측의 글자는 '氵'과 '攵'와 같은 획이 보여, '後'자로 볼 수 있다면, '後卩□瓦'로 추정해 볼 수 있을 것이다.

(잔존 크기 11.7×12.3cm, 두께 2cm)

3) '□卩乙瓦'銘 인각와

이다운의 논문에 소개되어 있으나, 실물을 확인할 수 없다. 인각의 지름은 3.7cm이며, 테두리는 없고, 글자는 음각되어 있다고 한다.

4) 참고문헌

국립부여문화재연구소, 2006, 『부여 관음·밤골사지 시굴조사보고서』
이다운, 1999, 「百濟五部銘刻印瓦について」, 『九州古文化研究會』43

Ⅴ. 군수리

1. 군수리 출토

1) '□-部'銘 인각와

수키와편으로 적색 연질이며, 내면에는 포목 흔적이 선명하게 남아 있다. 2개의 도장이 찍혀 있으나 1개는 판독이 불가능하며, 다른 하나는 '部'로 판독되었으나, 지금까지 2개의 인장이 짝을 이뤄서 찍힌 인각와 중 그러한 사례가 없기 때문에 판독이 의심된다.

(잔존 길이 38㎝, 너비 19㎝)

'□-部'銘 인각와

2) 참고문헌

충청남도·충남대학교 박물관, 2002, 『부여의 문화유산』

2. 군수리사지 사역 부근

1997년에 도시자연공원 조성을 위하여 화지산을 중심으로 궁남지 일대, 군수리사지 일대, 화지산 일대에 대한 사전 조사가 이루어졌다. 이때 군수리사지 주변은 주로 논밭으로 경작되고 있었으며, 논밭을 경작하면서 노출되어 있는 와편 소량과 아주 작은 파편 위주의 토기편 등이 수습되었다.

1) '作'銘 塼片(도판 13-3, 4, 탁본 3-3)

이 전편은 군수리사지의 현재 사역으로 지정된 구역 주변에서 수습되었는데, 회색의 경질로 소성도가 높아 매우 단단하다. 전편의 앞면에는 '作'명이 새겨져 있다. 이 전편이 사역의 주변에서 발견되었으므로 군수리사지 유적과 관련되었을 가능성이 크나 확실하지 않다.

(두께 약 5.5㎝)

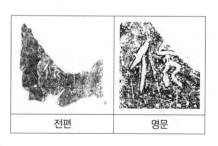

| 전편 | 명문 |

2) 참고문헌

국립부여문화재연구소, 1998, 『화지산-일대 지표조사 보고서』

2. 군수리사지

군수리사지는 현재 군수리 19-1번지 일대에 위치하며, 백제 사비기에 조성된 사지이다. 군수리사지에 대한 조사는 1935년과 1936년에 이시다 시게사구(石田茂作)와 사이토 타다시(齋藤忠) 등에 의해 두차례 이루어졌다. 이때 가람의 형태를 밝히기 위한 간략한 조사가 이루어졌으며, 그 결과 군수리 사지가 1탑 1금당의 전형적인 백제식 가람구조임이 밝혀졌다.[107]

2003년에 군수리사지 동편에 위치한 궁남지의 종합정비 기본계획의 대상에 포함되면서, 1935년 이후 70년 만인 2005년에 본격적인 학술발굴조사가 이루어졌다. 2005~2007년의 3차례에 걸친 발굴조사를 통해 군수리사지 금당지, 목탑지 등의 정확한 위치와 규모가 확인되었다. 사지에서는 다수의 인각와가 출토되었는데, 주로 금당지와 그 외곽, 목탑지와 그 외곽에서 출토되었으며, 동편일대에서는 소량만 확인되었다.

'巳-斯'銘 인각와

1) '巳-斯'銘 인각와

1935~1936년 군수리사지를 발굴조사하는 과정에서 '巳-斯'銘 인각와를 포함하여 두세 점의 인각와가 출토되었고, 이는 당시 부여고적보존회의 진열관에 진열되었다.[108] 사이토 타다시(齋藤忠)의 논문에 수록된 29개 인각와 탁본 중 '巳-斯'銘 인각와 탁본은 하나뿐이고, 이것이 군수리에서 출토된 인각와일 가능성이 있다.

2) 군수리사지 탑지 출토 인각와

국립부여박물관에 군수리사지 탑지에서 출토된 11점의 인각와편이 '부여 1315'라는 소장번호로 소장되어 있는데, 출토시기를 알 수 없다. 『부여의 문화유산』에는 '午-斯', '辰', '止' 등의 글자가 찍혀 있다고 소개되어 있다. 수록된 사진에는 모두 4점의 인각와가 나와 있는데, 이 중 판독이 가능한 3점만 살펴보겠다. 판독이 불가능한 한 점은 인장이 2개 찍혀 있다.

---

107) 石田茂作, 1937, 「扶餘軍守里廢寺址發掘調査(槪要)」, 『昭和11年度 古蹟調査報告』, 朝鮮總督府.

108) 齋藤忠, 1939, 앞의 글, p.311.
  1939년 4월 1일 조선총독부박물관 부여분관이 설립되면서 재단법인 부여고적보존회 소장하고 있던 유물을 기부하였고, 기부된 유물을 정리한 목록에 부여 구읍내에서 출토된 삼국시대 문자와류 29개가 포함되어 있었다(이순자, 2009, 『일제강점기 고적조사사업 연구』, 景仁文化社, pp.433~437 참조). 부여분관이 소장하고 있던 유물 중에는 군수리사지 출토 인각와도 포함되었을 것이며, 이는 해방 이후 국립중앙박물관 부여분관에 그대로 소장되었을 것으로 추측된다.

(1) '午-斯'銘 인각와

'午-斯'銘 인각와가 2점 수록되어 있다. 한 점은 사진상으로 명문을 확인하기가 다소 어렵지만, '午 -斯'로 판독할 수 있다. 둘 다 양각의 테두리가 둘러져 있으며, 글자도 양각으로 되어 있다.

| 기와 1 | 명문 | 기와 2 | 명문 |

(2) '辰'銘 인각와

좌서된 '辰'자가 양각으로 찍혀 있다.

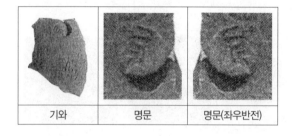

| 기와 | 명문 | 명문(좌우반전) |

3) 2005년~2007년 조사

(1) 인각와

명문＼출토지	금당지	목탑지와 금당지 사이	목탑지	동편일대	비고
卯	2점	1점	—	—	3점
巳	—	1점	—	1점	2점
肋	1점	—	1점	1점	3점
斯	1점	—	2점	—	3점
丁巳	—	2점	2점	—	4점
巳-止	1점	—	—	1점	2점
巳-斯	—	━	1점	—	1점
巳-肋	1점	—	1점	—	2점
巳-毛	—	1점	—	—	1점

명문＼출토지	금당지	목탑지와 금당지 사이	목탑지	동편일대	비고
巳-□	-	1점	1점	-	2점
□-止	-	-	1점	-	1점
불명	1점	-	2점	1점	4점
합계	7점	6점	11점	4점	28점

※ 국립부여문화재연구소, 2010, 『부여군수리사지Ⅰ-목탑지, 금당지 발굴조사보고서-』, p.160에 수록된 표 1을 일부 수정하였음.

가. '卯'銘 인각와[109]

금당지에서 2점, 목탑지와 금당지 사이에서 1점 출토되었다. 인장의 지름은 각각 2.3㎝, 2.3~2.5㎝, 2.6~2.7㎝ 정도이다. 보통 'PB'로 표기하는 인각와에 대해서 이를 글자로 보고 '卯'자로 판독한 견해가 제시되었다.[110] 이 글자를 좌서된 것으로 본다면, '卯'의 이체자(邜, 夘)로 볼 가능성이 있다.

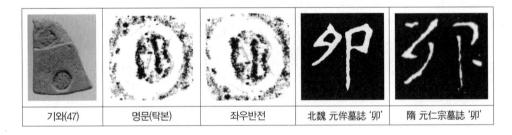

기와(47)	명문(탁본)	좌우반전	北魏 元侔墓誌 '卯'	隋 元仁宗墓誌 '卯'

나. '巳'銘 인각와[111]

목탑지와 금당지 사이와 동편 일대에서 각각 한 점씩 출토되었다. 인장의 지름은 2.4~2.5㎝이며, 음각의 테두리가 둘러져 있고, 글자도 음각되어 있다.

(잔존 길이 9.4㎝, 잔존 너비 10.9㎝, 두께 1.7㎝)

기와(52)	명문(사진)	명문(탁본)

---

109) ① 도면 46, 사진 143, ② 도면 47, 사진 143, ③ 도면 48, 사진 144.

110) 高正龍, 2007, 「百濟印刻瓦覺書」, 『朝鮮古代硏究』8, 朝鮮古代硏究刊行會; 심상육, 2013, 「백제 사비도성 출토 문자유물」, 『목간과 문자』11, pp.74~75.

111) ① 도면 52, 사진 145, ② 도면 53, 사진 145.

다. '肋'銘 인각와[112]

금당지와 목탑지, 동편일대에서 각각 1점씩 출토되었다. 인장의 지름은 각각 2.1~2.2㎝, 2.6㎝, 2.3㎝ 정도이며, 음각의 테두리 안에 글자가 음각되어 있다. 인장의 일부만 남아 있는 경우에도 좌변을 '月'자로 볼 수 있어 '肋'으로 판독한다.

| 기와(67) | 명문(사진) | 명문(탁본) |

라. '斯'銘 인각와(도면 70, 사진 149)[113]

금당지에서 1점, 목탑지에서 2점이 출토되었다. 금당지에서 출토된 인장은 인장의 지름이 1.7~1.8㎝이며, 양각의 테두리 안에 글자가 양각되어 있다. 목탑지에서 출토된 2점은 인장 지름이 2.2㎝ 내외이며, 음각의 테두리 안에 글자가 음각되어 있다. 보고서에서는 목탑지에서 출토된 2점에 대해서는 '䚡'로 표기하였는데, 斤의 초서체를 고려한다면 '斯'자로 판독할 수 있다고 생각된다.

斤의 초서체

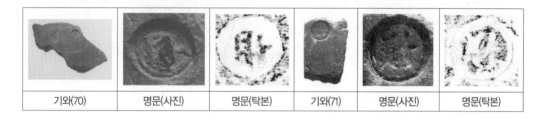

| 기와(70) | 명문(사진) | 명문(탁본) | 기와(71) | 명문(사진) | 명문(탁본) |

마. '丁巳'銘 인각와[114]

목탑지와 금당지 사이에서 2점, 목탑지에서 2점이 출토되었다. 2점(도면 64, 66)은 양각의 테두리 안에 글자가 양각되어 있고, 한 점(도면 63)은 글자의 외곽선이 양각되어 있는 것이 특징이며, 다른 한 점(도면 65)은 음각의 테두리가 두 번 둘러져 있고, 글자도 음각되어 있다. 인장의 지름은 3.0~3.5㎝ 정도이다. 기와의 측면이 남아 있는 경우, 인장은 측면으로부터 0.3㎝나 9.6㎝ 떨어진 곳에 찍혀 있음을 확인할 수 있다. 명문이 일부만 남은 경우도 있으나, '丁巳'銘 인각와로 파악되며, '丁巳'는 간지로서 597년이나 657년으로 비정된다.

---

112) ① 도면 67, 사진 148, ② 도면 68, 사진 149, ③ 도면 69, 사진 149.
113) ① 도면 70, 사진 149, ② 도면 71, 사진 149, ③ 도면 72, 사진 150.
114) ① 도면 63, 사진 147, ② 도면 64, 사진 148, ③ 도면 65, 사진 148, ④ 도면 66, 사진 148.

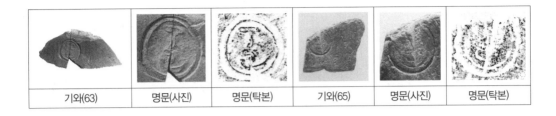

기와(63)	명문(사진)	명문(탁본)	기와(65)	명문(사진)	명문(탁본)

바. '巳-止'銘 인각와[115]

　금당지 서측기단 서편외곽[116]과 동편일대에서 각각 1점이 출토되었다. 인장 두 개가 짝을 이루어 찍혔는데, 인장의 지름은 대체로 1.9㎝ 내외이고, 인장 간의 거리는 1.4㎝, 1.9㎝로 차이가 있다. 음각의 테두리 안에 글자가 음각되어 있다. 보고서에서는 하부 인장의 명문을 형태를 본따 '止'라고 표시하였는데, '止'자로 판독할 수 있다.

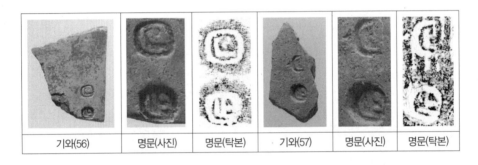

기와(56)	명문(사진)	명문(탁본)	기와(57)	명문(사진)	명문(탁본)

사. '巳-斯'銘 인각와(도면 58, 사진 146)

　목탑지 내부 황갈색사질점토층에서 1점 출토되었다. 회갈색을 띠는 경질계이며, 등면은 무문이며, 긁힌 흔적이 뚜렷하다. 내면에는 포흔이 잘 남아 있다. 위의 인장은 길이 2.4㎝, 너비 2.3㎝이며, 아래의 인장은 길이 2.2㎝, 너비 2.3㎝이고, 인장 간 거리는 2.0㎝이다. 음각의 테두리 안에 글자가 음각되어 있다.

　(잔존 길이 8.0㎝, 잔존 너비 11.6㎝, 두께 1.6㎝)

기와(58)	명문

---

115) ① 도면 56, 사진 146, ② 도면 57, 사진 146.

116) 금당지 북측의 수직횡렬식 와적기단을 보축한 기와에도 '巳-止'가 찍힌 기와가 사용되었다고 하는데(국립부여문화재연구소, 2010, 『부여군수리사지 I -목탑지, 금당지 발굴조사보고서-』, p.112), 아마도 이 인각와라고 생각된다. 출토 위치가 다르게 설명되어 있다.

아. '巳-肋'銘 인각와[117]

금당지 내부와 목탑지에서 각각 1점씩 출토되었다. 금당지에서 출토된 인각와의 인장 지름은 2.2㎝, 2.4~2.5㎝이며, 목탑지에서 출토된 것은 2.0㎝ 내외이다. 음각의 테두리 안에 글자가 음각되어 있다. 보통 아래 인장의 글자를 '助'로 판독하기도 하나, 이 경우에는 좌변을 '月'자로 볼 수 있어 '肋'으로 판독한다.

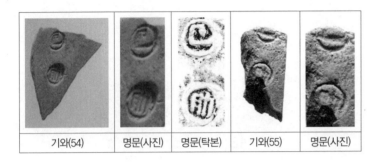

| 기와(54) | 명문(사진) | 명문(탁본) | 기와(55) | 명문(사진) |

자. '巳-毛'銘 인각와(도면 59, 사진 146)

금당지와 목탑지 사이의 적갈색사질점토층에서 출토되었다.[118] 회청색을 띠는 경질계이며, 등면은 선문이 타날되었는데, 물손질로 일부 지워졌으며, 측면은 와도로 잘라 전면이 깔끔하게 정리되어 있다. 인장이 2개 찍혀 있는데, 위의 인장은 길이 2.0㎝, 너비 1.9㎝이며, 아래의 인장은 길이 2.3㎝, 너비 1.7㎝이다. 인장 간의 거리는 1.4㎝이고, 측면에서 1.4㎝ 떨어져 있다. 음각의 테두리 안에 글자가 음각되어 있다.

(잔존 길이 14.3㎝, 잔존 너비 14.8㎝, 두께 1.8㎝)

| 기와(59) | 명문 |

차. '巳-□'銘 인각와[119]

금당지와 목탑지 사이에서, 그리고 목탑지 서편 외곽에서 각각 1점씩 출토되었다. 인장이 2개 찍혀 있으나, 위의 인장만 온전하게 남아 있다. 인장의 지름은 1.8~2.0㎝이며, 인장 간의 거리는 1.3㎝, 1.7㎝이다. 음각의 테두리 안에 글자가 음각되어 있는데, 도면 61의 경우에는 글자와 테두리가 연결되어 있어 다른 '巳'銘 인각와와는 형태상 차이가 있다.

---

117) ① 도면 54, 사진 145, ② 도면 55, 사진 145.

118) 국립부여문화재연구소, 2010, 앞의 책, p.177 사진 34에서 금당지 남측 합장식 와적기단 내에서 출토된 인각와과 비교하여 해당 기와가 와적기단에서 출토된 인각와임을 알 수 있다.

119) ① 도면 60, 사진 147, ② 도면 61, 사진 147.

| 기와(60) | 명문(사진) | 명문(탁본) | 기와(61) | 명문(사진) | 명문(탁본) |

카. '□-止'銘 인각와(도면 62, 사진 147)

목탑지 북측기단 외곽의 황갈색사질점토층에
서 출토되었다. 황회색을 띠는 경질계이며, 등면
은 선문이 타날되었지만, 물손질로 거의 남아 있
지 않다. 인장이 두 개 찍혔는데, 위의 인장은 흔
적만 남아 있다. 남아 있는 인장의 지름은 1.8㎝
내외이고, 인장 간의 간격은 1.5㎝이다. 음각의
테두리 안에 글자가 음각되어 있으며, '止'자로 볼 수 있다.

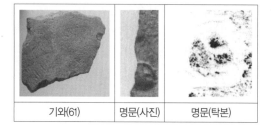

| 기와(61) | 명문(사진) | 명문(탁본) |

(잔존 길이 7.0㎝, 잔존 너비 17.4㎝, 두께 1.4㎝)

타. '□'銘 인각와(도면 49, 사진 144)[120]

보고서에서는 '巳'자로 판독
하였으나, 인장의 반 정도가 결
실된 상태이며, 남은 획으로 판
단컨대 '巳'로 읽기 어려워 미상
자로 둔다. 인장은 금당지에서
1점, 목탑지에서 2점 출토되었
다. 인장의 지름은 2.0~2.4㎝이
고 측면이 남은 경우, 측면에서
1.6㎝ 떨어진 지점에 찍혀 있는
것이 확인된다. 테두리 없이 글
자가 양각되어 있는 것이 2점이
고, 나머지 하나는 음각의 테두
리 안에 글자가 음각되어 있다.

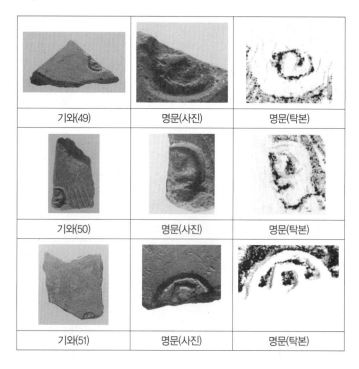

기와(49)	명문(사진)	명문(탁본)
기와(50)	명문(사진)	명문(탁본)
기와(51)	명문(사진)	명문(탁본)

파. '□'銘 인각와(도면 73, 사진 150)

동편일대의 동서트렌치 내부 황갈색사질점토층에서 출토
되었다. 황갈색을 띠는 연질계로, 등면은 무문이고 내면은
마모되어 포흔이 남아 있지 않다. 인장은 2.0㎝ 내외의 크기
로 절반 가량이 결실된 상태이다. 음각의 테두리 안에 글자
가 음각되어 있으나 판독이 어렵다.

(잔존 길이 15.0㎝, 잔존 너비 14.9㎝, 두께 1.6㎝)

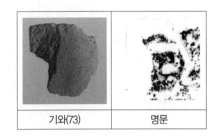

| 기와(73) | 명문 |

(2) 토기류

가. '埏'銘 대부완 저부 편(111, 도면 56, 사진 158)

N7W1 금당지 상층기단 중심의 황갈색사질점
토층에서 출토되었다. 저부와 동체부 일부만이
잔존하여 전체 기형을 추정할 수 없다. 회갈색을
띠는 경질계이며, 전체적으로 조정은 회전물손
질로 처리하였다. 대각에서 0.7㎝ 정도 떨어진
지점에 글자가 새겨져 있는데, 일부가 결실된 상
태이다. 보고서에서는 '埏'으로 판독하였다.

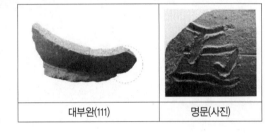

| 대부완(111) | 명문(사진) |

(잔존 기고 4.0㎝, 대각 높이 0.7㎝, 두께, 0.5~1.0㎝)

4) 참고문헌

齋藤忠, 1939, 「百濟平瓦に見られる刻印銘に就いて」, 『考古學雜誌』29-5

충청남도·충남대학교 박물관, 2002, 『부여의 문화유산』

국립부여문화재연구소, 2010, 『부여군수리사지Ⅰ-목탑지, 금당지 발굴조사보고서-』

3. 군수리 375-1답외

1999년에 부여-논산간 국도 4호선 확포장공사 예정노선이 현재 사적으로 지정되어 있는 나성의 서
쪽과 동쪽을 지나도록 설계됨에 따라 부여 사비도성 내부의 능산리지점과 군수리지점에 대한 발굴조사
가 이루어지게 되었다. 군수리 지점의 발굴조사는 군수리 375-1답외 9필지의 1,948평에 대해 이루어
졌다. 조사 결과, 인위적인 성토에 의해 축조된 나성의 흔적을 찾을 수 없었지만, 현 제방 하부에서 사

---

120) ① 도면 49, 사진 144, ② 도면 50, 사진 144, ③ 도면 51, 사진 144.

비기 유물포함층과 우물지 1개소, 그리고 구상유구가 조사되었으며, 제방 내부 지역에서는 사비기에 해당하는 건물지와 水田이 확인되었다.

1) '北'銘 대부완(도면 44-11, 사진 102-1)[121]

S2E2 pit, S1E2 pit 등에서 모두 3점이 출토되었다. 소성 전에 동체 하부에 인장을 찍었으며, '北'자를 옆으로 눕혀서 찍은 점이 특징이다. 인장의 크기는 1.5×1.4㎝이며, 음각의 테두리 안에 글자가 음각되어 있다. 보고서에서는 부여 부소산성, 관북리유적 등에서 출토된 토기 중 '北舍'라는 문자가 인각된 사례와 같은 의미를 가지는 것으로 추정하였다.

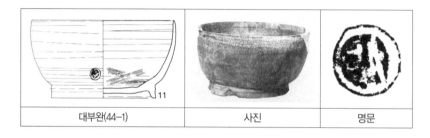

대부완(44-1)	사진	명문

2) '七'銘 대부완 저부편(도면 45-2, 사진 103-1)

S3E3 pit에서 출토된 대형 대부완의 바닥 부분 파편으로 형태로 보아 뚜껑이 있었던 것으로 추정된다. 색조는 회색을 띠며 태토에는 모래입자가 약간 섞여 있다. 기면을 저부까지 회전 깎기로 성형한 다음에 대각부를 붙여 회전 물손질로 조정하였다.

동체 하부의 대각에 가까운 부분에는 '七'자로 보이는 문자 혹은 기호를 거꾸로 새겼는데, 가로획을 먼저 새긴 다음에 'ㄴ'획을 새겼다. 글씨 크기는 세로 1.5㎝, 가로 2.2㎝ 정도이다. 이와 비슷한 사례를 부여 관북리유적 출토 대부완에서도 볼 수 있다.

(대각 바닥 직경 14.0㎝, 대각 높이 1.7㎝, 두께 0.6~1.1㎝)

대부완(45-2)	사진	명문

---

121) ① 도면 44-11, 사진 102-1, 잔존 높이 9.9㎝, 구경 18.9㎝, 대각 직경 13.8㎝, 대각 높이 1.2㎝, 기벽 두께 0.2~0.9 ㎝, ② 도면 45-1, 사진 102-3, 대각 바닥 직경 12.2㎝, 대각 높이 1.2㎝, 동부 두께 0.4㎝, 대각 두께 0.4~0.8㎝, 모두 3점이 출토되었으나, 보고서에는 도면 44-12의 '北'銘 대부완에 대한 설명이 누락되어 있다.

3) 참고문헌

忠南大學校 百濟研究所, 大田地方國土管理廳, 2003, 『泗沘都城-陵山里 및 軍守里地點 發掘調査 報告書-』

4. 군수리 유적

부여-논산간 확, 포장공사 구간 내에서 확인된 유적 중 하나이다. 군수리 유적은 군수리사지 일대 경작지에 위치하고 있다. 이 유적의 북서쪽에 군수리사지가 약 100m 정도 떨어져 위치하고 있으며, 북동쪽으로 약 100m 정도 떨어져 궁남지와 화지산이 위치하고 있다. 2000년 8월부터 2001년 6월까지 발굴조사가 실시되었다. 조사 결과, 잔존상태가 불량하여 전체적인 유구의 형태는 알 수 없으나 일정한 간격을 두고 2기의 와적기단이 확인되었으며, 이를 사이에 두고 구상유구 1기가 조사되었고, 이외 고상건물 1기 등이 확인되었다. 1호 건물지와 2호 건물지에서 인각와가 총 3점이 출토되었다.

1) '解'銘 인각와(도면 89-2, 사진 234-2)

1호 건물지에서 출토된 암키와편이다. 색조는 굵은 사립이 소량 혼입된 점토를 사용하였다. 색조는 회색이며, 연질이다. 등면 상단에는 원형의 인장이 찍혀 있다. 양각의 테두리 안에 글자가 양각되어 있는데, 보고서에

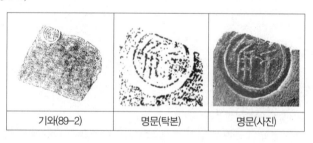

| 기와(89-2) | 명문(탁본) | 명문(사진) |

서는 '角干'으로 추정하였으나, '解'자가 맞다.[122] '解'는 백제의 大姓八族에 해당하는 성씨로 해씨 집단에 의해 인각와가 공급, 기진되었을 가능성이 제기되었다.[123]

(잔존 길이 11.1cm, 잔존 너비 8.6cm, 두께 1.3cm)

2) '福'銘 인각와(도면 104-1, 사진 245-3)

2호 건물지에서 출토된 암키와편이다. 색조는 적갈색이며, 연질이다. 선문은 전면에 걸쳐 시문되어 있다. 등면의 좌측 중앙에는 인장이 찍혀 있는데, 양각의 테두리 안에 글자가 양각되어 있다. 보고서에서는 불명자

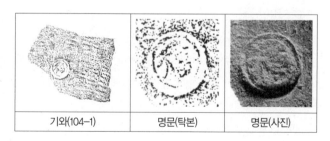

| 기와(104-1) | 명문(탁본) | 명문(사진) |

---

122) 沈相六, 2005, 앞의 글, p.14.
123) 沈相六, 2005, 위의 글, p.45.

로 처리하였으나, '福'자로 판독된다.[124] '福'銘 인각와는 부소산성에서도 출토된 바 있다.[125]

(잔존 길이 13.1㎝, 잔존 너비 9.1㎝, 두께 1.2㎝)

3) '申-□'銘 인각와(도면 89-3, 사진 234-3)

1호 건물지에서 출토되었다. 선문이 시문된 회색
경질의 암키와편으로 등면 우측에는 원형의 인장 2
개가 확인되나 명문을 판독하기 어려운 상태이다.
탁본으로 보아 위의 인장의 명문은 '申'자일 가능성
이 있다.

(잔존 길이 13.4㎝, 잔존 너비 8.3㎝, 두께 1.9㎝)

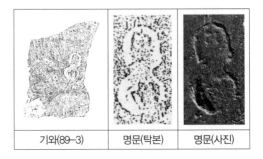

| 기와(89-3) | 명문(탁본) | 명문(사진) |

4) 참고문헌

(재) 충청문화재연구원, 대전지방국토관리청, 2003, 『부여 가탑리·왕포리·군수리 유적』

Ⅵ. 정동리

1. 정동리요지

부여읍 정동리에 위치한 대규모 가마터군으로 금강에 접해 있다. 가마터는 정동리의 뒤편에 위치한
낮은 산의 남편기슭의 동편에서부터 서편에 이르기까지 A, B, C지구가 거의 일직선을 이루며 분포하
고 있다. 발굴조사는 실시되지 않았지만, 1970년대 연화문전이 한 농부에 의해 발견되어 매장문화재로
신고됨으로써 알려지게 되었고, 1988년에 국립부여박물관에 의해 지표조사가 실시되어, 문양전 및 명
문전의 잔편과 다량의 암·수키와, 토기편 등이 수습되었다.

1) A지구

정동리마을의 동편에 낮게 솟아 있는 주장산의 샘골 우측 기슭에 위치하고 있는데, 현재 몇 기의 가
마가 남아 있다. 1988년 지표조사 중에 문양전 및 명문전의 잔편과 함께 다량의 암·수키와와 약간의 토
기편이 수집되어 이 가마에서 생산된 제품이 매우 다양하였음을 살필 수 있다. 가마는 지하식으로 구축
된 것으로 생각된다.

塼은 무문전을 포함하여 모두 20여 점이 채집되었는데, 문양전과 명문전은 공주 송산리고분군의 6호

---

124) 沈相六, 2005, 위의 글, p.14.
125) 國立文化財研究所, 1996, 『扶蘇山城 : 發掘調査報告書』, p.175.

분의 갱도와 무령왕릉을 축조할 때 쓰인 墓塼과 동일하여 여기에서 생산된 塼이 웅진도읍기에 공주로 공급되었음을 짐작할 수 있다. 이 중 명문전은 '大方'과 '中方'의 명문이 새겨진 두 종류가 있다. '大方'은 2점(743, 744), '中方'(742)은 1점이며, 전 측면의 장·단변의 문양이 없는 면에 글자가 양각되어 있다.

무령왕릉 내에서 '中方'銘 전은 두 곳에서 수습되었는데, 하나는 현실 벽면에 설치된 燈龕 하부의 살창이며, 다른 하나는 현실 서벽면 최하단, 즉 基礎積에서 사용되었다.[126] 그리고 '大方'銘 전은 棺臺를 구축하는 데에 사용되었다. '大方'과 '中方'의 의미에 대해서는 전이 배치될 위치를 표시했던 것으로 보는 견해가 있다.[127]

(742번 '中方'銘 塼 잔존 길이 15.0cm, 743번 '大方'銘 塼 잔존 길이 15.0cm, 744번 '大方'銘 塼 잔존 길이 15.5cm)[128]

| 大方(743) | 명문 | 大方(744) | 中方(742) | 명문 |

2) B지구

정동리 마을과 주장산 사이에 펼쳐져 있는 농경지 일대인데, C지구와 함께 1988년도에 실시한 지표조사에서 새롭게 발견되었다. 그 당시 이 일대에서는 농경지의 정리공사가 진행되어, 많은 가마가 훼손되었다. A지구와 B지구는 서로 인접해 있으나, B지구 가마의 개요시기는 사비도읍기에 해당되어 A지구보다 늦다. 채집된 유물로는 수막새와 암·수키와, 그리고 약간의 토기편이 있다. B지구에서 수집된 8엽의 연화문이 장식된 수막새는 용정리사지에서 사용된 예가 보여 그 수급관계를 파악할 수 있다.

그리고 7세기로 추정되는 '毛', '巳-肋' 등의 명문이 새겨진 암키와가 수집되었다. 『백제의 공방』(2006)에 해당 인각와의 사진이 수록되어 있다.[129]

---

126) 金英心, 1992, 앞의 글, p.193.
127) 金永培, 1970, 「公州出土의 百濟塼」, 『百濟研究』창간호, p.69; 朴容塡, 1976, 「公州出土의 百濟瓦·塼에 關한 研究」, 『百濟文化』6, p.70; 朴容塡, 1991, 「武寧王陵의 塼」, 『百濟武寧王陵』, 공주대학교 백제문화연구소, p.146.
128) 국립부여박물관, 2010, 『百濟瓦塼』, p.273.
129) 국립부여박물관, 2006, 『백제의 공방』, p.149에 부여 정동리(C지구)에서 출토된 인각와로 소개된 사진 중 2점은 B지구에서 출토된 인각와로 판단된다.

| 기와 | 명문 |

(1) '毛'銘 인각와

일부 파편만 남아 있는데, 음각의 테두리가 둘러져 있고, 글자도 음각되어 있다.

(2) '己-肋'銘 인각와

두 개의 인장

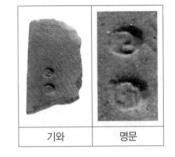

| 기와 | 명문 |

이 찍혀 있는데, 위의 인장 명문은 '己'로 판단되며, 아래 인장의 명문은 '肋'이나 '助' 또는 '肋'일 가능성이 있으나 사진으로는 모호하다. 글자는 양각되어 있다.

3) C지구

C지구는 정동리 마을의 서편에 있는 와봉산의 남서쪽 구릉지일대로서 이전부터 기와 및 토기편이 가끔 수집되어 백제시대의 건물지로 알려져 왔던 유적지였으나, 1988년도에 실시한 지표조사로 가마터임이 밝혀졌다. 수집된 유물은 약간의 기와편과 토기편 등인데, 대부분 7세기 전후의 것으로 추정된다. 그중 '己-刀'銘 수키와와 화엽문 암키와도 있다.[130]

(1) '己-刀'銘 인각와

기와편에 두 개의 인장이 찍혀 있는데, 위의 인장 일부가 결실된 상태이며, 음각의 테두리 안에 글자가 음각되어 있다. 위의 인장의 명문은 다른 인각와 사례를 참조하면 '己'일 가능성이 크나 사진으로는 판단하기 어렵다.

| 기와 | 명문 |

(2) 문양 인각와

화엽문 암키와라고도 하나, 문양인지, 글자인지 다소 모호해 보인다. 사진으로는 '申'이나 '冊'로도 볼 수 있을 듯하나 불확실하다.

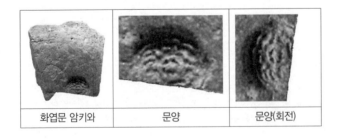

| 화엽문 암키와 | 문양 | 문양(회전) |

---

130) 국립부여박물관, 2006, 위의 책, p.149.

4) 참고문헌

金誠龜, 1990,「扶餘의 百濟窯址와 出土遺物에 대하여」,『百濟硏究』21

국립부여박물관, 2006,『백제의 공방』

국립부여박물관, 2010,『百濟瓦塼』

2. 정동리 샘골

정동리요지에 근접한 정동리 샘골에서 '上卩乙瓦'銘 인각와가 채집되었으며, 암키 와편이다.[131] 이 인각와가 채집된 장소가 요 지인지는 불확실하나, 만약 요지라면 정동 리요지군에 속하는 官窯일 가능성이 있을 것이다. 인장의 지름은 3.2cm이며, 음각의 테두리 안에 글자는 음각되어 있다. 우측 상

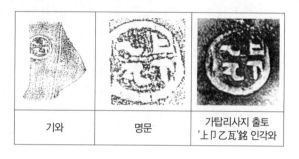

| 기와 | 명문 | 가탑리사지 출토
'上卩乙瓦'銘 인각와 |

단의 '上'자 옆의 테두리에 세로로 흠집이 있는 것이 가탑리사지에서 출토된 것으로 전하는 '上卩乙瓦' 銘 인각와와 동일해 보인다. 같은 인장을 사용한 것으로 추정되며, 이 인각와가 요지에서 채집된 것이 라면, 정동리에서 생산된 기와가 가탑리사지에 공급되었을 가능성도 고려해 볼 수 있을 것이다.

Ⅶ. 가증리

1. 가증리사지(가증리 137, 134번지 일대)

1985년 밭(가증리 137번지)을 개간하던 중 남북방향의 석렬이 발견되었으며, 주변에서 연꽃으로 장 식된 불상대좌편과 인각와, 개배편 등이 발견되어 알려진 유적이다. 사지는 '수작골'로 불리는 계곡 안 쪽에 위치한 것으로 추정되는데, 농장이 만들어지면서 유적지가 사라져 구체적이 사찰의 범위를 확인 할 수 없다.

'부여 3039'라는 소장번호가 부여된 유물들은 가증리 137번지에서 출토된 것인데, 그 중에는 인각와 편 14점이 있으며, 사진이 제시된 것은 '刀下'銘 인각와 3점과 '申-□'銘 인각와 1점이다. 그리고 '부여 2991'이라는 소장번호가 부여된 유물은 출토지가 '가증리'로만 표시되었는데, '午-斯', '申-斯'銘 인각 와로 가증리사지에서 수습된 인각와로 파악된다.[132] 관련 사진으로는 '刀下'銘 인각와와 '□-□'銘 인 각와 2점만 제시되었다.

---

131) 이다운, 1999, 앞의 글, p.108.

132) 문화재청·국립부여문화재연구소, 2008, 앞의 책, pp.26~27.

1) '刀下'銘 인각와

가증리에서 수습된 '刀下'銘 인각와 중에서 사진으로 확인되는 것은 모두 네 점이 있다.[133] 모두 음각의 테두리 안에 글자가 음각되어 있다. '부여 2991'의 '刀下'銘 인각와만 '刀'자가 좌서로 되어 있다.

부여 3039	명문	부여 2991	명문

2) '申-□'銘 인각와

소장번호 '부여 3039' 유물 사진 중 '申-□'銘 인각와가 있는데, 아래 인장의 절반이 결실되어 이것이 '申-斯'銘 인각와인지는 불확실하다. 양각의 테두리 안에 글자가 양각되어 있는 것으로 보인다.

부여 3039 '申-□'	명문

3) '□-□'銘 인각와

소장번호 '부여 2991'의 유물 사진으로 제시된 인각와인데, 글자는 뚜렷하나 책에 수록된 사진으로는 글자를 판독하기 어렵다. 가증리사지에서 수습된 '午-斯'銘 인각와가 아닐까 짐작되나, 사진으로 위의 인장 명문은 '中'자에 가까워 보이며, 아래 인장 명문은 '斯'보다는 '肋'에 가까워 보인다. 일단 미상자로 둔다. 양각의 테두리 안에 글자가 양각되어 있다.

부여 2991	명문

4) 참고문헌

충청남도·충남대학교 박물관, 2002, 『부여의 문화유산』
문화재청·국립부여문화재연구소, 2008, 『백제 폐사지 학술조사보고서-扶餘郡 篇-』

Ⅷ. 용정리

1. 용정리 백제 건물지(용정리 소룡골 405-12번지, 407-2번지 일대)

용정리 백제 건물지는 논을 개답하는 과정 중에 연화문 수막새를 비롯하여 다량의 유물이 출토되어 알려졌다. 1985년 10월부터 11월까지 긴급조사가 이루어졌고, 백제 건물지 2기가 확인되었다. 그 중 남쪽에 위치한 건물지는 북쪽 기단의 일부와 주초적심석들이 비교적 잘 남아 있어, 건물지의 형태와 규모를 파악할 수 있는데, 기단 길이가 24m이고 2~3단으로 쌓은 석축 기단이 남아 있어, 비교적 규모가 큰 편에 속함을 알 수 있다.

1) '甑'銘 토기

연질 시루의 구연부 조금 아래에 '甑'자가 선각되어 있다. 토기 바깥 면에는 종평행문이 타날되어 있는데, 글자는 무늬를 타날한 후 새겼다. 그 의미에 대해서는 '甑'과 '甗'이 서로 의미가 통하여 이 토기가 '시루'임을 의미하는 것으로 추정하거나,[134] '甗'의 음을 따서 '甑'으로 표기하였거나, 찌면 불어난다는 의미를 표현한 것으로 추정하기도 하였다.[135] 그러나 음을 따서 '甗'을 '甑'으로 표기하였다고 보는 것은 무리가 있다고 판단되며, 굳이 토기에 시루임일 표기하였을까도 의문이다. 찌면 불어난다는 의미로 일종의 길상구로서 글자를 새겼을 가능성이 더 크다고 생각된다.

(잔존 높이 22.5㎝, 복원 입지름 41.6㎝)

| 토기편 | 복원 | 명문 |

2) 참고문헌

충남대학교 박물관, 1992, 『(충남대학교 개교 40주년 기념) 발굴유물 특별전』
국립부여박물관, 2002, 『百濟의 文字』
충청남도역사문화연구원, 2008, 『百濟史資料譯註集: 韓國篇 Ⅰ』, 충청남도역사문화연구원
국립중앙박물관, 2011, 『문자, 그 이후』

---

133) 충청남도·충남대학교 박물관, 2002, 앞의 책, p.610.
134) 국립부여박물관, 2002, 앞의 책, p.58; 충청남도역사문화연구원, 2008, 앞의 책, p.774 각주 62번.
135) 국립중앙박물관, 2011, 『문자, 그 이후』, p.139.

IX. 석목리

1. 석목리 남건물지

석목리 남건물지는 관음사지의 북서쪽 방향에 있는데,[136] 정확한 소재지는 파악되지 않는다.

1) '甲瓦上卩(上卩甲瓦)'銘 인각와

석목리 남건물지에서 출토된 것으로 전한다.[137] 동일한 유형의 다른 인각와의 명문은 '○○甲瓦/乙瓦'의 형식인데, 이 경우에는 그 순서가 바뀌어 있다. 관북리와 부소산성에서도 '上卩甲瓦'명 인각와가 출토된 바 있는데,[138] 그중에서 확인 가능한 인각와의 탁본을 보면 역시 '甲瓦上卩'로 되어 있다. 인장의 지름은 3.7㎝이고, 양각의 테두리 안에 글자가 양각되어 있다. 기와의 등면에는 평행선이 타날되어 있으며, 정선된 태토를 사용하였다.

| 기와 | 명문 | 관북리 출토[139] | 부소산성 출토[140] |

2) 참고문헌

이다운, 1999, 「百濟五部銘刻印瓦について」, 『古文化談叢』43, 九州古文化研究會

2. 석목리 나성 유적(석목리 논절마을 일대)

이곳은 부여나성이 통과하는 지역으로 2000년에 충남대학교 백제연구소에서 정밀지표조사를 실시한 결과, 동나성 구간이 존재하고 있음이 확인된 바 있다. 2004~2005년에 부여-탄천간 도로확장 및 포장공사 구간에 대한 발굴조사가 이루어졌다.

1차 발굴조사 때에는 공주에서 부여로 향하는 국도 40호선 도로의 양쪽에서 32.8m의 나성 성벽이

---

136) 이다운, 1999, 앞의 글, p.96.
137) 이다운, 1999, 위의 글, p.99. 일반적인 판독 순서(우상→우하→좌상→좌하)대로 표기하였다.
138) 沈相六, 2005, 앞의 글, p.14 〈표 2〉에서 관북리에서 1점, 부소산성에서 3점으로 총 4점이 출토된 것으로 정리되어 있는데, 부소산성에서 출토된 '상부갑와'명 인각와는 1점밖에 확인하지 못하였다.
139) 국립부여문화재연구소, 2009, 『扶餘 官北里百濟遺蹟 發掘報告. 3, 2001~2007年 調査區域 百濟遺蹟篇』, p.332 도면 138-324.
140) 國立扶餘文化財研究所, 2003, 『扶蘇山城 : 發掘調査報告書. 5』, p.104 탁본 4-③.

확인되었으며, 성벽 내외부에서 백제시대 건물지 7기, 주거지 5기, 매납유구 1기, 구상유구 1기, 미상유구 1기, 조선시대 주거지 1기, 시대미상 수혈유구 1기 등 17여 기의 유구가 확인되었다. 그리고 2차 발굴조사에서는 도로 하부에서 최대 높이 약 5m 정도의 나성 성벽이 확인되었다. 출토유물 가운데, 3점의 인각와와 바닥면에 문양이 새겨진 목제 대부완이 있다.

1) 인각와

(1) '巳'銘 인각와(도면 56-11, 사진 50-5)

회청색 경질소성 암키와편으로 지표에서 수습되었다. 등면은 무문으로 처리되어 있으며, 인장의 지름은 2.1㎝이며, 글자가 양각되어 있다. 아랫부분은 기와가 깨져 있어서 인장이 더 찍혀 있었는지 확인할 수 없다.

(잔존 길이 10.4㎝, 두께 1.6㎝)

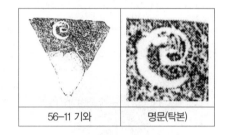

| 56-11 기와 | 명문(탁본) |

(2) '申-斯'銘 인각와[141]

도로를 기준으로 남동쪽 구간의 서쪽 경계 부분에 조성되어 있는 백제시기 건물지(2호 건물지)와 2호 주거지, 성벽 외부의 저습지에서 각각 1점씩 출토되었다. 2개의 인장이 연접해서 찍혀 있으며, 인장의 지름은 2.0㎝이다. 양각의 테두리 안에 글자가 양각되어 있다.

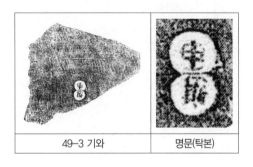

| 49-3 기와 | 명문(탁본) |

(3) '□-□'銘 인각와(도면 25-3, 사진 24-2)

나성 성벽 내부에 인접하여 조성되어 있는 백제시기 건물지인 7호 건물지에서 출토되었다. 회갈색 경질소성 암키와편이며, 등면에는 太線紋을 시문한 후 재차 정면하여 대부분의 문양은 지워져 있다. 지름 2.0㎝ 크기의 인장 2개가 연접해서 찍혀 있다. 획이 일부 보이는 듯도 하나, 인장 내의 글자는 판독하기 어려운 상태이다. 글자는 양각되어 있는 것으로 보인다.

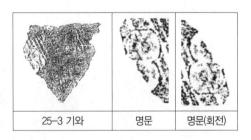

| 25-3 기와 | 명문 | 명문(회전) |

---

141) ① 도면 29-7, 사진 28-1, ② 도면 30-4, 사진 29-3, ③ 도면 49-3, 사진 43-2.

(잔존 길이 12.5㎝, 두께 1.2~1.6㎝)

2) 목제류

(1) 목제 대부완(도면 62-6, 사진 56-5)

지표에서 수습된 목제 대부완이다. 흑갈색을 띠며 통나무를 깎아 제작하였다. 동체는 구형으로 바라
져 오르며, 안쪽 바닥은 움푹 들어가 있다. 동체 하부에는 2조의 침선을 돌려 장식하였다. 굽은 외반된
형태이며, 바닥에는 1.3~1.4㎝ 정도 크기의 방형으로 구획한 내부에 'Ψ'자 형태의 문양을 음각하였다.
(잔존 높이 6.2㎝, 바닥 지름 8.6㎝, 두께 0.7~1.6㎝)

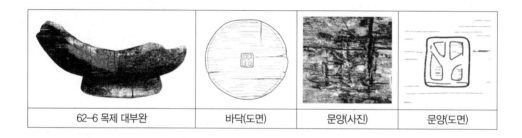

| 62-6 목제 대부완 | 바닥(도면) | 문양(사진) | 문양(도면) |

3) 참고문헌

(재)충청문화재연구원, 2009, 『부여 석목리 나성 유적』

3. 기타

소장번호 '부여 2862'가 부여된 인각와편이 있는데, 전체 수량을 알 수 없으며, 그중 '未-斯', '巳',
'寅'銘 인각와가 있음을 알 수 있다.[142] 사진에는 '未-斯'와 '巳'로 판독된 인각와 2점만이 제시되어 있
다. '未-斯'로 판독된 인각와는 2개의 인장이 서로 인접해서 찍혀 있고, 떨어진 곳에 '未'자 인장이 또
찍혀 있다. 동일한 인장을 두 번 찍은 것인데, 일부만 남은 것으로 보인다. 양각의 테두리 안에 글자가

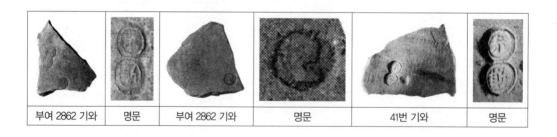

| 부여 2862 기와 | 명문 | 부여 2862 기와 | 명문 | 41번 기와 | 명문 |

---

142) 충청남도·충남대학교 박물관, 2002, 앞의 책, p.611.

양각되어 있다. 기존에 '巳'로 판독된 인각와는 글자가 '己'에 가까워 보인다. 글자는 양각되어 있다.

그리고 『韓國의 기와』(1983)에는 석목리에서 출토된 인각와로 '未-斯銘 인각와(41번)가 소개되어 있다.[143] 양각의 테두리 안에 글자가 양각되어 있다.

(41번 기와: 잔존 크기 13.5×10.7cm)

X. 구교리

『부여의 문화유산』에는 소장번호 '부여 2257'와 '부여 1331'로 구교리에서 수습된 인각와편 4점이 소개되어 있다.

1. '巳'銘 인각와

소장번호가 '부여 1331'인 인각와로 음각의 테두리 안에 글자가 음각되어 있다. 사진으로는 '巳'나 '己'에 가까워 보인다. 내면에는 포목흔이 있으며, 흑회색을 띤다.

| 부여 1331 기와 | 명문 |

2. '己丑'銘 인각와

소장번호 '부여 1331'로, 양각의 테두리 안에 글자가 양각된 것으로 보이며, 한 인장 내에 두 글자가 있다. 기존에 '丑'으로 읽었던 글자는 '毌'나 '冊'자에 가까워 보인다. '丑'이 아니라 '毌'나 '冊'으로 읽을 경우, 간지(己丑)가 아니라 간지(己)와 인명(毌/冊)을 각각 가리키는 것으로 볼 수도 있을 것이다. 특이하게 글자 좌우에 세로선 두 개가 양각되어 있다.

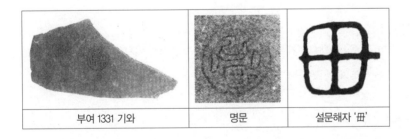

| 부여 1331 기와 | 명문 | 설문해자 '毌' |

3. '巳-止'銘 인각와

'부여 2257' 1번 기와는 암키와편으로 내면에는 포목흔이 있다. 인장 두 개가 짝을 이루어 등면에

---

143) 연세대학교 박물관, 1983, 『한국의 기와』, p.31.

| 부여 2257-1 기와 | 명문 |

‘巳’, ‘止’ 두 글자가 각각 찍혀 있다. 음각의 테두리 안에 글자가
음각되어 있다.

(잔존 길이 42㎝, 잔존 너비 30.5㎝)

4. ‘巳-毛’銘 인각와

‘부여 2257’ 2번 기와는
암키와편이며, 내면에는
포목흔이 있다. ‘巳’와 ‘毛’가 짝을 이룬 동일한 인장이 두 군데 찍
혀 있다. 음각의 테두리 안에 글자가 음각되어 있다.

(잔존 길이 41㎝, 잔존 너비 34㎝)

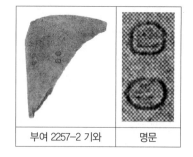

| 부여 2257-2 기와 | 명문 |

5. 참고문헌

충청남도·충남대학교 박물관, 2002, 『부여의 문화유산』

XI. 규암면

1. 규암면

일제시기에 규암면에서 ‘巳-毛’銘 인각와가 채집된 바 있다.[144] 재등충의 논문에
수록된 인각와 탁본 중 ‘巳-毛’銘 인각와는 한 점뿐인데, 이것이 규암면에서 채집된
것인지는 불확실하다.

‘巳-毛’銘 인각와

2. 규암리 54-4번지

2009년에 규암면 규암리 54-4번지에 건축부지가 들어서면서 문화유적 시굴 조사가 이루어졌다. ‘刀
下’, ‘辰’銘 인각와가 구릉 정상부와 동쪽 사면일대의 부정형의 수혈 2기에서 출토되었다.[145]

3. 蔚城山城(규암면 신리)

일제시기에 현재의 부여여고(쌍북리 610-10) 부근에서 ‘阿尼城’銘 기와가 출토된 것으로 전한다.[146]

---

144) 齋藤忠, 1939, 앞의 글, p.311.
145) (재) 부여군문화재보존센터, 2009, 『부여 규암 규암리 54-4번지 건물신축부지 문화유적 발굴(시굴) 조사 약보고서』; 문
  동석, 2011, 앞의 글, 서울여자대학교 인문과학연구소.
146) 洪思俊, 1971, 앞의 글, p.122.

기와의 출토위치와 명문의 음운을 따져서 '阿尼城'은 백제의 內城을 가리키는 것으로 이해되었는데,[147] 사진으로 제시된 기와는[148] 일제시기에 수습된 기와와 동일한 것으로 출토지는 부여여고 부근이 아니라 蔚城山城으로 파악된다. 1934년 왕흥사지를 조사하는 과정에서 왕흥사지 뒤편에 있는 드무재산(해발 131m) 정상부에 石壘가 있음이 확인되었고, 여기에서 '阿尼城'銘 기와와 '阿尼城匠(?)'銘 기와가 수습되었다.[149] 이때에는 왕흥사 뒤편에 있는 산성을 '王興寺岑城'으로 추정하면서, '아니성'이 이를 가리킨다고 보았다.[150]

일제시기에 수습된 '아니성'명 기와와 동일한 문양과 명문이 찍힌 기와가 최근까지 왕흥사지와 부소산성, 관북리에서 추가로 출토되었다.[151] 기와 전체적으로는 변형어골문과 차륜문이 찍혀 있으며, 명문 왼쪽으로는 당초문과 꽃 문양이 찍혀 있어, 기와는 신라통일기~고려시대의 것으로 추정된다. 명문은 좌서로 되어 있으며, '阿尼城'과 '阿尼城□' 두 종류이다. 미상으로 처리한 글자는 匠, 迆, 造 등으로 판독되었는데,[152] 관북리에서 출토된 기와편의 명문을 보면 匠에 가까운 것으로 보인다.

'아니성'명 기와가 왕흥사지 외에도 부소산성, 관북리 등지에서 출토되는 것을 보면, 1934년 조사 이후에 부소산성 부근 부여여고 쪽에서도 동일한 기와가 출토되었을 가능성이 있을 것이다. 그렇다고 하더라도 '아니성'명 기와를 부소산성이나 백제 도성의 내성과 관련짓는 것은 신중할 필요가 있다. 부소산성 내에서 '定林寺'銘 기와가 여러 점 출토되었고, '沙尒寺'銘 기와도 출토되어, 주변의 다른 유적에서

---

147) 洪思俊, 1971, 위의 글, p.122; 洪在善, 1981, 앞의 글, p.14; 田中俊明, 1990, 「王都로서의 泗沘城에 대한 豫備的 考察」, 『百濟研究』21, pp.166~167.

148) 成周鐸, 1982, 앞의 글 p.58 사진 11. 홍사준의 논문에서 소개된 기와와 성주탁의 논문에 사진이 실린 기와는 별개일 가능성도 있다.

149) 鄭僑源 編, 1934, 앞의 책, pp.37~38, p.78.

150) 鄭僑源 編, 1934, 위의 책, pp.37~38.
阿尼城의 '阿尼'의 의미에 대해, 행정구역이나 산성의 고유명사가 아니라 신라의 內省 산하의 관청인 阿尼典의 支部나 기와 생산 등을 담당한 유사기관과 관련하여 파악하고자 하기도 한다(國立扶餘文化財研究所, 1997, 『扶蘇山城-發掘調査 中間報告 Ⅱ-』, pp.20~21, pp.216~217). 阿尼典에 대해서는 阿尼가 비구니를 뜻하므로 승니 관계 관사이면서 직원이 母인 점, 다른 생산관계 관사와 일괄 정리된 점을 근거로 역시 생산관계 관사의 하나로 추정한 견해가 있고(三池賢一, 1972, 「新羅內廷官制考, 下」, 『朝鮮學報』62, p.39), 阿尼를 阿毛, 즉 乳母로 추정하는 견해도 있다(李丙燾, 1977, 『國譯 三國史記』, 乙酉文化社, p.593). 阿尼城의 경우, 이것이 어디까지나 城名이라는 점에서 아니전과 관련짓기는 어렵지 않나 생각된다. 阿尼는 이미 「大丘 戊戌塢作碑」에서도 都維那라는 승직을 가진 승려의 지위와 관련하여 나오고(하일식, 2009, 「무술오작비 추가 조사 및 판독 교정」, 『木簡과 文字』3 참조), 『三國史記』 직관지에도 승직과 관련하여 '都唯那娘 一人 阿尼'로 나오므로, 비구니를 뜻하는 것으로 파악하는 것이 무난할 듯하다. 阿尼城은 비구니사찰과 관련된 지명일 가능성이 있겠다.

151) 國立扶餘文化財研究所, 1997, 위의 책; 國立扶餘文化財研究所, 2002, 『王興寺-發掘中間報告 Ⅰ-』; 국립부여문화재연구소, 2011, 『扶餘 官北里遺蹟 發掘報告Ⅴ』. 부소산성에서는 군창터 부근의 유구에서 출토되었으며, 왕흥사지에서는 강당지 북쪽의 고려시대 건물지에서 출토되었다. 관북리유적 라지구에서 출토된 명문와를 보고서에서는 '□城匠'이라고 판독하였다(국립부여문화재연구소, 2011, 위의 책, p.74). 탁본을 살펴보면, '城'자 위로 '尼'자가 보이므로, '아니성'명 기와로 볼 수 있다.

152) 鄭僑源 編, 1934, 앞의 책, p.78; 國立扶餘文化財研究所, 1997, 위의 책, p.216, p.643.

제작된 기와가 부소산성에 공급된 것으로 볼 수 있으며, '아니성'명 기와 또한 마찬가지로 생각할 수 있기 때문이다.[153)]

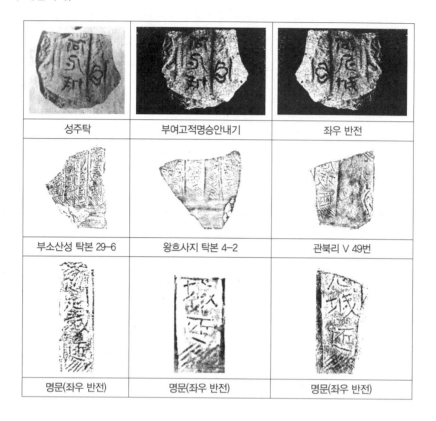

성주탁	부여고적명승안내기	좌우 반전
부소산성 탁본 29-6	왕흥사지 탁본 4-2	관북리 V 49번
명문(좌우 반전)	명문(좌우 반전)	명문(좌우 반전)

4. 왕흥사지(규암면 신리 37-2번지 일대)

왕흥사지는 현재의 백마강변으로부터 약 500m 정도 떨어져 있으며, 부소산과 마주보고 있는 드무재산(해발 131m)의 남동향한 산자락 아래 해발 10~20m 부근에 위치해 있다.

1934년에 '王興'명 기와편이 수습되어 『三國史記』와 『三國遺事』 등에 기록이 전하는 '王興寺'로 비정되었다.[154)] 1946년에는 고려시대의 것으로 보이는 석조 좌불상 1구가 왕흥사지에서 부여박물관으로 옮겨졌다.[155)]

'王興'銘 기와편

국립부여문화재연구소에서는 2000년부터 연차적인 발굴조사를 실시하였다. 발굴조사 결과 목탑지,

---

153) 國立扶餘文化財研究所, 1997, 위의 책, pp.216~217.

154) 『三國史記』 卷27 百濟本紀5 法王 2年 정월, 武王 35年 2月, 卷28 百濟本紀6, 義慈王 20年6月; 『三國遺事』 卷1 紀異1 太宗春秋公, 卷2 紀異2 南扶餘前百濟, 卷3 興法3 法王禁殺.

155) 부여군지편찬위원회, 1987, 『扶餘郡誌』, p.777; 洪思俊, 1974, 「虎岩寺址와 王興寺址考」, 『百濟研究』5, pp.149~150.

금당지를 비롯하여 동, 서회랑 및 동, 서건물지, 강당지 및 서편 부속건물지 등 사역 중심부의 건물지 등이 확인되었으며, 사역의 축대인 동서석축, 진입시설인 남북석축과 사역 동편 외곽의 백제~고려시대 기와가마터가 확인되었다. 왕흥사지에서는 인각와를 비롯한 명문기와, 명문토기, 상평오수전, 오수전, 청동제 사리함 등의 명문자료가 출토되었다.

1) 기와

(1) '木'銘 인각와(26번)[156]

2007~2008년에 목탑지와 금당지를 조사하면서 목탑지 남편의 방형 기와무지에서 출토된 암키와편이다. 짙은 회색을 띠는 연질계 기와이며, 등면에 선문 타날 후 물손질로 정면한 흔적이 관찰된다. 지름 3.4cm의 인장이 찍혀 있는데, 양각의 테두리 안에 글자가 양각되어 있다. 보고서에서는 미상자로 처리하였는데, '木'자로 추정된다.

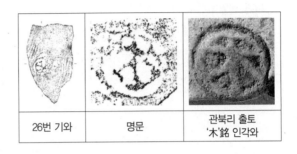

| 26번 기와 | 명문 | 관북리 출토 '木'銘 인각와 |

(잔존 길이 15.6cm, 잔존 너비 10.3cm, 두께 1.5cm)

(2) '巳-毛'銘 인각와(328번)[157]

왕흥사지의 중앙 진입시설 내 석재무지 주변에서 출토되었다. 유구와 직접적인 관련이 떨어지는 지점의 상부 퇴적층에서 확인되었기 때문에 사찰의 운영시기와 관련짓기에는 무리가 따르는 것으로 지적되었다.[158]

회백색을 띠는 연경질 소성의 암키와이며, 등면에는 선문을 타날한 후 물손질하여 정면하였다. 두 개의

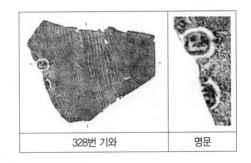

| 328번 기와 | 명문 |

인장이 찍혀 있는데, 아래의 인장은 반 정도가 결실되었다. '毛'의 가로획 일부가 보이기 때문에 '巳-毛'로 충분히 판독할 수 있다.[159] 음각의 테두리 안에 글자가 음각되어 있다.

(잔존 길이 15.5cm, 잔존 너비 20.0cm, 두께 1.6cm)

---

156) 국립부여문화재연구소, 2009, 『왕흥사지 Ⅲ-목탑지·금당지 발굴조사 보고서-』.
157) 국립부여문화재연구소, 2012, 『왕흥사지 Ⅳ』.
158) 국립부여문화재연구소, 2012, 위의 책, p.320.

(3) '高'銘 기와(325번)[160]

강당지 주변 와적층에서 출토되었다. 회색을 띠는 연질계 기와이며, 등면에 선각으로 '高'자를 음각하였다.

(잔존 길이 18.7㎝, 잔존 너비 8.7㎝, 두께 1.9㎝)

2) 토기류

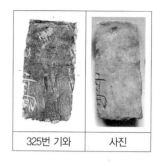

325번 기와	사진

(1) 명문토기(483번)[161]

서편 진입시설 주변의 흑회색 뻘층에서 출토되었다. 토기의 동체부 일부만이 남아 있는데, 연질소성이며 외면은 회백색을 띤다. 선각으로 글자가 음각되어 있다. 보고서에서는 '打店??'으로 판독하였으며, 도면에서는 8, 9자 정도의 글자를 모사하였다. 토기편이기 때문에 전모를 알 수는 없으나, 1행에 2자, 2행에 2자, 3행에 4자 혹은 5자가 새겨져 있는 것으로 보인다.

(잔존 기고 8.3㎝, 잔존 너비 11.4㎝, 두께 0.8~0.9㎝)

〈판독안〉

3행	2행	1행
□ □囲 居 脟 篆 八	一 千	囚 囲

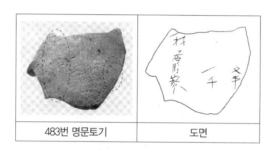

483번 명문토기	도면

명문 1행	모사	명문 3행	모사

---

159) 국립부여문화재연구소, 2012, 위의 책, p.319.

160) 국립부여문화재연구소, 2012, 위의 책.

161) 국립부여문화재연구소, 2012, 위의 책.

3) 금속류

(1) 常平五銖錢(16-1, 2번)[162]

2007년에 목탑지를 조사하면서 사리장치석 남편에서 2점이 출토되었다. 북제(550~577) 때 주조하여 사용된 동전으로 경주 분황사 모전석탑에서도 출토된 예가 있다. 청동재질로 중앙에 한 변의 길이가 0.8㎝인 정방형의 구멍이 뚫려 있다. 한쪽 면에만 篆書로 '常平五銖'가 양각으로 주조되어 있으며, 글자는 상, 하, 우, 좌의 순서로 읽힌다. 16-1번은 비교적 잔존형태가 양호하나, 16-2번은 부식이 심하게 진행되어 표면의 많은 부분이 박리된 상태이며, 모두 직물의 흔적이 발견되었다.

(지름 2.5㎝, 두께 0.15㎝)

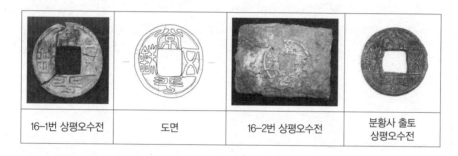

16-1번 상평오수전	도면	16-2번 상평오수전	분황사 출토 상평오수전

(2) 五銖錢(17번)[163]

2007년에 목탑지를 조사하면서 사리장치석 남편에서 출토되었다. 청동재질로 반 이상 결실된 상태로 '五'자만 남아 있다. 중앙에 정방형의 구멍이 뚫려 있고, 주연과 뒷면의 구멍 주연이 굵게 융기되어 있다.

오수전은 중국 漢 武帝 5년(B.C. 118)에 처음 주조하여 유통된 것으로 당 초기에 開元通寶가 제정(621)될 때까지

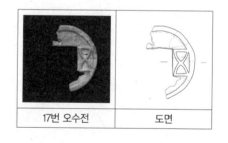

17번 오수전	도면

거의 중국의 표준화폐로 유통되었다. 위진남북조 시대에 이르면 한의 계통을 이은 오수전을 주류로 하여 각지에서 독자적인 오수전을 주조하였다. 梁 武帝 4년(523)에는 철제 오수전이 주조·유통되기도 하였는데, 무령왕릉에서는 토지신에게 무덤터를 사기 위한 목적으로 양나라 철제 오수전 90여 개가 지석 위에 꾸러미로 놓인 상태로 출토된 예가 있다.

(추정 지름 2.5㎝, 두께 0.15㎝)

---

162) 국립부여문화재연구소, 2009, 앞의 책.
163) 국립부여문화재연구소, 2009, 위의 책.

(4) 참고문헌

국립부여박물관, 국립부여문화재연구소, 2008, 『百濟王興寺』

국립부여문화재연구소, 2009, 『왕흥사지 Ⅲ―목탑지·금당지 발굴조사 보고서―』

국립부여문화재연구소, 2012, 『왕흥사지 Ⅳ』

김용민·김혜정·민경선, 2008, 「부여 왕흥사지 발굴조사 성과와 의의」, 『목간과 문자연구』Ⅰ

5. 왕흥사지 요지(규암면 신리)

드무재산의 동편 끝부분 남록의 나지막한 경사지로 왕흥사지 사역으로부터 동쪽으로 약 150m 떨어져 있다. 2005~2006년에 왕흥사지 사역 동편 외곽에서 관련 유구의 존재유무를 확인하고 왕흥사지의 범위를 파악하기 위해 발굴조사가 이루어졌다. 조사 결과, 조사지역 서편 윗단의 대지에서는 와열 배수로가, 아랫단의 경작지에서는 와적기단이 확인되었으며, 동편의 남록 경사면에서는 11기의 기와 가마 터가 발견되었다. 11기 가마 중 1호 가마만 고려시대에 만들어진 것이며, 나머지는 백제시기의 가마인 것으로 밝혀졌다.

1) 명문 기와

백제시기의 가마인 3호 가마 회구부 남서편의 기와가 폐기되어 있던 황갈색 마사점토층에서 출토되었다. 명회색의 암키와로 아랫부분의 일부가 결실되었다. 등면은 물손질로 인하여 타날흔이 거의 보이지 않는데,

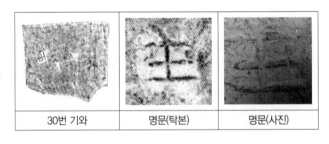

| 30번 기와 | 명문(탁본) | 명문(사진) |

부분적으로 굵은 선문이 남아 있다. 등면에는 가로 4.5㎝의 방곽 안에 글자가 양각되어 있는데, 방곽은 위, 아래 부분이 마모되어 크기가 확실하지 않다. 글자는 좌우 폭이 3.8㎝, 상하 길이가 2.6㎝이다. 보고서에서는 '王'자로 판독하였는데, '王'자 위로 비스듬한 획이 하나 더 있어 '主'자일 가능성도 있지 않을까 생각된다.

(잔존 길이 33.5㎝, 잔존 너비 32㎝, 두께 2㎝)

(2) 참고문헌

國立扶餘文化財硏究所, 2007, 『王興寺址 2, 기와 가마터 發掘調査 報告書』

XII. 장암면

1. 정암리요지(장암면 정암리 42, 47, 50, 166, 167, 170번지)

부여 시내의 남쪽 백마강 대안의 장암면 정암리 내동마을에 위치해 있다. 1987년 7월 집중 호우로 가마의 천정 일부가 무너지면서 알려지게 되었다. 이후 1988년부터 3차례에 걸쳐 국립부여박물관에서 학술조사를 실시하였다. 요지는 크게 네 구역으로 구분되며, 1988년(1차 조사)에는 A지구에서 2기의 가마가 조사되었고, 1990~1991년(2, 3차 조사)에는 B지구에서 백제시기의 가마 9기와 고려시기 가마 1기, 작업장으로 볼 수 있는 유구가 확인되었다.

유적지에서 서쪽으로 1㎞쯤 올라가면 장암진이라는 나루터가 있는데, 1970년대까지만 해도 부여 시내로 들어가는 지름길이었다. 이 길을 따라가다 보면 군수리사지에 도달하게 된다. 정암리요지에서 만들어진 연화문수막새의 수요처로는 군수리사지와 금성산백제와적기단건물지 등이 파악되었다.

정암리에서 발견된 백제시기 가마의 구조는 등요와 평요 두 가지인데, 평요는 2개 가마가 짝을 이루는 형태이다. 이는 중국에서 漢代 이래로 내려오는 집단가마의 전통을 이어받은 것으로 추측되었다. 정암리요지의 조업시기는 6세기 후반에서 7세기 전반으로 추정된다.[164]

1) '二百八'銘 기와(삽도 51, 도판 53-1)

정암리요지 B지구에서 출토되었다. 암키와의 등에 '二百八'이 선각되어 있는데, 숫자는 기와의 수량를 의미하는 것으로 이해된다.[165]

(길이 37.2㎝)

기와	명문

2) '軍門'銘 대부완(삽도 45-1, 도판 60-1)

1990년 2차 발굴조사에서 정암리요지 B지구 2, 3호 회구부에서 출토되었다. 내외면은 흑색을 띠고 있다. 토기 외면에는 평행선문을 타날한 후 회전손빗음으로 문양을 지웠고, 등간격을 이루며 2조의 권선문이 동체에 둘려져 있다. 내면 바닥에는 손으로 빚은 자국이 남아 있다. 굽의 높이는 4㎝로 거의 수직으로 부착되어 있다.

명문은 완의 바깥바닥에 선각되어 있다. '軍門'이 군영의 입구,

대부완	바닥	명문

---

164) 國立扶餘博物館, 1988, 『扶餘亭岩里가마터(Ⅰ)』, pp.21~22.
165) 국립부여박물관, 1992, 『부여 정암리 가마터 2』, p.124; 국립부여박물관, 2002, 위의 책, p.69.

또는 군대를 비유하는 말일 수 있기 때문에 군수용임을 표기한 것으로 해석된다.[166]

(구경 18.5㎝, 밑지름 10.8㎝, 높이 10.4㎝)

3) 참고문헌

金誠龜, 1990, 「扶餘의 百濟窯址와 出土遺物에 대하여」, 『百濟研究』21

국립부여박물관, 1992, 『부여 정암리 가마터 2』

국립부여박물관, 2002, 『百濟의 文字』

XⅢ. 부여 출토 및 출토지 미상

1. 『百濟瓦塼圖譜』(1972)

『百濟瓦塼圖譜』에 수록된 144번 인각와 탁본은 부여박물관에 소장된 유물로 출토지가 밝혀져 있지 않다.[167] 음각의 테두리 안에 글자가 음각되어 있다. 이를 '寺下乙瓦'[168] 또는 '左卩乙瓦'로 판독하기도 한다. 후자의 경우, 상단 우측의 글자만 좌서된 것으로 보아 '左'로 읽고, '左卩'가 곧 백제 중앙 5부의 東部(上部)의 이칭임을 근거로 이 또한 五部銘 인각와의 하나로 파악하였다.[169] 그러나 하단 우측의 글자를 '卩'자로 보기 어려우며, 상단 우측의 글자를 좌서로 보더라도 '左'의 '匕'(工)에 해당할 부분은 세

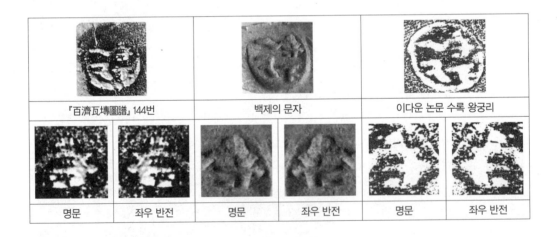

『百濟瓦塼圖譜』144번	백제의 문자	이다운 논문 수록 왕궁리
명문 / 좌우 반전	명문 / 좌우 반전	명문 / 좌우 반전

---

166) 국립부여박물관, 2002, 앞의 책, p.59.

167) 탁본에 먹이 묻은 형태가 곧 기와의 형태와 일치하는 것이라면, 『百濟의 文字』, p.81에 수록된 동일한 인장의 기와(출토지는 부여 부소산성 또는 익산 왕궁리)와는 다르며, 이다운, 1999, 앞의 글, p.103 도5-⑫나 p.107 도8-③과도 다른 것이다. 부여에서 출토되었을 가능성이 있으나, 확실하지 않다.

168) 국립부여박물관, 2002, 위의 책, p.81.

169) 이다운, 1999, 앞의 글, pp.100~101.

로획과 점으로 서로 떨어져 있기 때문에 '左'자로 보기 어렵다고 판단된다.『백제와전도보』에 수록된 탁본에서는 상단 우측의 글자가 '子'자와도 비슷하게 보이나,『백제의 문자』에 수록된 동일한 인장의 기와 사진으로는 긴 가로획 위에 짧은 가로획이 하나 더 보이므로, '寺'자로 보는 편이 맞다고 판단된다. '寺下乙瓦'로 판독하며, 원형의 인장 안에 네 자의 명문이 있는 유형의 인각와로는 五部銘 인각와 외에도 '右城甲瓦', '右□乙瓦' 등의 사례가 있다. 생산주체로서 五部와 비슷하게 취급된 '寺下', '右城' 등이 가리키는 바는 앞으로 좀 더 검토가 필요할 것이다.

2. 유창종 기증 기와

법조인으로서 문화유산에 많은 관심을 가졌던 유창종이 2002년에 국립중앙박물관에 기증한 瓦塼 1,873점 가운데에 16점의 인각와가 포함되어 있다. 증1792만 부여에서 출토된 유물임을 알 수 있고, 나머지는 정확한 출토지를 알 수 없다.

1) '卯'銘 인각와

증1792는 암키와 파편이며, 양각되어 있는 자형을 본 따 보통 'PB'로 표기하는 인각와이다. 최근에 이를 글자로 보고 '卯'자로 판독한 견해가 제시되었다.[170] 이 글자를 좌서된 것으로 본다면, 명문2와 같은 자형으로 볼 수 있으며, 이를 '卯'의 이체자(夘, 乑)로 볼 가능성도 있다.

(증1792 잔존 너비 11.5㎝, 잔존 길이 7.4㎝, 두께 1.8㎝)

증1792	명문1	명문2(좌우반전)	심상육 논문 수록[171]	심상육 논문 수록	隋 元仁宗墓誌 '卯'

2) 문양 인각와

증1778, 1779, 1780, 1781, 1783, 1784, 1785는 문양을 인장으로 찍은 것으로 보인다. 증1778, 1779, 1780, 1781은 수키와이며, 증1783, 1784, 1785는 암키와이다. 증1779, 1780은 도판으로는 문양을 확인하기 어려우며, 증1795는 문양이 양각되어 있는 것은 보이나, 뚜렷하게 보이지는 않는다. 증1778과 1781은 동일한 꽃문양이 찍혀 있음을 알 수 있다. 증1783과 1784는 비슷한 문양이 양각으로 찍혀 있는데, 글자인지 문양인지 다소 모호하다.

---

170) 高正龍, 2007, 앞의 글; 심상육, 2013, 앞의 글, pp.74~75.
171) 심상육, 2013, 위의 글, p.75.

| 증1778 | 문양 | 증1784 | 문양 | 증1795 | 문양 |

3) 참고문헌

국립중앙박물관, 2002, 『유창종 기증 기와, 전돌』

국립중앙박물관 편저, 2007, 『國立中央博物館 寄贈遺物 : 柳昌宗 寄贈』

3. 『백제기와』(2012)

경희대학교 중앙박물관에서 소장하고 있는 백제 기와 중에 5점의 인각와가 있으며, 모두 부여에서 채집된 것으로 되어 있다.

1) '□'銘 인각와(82번)

완형의 무단식 수키와로 표면은 암회색 및 황색을 띤다. 외면은 전체적으로 정면하였으나, 승문의 타날흔이 부분적으로 남아 있다. 성형의 마지막 단계에서 등면에 원형의 인장을 찍었다. 인장의 명문은 명확하지 않은데, 도록에서는 좌서된 '辰'자와 유사한 것으로 보았다. 그보다는 'ß'(혹은 'B')자에 더 가까워 보이나 확실하지 않기 때문에 미상자로 둔다.

(잔존 길이 40.2cm, 두께 1.4cm)

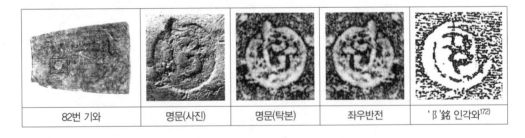

| 82번 기와 | 명문(사진) | 명문(탁본) | 좌우반전 | 'ß'銘 인각와[72] |

2) '□'銘 인각와(83번)

반 정도만 남은 수키와로 무단식으로 추정된다. 표면은 적갈색 및 적황색을 띠며, 외면은 심하게 마모되었고, 타날흔은 남아 있지 않다. 성형의 마지막 단계에서 원형의 인장을 찍었다. 인장의 명문은 양

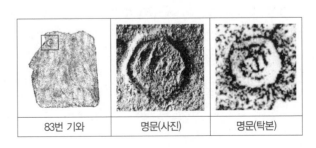

| 83번 기와 | 명문(사진) | 명문(탁본) |

각되어 있는데, 판독하기 어려운 상태이다.

(잔존 길이 21.8㎝, 두께 0.8㎝)

3) '黃山戊辰'銘 인각와(84번)

완형의 암키와로, 상하 폭이 다른 梯形이다. 표면은 암회색 및 회황색을 띠며, 외면에는 선문의 타날흔이 남아 있다. 성형의 마지막 단계에서 방형의 인장을 찍었다. 이와 동일한 인장이 찍힌 기와가 논산 황산성에서도 채집된 바 있는데,[173] 인장뿐 아니라 선문의 타날흔도 비슷하다. 인장의 명문은 좌서로 양각되어 있으며, '黃山寅方'으로 판독되어, 이 기와가 채집된 산성이 '황산성'이며, '寅方'은 동방의 득안성과 관련된 것으로 해석되기도 하였다.[174] 그러나 명문이 좌서된 것으로 '黃山戊辰'으로 판독할 수 있다. 황산은 제작지와 관련된 것으로, 무진은 제작시기를 의미하는 것이다.

도록에서는 논산 황산성에서 동일한 인각와가 발견된 점을 근거로 84번 인각와의 출토지를 재검토할 필요성을 제기하였다. 하지만 '葛那城丁巳瓦'銘 인각와가 쌍북리에서 출토되고,[175] 또 논산 황화산성에서 채집된 점을 고려하면,[176] '黃山戊辰'銘 인각와도 각기 다른 지역에서 출토되었을 가능성이 충분히 있다.

(잔존 길이 44.6㎝, 두께 1.7㎝)

84번 기와	84번 명문(탁본)	84번 좌우반전	논산 황산성	논산 황산성 명문	좌우반전

4) 참고문헌
경희대학교 중앙박물관, 2012, 『백제기와-문양과 기술로 남은 瓦工의 자취-』

투고일 : 2014. 2. 20 　　　심사개시일 : 2014. 2. 22 　　　심사완료일 : 2014. 3. 5

---

172) 國立扶餘文化財硏究所, 1997, 앞의 책, p.623.

173) 成周鐸, 1975, 「百濟山城 研究-忠南 論山郡 連山面 所在 '黃山城'을 中心으로-」, 『百濟研究』6, pp.72~79.

174) 成周鐸, 1975, 위의 글, pp.72~79.

175) 鄭僑源 編, 1934, 앞의 책, p.78에서는 '葛那城' 인각와가 부여소학교 운동장에서 출토되었다고 전한다. 충청남도·충남대학교 박물관, 2002, 앞의 책, p.616에는 부여 쌍북리 神宮裏參道東方에서 출토된 것으로 나오는데 동일한 장소를 가리키는 것으로 생각된다.

176) 洪再善, 1983, 「論山 皇華山城考」, 『古文化』23, pp.43~45.

참/고/문/헌

〈도록〉

忠南大學校 百濟研究所, 1972, 『百濟瓦塼圖譜』.

財團法人 百濟文化開發研究院, 1983, 『百濟瓦塼圖錄』.

國立扶餘博物館, 1989, 『(特別展) 百濟의 瓦塼』.

국립부여박물관, 2002, 『百濟의 文字』.

〈자료집〉

金英心, 1992, 「扶餘地域 出土 瓦·塼銘」, 韓國古代社會研究所 編, 『譯註 韓國古代金石文 Ⅰ, 고구려·
　　백제·낙랑편』, 駕洛國史蹟開發研究所.

國史編纂委員會, 1995, 『韓國古代金石文資料集 Ⅱ』, 國史編纂委員會.

충청남도·충남대학교 박물관, 2002, 『부여의 문화유산』.

노명호 외, 2004, 『韓國古代中世 地方制度의 諸問題』, 집문당.

충청남도역사문화연구원 백제사연구소, 2005, 『百濟史資料原文集(Ⅰ), 韓國篇』, 충청남도역사문화연
　　구원.

충청남도역사문화연구원, 2008, 『百濟史資料譯註集: 韓國篇 Ⅰ』, 충청남도역사문화연구원.

〈논문〉

洪思俊, 1971, 「百濟城址研究」, 『百濟研究』2.

洪在善, 1981, 「百濟 泗沘城研究」, 동국대학교 석사학위논문.

沈相六, 2005, 「百濟時代 印刻瓦에 關한 研究」, 공주대학교 석사학위논문.

김영심, 2007, 「백제의 지방통치에 관한 몇 가지 재검토: 木簡, 銘文瓦 등의 문자자료를 통하여」, 『韓
　　國古代史研究』48.

문동석, 2010, 「2000년대 백제의 신발견 문자자료와 연구동향」, 『韓國古代史研究』57.

문동석, 2011, 「신발견 백제의 문자자료에 대한 역주」, 『인문논총』23, 서울여자대학교 인문과학연구소.

심상육, 2013, 「백제 사비도성 출토 문자유물」, 『목간과 문자』11.

齋藤忠, 1954, 「百濟平瓦に見られる刻印銘について」, 『考古學雜誌』29-5.

이다운, 1999, 「百濟五部銘刻印瓦について」, 『九州古文化研究會』43.

〈日文要約〉

扶餘で出土された印刻瓦とその他の銘文資料

崔慶善

　扶餘は、538年に遷都されてから滅亡するまでの約100年間、百済の都城があった所なので、多く
の銘文資料が次々と出土されている。この地域に対する調査は植民地時代から行われ、「印刻瓦」を始
め、様々な銘文資料が早くから出土・収集された。そして、植民地時代の終結の後は、扶餘地域にお
ける計画的、長期的な学術調査や発掘などにより、たゆまず銘文資料が積み重ねられていっている。

　本稿においては、扶餘地域のなかでも、特に東南里・佳塔里・軍守里・井洞里・佳増里・龍井里・石木
里・旧校里・窺岩面・場岩面などの地域から出土・収集された、印刻瓦を始め、銘文瓦や銘文土器などを
中心にして銘文資料をまとめながら、初期に発見された銘文資料についての混乱をまとめ、最近の発
掘成果をできるかぎり反映しようとした。

　扶餘地域から出土された銘文資料の中、多数を占めているのが「印刻瓦」である。泗沘都邑期におけ
る特徴を持っている遺物である印刻瓦の銘文は、瓦の生産時期や、瓦を生産、又は供給した集団を表
示したものか、或は「検証印」の役割をしていたものとして推定されている。印刻瓦を生産、又は供給
した集団は百済王都の行政単位である五部、或は解氏・斯氏・毛氏など、貴族勢力と関わりがあろうと
考えられているのである。このような銘文資料は百済の都城制や、瓦や土器の生産・供給に関するも
のなど、泗沘時期の百済を研究するにおける基礎資料として活用される。

▶ キーワード：泗沘都邑期、百済、扶餘、銘文資料、印刻瓦

역/주

<康有爲『廣藝舟雙楫』譯註에 부쳐>

康有爲(1858-1927)는 중국 근대의 개혁적인 정치가 겸 사상가인 동시에 금석학자 겸 서예가이다. 碑學을 처음 학문적 경지로 이끈 사람은 「北碑南帖論」·「南北書派論」에서 북비의 가치를 강조한 阮元(1764-1849)이다. 완원을 이은 包世臣(1775-1855)은 『藝舟雙楫』에서 北碑가 南帖보다 뛰어남을 주장했다. 포세신을 이어 비학을 집대성한 강유위는 1888년 『藝舟雙楫』을 넓힌다는 의미에서 『廣藝舟雙楫』을 집필하기 시작하여 1889년에 완성했다. 그의 뛰어난 식견과 감식안으로 撰한 『廣藝舟雙楫』은 중국 역대 서론서 중 가장 주목 받아 온 것으로 그 판본만 해도 10여 종이다. 본 『木簡과 文字』에서는 총 27장, 7만여 자에 달하는 『廣藝舟雙楫』 가운데 그의 비학 이론의 핵심 요체인 7-12장, 즉 「本漢」·「傳衛」·「寶南」·「備魏」·「取隋」·「卑唐」 여섯 篇만을 엄선하여 3회에 걸쳐 연재하고자 하는데, 본 호가 세 번째이다. 역주는 鄭鉉淑 선생님이 담당하셨는데, 전체 27장 모두를 역주하여 『광예주쌍집』 상·하권으로 출간할 예정이라고 한다. 본 학회를 위해 역주를 수락해주신 후의에 감사드린다. [편집자]

康有爲『廣藝舟雙楫』의「取隋」·「卑唐」篇 譯註

鄭鉉淑*

〈국문 초록〉

강유위는 11, 12장에서 각각 취할 만한 隋碑, 비루한 唐碑를 논한다.

제11장「取隋」편은 수나라 비도 그런대로 괜찮다고 말한다. 수나라 비는 前代를 통합한 분위기를 지녀 좋은 것이 많으므로 본받아도 좋다. 육조를 이은 수나라는 글씨에도 그 遺風이 있어 필획이 준엄하고 형태는 아름다우면서도 순박함이 남아 있다. 수나라 비는 대부분 훌륭하지만, 옛날의 도톰한 필획이 없어지고 준엄하고 상쾌한 분위기만 좇는 경향이 있다. 그래도 지나치게 정연한 당나라 비에 비하면 취할 만하다. 후대에도 수나라 비는 비교적 좋은 비평을 받았다. 송나라 금석학자 歐陽脩는 '수나라에서 주로 활동한 歐陽詢·虞世南은 육조비의 분위기를 이어서 훌륭한 서가'라고 했다.

제12장「卑唐」편은 옛 맛을 잃어 비루해진 당나라 비는 천천히 배워도 된다고 한다. 당나라에 이르러 書學이 설치되고 명서가가 많이 배출되고 서론에 대한 연구도 활발했다. 그러나 전대의 호방한 분위기는 사라졌고, 형태는 부드럽고 필획은 둥글게 변했다. '초당사대가'인 歐陽詢·虞世南·褚遂良·薛稷의 필의는 순박함을 잃어 예스러움이 사라졌고, 중당의 顔眞卿, 만당의 柳公權에 이르러 완전히 망쳐졌다. 당시 서가들은 결구에는 뛰어난 반면, 글씨는 비루하고 경박하게 변했다. 이런 당나라 글씨를 배우게 되면 결구는 조금 갖추겠지만 원류에서 멀어진다. 모든 학문은 전통을 귀하게 여긴다. 고문은 양한 이후 단절되었고, 서예는 육조에 이르러 완성되었다. 따라서 당나라 비는 배우지 않아도 된다.

당나라 비 가운데 '小唐碑'를 비롯한 일부 좋은 것도 있지만, 당시에는 언급되지 않았다. 당나라 비를 권하지 않는 것은 그 천박함 때문이 아니고, 그들이 마멸된 번각본이기 때문이다. 심지어 그런 번각본조차도 매우 드물다. 반면 육조비는 거의 매일 출토되어 초탁본과 같으니 마땅히 그것을 취해야 한다. 당 이래로 모두 당나라를 숭상했고, 송·원·명나라는 兩晉의 법첩을 본받았다. 그러나 당을 본받은 서가 중에서 성공한 사람은 없다. 청나라의 鄧石如·包世愼·張裕釗는 남북조비를 본받았기 때문에 명서가가 될 수 있었다.

▶ 핵심어 : 隋碑, 唐碑, 小唐碑, 南北朝碑, 歐陽詢, 虞世南

* 열화당책박물관 학예연구실장

제11장 取隋(수나라 비도 취할 만하다)

【원문】

何朝碑不足取, 何獨取於隋? 隋碑無絕¹⁾佳者, 隋人無以書名冠世者, 又何足取? 不知此古今之故也. 吾愛古碑, 莫如『谷郎』·『郭休』·『爨寶子』·『枳楊府君』·『靈廟碑』·『鞠彦雲』, 以其由隸變楷, 足考源流也. 愛精麗之碑, 莫如『爨龍顏』·『靈廟碑陰』·『暉福寺』·『石門銘』·『鄭文公』·『張猛龍』, 以其爲隸·楷之極則也. 隋碑內承周·齊峻整之緒, 外收梁·陳綿麗之風. 故簡要淸通²⁾, 匯成一局, 淳樸未除, 精能不露. 譬之駢文之有彦昇·休文, 詩家之有元暉·蘭成, 皆薈萃六朝之美, 成其風會者也.

隋碑風神疏朗, 體格峻整, 大開唐風. 唐世歐·虞及王行滿·李懷琳諸家, 皆是隋人. 今人難免干祿, 唐碑未能棄也. 而淺薄漓³⁾古甚矣, 莫如擇隋⁴⁾書之近唐, 而古意未盡漓者取之. 昔人稱中郎書曰, 「筆力洞達.」通觀古碑, 得洞達之意, 莫若隋世. 蓋中郎承漢之末運, 隋世集六朝之餘風也.

【번역】

어느 왕조의 비는 취하기에 부족한데, 왜 유독 수나라에서는 취하는가? 수나라 비는 아주 좋은 것도 없고, 수나라 사람은 글씨로 세상에 이름난 이도 없는데 왜 취할 만하냐고 묻는다. 이것은 고금의 일을 알지 못하는 것이다.

내가 옛 비를 좋아함에 〈곡랑비〉·〈부휴비〉·〈찬보자비〉·〈지양부군비〉·〈중악숭고영묘비〉·〈국언운묘지명〉 만한 것이 없는 것은 그들이 예서에서 해서로 변하는 원류를 고찰하기에 충분하기 때문이다. 내가 정밀하고 아름다운 비를 좋아함에 〈찬룡안비〉·〈중악숭고영묘비음〉·〈휘복사비〉·〈석문명〉·〈정문공비〉·〈장맹룡비〉 만한 것이 없는 것은 그것들이 예서와 해서의 지극한 법칙이 되기 때문이다.

수나라 비는 안으로는 북주와 북제의 준엄하고 정연한(峻整) 계통을 이었고, 밖으로는 양나라·진나라의 면밀하면서 미려한(綿麗) 서풍을 한 데에 모았다. 따라서 간결하면서도 산뜻한 서풍을 이루니 순박함이 없어지지 않고, 정밀하고 능함이 드러나지 않는다. 그것을 비유하면 변려문에 임방·심약이 있고, 시가에 사조⁵⁾·유신⁶⁾이 있는 것과 같다. 모두 육조의 아름다움을 무성하게 섞어 그 風氣를 이룬 것

---

1) 『소증』(『廣藝舟雙楫疏證』(臺北: 華正書局, 1985) 약칭)에만 絕無라고 되어 있다. 원문 교감에 참고한 문헌은 鄭世根·鄭鉉淑, 2013, 「康有爲 『廣藝舟雙楫』의 「自敍」 및 「本漢」篇 譯註」, 『木簡과 文字』10, 한국목간학회, 주1 참조.

2) 簡要淸通: 『世說新語』 「문학편」에 '褚季野(褚裒)가 孫安國(孫盛)에게 북인의 학문은 淵綜廣博하다고 말하니 손안국이 답하기를 남인의 학문은 淸通簡要하다'고 했다.

3) 『역대』(『中國歷代論文選』(上海: 上海書畫出版社, 1979) 약칭)에만 灘라고 되어 있다. 같은 글자이다.

4) 『소증』에만 隋자가 없다.

5) 謝朓(464-499): 남제 시인으로 陳郡 陽夏(하남성) 사람이다. 자는 元暉이다. 원래는 玄暉였는데 청 강희제의 諱 玄燁을 피해 고쳤다. 벼슬은 尙書吏部郎에 이르렀다. 육조 후기의 대표적인 시인으로서 그의 섬세한 서정성은 당나라 시인들에게 큰 영향을 미쳤다. 글씨는 초서·예서를 잘 썼다.

6) 庾信(513-581): 북주 서예가로 자는 子山이다. 『小名錄』에 의하면 어릴 적 이름은 蘭成이고, 유견오의 아들이다. 처음에

이다.

수나라 비의 풍채는 성글면서 밝고(疏朗), 품격은 준엄하면서 정연하여(峻整) 당풍을 크게 열었다. 당나라의 구양순[7]·우세남[8]·왕행만[9]·이회림[10]은 모두 수나라 사람이다. 지금 사람들은 벼슬을 얻는 것에서 벗어나기 어려워 당나라 비를 버릴 수 없다. 그러나 그것은 천박하고 옛 것에서 심하게 멀어졌다. 수나라 글씨가 당나라에 가까운 것은 택할 만하지 않으나 옛 필의가 다 사라지지 않는 것은 취할 만하다. 옛 사람들은 채옹[11]의 글씨를 일컬어 '필력이 통달했다'고 말했다.[12] 옛 비를 두루 살펴보아도 통달한 분위기를 얻음에 수나라 같은 때가 없다. 채옹은 한나라의 말기 기운을 이었고 수나라는 육조의 남은 서풍을 한데 모았다.

【해제】

수나라 때는 모든 서풍이 다 모였다. 수나라 글씨는 문장이나 시처럼 육조의 餘風을 이어서 집대성했다. 당나라의 구양순·우세남 등도 말년에 당나라에서 살았을 뿐 주로 수나라에서 활동한 사람들이

는 양나라에서 벼슬하다가 북주로 건너가 驃騎大將軍·開府儀同三司에 여러 번 천거되었다. 문장은 곱고 아름다워 徐陵과 이름을 나란히 하여 '徐庾體'라 불렸다. 저서에는 『庾子山文集』 20권이 있다. 『周書』 권41; 『北史』 권83 「庾信傳」 참조.

7) 歐陽詢(557-641): 당나라 서예가로 潭州 臨湘(지금의 호남성 長沙) 사람이다. 자는 信本이며, 우세남·저수량·설직과 더불어 '초당사대가'라 불린다. 아버지가 모반을 꾀하여 죽게 되자 그의 친구인 江總에 의해서 양육되었다. 용모가 뛰어났고 사람들과 잘 어울렸고 총명했다. 박학하여 經史를 지었다. 처음에는 수나라에서 나중에는 당 고조(재위 618-626)·태종(재위 627-649)대에서 벼슬을 하였으며, 관직이 太子率更令·弘文館學士에 이르렀고 渤海男에 봉해졌다. 글씨는 처음에는 왕희지를 배웠고, 후에 마르면서 굳센 서풍을 완성했다. 우세남과 더불어 해법의 지극한 법칙을 이루어 홍문관에서 귀족의 자제들에게 글씨를 가르쳤다. 그의 해서풍을 '구양풍(구풍)' 또는 '솔경풍'이라고 한다. 척독은 당시의 모범이 되었고 고구려와 신라의 사절들이 그의 글씨를 고가에 구매해갈 정도로 국제적으로도 유명했다. 해서 대표작으로는 〈化度寺碑〉(631)·〈九成宮醴泉銘〉(632)·〈皇甫誕碑〉(황보군비, 630년대)·〈虞恭公碑〉(溫彦博碑, 637)가 있다. 저서로는 『藝文類聚』 100권이 있다. 『구당서』 권189 상; 『신당서』 권198 참조.

8) 虞世南(558-638): 당나라 서예가로 越州(지금의 절강성) 餘姚 사람이다. 자는 伯이며, 永興縣子에 봉해져 '우영흥'이라고도 불렸다. 남조 陳나라 때부터 형 世基와 함께 才學으로 알려졌다. 수나라 때는 秘書郎·起居舍人을 지냈으며, 당나라 때는 태종의 신임을 얻어서 弘文館學士·秘書監에 임명되었다. 태종의 글씨 고문을 맡았고, 德行·忠直·博學·文辭·書簡으로 유명해 '五絶'이라고 불렸다. 글씨는 이왕의 필법을 익히고 같은 고을의 智永에게서 배워 뛰어났다. 구양순과 더불어 '歐虞'라 불렸다. 글씨로는 〈孔子廟堂碑〉 등이 있다. 저서로는 『北堂書鈔』·『帝王略論』이 있고, 논서로는 「書旨述」·「筆髓論」·「勸學篇」이 있다. 『구당서』 권72; 『신당서』 권102 참조.

9) 王行滿: 당 고종 永徽 연간(650-655) 사람으로 관직은 門下錄事에 이르렀다. 해서를 잘 썼고 필법이 綿密하다. 글씨로는 〈招提寺聖敎序〉(657)·〈韓仲良碑〉·〈周護碑〉(658) 등이 있다.

10) 李懷琳: 당 태종 때의 낙양 사람이다. 국초에 僞迹을 즐겨 만들어 그의 〈大急就〉는 王書라 칭하고, 〈七賢書〉는 薛道衡이 지은 敍라고 거짓으로 말한다.

11) 蔡邕(139-192): 동한의 문학가 겸 서예가로 陳留 圉縣(지금의 하남성 杞縣) 사람이다. 자는 伯喈이다. 初平 원년(190)에 左中郎將이 되어 호가 중랑이 되었다. 후에 高陽鄕侯에 봉해졌다. 胡廣에게 사사하여 젊었을 때부터 박학했다. 문학방면에 걸출하여 散文·詩·賦에 많은 작품을 남겼다. 이외에도 박학다재하여 經史·數術·天文·音律 등에 정통했다. 글씨도 잘 썼는데 특히 전서·예서에 뛰어났으며, 비백의 창시자라고 전해진다. 중국 고대의 영향력 있는 명서가 중 한 사람이다.

12) 양나라 袁昻(461-540)의 「古今書評」 참조.

다. 요즈음 사람들은 과거시험 때문에 당나라 비를 버리지 못한다. 따라서 수나라 비 가운데 당나라에 가까운 것은 택하지 않아야 하며, 예스러운 것만 취하면 된다.

【원문】

統觀『豆廬通造像』・『趙芬殘石』・『仲思那造像』・『鞏賓墓志』・『賀若誼碑』・『惠雲法師墓志』・『蘇慈碑』・『舍利塔』・『宋永貴墓志』・『吳儼墓志』・『龍華寺』, 莫不有洞達之風; 卽『龍藏寺』安簡渾穆, 亦有洞達之意. 而快刀斫陣, 雄快峻勁者, 莫若『曹子建碑』矣. 吾收隋世佛經造像記頗多, 中有甚肖『曹子建碑』者, 蓋當時有此風尙, 其餘亦峻爽. 造像記太多, 不暇別白論之, 附[13]敍其槪[14]. 然愛其峻爽之美, 亦嫌其古厚漸失, 不能無稍抑之. 吾嘗有詩曰:「歐體盛行無魏法, 隋人變古有唐風.」猶取其不至如唐之散樸太甚耳.

隋碑漸失古意, 體多闓爽, 絕少虛和高穆之風, 一線之延, 惟有『龍藏』. 『龍藏』統合分隸, 並『弔比干文』・『鄭文公』・『敬使君』・『劉懿』・『李仲璇』諸派, 薈萃爲一. 安靜渾穆, 骨鯁不減曲江, 而風度端凝, 此六朝集成之碑, 非獨爲隋碑第一也. 虞・褚・薛・陸傳其遺法, 唐世惟有此耳. 中唐以後, 斯派漸泯, 後世遂無嗣音者, 此則顏・柳醜惡之風敗之歟! 觀此碑眞足以[15]當古今之變者矣.

【번역】

전체적으로 보면 〈두로통조상기〉(582)·〈조분비잔석〉(585)·〈중사나십인조교비〉(586)·〈공빈묘지명〉(595)·〈하약의비〉(596)·〈혜운법사묘지명〉(594)·〈소자묘지명〉(603)·〈사리탑명〉·〈송영귀묘지명〉(616)·〈오엄묘지명〉(608)·〈용화사비〉(603)는 모두 통달한 분위기가 있다. 〈용장사비〉(586, 그림 1)는 편안하고 간결하며(安簡) 순박하고 화목하여(渾穆) 또한 통달한 정취가 있다. 그러나 빠른 칼로 적진을 가르듯 웅건하면서 유쾌하고(雄快) 준엄하면서 굳센 것(峻勁)에는 〈조자건비〉[曹植碑]〉(593, 그림 2) 만한 것이 없다. 나는 수나라의 불경과 조상기를 많이 수집했다. 그 가운데 〈조자건비〉와 매우 닮은 것이 있는데 당시에는 이러한 절개의 존중이 있었다. 그 나머지도 준엄하면서 상쾌하다(峻爽). 조상기는 너무 많아 따로 명백하게 논하지 않고 그 개략을 서문에 덧붙였다.

그 준엄하고 상쾌한(峻爽) 아름다움은 좋아하지만 예스럽고 도타움(古厚)이 점점 없어지는 것은 안타깝다. 그것을 조금도 막을 수 없다. 나는 시를 지은 적이 있는데 '구양순풍이 성행하니 위나라의 필법은 사라지고, 수나라 사람이 옛 것을 변화시키자 당풍이 나왔네'라고 읊었다. 당이 소박함을 잃어버림이 극심해지기 전의 것을 취해야 한다.

---

13) 『대계』(中田勇次郎 編集, 坂出祥伸·塘 耕次·杉村邦彦 譯, 『中國書論大系』16(東京: 二玄社, 1993) 약칭)에만 坿라고 되어 있다. 같은 글자이다.
14) 『대계』에만 槩라고 되어 있다.
15) 『소증』에만 足 뒤에 以자가 있다.

수나라 비는 점점 예스러운 분위기를 잃어도 글자의 형태는 트여 있어 아주 상쾌하다. 그러나 빈 듯하면서도 온화하며(虛和) 고상하면서도 화목한(高穆) 분위기가 매우 적다. 한 선으로 이어진 것에는 오직 〈용장사비〉만 있다. 〈용장사비〉는 팔분과 예서를 통합하고 〈조비간문〉·〈정문공비〉·〈경사군비(경현준비)〉·〈유의묘지명〉·〈이중선수공자묘비〉 등 여러 파를 아울러 무성하게 모아 하나로 만들었다. 편안하고 고요하며(安靜) 순박하고 화목하며(渾穆), 강직함은 장구령[16]보다 덜하지 않고, 풍채와 모양은 단아하고 단단하다(端凝). 이것은 수나라 비의 으뜸일 뿐만 아니라 육조를 집성한 비이다. 우세남·저수량[17]·설직[18]·육간지[19]는 그 남겨진 법칙을 전해 당나라에는 오직 이들만 있다. 중당 이후 이 파들은 점점 없어지고 마침내 후대에 서예를 계승한 사람이 없었다. 이것은 곧 안진경[20]·유공권[21]의 추악한 서

---

16) 張九齡(678-740): 당나라 대신 겸 시인으로 韶州(지금의 광동성) 曲江 사람이다. 일명 博物이다. 자는 子壽이고 시호는 文獻이다. 景龍 연간(707-710) 초에 進士가 되었고, 秘書省校書郞에 이르렀다. 현종 개원 21년(733) 관직이 中書侍郞·中書門下平章事에 이르러 賢相이라 칭해졌다. 개원 24년(736) 李林甫의 모략으로 면직되어 荊州刺史로 강등되었다. 文名이 있었고 그의 「感遇詩」는 格調와 剛健함이 있다. 저서에는 『曲江集』이 있다.

17) 褚遂良(596-659): 당나라 서예가로 원적은 하남 陽翟인데 晉나라 말년에 杭州 錢塘(절강성)으로 이주하였다. 자는 登善이다. 褚亮의 아들로 아버지의 친구 구양순이 그를 매우 귀하게 여겼다. '초당사대가' 중의 한 사람이며, 예서·해서를 잘 썼다. 글씨가 뛰어나 貞觀 연간에 魏徵이 당 태종에게 추천했으며, 당시 황궁에서 수장한 고대의 글씨는 대부분 저수량이 감식했다. 벼슬은 尙書右僕射·同中書門下를 거쳐 中書令에 이르렀다. 박학하고 학식이 풍부하여 당 태종의 충신으로 국가에 기여한 공이 커 태종은 임종 무렵에 그를 顧命大臣으로 봉하고 재상 벼슬을 하사하였다. 고종 때는 하남군공(河南郡公)에 봉해졌다. 말년에 무측천의 황후 즉위를 반대하여 고종의 노여움을 사 愛州(지금의 베트남 淸化)刺史로 좌천·유배되었으며, 顯慶 3년(658)에 애주에서 죽었다. 중년의 글씨는 북비의 방준한 자태를 겸하였고 말년에는 마르면서도 힘있고 근육이 풍만하며 아름답다. 또한 예서의 필의가 있어 우아하면서도 자유분방한 자태가 있다. 저서로는 『右軍書目』·『榻本樂毅論記』가 있다. 『구당서』 권80; 『신당서』 권105 참조.

18) 薛稷(649-713): 당나라 서예가로 河東 汾陰(지금의 산서성 萬榮) 사람이다. 元超의 조카로 자는 嗣通이다. 구양순·우세남·저수량과 더불어 '초당사대가' 중 한 명이다. 일찍이 進仕에 급제하여 中書舍人이 되었으며, 관직이 太子少保·部尙書에 이르러 '설소보'라 칭했다. 睿宗 때 黃門侍郞이 되었고 晉國公에 봉해졌다. 태평공주의 반란에 연루되어 옥사했다. 외조부 魏徵이 소장한 우세남·저수량의 필적을 구해 임모하였는데 주로 저수량풍을 이었다. 글씨로는 〈升仙太子碑〉(699)의 碑陰의 題字와 〈信行禪師碑〉(706) 등이 있다.

19) 陸東之: 당나라 서예가로 吳郡(지금의 강소성 吳縣) 사람이며 우세남의 甥姪이다. 관직이 朝散大夫·太子司議郞·崇文侍書學士에 이르렀다. 어릴 때는 우세남을, 이후에는 구양순을, 만년에는 二王을 배워 마침내 구양순·저수량과 이름을 나란히 했다. 후대 사람들은 그의 예서·행서는 '妙品'에 든다고 평했다. 글씨로는 〈蘭亭詩〉, 서진의 陸機가 지은 『文賦』를 쓴 〈문부〉가 있으며, 모각본으로는 『순화각첩』에 〈得告帖〉 25자가 있다.

20) 顔眞卿(709-785): 中唐의 서예가로 琅琊 臨沂(산동성) 사람이다. 자는 淸臣이다. 개원 22년(734)에 진사가 되었다. 천보 14년(755) 일어난 安祿山의 난으로 하북의 모든 성의 세가 약해지자 그가 용감하게 의병을 일으켜 크게 공을 세웠다. 숙종 때 憲部尙書가 되고 이어서 刑部侍郞이 되었으나 환관 李輔國이 미워하여 좌천되었다. 다시 戶部侍郞·尙書右丞을 역임했으며, 魯郡公에 봉해져 '魯公'이라 불린다. 글씨는 왕희지풍의 바르고 고상한 서법에 대비되는 엄숙하고 힘찬 '안진경풍'을 창조하였다. 작품 중 해서로는 〈多寶塔碑〉(752)·〈東方朔畫贊碑〉(754)·〈麻姑仙壇記〉(771)·〈宋璟碑〉(772)·〈八關齋會報德記〉(772)·〈顔勤禮碑〉(779)·〈顔氏家廟碑〉(780)가 있고, 행초서로는 〈爭坐位稿〉(764)·〈祭姪文稿〉(758)·〈祭伯文稿〉(758)·〈裵將軍詩〉가 있다. 『구당서』; 『신당서』 「안진경전」 참조.

21) 柳公權(778-865): 당나라 서예가로 京兆 華原(섬서성) 사람이다. 자는 誠懸이며 柳公綽의 아우이다. 元和(806-820) 초년에 진사가 되었다. 穆宗·敬宗·文宗대에 侍書學士를 지냈으며, 中書舍人·工部侍郞이 되었다. 宣宗대에 工部尙書가 되

풍이 그들을 무너뜨린 것이다. 이 비(용장사비)를 보면 참으로 고금의 변화를 마주하기에 족하다.

【해제】

수나라 비는 전대를 잘 종합하여 전체적으로 통달한 분위기를 지니고 있다. 수나라의 불경과 조상기 중에는 〈조자건비〉를 닮아 뛰어난 것이 많다. 특히 〈용장사비〉는 팔분과 예서를 통합하여 수나라 비 중에서 으뜸이며, 북위와 동위의 여러 비를 아울렀다.

전체적으로 전대의 글씨는 예스럽고(古) 빽빽하고(密) 굳센(勁) 반면, 정연한 분위기의 수나라 글씨 는 준엄하며(峻), 성글고(疎), 상쾌하여(爽) 전대의 자연스러운 풍기를 점차 잃어갔다.

【원문】

『蘇慈碑』以光緒十三年出土, 初入人間, 輒得盛名. 以其端整妍美, 足爲干祿之資, 而筆盡完好, 較屢翻 之歐碑易學. 於時翰林之寫白摺者, 舉子之寫大卷者, 人購一本, 期月而紙貴洛陽, 信哉其足取也. 然氣勢 薄弱, 行間亦無雄强茂密之象. 沈刑部子培以爲贋作, 或者以時人能書者比之, 未能迫近[22], 無從作贋. 子 培曰:「筆法不易贋古, 刀法贋古最易, 廠肆[23]優爲之.」黃編修仲弢以其中敍葬處「樂邑里」[24]數字, 行氣不 接, 字體不類, 爲後來塡上; 若贋作必手筆一律, 因尊信之. 吾觀梁『吳平忠侯』, 貞觀時『于孝顯碑』, 勻淨 相近, 蓋梁·隋間有是書體. 學者好古從長, 臨寫有益, 中原采菽, 無事苛求, 信以傳信可也.『姚辯志』雖爲 率更書, 以石本不傳, 僅有宋人翻本, 故不敍焉.

【번역】

〈소자묘지명〉(603, 그림 3)은 광서 13년(1887)에 출토되어 처음 세상에 나타나자마자 명성을 얻었 다. 이 비는 단정하고 연미하여 간록체의 바탕이 되기에 충분하고, 필획이 완전하여 여러 번 번각된 구 양순의 비와 비교하면 배우기 쉽다. 이에 중앙의 한림들은 백접[25]을 베꼈고, 지방의 향시 합격자들은 대권[26]을 베꼈다. 사람들이 한 권씩 사들여 한 달 만에 낙양에서 종이가 귀해졌다고 하니 진실로 그것

었으며 太子太保에 이르렀다. 글씨는 안진경을 배웠지만 여러 서가의 장점을 따랐다. 특히 해서·행서를 잘 썼으며, 힘차 면서도 아름다워 스스로 일가를 이루었다. 글씨로는 〈金剛般若經〉·〈大達法師玄秘塔碑〉가 있다.

22) 『논문선』(『歷代書法論文選』(上海: 上海書畫出版社, 1979) 약칭)·『역대』·『경전』(楊素芳·后東生 編著, 『中國書法理論經 典』(石家庄: 河北人民出版社, 1998) 약칭)·『만청』(潘運告 編著 譯注, 『晚淸書論』(長沙: 湖南美術出版社, 2004) 약칭)에 는 切이라고 되어 있다.

23) 廠肆: '창'은 간단하고 작은 헛간, '사'는 점포를 가리킨다. 즉 규모가 작은 서점으로 여기서는 비와 첩을 주로 파는 비첩 가게를 가리킨다.

24) 초본(康有爲, 『廣藝舟雙楫』(初刻本, 1890) 약칭)·『주』(崔爾平 校注, 『廣藝舟雙楫注』(上海: 上海書畫出版社, 2006) 약칭) 는 「敍葬處樂邑里」로, 『논문선』·『소증』·『경전』에는 敍葬處「樂邑里」로, 나머지는 기호를 사용하지 않았다.

25) 白摺: 朝考(천자가 직접 출제한 시험)의 답안이다.

은 취할 만하다.

그러나 기세가 박약하고 행간도 웅강무밀한 형상이 없다. 심증식[27]은 위작이라 했고, 어떤 사람은 당시의 능서가와 비교해 보니 매우 가깝지는 않았지만 위작은 아니라고 했다. 심증식은 '필법은 옛 것을 위조하기가 쉽지 않고 도법은 옛 것을 위조하기가 가장 쉬우니, 비첩을 파는 작은 서점에서도 훌륭하게 위조했다'고 말했다. 황소기[28]는 그중에 매장 장소인 '악읍리'를 적은 여러 글자는 행의 분위기가 이어지지 않고 글자의 모양이 유사하지 않은데 후대에 그 위를 보충하여 채웠다고 한다. 만약 위작이라면 반드시 필적이 일률적이어야 하는데 이것 때문에 그것을 존중하여 믿을 만하다.

나는 양나라의 〈오평충후신도궐[蕭景碑]〉(523년 이후, 그림 4)과 정관 연간(627-649)의 〈우효현비〉[29](640)를 보았는데 고르면서 깨끗함(匀淨)이 서로 가까워 이 서체는 양나라·수나라 사이에 처한다. 배우는 사람은 예스러움을 좋아하고 그 장점을 따라야 하니 임모하는 것이 유익하다. 들판에서 콩을 따는 것[30]이 심하게 나쁜 일이 아니듯 믿음으로 믿음을 전하는 것이 옳다.

〈요변묘지명〉(616)은 비록 구양순의 글씨라고 하지만 원본은 전해지지 않고 겨우 송나라 사람의 번각본만 있다. 따라서 논하지 않겠다.

【해제】

〈소자묘지명〉은 단정하고 아름다워 간록체의 모범이 되었다. 심증식은 이것을 위작이라 하고 황소기는 후대에 고친 몇 자 이외에는 진적이라 했는데, 진위와는 별개로 수나라 비 가운데 좋은 것이다. 양나라의 〈오평충후신도궐〉과 당나라의 〈우효현비〉의 균정함은 서로 닮았으며, 그 예스러움만으로도 임서할 만하다.

---

26) 大卷: 殿試(천자가 직접 출제한 진사 시험)의 답안이다.

27) 沈曾植(1850-1922): 청나라 학자로 吳興(절강성) 사람이다. 자는 子培, 호는 退庵이다. 광서 6년(1880)에 진사가 되었고, 후에 刑部主事를 지냈다. 불교와 도교를 연구했고 사학에도 조예가 깊었다. 요나라·금나라·원나라의 역사 및 서북 지리에 더욱 정통했다. 글씨는 포세신을 배웠고 특히 초서를 잘 썼다. 저서에는 『蒙古源流箋注』 등이 있다. 『淸史稿』 권 472 참조.

28) 黃紹箕(1854-1907): 청나라 학자로 자는 仲弢이다. 광서 6년(1880)에 진사가 되었고 편수를 지내 侍講이 되었다. 학문이 넓어 문장을 잘 썼고 서화의 감별에 뛰어났다. 때를 만나지 못한 강유위를 지원했고 또 무술정변을 만나 그를 도와 어려움을 면하게 해준 은인이다. 『淸史稿』 권444 참조.

29) 于孝顯碑: 당 정관 14년(640) 11월에 세워졌다. 청 가경 20년(1815)에 발견되었고 현재 서안비림에 있다. 비액에는 '大唐故騎都尉濮州濮陽縣令于君之碑'의 전서 16자가 4행, 행 4자씩 음각되어 있다. 명문은 29행, 58자의 해서이다.

30) 中原采菽: 『詩經』「小雅·采菽」에 '中原有菽, 庶民采之'(중원에 콩이 있고 서민은 그것을 딴다)라고 되어 있다. 이것은 누구라도 〈소자비〉를 열심히 임서하면 수확할 것이 있다는 것을 비유한 것이다. 『주』, p.112, 주9.

【원문】

『舍利塔』運筆爽達, 結體雍容茂密, 而有疏朗之致, 誠爲『醴泉』之先聲, 上可學古, 下可干祿, 莫若是碑. 『龍華寺』氣體相似, 但稍次矣. 『賀若誼』峻整略同, 雍容不及, 然亦致佳者也. 『趙芬殘石』字小數分, 甚茂重, 與魏碑『惠輔造象』同, 字小而體畫密厚, 可見古人用筆必豐, 毫鋪紙上, 豈若『溫大雅碑』之薄弱乎!

唐人深於隋碑, 得洞達之意者, 有『裵鏡民』·『靈慶池』二碑, 淸豐端美, 筆畫亦[31]完好, 當爲佳本. 『裵鏡民』勻粹秀整, 態度安和, 『靈慶池』則有騰擲之勢, 略見龍跳虎臥氣象, 尤爲妙品. 『九成』·『皇甫』, 佳搨[32]不可得, 得二碑可代興矣.

【번역】

〈사리탑명〉은 운필이 상쾌하면서 활달하고(爽達) 글자는 온화한 모습(雍容)이며 무성하면서 빽빽하고(茂密), 성글면서 밝은(疏朗) 운치가 있으니 진정 〈구성궁예천명〉(632)의 근원이다. 위로는 옛 것을 배울 수 있고 아래로는 녹봉을 구하는 것에 이 비만한 것은 없다. 〈용화사비〉(603, 그림 5)는 기운 형태에서 서로 유사하지만 조금 못 미친다. 〈하약의비〉(596, 그림 6)는 준엄하면서 정연함(峻整)에서 대략 같고, 온화한 모습(雍容)에서는 미치지 못하나 역시 매우 좋은 것이다.

〈조분비잔석〉(585, 그림 7)은 글자가 작아 몇 푼(분)[33] 크기이지만 대단히 무성하고 중후해(茂重) 위비 〈혜보조상기〉와 같다. 글자는 작지만 자체와 필획은 빽빽하면서 도탑다(密厚). 옛 사람의 용필은 반드시 풍성하고 붓이 종이 위에 두루 미쳤다는 것을 볼 수 있으니 어찌 〈온대아비〉의 박약함과 같겠는가!

당나라 사람이 수나라 비를 깊게 연구하여 통달한 필의를 얻은 것에는 〈배경민비〉(637, 그림 8)·〈영경지비〉가 있는데 맑으면서 풍성하고(淸豐) 단아하면서 아름다우며(端美) 필획도 완전해서 당연히 좋은 본이 되었다. 〈배경민비〉는 고르면서 순수하고(勻粹) 빼어나면서 정연하며(秀整), 자태가 편안하고 온화하다(安和). 〈영경지비〉는 던져지듯 오르는(騰擲) 기세가 있고 대략 용이 솟아오르고 범이 누워 있는 기상을 보니 더욱 묘품이 된다. 〈구성궁예천명〉·〈황보탄비〉(630년대)는 좋은 탁본을 얻을 수 없으므로 이 두 비를 얻으면 대대로 흥할 수 있다.

【해제】

〈구성궁예천명〉의 근원인 〈사리탑명〉은 간록체의 모본이다. 〈용화사비〉도 〈사리탑명〉에 버금가고, 〈하약의비〉도 〈사리탑명〉과 비슷하지만 화락하지 못하다. 〈혜보조상기〉만큼 무성하고 중후한 〈조분비잔석〉은 글자는 작지만 형태와 필획은 빽빽하고 도타워 힘없고 가는 당나라의 〈온대아비〉와는 비교

---

31) 『소증』에만 也라고 되어 있다.
32) 『논문선』·『역대』·『경전』·『만청』에는 拓이라고 되어 있다. 같은 글자이다.
33) 分: 寸(3.03㎝)의 1/10, 尺(30.3㎝)의 1/100이다.

가 되지 않는다.

그러나 당나라의 〈배경민비〉·〈영경지비〉는 수나라 비를 본받아 필획은 맑고 도타우며 형태는 단정하고 아름답다. 좋은 탁본의 〈구성궁예천명〉·〈황보탄비〉가 없다면 이 둘만으로도 글씨를 잘 쓸 수 있다.

【원문】

『臧質』古厚而寬博, 猶有『龍顏』·『暉福』遺風. 『甯贊』嚴密而峻拔, 猶是『修羅』·『定國』餘派. 『龍山公』爲虞·顏先聲, 『欽江正議』[34]爲率更前導, 其與『龍藏』, 皆爲[35]隋世鼎足佳碑也. 書至於隋, 齊·周[36]名手, 若趙文深·李德林; 梁·陳雋彦, 若王褒·庾信, 咸集長安, 故善書尤衆. 永叔跋『丁道護碑』曰:「隋之晚年, 書家尤盛, 吾家率更與虞世南, 皆當時人. 余所集錄開皇·仁壽·大業時碑頗多, 其筆畫率皆精勁.」 蓋隋碑之足賞久矣.

【번역】

〈용산공장질묘지명〉(600, 그림 9)은 예스러우면서 도탑고(古厚) 관대하고 넓어(寬博) 오히려 〈찬룡안비〉·〈휘복사비〉의 서풍이 남아 있다. 〈영현비〉(609, 그림 10)는 엄격하면서 빽빽하고(嚴密) 준엄하면서 특출하여(峻拔) 오히려 〈준수라비〉·〈정국사비〉의 영향을 받았다. 〈용산공장질묘지명〉은 우세남과 안진경의 선구이고, 〈흠강정의[영현비]〉(609)는 구양순의 嚮導인데, 이들은 〈용장사비〉(586)와 더불어 수나라의 鼎立된 좋은 비 세 기이다.

글씨는 수나라에 이르러 북제·북주의 명서가인 조문심(조문연)[37]·이덕림[38], 양나라·진나라의 뛰어난 선비인 왕포[39]·유신[40] 같은 사람이 모두 장안에 모여들어 좋은 글씨가 더욱 많아졌다. 구양수[41]는

---

34) 〈영현비〉이다. 『소증』 이외 판본에는 〈欽江諫議〉라고 되어 있다. 비액은 '寧越郡欽江縣正議大夫之碑'이다.

35) 『소증』에만 爲자가 없다.

36) 『소증』에만 齊·周·隋라고 되어 있다.

37) 趙文淵: 북주의 서예가로 자는 德本이다. 南洋宛 사람(일설에는 天水 사람)이며, 趙孝逸과 형제이다. 서위 문제(재위 535-551) 大統 10년(544)에는 이미 성년이었으며, 북주 무제(재위 561-577) 天和 2년(567)에 露寢(천자의 성전)의 題牓을 써 趙興太守에 제수되었다. 『周書』·『北史』에는 당 고조의 이름인 '淵'을 피휘하여 '深'을 사용했다. 소년 때부터 예서·해서를 배웠으며, 종요·왕희지를 모범으로 삼아 당시 유명했다. 당나라 두기의 『술서부』 하에서 두몽이 쓴 주에는 문심은 왕희지를, 효일은 왕헌지를 스승으로 삼았다고 한다(『역대』, p.229). 전해지는 글씨는 〈西嶽華山廟碑〉(〈華嶽頌碑〉) 뿐이다. 『주서』 권47 「藝術傳」; 『북사』 권82 「儒林傳」 하 참조.

38) 李德林(531-591): 북제 학자로 安平(하북성) 사람이다. 자는 公輔이며, 고문을 널리 공부하여 좋은 문장을 지었다. 천보 8년(557)에 秀才에 기용되었고 通直散騎侍郎에 여러 번 임관되어 機密을 맡았다. 저서로는 『李懷州集』이 있다. 『北史』 권72; 『隋書』 권42 참조.

39) 王褒: 북주 서예가로 낭야 임기(산동성) 사람이다. 남제 王僧의 증손으로 자는 子淵이다. 양 무제에게 재능을 인정받아 무제의 동생 번양왕 恢의 사위가 되었다. 고모부 蘇子雲의 글씨를 공부하여 소자운을 이은 명서가로 세상에 알려졌다.

40) 庾信(513-581): 북주 서예가로 자는 子山이다. 『小名錄』에 의하면 어릴 적 이름은 蘭成이고, 유견오의 아들이다. 처음에

〈정도호비〉 발문에서 '수나라 말년에 서가가 더욱 성했다. 나의 집안인 구양순·우세남도 모두 당시 사람이다. 내가 모아서 기록한 개황(581-600)·인수(601-604)·대업(605-617) 연간의 비는 많은데 그 필획은 모두 정교하면서 굳세다(精勁)'라고 했다. 수나라 비에 대한 칭찬은 오래되었다.

【해제】

우세남과 안진경의 모범이 된 〈용산공장질묘지명〉은 예스럽고 도타워 〈찬룡안비〉·〈휘복사비〉의 餘風이 있고, 구양순의 선구가 된 〈영현비〉는 엄밀하고 준엄하여 〈준수라비〉·〈정국사비〉의 여풍이 있다.

수나라 말기에 남북조의 명서가들이 대부분 장안에 모여 살았기 때문에 좋은 글씨가 많았다. 초당의 구양순·우세남도 수나라에서 주로 활동한 명서가이다. 수나라 말기의 비는 필획이 정밀하고 굳세므로 취해도 좋다.

제12장 卑唐(당나라 비는 비루하다)

【원문】

殷·周以前, 文字新創, 雖有工拙, 莫可考[42]稽. 南北朝諸家, 則春秋羣賢, 戰國諸子, 當殷·周之末運, 極學術之異變, 九流並出, 萬馬齊鳴, 人才之奇, 後世無有. 自漢以後, 皆度內之人, 言理不深, 言才不肆, 進比戰國, 倜乎已遠, 不足復爲軒輊. 書有南北朝, 隷·楷·行·草, 體變各極, 奇偉婉麗, 意態斯備, 至矣! 觀斯止矣! 至於有唐, 雖設書學, 士大夫講之尤甚. 然續承陳·隋之餘, 綴其遺緒之一二, 不復能變, 專講結構, 幾若算子. 截鶴續鳧, 整齊過甚. 歐·虞·褚·薛, 筆法雖未盡亡, 然澆淳散樸, 古意已漓. 而顏·柳迭奏, 漸滅盡矣. 米元章譏魯公書「醜怪惡札」, 未免太過. 然出牙布爪, 無復古人淵永渾厚之意, 譬宣帝用魏相趙廣漢輩, 雖綜核名實, 而求文帝張釋之·東陽侯長者之風, 則已渺絶. 卽求武帝雜用仲舒·相如·衛·霍·嚴·朱之徒, 才能並展, 亦不可得也. 不然, 以信本之天才, 河南之人巧, 而寶泉必貶歐以「不顧偏醜, 顧翹縮爽, 了臬黝糾」, 譏褚「畫虎效顰[43], 澆漓後學」, 豈無故哉! 唐人解講結構, 自賢於宋·明, 然以古爲師, 以

는 양나라에서 벼슬했다가 북주로 건너가 驃騎大將軍·開府儀同三司에 여러 번 천거되었다. 문장은 곱고 아름다워 徐陵과 이름을 나란히 하여 '徐庾體'라 불렸다. 저서에는 『庾子山文集』 20권이 있다. 『주서』 권41; 『북사』 권83 「유신전」 참조.

41) 歐陽修(1007-1072): 북송의 문학가 겸 사학가로 吉州 廬陵(『주』에는 吉水, 지금의 강서성) 사람이다. 자는 永叔, 호는 醉翁이다. 북송 고문 운동의 영수이고 '당송팔대가' 중 한 사람이다. 만년에는 六一居士라고 불렸다. 仁宗 天聖 8년(1030)에 진사가 되었다. 정치가로도 최고의 지위에 올랐지만 문학자·역사가·고전학자이기도 하여 그 시대 文運의 담당자 위치에 있어 송나라의 文豪라 불렸다. 글씨는 이옹의 필법을 배워 맑으면서 굳세어 스스로 일가를 이루었다. 저서로는 『詩本儀』 16권·『九陽文忠公集』 153권 이외에도 『新唐書』·『新五代書』 등이 있다. 또 금석의 탁본을 수집하고 고증하여 題跋을 만든 『集古錄跋尾』 10권을 지어 역대 석각 발미 400여 편을 수집하여 중국에서 현존하는 가장 이른 석각문자 연구서가 되었다.

42) 『대계』에만 攷라고 되어 있다. 같은 글자이다.

魏·晉繩之, 則卑薄已甚. 若從唐人入手, 則終身淺薄, 無復有[44]窺見古人之日. 古文家謂畫今之界不嚴, 學古之辭不類. 學者若欲學書, 亦請嚴畫界限, 無從唐人入也.

【번역】

은나라·주나라 이전에 문자가 새로 만들어졌는데 비록 工拙이 있어도 살펴볼 수가 없다. 남북조의 모든 서가는 곧 춘추시대의 현인들, 전국시대의 제자백가와 같았다. 은·주의 말기 기운을 만나 학술의 이변이 극에 달했고, 아홉 학파[45]가 나란히 나타나 여러 말이 같이 우는 것과 같으니, 이런 인재의 뛰어남은 후세에는 없었다. 한나라 이후 제도권 안의 사람들은 모두 말의 이치가 깊지 않고 말솜씨도 거리낌이 없지 않았다. 전국시대와 비교해 보면 당당함이 이미 멀어져 다시 그 모습을 만들기에 부족하다.

글씨에는 남북조가 있고, 예서·해서·행서·초서의 서체 변화가 각각 극에 달해 기이하면서도 훌륭하며 순하면서 아름답다. 의태가 이렇게 갖추어져 있으니 지극하구나! 이를 보는 것이 끝났구나!

당나라에 이르러 書學[46]이 설치되고 사대부의 강조가 더욱 심해졌다. 陳나라·隋나라의 유풍을 계승하여 남은 한두 가닥이었으나 다시는 변화할 수 없었고, 오직 결구만 강조하여 거의 산가지 같았다. 학의 다리를 잘라 물오리의 다리에 이었으니[斷鶴續鳧][47] 정연함과 가지런함이 지나치게 심했다. 구양순·우세남·저수량·설직의 필법이 다 망하지는 않았으나 순박함을 잃어 예스러운 분위기는 이미 사라졌다. 그리고 안진경·유공권이 교대로 나오면서 자취를 찾아볼 수 없을 정도로 완전히 망가졌다. 미불[48]이 안진경의 글씨를 '추하고 괴상하여 못난 편지글(醜怪惡札)'이라고 비난한 것은 너무 지나침을 면할 수 없다. 그러나 이빨을 드러내고 손톱을 펼쳤으니[49] 옛 사람의 깊고 요원하며(淵永) 순박하고 도타운(渾厚)

---

43) 效顰: 越나라 미인 西施가 불쾌한 일이 있어 얼굴을 찡그렸더니 한 추녀가 그것을 흉내 낸 고사에서 나온 말로서, 무턱대고 남의 흉내를 내는 것을 말한다.

44) 『소증』에만 有자가 없다.

45) 九流: 先秦에서 漢初 사이에 생긴 아홉 학파. 『한서』「예문지」에 의하면 儒家者流, 道家者流, 陰陽家者流, 法家者流, 名家者流, 墨家者流, 縱橫家者流, 雜家者流, 農家者流이다.

46) 당나라의 서학에 관해 『舊唐書』 권4 「職官志3」 國子監條는 '石經·說文·字林만을 공부하고 나머지 字書들은 그것에 겸해서 익힌다'고 한다. 『大唐六典』 권21도 '석경삼체의 글씨는 3년, 설문은 2년, 자림은 1년 공부하여 藝業을 성취한다'고 한다.

47) 鄭鉉淑, 2013, 「康有爲 『廣藝舟雙楫』의 「傳衛」·「寶南」·「碑魏」篇 譯註」, 『木簡과 文字』11, 한국목간학회, p.284, 주121 참조.

48) 米芾(1051-1107): 북송의 서화가로 太原(산서성) 사람이다. 나중에 襄陽(호북성)으로 옮겼고 후에는 潤州(지금의 강소성 鎭江)에서 안거했다. 원래 이름은 黻인데 41세 이후 芾자를 사용했다. 자는 元章, 호는 襄陽漫士·鹿門居士이다. 徽宗 때 書畵學博士가 되었고 禮部員外郎에 임명되어 米南宮이라 불렸으며, 자유분방하여 米顚이라고도 불렸다. 시문과 서화에 능했고 감식에 정밀했다. 그림에는 '米家山水'의 풍격이 있다. 글씨의 필력은 왕헌지에게서 얻어 행서·초서를 잘 썼고 필세는 침착하고 통쾌하다. 채양·소식·황정견과 더불어 '송사대가'라고 불린다. 서화와 벼루를 즐겨 모았는데, 특히 진나라 글씨를 즐겨 서재 이름을 '寶晉齋'라 명하고 왕희지의 〈王略帖〉, 왕헌지의 〈십이월첩〉, 사안의 〈팔월오일첩〉을 소장했다. 첩의 글씨를 많이 남겼는데 〈苕溪詩〉·〈蜀素〉·〈虹縣詩〉 등이 있다. 『송사』 권444 「미불전」; 로타 레더로제 지음, 정현숙 옮김, 2013, 『미불과 중국 서예의 고전』 참조.

49) 出牙布爪: 안진경 글씨의 收筆 부분에 끝이 드러나는 것을 가리킨다.

분위기는 없다. 선제[50](재위 73-49 B.C.)가 위상[51]·조광한[52] 등을 등용하여 명실상부한 정치를 추구했지만, 문제[53](재위 179-157 B.C.)가 장석지[54]·장상여[55] 같이 덕행이 높은 사람을 등용하여 풍습을 구한 것에 비유하면 그것은 이미 아득하게 끊어진 것이다. 또 무제[56](재위 140-87 B.C.)처럼 동중서[57]·사마상여[58]·위청[59]·곽거병[60]·엄조[61]·주매신[62] 등을 골고루 써서 재능을 나란히 발휘하도록 하지도 못했다.

그렇지 않았다면 구양순의 천재성과 저수량의 기교에도 불구하고 두기는 구양순의 글씨를 '볼품없고 흉해서 쳐다보지 않는다. 큰 머리와 깊숙한 눈을 지닌 채 갈팡질팡하고, 숲의 나무를 서로 이어놓은 듯하다'고 폄하하고 저수량을 '범을 그려도 찡그린 모습을 나타내니 후학에게 경박함을 준다'고 이유 없이

---

50) 宣帝: 서한 제10대 황제이다. 이름이 劉病己였으나 후에 詢으로 고쳤다. 『한서』권6 「宣帝紀」; 『한서』권94 「匈奴傳」참조.

51) 魏相(?-59 B.C.): 한나라 대신으로 定陶(산동성) 사람이다. 자는 弱翁이며, 선제의 御史大夫를 지냈다. 韋賢을 대신하여 승상이 되어 선제가 親政을 행할 때 그를 보좌했던 재상으로 흉노 토벌 계획을 아뢰는 등 직무에 매우 힘썼다. 『사기』권96; 『한서』권74 「위상전」참조.

52) 趙廣漢: 한나라 대신으로 자는 子都이며 涿郡 蠡吾(지금의 하북성) 사람이다. 선제 때 京兆尹(京師의 태수)이 되어 나쁜 일을 파헤치고 은밀한 사건을 적발한 것이 귀신같아서 그 이름은 흉노에게까지 알려졌지만, 후에 법의 심판을 받아 허리를 잘리는 형벌을 당했다. 『한서』권76 「조광한전」참조.

53) 文帝: 서한 제5대 황제이다. 『한서』권4 「文帝紀」참조.

54) 張釋之: 한나라 대신으로 자는 季이며 堵陽(하남성) 사람이다. 문제 때 벼슬하여 謁者僕射로 되고, 후에 公車令을 지냈다. 『사기』권102; 『한서』권50 「장석지전」참조.

55) 張相如: 한나라 대신으로 東陽侯에 봉해졌다. 효문제 때 太子太傅였고, 나중에 면직되었다. 전은 『한서』권46 「石奮傳」; 『한서』권5 「장석지전」에 흩어져 보인다.

56) 武帝: 서한 제7대 황제 劉徹이다. 『사기』권12; 『한서』권6 「武帝紀」참조.

57) 董仲舒(179-104 B.C.): 한나라 대신 겸 학자로 廣川(하북성) 사람이다. 유학을 존중하여 사상통일을 이루었고, 태학을 일으켜 인재를 양성해야 한다고 주장했다. 인재를 채용하여 중국의 정치·문화에 큰 영향을 미쳤다. 저서로는 『春秋繁露』가 있다. 『사기』권121; 『한서』권56 傳 참조.

58) 司馬相如(179-117 B.C.): 한나라 문인으로 成都(사천성) 사람이다. 자는 長卿이다. 무제에 의해 西南夷 지역에 파견되어 공을 세웠다. 그러나 정계에 깊이 관여하는 것을 피하고 오로지 황제 측근의 문학가로서 樂章의 제정과 美文의 제작에 힘썼다. 특히 辭賦에 뛰어났고 산문의 美文化에 힘썼다. 『사기』권117; 『한서』권57 傳 참조.

59) 衛青(?-106 B.C.): 한나라 무관으로 平陽(산서성) 사람이다. 자는 仲卿이다. 본성은 鄭인데, 그의 아버지가 平陽侯家의 첩 衛媼과 통하여 청을 낳아 衛姓을 취했다. 무제에게 중용되어 관직이 대장군에 이르렀고 長平侯에 봉해졌다. 곽거병과 함께 흉노를 정벌하는데 공을 세웠다. 『사기』권111; 『한서』권55 傳 참조.

60) 霍去病(140-117 B.C.): 한나라 무관으로 平陽(산서성) 사람이다. 위청 누이의 아들이다. 무제 때 등용되어 관직이 驃騎大將軍에 이르렀고, 冠軍侯에 봉해졌다. 흉노 정벌에 여섯 번 출격하여 한나라의 변경을 지켰고 서역으로 통하는 도로를 열었다. 『사기』권111; 『한서』권55 傳 참조.

61) 嚴助(?-122): 한나라 때 會稽 吳(강소성) 사람이다. 본성은 莊이었는데 동한 명제의 휘를 피하여 엄으로 고쳤다. 무제 때 中大夫가 되었고 회계태수를 지냈다. 그러나 회남왕 劉安의 모반에 연루되어 목이 베여 市街에 버려졌다. 『한서』권64 上의 傳 참조.

62) 朱買臣(?-115 B.C.): 한나라 대신으로 會稽 吳(강소성) 사람이다. 자는 翁子이며, 무제가 회계태수를 수여했다. 후에 丞相長史가 되었지만 御史大夫 張湯의 아랫사람이 되는 것을 싫어하여 湯의 陰事를 고발하여 자살시키려다가 죽임을 당했다. 『한서』권64 上의 傳 참조.

비난했겠는가!

당나라 사람들은 결구를 풀거나 모으는 것에는 송나라·명나라보다 현명했다. 그리고 옛 것을 스승으로 삼고 위나라·진나라로 잇고자 했지만 비루하고 천박함이 심했다. 만약 당나라 사람을 따라 입문하면 평생토록 천박해지고, 옛 사람을 엿볼 수 있는 날이 다시는 없게 될 것이다.

옛 문장가는 오늘의 경계가 엄격하지 않으면 옛 문장을 배워도 그와 나란히 될 수 없다고 했다. 만약 초학자가 글씨를 배우고자 하면서 경계를 엄격하게 구분해 달라고 한다면 당나라 사람을 좇아 입문해서는 안 된다.

【해제】

글씨는 남북조시대가 절정이었고 뛰어난 서가들도 많이 나왔다. 이 시기에 이미 서체의 변화가 다 이루어졌고 각 서체도 훌륭했다. 수나라는 전대를 통합한 통달한 기풍이 있지만, 당나라는 결구만을 중시하여 지나치게 정연하다. '초당사대가'의 글씨도 예스럽거나 자연스럽지 못한데 안진경·유공권에 이르러 그런 분위기마저 완전히 사라졌다. 이런 이유로 조금 지나치지만 미불이 안진경의 글씨를 심하게 폄하했으며, 두기도 『술서부』에서 원류에서 멀어진 당나라 구양순·저수량의 글씨를 흉하고 경박하다고 꾸짖었다.

글씨도 고문처럼 지금 것과 옛 것의 경계를 엄격하게 구분해야 한다. 글씨를 배우는 사람이 정연한 결구만 중시한 당나라 글씨로 입문하면 예스러운 글씨를 쓸 수 없다.

【원문】

韓昌黎論作古文, 謂非三代·兩漢之書不敢觀, 謝茂秦·李于[63]鱗論詩, 謂自天寶·大歷以下不可學. 皆斷代爲限, 好古過甚, 論者誚之. 然學以法古爲貴, 故古文斷至兩漢, 書法限至六朝. 若唐後之書, 譬之騈文至四傑而下, 散文之曾·蘇而後, 吾不欲觀之矣. 操此而談, 雖終身不見一唐碑可也.

【번역】

한유[64]는 고문 짓는 것을 논하면서 '삼대와 양한의 글이 아니면 감히 보지 않는다'라고 말했다. 사주

---

63) 『소증』·『역대』에는 於라고 되어 있다. 이반룡의 자는 于鱗이다.

64) 韓愈(768-824): 당나라 말기의 문장가 겸 사상가로 昌黎 사람이다. 자는 退之이다. 貞元 8년(792)에 진사가 되었고 國子四門博士·吏部侍郞 등을 역임하였다. '당송팔대가'의 한 사람으로 도교·불교를 배척하고 유교를 수호했다. 산문가이자 고문 운동의 창도자로 柳宗元과 더불어 고문 부흥을 위해서 노력했다. 어려서부터 '삼대와 양한의 책이 아니면 감히 보지 않으며, 성인의 뜻이 아니면 감히 품지 않는다(非三代兩漢之書不敢觀, 非聖人之志不敢存)'는 포부를 지니고 있었다. 철저하게 육조 이래의 변려문의 속박으로부터 벗어나 순수한 산문구 형식의 고문체를 따랐으며, 시에도 고문 道統의 특색이 있다. 따라서 '글로써 시를 삼는다(以文爲詩)'라는 생각으로 인해 산문의 구법을 사용하여 장단이 일정치 않은 시를 많

[65]와 이반룡[66]은 시를 논하면서 '천보(742–755)·대력(766–779) 연간 이후의 것은 배우면 안 된다'라고 말했다. 모두 시대를 끊어 경계를 만든 것으로 옛 것을 좋아함이 지나치게 심하니 혹자는 그것을 나무란다.

그러나 학문은 옛 것을 본받는 것을 귀하게 여긴다. 그러므로 고문은 양한에 이르러 끊어졌고, 글씨는 육조에 이르러 한계에 다다른다. 당나라 이후의 글씨는 변려문이 사걸[67]에 의해 발전되고, 산문이 증공[68]·소식[69]에 의해 완성되는 것으로 비유되지만 나는 그것을 보고 싶지 않다. 극단적으로 말하면 종신토록 단 한 점의 당비를 보지 않아도 좋다.

【해제】

고문이나 시의 분야에서도 시대를 경계로 구분하여 옛 것을 좋은 것으로 여겼다. 고문은 양한, 서학은 육조를 경계로 그 이후의 것들은 좋지 않은 것으로 생각했다. 당나라의 글씨는 다듬어져 결구는 갖추고 있지만 옛 필의를 잃었으니 배울 필요가 없다.

【원문】

唐碑中最有六朝法度者, 莫如包文該『兗[70]公頌』, 體意質厚, 然唐人不甚稱之. 又范的『阿育王碑』, 亦有南朝茂密之意, 亦不見稱. 其見稱諸家, 皆最能變古者. 當時以此得名, 猶之輔嗣之『易』, 武功之詩, 其得名處, 卽其下處. 彼自成名則可, 後人安可爲所欺邪[71]!

이 지었다. 또 僻字와 怪韻을 사용하는 등 특이한 문인시의 풍격을 이루었다. 저서로는『韓昌黎集』40권·『外集』10권이 있다. 『구당서』 권160; 『신당서』 권176 참조.

65) 謝榛(1495–1575): 명나라 문인으로 臨淸(산동성) 사람이다. 자는 茂秦이며, 스스로 四溟山人이라 불렀다. 歌詩 짓는 일에 힘써 당시 명성이 높았다. 저서로는『四溟集』·『四溟詩畵』가 있다. 『명사』 권27 참조.

66) 李攀龍(1514–1570): 명나라 문인으로 濟南(산동성) 사람이다. 자는 于鱗이고 호는 滄溟이다. 저서로는『滄溟』·『古今詩刪』 등이 있다. 『명사』 권287 참조.

67) 四傑: 초당사문호 王勃·楊烱·盧照隣·駱賓王이다.

68) 曾鞏(1019–1083): 송나라 문인으로 建昌 南豊(강서성) 사람이다. 구양수의 문하생이면서 易占의 아들이다. 자는 子固이고 시호는 文定이다. 문장은 육경에 기초하고 사마천과 한유를 취해서 대성했다. 구양수처럼 고문 운동가로서 '文以明道'를 주장했다. 그는 문장의 수식을 반대하였으며, 변려체를 사용하지 않았다.

69) 蘇軾(1036–1101): 북송 문학가 겸 서예가로 眉州 眉山(사천성) 사람이다. 자는 子瞻이고 호는 東坡居士이다. 아버지 洵, 동생 轍과 더불어 '三蘇'라 불린다. 철종 때 한림학사에 임명되었다. 관직은 禮部尙書·追諡文忠에 이르렀다. '당송팔대가' 중의 한 사람이다. 글씨를 잘 썼으며 행서·해서에 뛰어났다. 서호·안진경·양응식을 법으로 삼았으며, 위로 晉·宋의 명서가들로 거슬러 올라가서 스스로 새로운 필의를 만들었다. 저서로는『東坡七集』이 있고, 글씨로는〈黃州寒食詩帖〉·〈赤壁賦〉 등이 있다.

70) 『역대』에만 兗이라고 되어 있다.

71) 『소증』에는 耶라고 되어 있다. 소리와 뜻이 같다.

당나라 비 가운데 육조의 법도를 가장 많이 지닌 것으로 포문해[72]의 〈연공송〉(742, 그림 11) 만한 것이 없다. 글씨의 분위기가 질박하고 도타운데(質厚) 당나라 사람은 그것을 많이 언급하지 않았다. 범적[73]의 〈아육왕비〉[74]도 남조의 茂密한 분위기를 지녔지만 이것도 언급하지 않았다.

칭찬은 모두 옛 것을 가장 잘 변화시킨 사람들에게 돌아간다. 당시 이것으로 명성을 얻은 것으로는 왕필[75]의 『주역』과 무공의 시가 있는데 그들이 명성을 얻은 것도 이것 때문이다. 그들이 스스로 이름을 얻었는데 후세 사람들이 어찌 속임수라고 하겠는가!

【해제】

포문해의 〈연공송〉과 범적의 〈아육왕비〉은 당나라 비 중에서 육조의 필법을 지녔지만 당시 크게 칭찬하지 않았다. 옛 법을 잘 변화시킨 육조의 서예를 당나라에 맞게 변화시킨 두 서가야말로 칭찬받을 만하다.

【원문】

唐碑古意未漓者尚不少, 『等慈寺』·『諸葛丞相新廟碑』, 博大渾厚, 有『暉福』之遺. 『許洛仁碑』極似『賀若誼』. 賈膺福『大雲寺』亦有六朝遺意. 『靈琛禪師灰身塔文』, 筆畫豐厚古樸, 結體亦大小有趣. 『郝貴造像』峻樸, 是魏法. 『馬君起浮圖』分行結字, 變態無盡. 『韋利涉造像』遒媚俊逸. 『順陵殘碑』渾古有法. 若『華山精享碑題名』·王紹宗『王徵[76]君臨終口授銘』·『獨孤仁政碑』·『張宗碑』·『敬善寺碑』·『于孝顯碑』·『法藏禪師塔銘』, 皆步趨隋碑, 爲『甯贊』·『舍利塔』·『蘇慈碑』之嗣法者. 至小碑中若『王仲堪墓誌』, 體裁峻絕; 『王留墓誌』精秀無匹; 『李夫人賈嬪墓誌』, 勁折在『劉玉』·『克公頌』之間; 『常流殘石』樸茂在『呂望』·『敬顯儁』之間; 『韋夫人志』超渾在『王偃』·『李仲璇』之間; 『一切如來心眞言』神似『刁遵』; 『太常寺丞張銳志』圓勁在『刁遵』·『曹子建』之間; 『張氏墓誌』骨血峻秀; 『張君起[77]浮圖志』體峻而美; 『焦璀墓誌』茂密有

---

72) 包文該: 당 현종(재위 713-755) 개원(713-741)·천보(742-755) 연간 사람이다. 글씨로는 〈克公頌〉(742)이 있다.

73) 范的: 당 문종(재위 827-840)대의 鄧州 順陽(지금의 하남성 등현鄧县) 사람이다. 벼슬을 하지 않았다. 글씨를 잘 썼고 시도 잘 지었다. 글씨로는 〈阿育王寺常住田碑〉(833)가 있다. 『金石萃編』권108.

74) 阿育王碑: 개원 연간에 萬齊融이 글을 짓고 徐嶠之가 썼는데 훼손되었다. 문종 태화 7년(833) 12월 1일에 明州刺史 于季友가 쓴 〈育王寺碑後記〉에 의하면 우계우가 범적에게 그 비를 다시 써 달라고 의뢰했다고 한다. 포세신의 『藝舟雙楫』「述書下」는 '범적의 〈아육왕비〉는 행간이 무밀하다'고 평가한다.

75) 王弼(226-249): 조위 학자로 山陽(산동성) 사람이다. 자는 輔嗣이다. 어릴 때부터 이름이 알려졌고 儒·道를 논하기를 좋아했다. 文辭와 弁舌에 능해 鍾會와 나란히 칭찬받았다. 저서 『周易注』는 역학의 상수를 받아들이지 않고 의리를 중요시하여 한유의 역학이 이치에 맞지 않는 것을 비판했다. 정세근, 「제도와 본성-현학이란 무엇인가-」; 정세근, 『위진현학』 참조.

76) 『논문선』·『역대』·『경전』·『만청』·『주』에는 征이라고 되어 있다. 簡體로 같은 글자이다.

魏風. 此類甚多, 皆工絕, 不失六朝矩矱, 然皆不見稱於時, 亦可見唐時風氣. 如今論治然, 有守舊·開化[78] 二黨, 然時尙開新, 其黨繁盛, 守舊黨率爲所滅. 蓋天下世變旣成, 人心趨變, 以變爲主, 則變者必勝, 不變者必敗. 而書亦其一端也. 夫[79]理無大小, 因微知著, 一線之點有限, 而線之所引, 億兆京陔而無窮, 豈不然哉! 故有宋之世, 蘇·米大變唐風, 專主意態, 此開新黨也; 端明篤守唐法, 此守舊黨也. 而蘇·米盛而蔡亡, 此亦開新勝守舊之證也. 近世鄧石如·包愼伯·趙撝叔變六朝體, 亦開新黨也, 阮文達決其必盛, 有見夫!

【번역】

당나라 비에 아직 옛 필의가 엷어지지 않은 것이 적지 않다. 〈등자사비〉(628, 그림 12)·〈제갈승상신묘비〉는 넓고 큼직하며(博大) 순박하고 도타워(渾厚) 〈휘복사비〉(488)의 남은 필의가 있다. 〈허락인비〉는 〈하약의비〉(596)와 매우 비슷하다. 가응복[80]의 〈대운사비〉도 육조시대의 남은 필의가 있다. 〈영침선사회신탑문〉은 필획이 풍성하면서 도탑고(豊厚) 예스럽고 소박하며(古樸) 결구의 대소에 풍취가 있다. 〈학귀조상기〉의 준엄하고 소박함(峻樸)은 위나라의 필법이다. 〈마군기부도기〉는 分行과 結構가 변화의 묘미를 다했다. 〈위리섭조상기〉는 씩씩하고 날렵하며(遒媚) 준수하면서 자유롭다(俊逸). 〈순릉잔비〉에는 순박하면서 예스러운(渾古) 필법이 있다. 〈화산정향비제명〉·왕소종[81]의 〈왕징군임종구수명〉·〈독고인정비〉·〈장종비〉·〈경선사비〉·〈우효현비〉·〈법장선사탑명〉은 모두 수나라 비를 따랐고, 〈영현비〉(609)·〈사리탑명〉·〈소자묘지명〉(602)이 모범이 되었다.

소당비 가운데 〈왕중감묘지명〉 같은 것은 체제가 준엄하고 뛰어나며(峻絕) 〈왕유묘지명〉은 정교하고 빼어나(精秀) 필적할 만한 것이 없다. 〈이부인가빈묘지명〉은 굳세면서 꺾임이 있어(勁折) 〈유옥묘지명〉(527)과 〈연공송〉(742) 사이에 있다. 〈상류잔석〉은 소박하면서 무성하며(樸茂) 〈태공여망비〉(550)와 〈경현준비〉(540) 사이에 있다. 〈위부인묘지명〉은 초일하면서 순박하고(超渾) 〈왕언묘지명〉(543)과 〈이중선수공자묘비〉(541) 사이에 있다. 〈일체여래심진언〉의 정신은 〈조준묘지명〉(517)과 닮았다. 〈태상사승장예지〉는 원만하면서 굳세어(원경圓勁) 〈조준묘지명〉과 〈조자건비〉(593) 사이에 있

---

77) 『소증』에만 起사가 있다.

78) 만유문고본에는 花, 『소증』에는 新이라고 되어 있다.

79) 『역대』에만 天이라고 되어 있다.

80) 賈膺福(?-713): 당나라 때 曹州 冤句(지금의 산동성 菏澤) 사람이다. 賈敦實의 아들이며, 글씨를 잘 썼다. 武周 萬歲通天 원년(696)에 著作郎이 되었고, 久試 원년(700)에 太子中舍人이 되었다. 예종 太極 원년(712)에 右散騎常侍·昭文館學士·檢校右羽林將軍를 역임했고 壽昌縣侯에 봉해졌다. 竇懷貞 등의 태평공주 모반에 연루되어 죽었다. 『구당서』 권185 상; 『신당서』 권197 「賈敦實」 附 참조.

81) 王紹宗: 당나라 문인 겸 서예가로 揚州 江都(강소성) 사람이다. 王玄宗의 아우로 본적은 산동성 낭야이며, 자는 承烈이다. 성품이 담백하다. 가난했지만 학문을 좋아해 경전과 사서를 널리 읽었으며 특히 초예를 잘 썼다. 승방에서 객으로 머무르며 필경을 해주다가 武后의 부름을 받고 太子文學·秘書少監 등의 관직에 나아갔다. 글씨는 왕헌지를 배웠고 陸柬之에게 사숙하여 우세남에 비교될 만하다. 손과정과 친교가 있었다.

다. 〈장씨묘지명〉은 골과 혈이 준엄하면서 빼어나다(峻秀). 〈장군기부도지〉는 글자의 형태가 준엄하면서 아름답다(峻美). 〈초최묘지명〉은 무성하면서 빽빽하여(茂密) 위나라 서풍이 있다. 이런 종류는 매우 많은데 모두 기교가 뛰어나 육조의 규범을 잃지 않았다. 그러나 당시에 언급되는 않았고 당나라의 기풍도 볼 수 있다.

지금의 정치를 말할 때도 그러하니 守舊·開化 두 당이 있는 것과 같다. 그러나 시대가 개신을 숭상하면 그 당은 번성하고 수구당은 쇠퇴하게 된다. 천하 세상의 변화가 이미 이루어졌고 인심이 그 변화를 좇으면서 변화가 주류가 된다. 변하는 것은 반드시 이기고 변하지 않는 것은 반드시 진다. 글씨도 그런 것이다. 원리에는 크고 작음이 없으니 미세한 데서 드러난다. 한 선의 점은 유한하지만 그 선을 그으면 억·조·경·해로 무궁해지니 어찌 그렇지 않겠는가!

그러므로 송나라의 소식과 미불은 당풍을 크게 변화시켜 의태만을 주로 했으니 이들은 개신당이고, 채양[82]은 당법을 고수했으니 그는 수구당이다. 그런데 소식과 미불은 성했고 채양은 망했으니, 이것도 개신당이 수구당을 이긴 증거이다. 근세의 등석여·포세신·조지겸[83]은 육조풍을 변화시켰으니 역시 개신당이고, 완원은 그 필연적인 성함을 보여주었으니 견식이 있구나!

【해제】

당나라 비 가운데 옛날의 준엄함과 순박함을 지닌 것들이 적지 않다. 육조의 필법을 지닌 여러 소당비도 전대의 좋은 서풍을 보여주는데, 당시 그들이 외면당한 것은 변화를 멀리하고 당풍만 좇는 시대 분위기 때문이었다. 후대에도 변화를 수용한 개혁파는 성했으나, 변화를 거부한 보수파는 망했다. 원류에서 멀어진 당풍을 변화시킨 송나라의 소식·미불이나, 육조풍을 변화시킨 청나라의 등석여·포세신·

---

82) 蔡襄(1012-1067): 북송 서예가로 興化 仙游(복건성) 사람이다. 자는 君謨이다. 天聖 8년(1040)에 진사가 되었고, 이어 西京留守推官이 되었다. 후에 端明殿學士知杭州로 제수되어 채단명이라고도 칭하고, 시호 忠惠를 따라 채충혜라고도 부른다. 글씨를 잘 써서 인종의 총애를 가장 많이 받았다. '송사대가' 중에서 으뜸으로 여긴다. 송나라의 구양수는 '그의 글씨가 당시 독보적이었고, 그의 붓에는 師法이 있다. 행서는 제일, 소해는 제이, 초서는 제삼이다'라고 했다. 글씨는 처음에는 周越을 배우고 후에 안진경을 주로 배웠으나 구양순·우세남·저수량도 공부했다. 또한 진나라 서법을 모범으로 하여 이왕을 배웠기 때문에 고상하면서 속기가 없다. 특히 尺牘(簡札)에 뛰어나 秀麗하면서 온화하고 윤기가 있으며 고우면서 아름다운 서풍을 이루어 당시 제일로 여겨졌다. 해서는 안진경에 뿌리를 내린 것으로서 마치 智永의 글씨를 닮은 듯 온화하고 얌전하다. 『송사』 권320 「채양전」 참조.

83) 趙之謙(1829-1884): 청나라 서화가 겸 전각가로 會稽(지금의 절강성 紹興) 사람이다. 자는 益甫, 호는 撝叔·鐵三·冷君이고 만년의 호는 悲盦·無悶이다. 함풍 9년(1859) 향시에 합격하여 거인이 되었고, 후에 태평천국의 난을 피해 福州로 달아나 전각과 서화로 생계를 유지했다. 동치 2년(1863) 북경으로 가서 북비 연구에 전념했다. 50세 이후 강서성 鄱陽·奉新의 현령을 역임했다. 시·고문·서화·전각에 두루 능했다. 글씨는 처음에 안진경을 배워 웅장하였으나 후에 포세신의 '역입평출법' 이론을 받아들여 비학에 전념하였으며, 등석여의 필법을 익히고 북비와 육조의 碑版 공부에 힘썼다. 북비 글씨 가운데 주로 정도소에 심취했다. 해서는 북비의 뛰어남을 계승했고, 전서·예서에서도 웅위한 서풍을 구사했다. 행·초서는 북비의 형태와 필세를 취해서 도탑고 육중하다. 저서로는 『二金蝶堂印譜』·『悲盦居士詩賸』·『六朝別子』·『補寰宇訪備錄』이 있다.

조지겸은 명서가가 될 수 있었지만, 변화를 거부한 송나라의 채양은 그렇지 못했다.

【원문】

論書不取唐碑, 非獨以其淺薄也. 平心而論, 歐·虞入唐, 年已垂暮, 此實六朝入也. 褚·薛筆法, 淸虛高簡, 若『伊闕石龕銘』·『石淙序』·『大周封禪壇碑』, 亦何所惡. 良以世所盛行, 歐·虞·顏·柳諸家碑, 磨翻已壞, 名雖尊唐, 實則尊翻變之棗木[84]耳. 若欲得舊搨[85], 動需露臺[86]數倍之金, 此是藏家之珍玩, 豈學子人人可得而臨摹哉! 況求宋搨, 已若漢高之劍, 孔子之履, 希世罕有, 況宋以上乎! 然卽得信本墨蹟[87]迹, 不如古人, 況六朝搨本, 皆玩好無恙, 出土日新, 略如初搨, 從此入手, 便與歐·虞爭道, 豈與終身寄唐人籬下, 局促無所成哉! 識者審時通變, 自不以吾說爲妄陳高論, 好翻前人也.

【번역】

글씨를 논하면서 당나라 비를 취하지 않는 것은 그 천박함 때문만은 아니다. 상식적으로 말해도 구양순과 우세남이 당조로 들어갔을 때는 이미 노령이었으니 이들은 실제로는 육조에 들어간다. 저수량과 설직의 필법은 맑으면서 빈 듯하고(淸虛) 고상하면서 간결하니(高簡), 〈이궐석감명〉(641, 그림 13)·〈석종서〉[88]·〈대주봉선단비〉[89]도 어찌 나쁘겠는가? 세상에 성행한 구양순·우세남·안진경·유공권 등의 비는 마멸과 번각으로 이미 파손되었으니, 명분상으로는 당비를 존중했다고 하지만 실제로는 번각하여 변한 대추나무를 존중한 것뿐이다. 구탁본을 얻으려면 한 문제가 노대[90]를 만드는데 요구된 것보다 몇 배의 금이 필요하다. 이는 수장가의 진귀한 보물이니 어찌 배우는 사람마다 얻어 임모할 수 있겠는가! 하물며 송 탁본도 이미 한 고조의 검이나 공자의 신발과 같이 세상에 드문데, 송나라 이전은 어떻겠는가! 따라서 구양순의 묵적도 옛 사람이 얻은 것과 같지 않다. 그러나 육조의 탁본은 모두 완전하여 흠이 없고 날마다 새롭게 출토되니 초탁본과 같다. 이런 것들로 입문하면 곧 구양순·우세남과 더불어 도를 다툴 만한데 어찌하여 종신토록 당나라 사람의 그늘 아래 이룬 바가 없는 것과 같겠는가! 식견이 있는 사람들이 시류를 살펴 변화에 통달하게 되면 스스로 나의 설이 망령되게 늘어놓은 이상론이거나 앞

---

84) 棗木: 대추나무이다. 목질이 견고하여 조각에 적합하므로 판목에 사용된다.

85) 초본·만유문고본·『대계』 이외 판본에는 拓라고 되어 있다. 같은 글자이다.

86) 초본·만유문고본·『대계』 이외 판본에는 台라고 되어 있다. 같은 글자이다.

87) 초본·만유문고본·『대계』 이외 판본에는 迹이라고 되어 있다. 같은 글자이다.

88) 石淙序: 전칭은 〈秋日宴石淙序〉이다. 武周 大足 원년(701)에 새겨졌다. 『中州金石記』 권2, 『寰宇訪碑錄』 권3에 의하면 薛曜의 글이다.

89) 大周封禪壇碑: 〈大周禪祀壇碑〉라고도 한다. 찬자는 武三思이다. 서자명은 떨어져나가 보이지 않는데 〈嵩陽石刻記〉는 薛曜의 글씨라고 한다. 武周 萬歲登封 원년(696) 10월에 세워졌다. 명문은 37행, 행 71자의 해서이다.

90) 露臺: 靈臺라고도 하는데, 천문이나 기상 등을 관찰하고 숭배하는 누각이다. 서한의 문제가 노대를 만들려고 했는데, 백금이 필요하다는 말을 듣고 중지했다는 고사에서 근거한다. 『史記』 권10 「孝文帝紀」 참조.

사람을 뒤집기 좋아하는 것이 아니라고 할 것이다.

【해제】

당나라 서가 구양순과 우세남의 전성기는 수나라였으므로 실제로는 육조의 서법을 잇고 있다. 저수량·설직의 글씨도 좋은 편이다. 초학자가 모범으로 삼는 당 명서가의 비는 중각본이다. 원탁은 너무 비싸기도 하지만, 송 이전의 탁본은 구하기도 어렵다. 반면 육조비는 매일 새로 출토되어 초탁본과 같고 구하기도 쉬우니 이를 모범으로 삼는 것이 좋다.

【원문】

自宋·明以來, 皆尙唐碑; 宋·元·明多師兩晉. 然千年以來, 法唐碑[91]者, 無人名家. 南北碑興, 鄧頑伯·包愼伯·張廉卿卽以書雄視千古. 故學者適逢世變, 推陳出新, 業尤易成. 擧此爲證, 尤易悟也.

【번역】

송나라·명나라 이래로 모두 당나라 비를 숭상했고, 송나라·원나라·명나라는 대부분 동진과 서진을 본받았다. 그러나 천 년 이래로 당나라 비를 모범으로 삼은 사람에 명서가는 없었다. 남북조비가 흥성하자 등석여[92]·포세신[93]·장유소[94]는 글씨로 천고를 웅대하게 바라보았다. 따라서 배우는 사람은 세상의 변화를 적절하게 맞이하여 묵은 것을 밀어내고 새 것을 창출하여 작업이 더욱 쉽게 이루어졌다. 이렇게 증명하면 훨씬 쉽게 깨닫는다.

---

91) 『소증』에만 碑자가 없다.
92) 鄧石如(1743-1805): 청나라 서예가로 안휘성 會寧 사람이다. 자는 頑伯이며, 皖公山 아래 기거하여 호는 完白山人이다. 원래 이름은 琰인데 仁宗의 이름을 피하여 처음의 字 석여가 이름이 되었다. 평생 각석과 글씨를 연마했다. 어린 나이에 고향을 떠나 전서·예서를 쓰면서 전국을 여행하여 梁巘·張惠言·包世愼과 같이 저명한 문인들과 교류하였다. 포세신은 '등석여의 전서가 청나라 제일의 신품'이라고 했다. 또 해서를 전서·예서의 필법으로 써서 육조 사람처럼 깊이 있는 글씨를 썼다. 전·예의 세계에 신경지를 열어 중국 서예사에서 최고의 지위를 차지한다. 『淸史稿』 권503 참조.
93) 包世臣(1775-1855): 청나라 서예가 겸 서예 이론가로 안휘성 涇縣 사람이다. 경현은 옛날에 安吳였기 때문에 포안오라고도 불렸다. 자는 誠伯이다. 가경 13년(1808)에 擧人이 되었고 영국에 항거할 것을 주장하다가 후에 탄핵을 받아 金陵에서 칩거했다. 『淸史稿』는 '어릴 때부터 시와 문장에 능했으며 경제의 대략을 알았으며 병법을 즐겨 말했다'고 한다. 완원을 이은 비학파이며, 글씨는 등석여에게 배워 진수를 얻었다. 행서·초서를 잘 썼으며, 구양순·안진경에서 시작하여 소식·동기창을 배웠고 뒤에는 북비에 주력하였고 만년에는 이왕의 필법을 익혔다. 『安吳四種』을 편집하였다.
94) 張裕釗(1823-1894): 청나라의 서예가로 호북성 武昌 사람이다. 자는 廉卿이다. 도광 26년(1848)에 擧人이 되었다. 內閣中書를 지냈고 江寧·保定·湖北 등에 서원을 열었다. 黎庶昌·吳汝綸·薛福成과 함께 曾國藩을 스승으로 모셨기 때문에 '曾門四弟子'라 불린다. 武昌의 經心書院 主講이 되어 訓詁를 연구했고 音義를 주로 하였다. 고문에 능했고, 글씨도 잘 썼다. 특히 전서와 예서는 균정하고 아름답다. 저서로는 『左氏股賈注考証』·『今文尙書考証』·『濂亭文集』이 있다.

【해제】

　송·명 이후 모두 당을 숭상했고 양진을 모범으로 삼았다. 그러나 당나라 비를 배운 사람 가운데 명서가는 없다. 청나라의 등석여·포세신·장유소는 당시 고증학의 대세 속에서 금석문을 숭상하는 비학이 유행하자 시대의 변화에 부응하여 첩학을 버리고 남북조비에 근거한 독창적 서풍을 창출하여 당대의 명서가가 될 수 있었다.

【원문】

　唐人名手, 誠未能出歐·虞外者, 今昭陵二十四種可見也. 吾最愛殷令名書『裴鏡民碑』, 血肉豊澤;『馬周』·『褚亮』二碑次之矣. 餘若王知敬之『李衛公碑』, 郭儼之『陸讓碑』, 趙模之『蘭陵公主碑』·『高士廉塋兆記』·『崔敦禮碑』, 體皆相近, 皆淸朗爽勁, 與歐·虞近者也. 若權懷素『平百濟碑』, 間架嚴整, 一變六朝之體, 已開顔·柳之先. 崔筠『劉遵禮志』, 方勁亦開柳派者. 此唐碑之沿革, 學唐碑者當知之. 中間韋縱『靈慶池』·『高元裕碑』, 有龍跳虎臥之氣; 張顚『郞官石柱題名』, 有廉直勁正之體; 皆唐碑之可學者. 必若學唐碑, 從事於諸家可也.

【번역】

　당나라의 뛰어난 서가 중에서 실제로 구양순·우세남을 능가할 사람은 아직 나오지 않았으니, 지금의 〈소릉이십사종〉[95]을 보면 알 수 있다. 내가 가장 애호하는 은령명의 글씨인 〈배경민비〉(637)는 피와 살이 풍성하고 윤택하다(豊澤). 〈마주비〉·〈저량비〉는 그 다음이다. 그 나머지 왕지경[96]의 〈이위공비〉, 곽엄[97]의 〈육양비〉[98](643, 그림 14), 조모[99]의 〈난릉공주비〉(659, 그림 15)·〈고사염영조기〉(666, 그림 16)·〈최돈례비〉(656, 그림 17)는 글자의 형태가 서로 비슷하고, 모두 맑고 밝으며(淸朗) 상쾌하고 굳세

---

95) 昭陵二十四種: 소릉에 있는 〈우공공비〉·〈공영달비〉·〈방현령비〉·〈이정비〉·〈고사염영조기〉·〈난릉공주비〉 등 24종의 비이다. 소릉은 당 태종의 능으로 섬서성 醴川縣 동북 25㎞의 九嵕山에 있다. 배장자의 수가 160명에 달하므로 명비들이 많이 세워졌다.

96) 王知敬: 당나라 서화가로 懷州 河內(지금의 하남성 沁陽) 사람이다. 일설에는 洛陽 또는 太原 사람이라 한다. 王家㣹이라고도 부른다. 測天武后 때 麟台少監이 되었다. 그림을 잘 그렸으며, 글씨는 隷草에 능했고 署書에서 殷仲容과 이름을 나란히 했다. 무후의 부름을 받아 한 사람이 한 사찰의 편액을 썼는데 은중용은 〈資聖寺〉, 왕지경은 〈淸禪寺〉를 썼다. 둘 다 독자적으로 뛰어났다. 당나라 이사진의 『書後品』에는 '中之中'으로 품으려져 있다. 장회관은 『書斷』에서 "지경은 초서와 행서를 잘 썼고 장초에 더욱 뛰어났다(知敬工草及行, 尤善章草)"고 평했다.

97) 郭儼: 당나라 때 太原(산서성) 사람이다. 〈육양비〉의 서자로 글씨를 잘 썼지만 사서에는 전하지 않는다.

98) 陸讓碑: 당 정관 17년(643) 11월 26일에 섬서성 三原縣에 세워졌다. 찬자는 미상이다. 명문은 34행, 행 51자의 해서이다. 해서의 비액은 '隨文州總菅光祿卿陸使郡碑' 12자이다. 『八瓊室金石補正』 권34 참조.

99) 趙模: 당나라 서화가로 태종 정관 연간(627-649)에 관직이 太子右監門府鎧曹參軍이었다. 글씨를 잘 썼고 臨仿·模拓에는 필적할 만한 사람이 없었다. 馮承素와 더불어 왕희지의 〈난정서〉(353)를 임모했다. 필법은 方整하고 娟秀하다. 글씨로는 〈高士廉塋兆記〉가 있다. 『宣和書譜』; 『書史會要』 참조.

어(爽勁) 구양순과 우세남에 가까운 것이다. 권회소의 〈평백제비〉(660, 그림 18)는 간가[100](결구)가 엄정하고 육조의 형태를 일변시킨 것으로 이미 안진경과 유공권의 시초를 열었다. 최균[101]의 〈유준례묘지명〉은 방정하면서 굳세며(方勁) 또한 유공권파를 연 것이다. 이것이 당나라 비의 연혁이니 당나라 비를 배우는 사람은 당연히 그것을 알아야 한다. 그 중간인 위종[102]의 〈영경지비〉와 유공권의 〈고원유비〉(852, 그림 19)는 용이 솟아오르고 호랑이가 누운 기상을 지니고 있다. 장욱[103]의 〈낭관석주제명〉(741, 그림 20)은 예리하면서 곧고(廉直) 굳세면서 바른(勁正) 글자 형태를 지니고 있으니 모두 당나라 비 중에서 배울 만한 것이다. 당나라 비를 반드시 배워야 한다면 여러 서가를 따라야 된다.

【해제】

'소릉이십사종' 가운데 구양순과 우세남의 비는 그들이 당나라 서가 가운데 가장 훌륭하다는 것을 말해준다. 위에서 언급한 여러 당나라 비는 제각기 다양하면서 뛰어나니 당나라 비를 배우려면 그것들로 시작하라. 명서가의 명비뿐만 아니라 원류가 된 비들도 더불어 공부하라.

투고일 : 2014. 5. 18   심사개시일 : 2014. 5. 24   심사완료일 : 2014. 6. 8

---

100) 間架: 간가, 즉 결구는 그림에서는 대략적인 스케치라고 불리는, 상호간의 여백과 관련된 부분들을 구상하는 골격이다. 간가는 分間과 布白으로 세분되어진다. 분간은 공간의 상대적인 분할이고, 포백은 공간의 분배이다. 장이 지음, 정현숙 옮김, 2009, 『서예 미학과 기법』, pp.144~145.

101) 崔筠: 〈유준례묘지명〉의 서자이다. 묘지에는 "中散大夫前左金吾衛長史兼監察御使崔筠書幷篆蓋"라고 기록되어 있다. 『新唐書』卷72下·宰相世系表 2 하 博陵安平 최씨조의 '筠蘇州司功參軍'과 최균이 동일 인물인지는 불분명하다.

102) 韋縱: 『신당서』권74 상 「재상세계표」 4 상에 司戎大夫 衛知人의 아들에 종이라는 이름이 보이지만 관명을 기록하지 않아 〈영경지비〉의 서자와 동일 인물인지는 불분명하다.

103) 張旭(675-750): 당나라 서예가로 吳縣(지금의 강소성 蘇州) 사람이다. 활동 시기는 개원(713-741)·천보(742-755) 연간이며, 자는 伯高·季明이다. 金吾長史의 벼슬을 지냈기 때문에 張長史라고도 불렸고 張顛이라고도 불렸다. 성품이 호방하고 술을 즐겼는데 술을 마시면 말을 더듬고 기이한 행동을 하기 때문에 張癲이라고도 불렸다. 『신당서』권202 「이백전」에 의하면 장욱은 머리카락에 먹물을 묻혀 神變不測의 狂草를 썼다. 대취하여 머리를 풀고 먹을 찍어 함성을 지르며 뛰어다니다가 벽에다 미친 듯이 글씨를 써 그의 초서를 광초라고 한다. 그의 광초의 특징은 붓이 바로 아래로 내려가 필세가 放縱하고 운필은 頓挫하여 古勁하면서 流暢하다. 이러한 필치는 왕헌지를 배웠으며, 이 광초가 후대에 끼친 영향은 대단히 크다. 당 문종 때 이백의 歌詩, 裵旻의 劍舞와 더불어 장욱의 초서가 삼절로 불렸다. 시도 잘 지어 『全唐詩』에도 여섯 수가 수록되어 있다. 전해지는 광초 작품으로는 〈古詩四帖〉·〈肚痛帖〉·〈千字文〉 등이 있다.

〈참고문헌〉

〈원문〉
『舊唐書』
『明史』
『北史』
『史記』
『隋書』
『新唐書』
『周書』
『淸史稿』
『漢書』

〈국문〉
康有爲 지음, 崔長潤 옮김, 1983, 『廣藝舟雙楫』, 운림당.
곽노봉, 2005, 『書藝家列傳』, 다운샘.
劉濤·唐吟方 편, 박영진 외 옮김, 2000, 『中國書藝術五千年史』, 다운샘.
로타 레더로제 지음, 정현숙 옮김, 2013, 『미불과 중국 서예의 고전』, 미술문화.
장이(蔣彝) 지음, 정현숙 옮김, 2009, 『서예 미학과 기법』, 교우사.
정세근, 2001, 『제도와 본성-현학이란 무엇인가-』, 철학과현실사.
정세근, 2001, 『위진현학』, 예문서원.
정세근·정현숙, 2013, 「康有爲 『廣藝舟雙楫』의 「自敍」 및 「本漢」篇 譯註」, 『木簡과 文字』10, 한국목
    간학회.
정현숙, 2013, 「康有爲 『廣藝舟雙楫』의 「傳衛」·「寶南」·「碑魏」篇 譯註」, 『木簡과 文字』11, 한국목간학회.

〈중문〉
康有爲, 1890, 『廣藝舟雙楫』, 初刻本.
劉正成 主編, 2006, 『中國書法鑑賞大辭典』, 北京: 中國人民大學出版社.
美術文化院, 1985, 『中國書法大辭典』上·下, 서울: 美術文化院.
華正書局 編, 1985, 『廣藝舟雙楫疎證』, 臺北: 華正書局.
上海書畵出版社 編, 1979, 『中國歷代論文選』, 上海: 上海書畵出版社.
楊素芳·后東生 編著, 1998, 『中國書法理論經典』, 石家庄: 河北人民出版社.
張啓亞 主編, 1998, 『中國書法藝術』第4卷 隋唐五代, 北京: 文物出版社.

張又棟 主編, 2001,『書法創作大典』, 北京: 新時代出版社.

張撝之, 沈起煒, 劉德重 主編, 1999,『中國歷代人名大辭典』上·下, 上海: 上海古籍出版社.

潘運告 編著 譯注,『晚淸書論』, 2004, 長沙: 湖南美術出版社.

崔爾平 校注,『廣藝舟雙楫注』, 2006, 上海: 上海書畫出版社.

〈일문〉

二玄社, 1970,『唐 裵鏡民碑·孔穎達碑』書跡名品叢刊 157, 東京: 二玄社.

二玄社, 1969,『唐 顏師古 等慈寺碑』書跡名品叢刊 135, 東京: 二玄社.

二玄社, 1969,『隋 甯贊碑·曹子建碑』書跡名品叢刊 137, 東京: 二玄社.

中田勇次郎 編集, 坂出祥伸·塘 耕次·杉村邦彦 譯, 1993,『中國書論大系』16, 東京: 二玄社.

平凡社, 1966,『書道全集』第7卷 中國7 隋·唐Ⅰ, 東京: 平凡社.

平凡社, 1966,『書道全集』第8卷 中國8 唐Ⅱ, 東京: 平凡社.

平凡社, 1966,『書道全集』第10卷 中國9 唐Ⅲ·五代, 東京: 平凡社.

〈Abstract〉

"The Worthy Sui Stelae" and "The Meaningless Tang Stelae" in *Guangyizhoushuangji* by Kang Youwei

Jung, Hyun-sook

In Chapters 11 and 12, Kang Youwei (康有爲) discusses "The Worthy Sui Stelae" (取隋) and "The Meaningless Tang Stelae" (卑唐) respectively.

In Chapter 11, Kang argues that Sui stelae are worthy of writing. They show fine calligraphic styles because they combined those of the previous times. Following the Six Dynasties, Sui calligraphy displays the rigid brushstroke, good shape, and simple style. Most of Sui stelae are excellent but lack the nice and thick brushstrokes of the previous times, following the rigid and refreshing feelings only. Still, they are worth writing, compared to the Tang stelae. In later times they also received favorable criticism. For example, Ouyang Xiu (歐陽修), epigraphy scholar of Song, said that Ouyang Xun (歐陽詢) and Yu Shinan (虞世南), active mostly in Sui dynasty, who followed the styles of Six Dynasties are good calligraphers.

In Chapter 12, Kang insists that the meaningless Tang stelae lost the ancient taste should be practiced later. By the Tang period, calligraphy academy was established, famous calligraphers appeared, and studies about calligraphy theory became active. Nonetheless, the magnanimous style of the previous times disappeared, the shape became soft, and the stroke became round. In the writings of Ouyang Xun, Yu Shinan, Chu Suiliang (褚遂良), and Xue Ji (薛稷), who are the four great calligraphers of the early Tang period, the natural and antique styles disappeared. In those of Yan Zhenqing (顏眞卿) and Liu Gongguan (柳公權), who are the middle and later Tang calligraphers, the ancient taste was completely gone. They were good at composition, but their writings became meaningless and frivolous. If one study such writings, he/she would make a fine composition but grow apart from the origin. Accordingly, one should not learn the Tang stelae from the beginning.

Among the Tang stelae, some including anonymous stelae (小唐碑) are worthy of writing but not mentioned in those days. The reason not recommending the Tang stelae is not its shallowness but its reprinting. The reprinting versions were even rare. Meanwhile, day by day the Six Dynasties stelae that are original were excavated, so one should naturally study them.

Since the Tang dynasty, everyone practiced the Tang calligraphy, and people of Song, Yuan, and

Ming dynasties studied album calligraphy of the Jin dynasty. None who followed the Tang calligraphy was successful. Contrastively, the Qing calligraphers such as Deng Shiru (鄧石如), Bao Shichen (包世愼), and Zhang Yuzhao (張裕釗) became famous because they learned the Southern and Northern Dynasties stelae.

▶ Key words : Sui stelae, Tang stelae, anonymous Tang stelae, Southern and Northern Dynasties stelae, Ouyang Xun, Yu Shinan

<도 판>*

그림 1. 〈龍藏寺碑〉, 해서, 586, 隋.

그림 2. 〈曹子建碑〉(曹植碑), 해서, 593, 수.

그림 3. 〈蘇慈墓誌銘〉, 해서, 603, 수.

그림 4. 〈吳平忠候蕭公神道東闕〉(蕭景碑), 해서, 523년 이후, 梁.

---

* 캡션은 서자, 작품명, 찬자, 서체, 연도, 시대순이다.

그림 5. 〈龍華寺碑〉, 해서, 603, 수.

그림 6. 〈賀若誼碑〉, 해서, 596, 수.

그림 7. 〈趙芬碑殘石〉, 해서, 585, 수.

그림 8. 殷令名, 〈裴鏡民碑〉, 李百藥, 해서, 637, 唐.

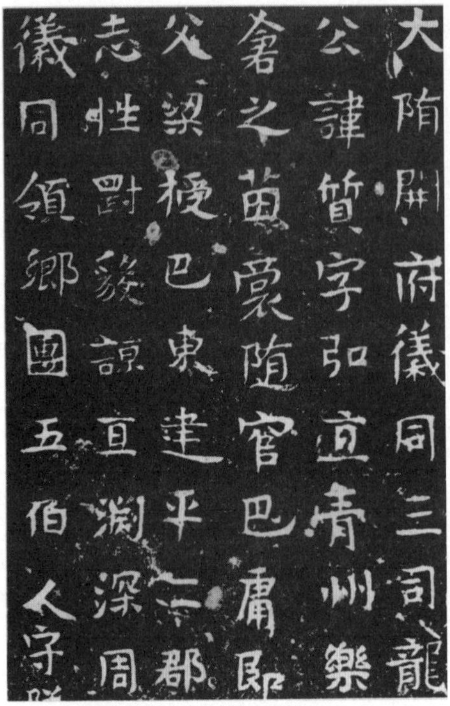

그림 9. 〈龍山公臧質墓誌銘〉, 해서, 600, 수.

그림 10. 〈甯贊碑〉(欽江正議), 해서, 609, 수.

그림 11. 包文該, 〈兗公頌〉, 張之宏, 해서, 742, 당.

그림 12. 顔師古(?), 〈等慈寺碑〉, 안사고, 해서, 637-641, 당.

그림 13. 褚遂良, 〈伊闕石龕銘〉(伊闕佛龕碑), 岑文本, 해서, 641, 당.   그림 14. 郭儼, 〈陸讓碑〉, 해서, 643, 당.

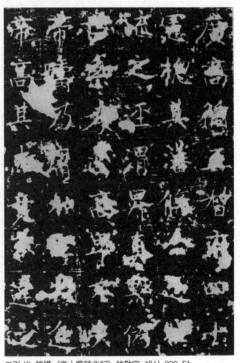

그림 15. 趙模, 〈蘭陵公主碑〉, 해서, 659, 당.   그림 16. 趙模, 〈高士廉塋兆記〉, 許敬宗, 해서, 666, 당.

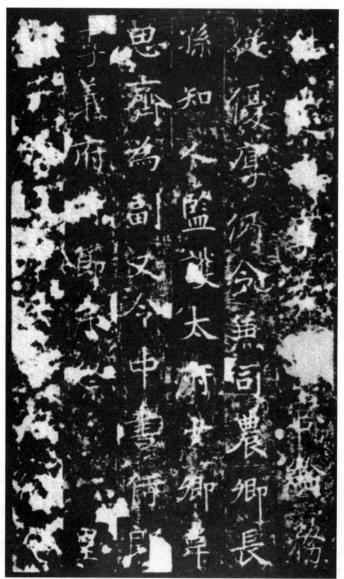

그림 17. 趙模, 〈崔敦禮碑〉, 해서, 656, 당.

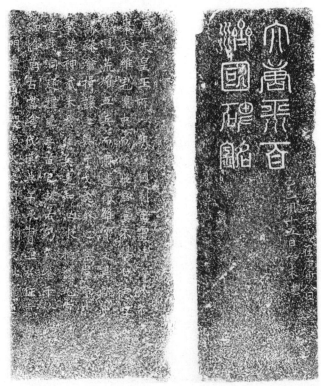

그림 18. 權懷素, 〈平百濟碑〉 남면, 賀遂良, 해서, 660, 당.

그림 19. 柳公權, 〈高元裕碑〉, 蕭鄴, 해서, 852, 당.

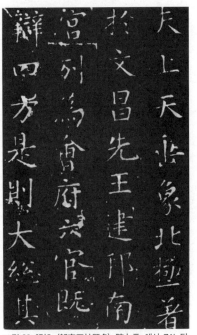

그림 20. 張旭, 〈郞官石柱題名〉, 陳九言, 해서, 741, 당.

휘/보

학회소식, 정기발표회, 신년휘호, 자료교환

학회소식, 정기발표회, 신년휘호, 자료교환

1. 학회소식

1) 운영회의
  * 일시 및 장소 : 2014년 1월 10일 국립중앙박물관
  * 정기발표회 및 하계워크샵 주제 논의

2) 해외자료조사
  * 일시 및 장소 : 2014년 2월 9일(일) ~ 13일(목) 홍콩·대만
  * 참여인원 : 권인한, 김병준, 김양동, 김재홍, 김지희, 김창석, 박성종, 박주선, 배준영, 백두현, 이승재, 주보돈, 정승혜, 최연식(ㄱㄴㄷ순)

3) 한국고대문자자료 연구모임

(1) 2014년 동계워크샵
  * 일시 : 2014년 2월 6일(목) 오전 9:20 ~ 오후 7:00
  * 주제 : 백제 문자자료의 이해
  * 장소 : 성균관대 600주년 기념관 동아시아학술원 408호
  * 주최 : 한국목간학회·동아시아학술원 인문한국(HK)연구소·성균관대 BK21

  ■ 기초발표
    권인한(성균관대), 고대한국 출토문자 자료 개관 및 국어학적 연구 현황

  ■ 주제발표
    이재환(서울대), 능산리사지 출토 목간의 판독과 해석
    기경량(서울대), 익산 연동리 출토 동경 명문 검토
    오택현(동국대), 칠지도 명문 검토

임혜경(서울대), 백제 불상 명문 검토

안정준(연세대), 백제 왕손 부여융·태비부여씨 묘지명의 역주와 기초적 검토

이은솔(원광대), 백제 인각와의 재검토

(2) 월례발표회

　　* 주제 : 한국고대문자자료 역주

　　* 일시 : 매월 4째주 토요일

　　* 장소 : 성균관대 600주년 기념관 동아시아학술원 408호

　　* 주최 : 한국목간학회·동아시아학술원 인문한국(HK)연구소

　　■ 제9회 월례발표(2014년 2월 28일)

　　　발표자 : 오택현(동국대학교 사학과)

　　　주　제 : 부여 동남리 및 구아리 출토 문자자료 검토(1)

　　　발표자 : 최경선(연세대학교 사학과)

　　　주　제 : 부여 지역 출토 인각와와 기타 명문자료(1)

　　■ 제10회 월례발표(2014년 3월 29일)

　　　발표자 : 박지현(서울대학교 국사학과)

　　　주　제 : 당평제비의 판독과 해석(1)

　　　발표자 : 정동준(한성대학교)

　　　주　제 : 진법자묘지명 역주

　　　발표자 : 이재철(동국대학교 사학과)

　　　주　제 : 금산 백령산성 유적 출토 문자자료의 이해

　　■ 제11회 월례발표(2014년 4월 25일)

　　　발표자 : 안정준(연세대학교 사학과)

　　　주　제 : 百濟 義慈王의 外孫 李濟 墓誌銘에 대한 검토

　　　발표자 : 최경선(연세대학교 사학과)

　　　주　제 : 부여 지역 출토 인각와와 기타 명문자료(2)

　　　발표자 : 기경량(서울대학교 국사학과)

　　　주　제 : 부여 북나성 명문석과 부소산성 출토 광배 검토

■ 제12회 월례발표(2014년 5월 31일)

　발표자 : 임혜경(서울대학교 국사학과)

　주　제 : 미륵사지 출토 기타 문자자료 검토

　발표자 : 오택현(동국대학교 사학과)

　주　제 : 부여 동남리 및 구아리 출토 문자자료 검토(1)

　발표자 : 금산 백령산성 출토 문자자료의 이해

　주　제 : 이재철(동국대학교 사학과)

■ 제13회 월례발표(2014년 6월 28일)

　발표자 : 이재환(서울대학교 국사학과)

　주　제 : 능산리 사지 출토 문자자료의 판독과 해석(2)

　발표자 : 박지현(서울대학교 국사학과)

　주　제 : 당평제비의 판독과 해석(2)

　발표자 : 최경선(연세대학교 사학과)

　주　제 : 〈난원경묘지명〉의 판독과 해석

　발표자 : 강진원(서울대학교 국사학과)

　주　제 : 계유명아미타불삼존석상과 계유명삼존천불비상 명문의 이해

　발표자 : 안정준(연세대학교 사학과)

　주　제 : 경기 지역 출토 문자자료의 이해

2. 정기발표회

1) 제18회 정기발표회

　* 일시 : 2014년 1월 10일(금)~11일(토)

　* 장소 : 국립중앙박물관 제1강의실

　* 주최 : 한국목간학회·국립중앙박물관 고고역사부

　《첫째날(1월 10일)》

　　• 연구발표

　　신소연(국립중앙박물관), R.T□.I. 촬영을 통한 감산사 미륵보살상과 아미타보살상의 명문 검토

　　이은솔(원광대학교), 백제 인각와 서풍연구

이호형(동방문화재연구원 원장), 부여 쌍북리 173-8번지 유적 출토 목간의 현황과 분석

《둘째날(1월 11일)》
  • 감악사비 현장답사

2) 제19회 정기발표회
  * 일시 : 2014년 4월 26일(토) 오후 1:30–6:00
  * 장소 : 성균관대학교 국제관 9B 106호
  * 주최 : 한국목간학회, 성균관대학교 BK21플러스 동아시아학 융합사업단
  * 연구발표
    권주현(계명대학교), 통일신라의 발효식품에 대하여
    정재영(한국기술교육대학교), 신라 사경에 대한 연구
    권인한(성균관대학교), 동대사 화엄경의 각필을 통해서 본 신라한자음
    박부자(한국학중앙연구원), 동대사 소장 대방광불화엄경 권제12–20의 각필기입양상
    김성주 외 신라사경연구팀(동국대학교), 신라 사경 자형 사전에 대하여

3. 신년휘호
  * 2014년 1월 10일 국립중앙박물관 제1강의실
  * 景候 김단희

4. 자료교환
  日本木簡學會와의 資料交換
  * 日本木簡學會『全國木簡出土遺跡·報告書總攬』(2014년 3월)
  * 韓國木簡學會『木簡과 文字』10호 일본 발송 (2014년 3월)

부/록

학회 회칙, 간행예규, 연구윤리규정

학회 회칙

제1장 총칙

제 1 조 (명칭)　본회는 한국목간학회(韓國木簡學會, The Korean Society for the Study of Wooden Documents)라 한다.

제 2 조 (목적)　본회는 목간을 비롯한 금석문, 고문서 등 문자자료와 기타 문자유물을 중심으로 한 연구 및 학술조사를 통하여 한국의 목간학 발전에 이바지함을 목적으로 한다.

제 3 조 (사업)　본회는 목적에 부합하는 다음의 사업을 한다.
  1. 연구발표회
  2. 학보 및 기타 간행물 발간
  3. 유적·유물의 답사 및 조사 연구
  4. 국내외 여러 학회들과의 공동 학술연구 및 교류
  5. 기타 위의 각 사항의 사업을 수행하기 위해 필요한 사업

제 4 조 (회원의 구분과 자격)
  ① 본회의 회원은 본회의 목적에 동의하여 회비를 납부하는 개인 또는 기관으로서 연구회원, 일반회원 및 학생회원으로 구분하며, 따로 명예회원, 특별회원을 둘 수 있다.
  ② 연구회원은 평의원 2인 이상의 추천을 받아 평의원회에서 심의, 인준한다.
  ③ 일반회원은 연구회원과 학생회원이 아닌 사람과 기관 및 단체로 한다.
  ④ 학생회원은 대학생과 대학원생으로 한다.
  ⑤ 명예회원은 본회의 발전에 크게 기여한 회원 또는 개인 중에서 운영위원회에서 추천하여 평의원회에서 인준을 받은 사람으로 한다.
  ⑥ 특별회원은 본회의 활동과 운영에 크게 기여한 개인 또는 기관 중에서 운영위원회에서 추천하여 평의원회에서 인준을 받은 사람으로 한다.

제 5 조 (회원징계)   회원으로서 본회의 명예를 손상시키거나 회칙을 준수하지 않았을 경우 평의원회의 심의와 총회의 의결에 따라 자격정지, 제명 등의 징계를 할 수 있다.

제 2 장 조직 및 기능

제 6 조 (조직)   본회는 총회·평의원회·운영위원회·편집위원회를 두며, 필요한 경우 별도의 위원회를 구성할 수 있다.

제 7 조 (총회)
   ① 총회는 정기총회와 임시총회로 나누며, 정기총회는 2년에 1회 정기적으로 개최하고 임시총회
      는 필요한 때에 소집할 수 있다.
   ② 총회는 회장이나 평의원회의 의결로 소집한다.
   ③ 총회는 평의원회에서 심의한 학회의 회칙, 운영예규의 개정 및 사업과 재정 등에 관한 보고를
      받고 이를 의결한다.
   ④ 총회는 평의원회에서 추천한 회장, 평의원, 감사를 인준한다. 단 회장의 인준이 거부되었을 때
      는 평의원회에서 재추천하도록 결정하거나 총회에서 직접 선출한다.

제 8 조 (평의원회)
   ① 평의원은 연구회원 중 평의원회의 추천을 받아 총회에서 인준한 자로 한다.
   ② 평의원회는 회장을 포함한 평의원으로 구성한다.
   ③ 평의원회는 회장 또는 평의원 4분의 1 이상의 요구로써 소집한다.
   ④ 평의원회는 아래의 사항을 추천, 심의, 의결한다.
      1. 회장, 평의원, 감사, 편집위원의 추천
      2. 회칙개정안, 운영예규의 심의
      3. 학회의 재정과 사업수행의 심의
      4. 연구회원, 명예회원, 특별회원의 인준
      5. 회원의 자격정지, 제명 등의 징계를 심의

제 9 조 (운영위원회)
   ① 운영위원회는 회장과 회장이 지명하는 부회장, 총무·연구·편집·섭외이사 등 15명 내외로 구
      성하고, 실무를 담당할 간사를 둔다.
   ② 운영위원회는 평의원회에서 심의·의결한 사항을 집행하며, 학회의 제반 운영업무를 담당한다.
   ③ 부회장은 회장을 도와 학회의 업무를 총괄 지원하며, 회장 유고시에는 회장의 권한을 대행한다.

④ 총무이사는 학회의 통상 업무를 담당, 집행한다.

⑤ 연구이사는 연구발표회 및 각종 학술대회의 기획을 전담한다.

⑥ 편집이사는 편집위원을 겸하며, 학보 및 기타 간행물의 출간을 전담한다.

⑦ 섭외이사는 학술조사를 위해 자료소장기관과의 섭외업무를 전담한다.

제 10 조 (편집위원회)　편집위원회는 학보 발간 및 기타 간행물의 출간에 관한 제반사항을 담당하며, 그 구성은 따로 본회의 운영예규에 정한다.

제 11 조 (기타 위원회)　기타 위원회의 구성과 활동은 회장이 결정하며, 그 내용을 평의원회에 보고한다.

제 12 조 (임원)

① 회장은 본회를 대표하고 총회와 각급회의를 주재하며, 임기는 2년으로 한다.

② 평의원은 제 8 조의 사항을 담임하며, 임기는 종신으로 한다.

③ 감사는 평의원회에 출석하고, 본회의 업무 및 재정을 감사하여 총회에 보고하며, 그 임기는 2년으로 한다.

④ 임원의 임기는 1월 1일부터 시작한다.

⑤ 임원이 유고로 업무를 수행할 수 없게 된 때에는 평의원회에서 보궐 임원을 선출하고 다음 총회에서 인준을 받으며, 그 임기는 전임자의 잔여임기가 1년 미만인 경우는 잔여임기에 규정임기 2년을 더한 기간으로 하고, 잔여임기가 1년 이상인 경우는 잔여기간으로 한다.

제 13 조 (의결)

① 총회에서의 인준과 의결은 출석 회원의 과반수로 한다.

② 평의원회는 평의원 4분의 1 이상의 출석으로 성립하며, 의결은 출석한 평의원 과반수의 찬성으로 한다.

제 3 장　출판물의 발간

제 14 조 (출판물)

① 본회는 매년 6월 30일과 12월 31일에 학보를 발간하고, 그 명칭은 "목간과 문자"(한문 "木簡과 文字", 영문 "Wooden documents and Inscriptions Studies")로 한다.

② 본회는 학보 이외에 본회의 목적에 부합하는 출판물을 발간할 수 있다.

③ 본회가 발간하는 학보를 포함한 모든 출판물의 저작권은 본 학회에 속한다.

제 15 조 (학보 게재 논문 등의 선정과 심사)

　① 학보에는 회원의 논문 및 본회의 목적에 부합하는 주제의 글을 게재함을 원칙으로 한다.

　② 논문 등 학보 게재물은 편집위원회에서 선정한다.

　③ 논문 등 학보 게재물의 선정 기준과 절차는 따로 본회의 운영예규에 정한다.

제 4 장 재정

제 16 조 (재원)　본회의 재원은 회비 및 기타 수입으로 한다.

제 17 조 (회계연도)　본회의 회계연도 기준일은 1월 1일로 한다.

제 5 장 기타

제 18 조 (운영예규)　본 회칙에 명시하지 않은 운영에 필요한 사항은 따로 운영예규에 정한다.

제 19 조 (기타사항)　본 회칙에 규정되지 않은 사항은 일반관례에 따른다

부칙

1. 본 회칙은 2007년 1월 9일부터 시행한다.
2. 본 회칙은 2009년 1월 9일부터 시행한다.
3. 본 회칙은 2012년 1월 18일부터 시행한다.

편집위원회에 관한 규정

제 1 장 총칙

제 1 조 (명칭)   본 규정은 '편집위원회에 관한 규정'이라 한다.

제 2 조 (목적)   본 규정은 한국목간학회 편집위원회의 조직 및 편집 활동 전반에 관한 세부 사항을 규정하는 것을 목적으로 한다.

제 2 장 조직 및 권한

제 3 조 (구성)   편집위원회는 회칙에 따라 구성한다.

제 4 조 (편집위원의 임명)   편집위원은 세부 전공 분야 및 연구 업적을 감안하여 평의원회에서 추천하며, 회장이 임명한다.

제 5 조 (편집위원장의 선출)   편집위원장은 편집위원 전원의 무기명 비밀투표 방식으로 편집위원 중에서 선출한다.

제 6 조 (편집위원장의 권한)   편집위원장은 편집회의의 의장이 되며, 학회지의 편집 및 출판 활동 전반에 대하여 권한을 갖는다.

제 7 조 (편집위원의 자격)   편집위원은 다음과 같은 조건을 갖춘자로 한다.
1. 박사학위를 소지한 자.
2. 대학의 전임교수로서 5년 이상의 경력을 갖추었거나, 이와 동등한 연구 경력을 갖춘자.
3. 역사학·고고학·보존과학·국어학 또는 이와 관련된 분야에서 연구 업적이 뛰어나고 학계의 명망과 인격을 두루 갖춘자.

4. 다른 학회의 임원이나 편집위원으로 과다하게 중복되지 않은 자.

제 8 조 (편집위원의 임기)　편집위원의 임기는 2년으로 하되, 연임할 수 있다.

제 9 조 (편집자문위원)　학회지 및 기타 간행물의 편집 및 출판 활동과 관련하여 필요시 국내외의 편집자문위원을 둘 수 있다.

제 10 조 (편집간사)　학회지를 비롯한 제반 출판 활동 업무를 원활히 하기 위하여 편집간사 약간 명을 둘 수 있다.

제 3 장 임무와 활동

제 11 조 (편집위원회의 임무와 활동)　편집위원회의 임무와 활동 내용은 다음과 같다.
　　1. 학회지의 간행과 관련된 제반 업무.
　　2. 학술 단행본의 발행과 관련된 제반 업무.
　　3. 기타 편집 및 발행과 관련된 제반 활동.

제 12 조 (편집간사의 임무)　편집간사는 편집위원회의 업무와 활동을 보조하며, 편집과 관련된 회계의 실무를 담당한다.

제 13 조 (학회지의 발간일)　학회지는 1년에 2회 발행하며, 그 발행일자는 6월 30일과 12월 31일로 한다.

제 4 장 편집회의

제 14 조 (편집회의의 소집)　편집회의는 편집위원장이 수시로 소집하되, 필요한 경우에는 3인 이상의 편집위원이 발의하여 회장의 동의를 얻어 편집회의를 소집할 수 있다. 또한 심사위원의 추천 및 선정 등에 필요한 경우에는 전자우편을 통한 의견 수렴으로 편집회의를 대신할 수 있다.

제 15조 (편집회의의 성립)　편집회의는 편집위원장을 포함한 편집위원 과반수의 출석으로 성립된다.

제 16조 (편집회의의 의결)　편집회의의 제반 안건은 출석 위원 과반수의 찬성으로 의결하되, 찬반 동수인 경우에는 편집위원장이 결정한다.

제 17조 (편집회의의 의장)　편집위원장은 편집회의의 의장이 된다. 편집위원장이 참석하지 아니한 경우에는 편집위원 중의 연장자가 의장이 된다.

제 18조 (편집회의의 활동)　편집회의는 학회지의 발행, 논문의 심사 및 편집, 기타 제반 출판과 관련된 사항에 대하여 논의하고 결정한다.

부칙
제1조 이 규정은 운영위원회의 의결을 거쳐 2007년 11월 24일부터 시행한다.
제2조 이 규정은 운영위원회의 의결을 거쳐 2009년 1월 9일부터 시행한다.
제3조 이 규정은 운영위원회의 의결을 거쳐 2012년 1월 18일부터 시행한다.

학회지 논문의 투고와 심사에 관한 규정

제 1 장 총칙

제 1 조 (명칭)   본 규정은 '학회지 논문의 투고와 심사에 관한 규정'이라 한다.

제 2 조 (목적)   본 규정은 한국목간학회의 학회지인 『목간과 문자』에 수록할 논문의 투고와 심사에 관한 절차를 정하고 관련 업무를 명시함에 목적을 둔다.

제 2 장 원고의 투고

제 3 조 (투고 자격)   논문의 투고 자격은 회칙에 따르되, 당해 연도 회비를 납부한 자에 한한다.

제 4 조 (투고의 조건)   본 학회에서 발표한 논문에 한하여 투고하는 것을 원칙으로 한다.

제 5 조 (원고의 분량)   원고의 분량은 학회지에 인쇄된 것을 기준으로 각종의 자료를 포함하여 30면 내외로 하되, 자료의 영인을 붙이는 경우에는 면수 계산에서 제외한다.

제 6 조 (원고의 작성 방식)   원고의 작성 방식과 요령 등에 관하여는 별도의 내규를 정하여 시행한다.

제 7 조 (원고의 언어)   원고는 한국어로 작성함을 원칙으로 하되, 외국어로 작성된 원고의 게재 여부는 편집회의에서 정한다.

제 8 조 (제목과 필자명)   논문 제목과 필자명은 영문으로 附記하여야 한다.

제 9 조 (국문초록과 핵심어)   논문을 투고할 때에는 국문과 외국어로 된 초록과 핵심어를 덧붙여

야 한다. 요약문과 핵심어의 작성 요령은 다음과 같다.

    1. 국문초록은 논문의 내용과 논지를 잘 간추려 작성하되, 외국어 요약문은 영어, 중국어, 일어 중의 하나로 작성한다.

    2. 국문초록의 분량은 200자 원고지 5매 내외로 한다.

    3. 핵심어는 논문의 주제 및 내용을 대표할 만한 단어를 뽑아서 요약문 뒤에 행을 바꾸어 제시한다.

제 10 조 (논문의 주제 및 내용 조건)　 논문의 주제 및 내용은 다음에 부합하여야 한다.

    1. 국내외의 출토 문자 자료에 대한 연구 논문

    2. 국내외의 출토 문자 자료에 대한 소개 또는 보고 논문

    3. 국내외의 출토 문자 자료에 대한 역주 또는 서평 논문

제 11 조 (논문의 제출처)　 심사용 논문은 편집이사에게 제출한다.

제 3 장　원고의 심사

제 1 절 : 심사자

제 12 조 (심사자의 자격)　 심사자는 논문의 주제 및 내용과 관련된 분야에서 박사학위를 소지한 자를 원칙으로 하되, 본 학회의 회원 가입 여부에 구애받지 아니한다.

제 13 조 (심사자의 수)　 심사자는 논문 한 편당 3인 이상 5인 이내로 한다.

제 14 조 (심사 의뢰)　 편집위원장은 편집회의에서 추천·의결한 바에 따라 심사자를 선정하여 심사를 의뢰하도록 한다. 편집회의에서의 심사자 추천은 2배수로 하고, 편집회의의 의결을 거쳐 선정한다.

제 15 조 (심사자에 대한 이의)　 편집위원장은 심사자 위촉 사항에 대하여 대외비로 회장에게 보고하며, 회장은 편집위원장에게 이의를 제기할 수 있다. 심사자 위촉에 대한 이의에 대하여는 편집회의를 거쳐 편집위원장이 심사자를 변경할 수 있다. 다만, 편집회의 결과 원래의 위촉자가 재선정되었을 경우 편집위원장은 회장에게 그 사실을 구두로 통지하며, 통지된 사항에 대하여 회장은 이의를 제기할 수 없다.

제2절 : 익명성과 비밀 유지

제 16 조 (익명성과 비밀 유지 조건)　 심사용 원고는 반드시 익명으로 하며, 심사에 관한 제반 사항

은 편집위원장 책임하에 반드시 대외비로 하여야 한다.

제 17 조 (익명성과 비밀 유지 조건의 위배에 대한 조치)   위 제16조의 조건을 위배함으로 인해 심사자에게 중대한 피해를 입혔을 경우에는 편집위원 3인 이상의 발의로써 편집위원장의 동의 없이도 편집회의를 소집할 수 있으며, 다음 각 호에 따라 위배한 자에 따라 사안별로 조치한다. 또한 해당 심사자에게는 편집위원장 명의로 지체없이 사과문을 심사자에게 등기 우송하여야 한다. 편집위원장 명의를 사용하지 못할 경우에는 편집위원 전원이 연명하여 사과문을 등기 우송하여야 한다. 익명성과 비밀 유지 조건에 대한 위배 사실이 학회의 명예를 손상한 경우에는 편집위원 3인의 발의만으로써도 해당 편집위원장 및 편집위원에 대한 징계를 회장에게 요청할 수 있으며, 이 경우 그 처리 결과를 학회지에 공지하여야 한다.
  1. 편집위원장이 위배한 경우에는 편집위원장을 교체한다.
  2. 편집위원이 위배한 경우에는 편집위원직을 박탈한다.
  3. 임원을 겸한 편집위원의 경우에는 회장에게 교체하도록 요청한다.
  4. 편집간사 또는 편집보조가 위배한 경우에는 편집위원장이 당사자를 해임한다.

제 18 조 (편집위원의 논문에 대한 심사)   편집위원이 투고한 논문을 심사할 때에는 해당 편집위원을 궐석시킨 후에 심사자를 선정하여야 하며, 회장에게도 심사자의 신원을 밝히지 않는 것을 원칙으로 한다.

제 3 절 : 심사 절차

제 19 조 (논문심사서의 구성 요건)   논문심사서에는 '심사 소견', 그리고 '수정 및 지적사항'을 적는 난이 포함되어야 한다.

제 20 조 (심사 소견과 영역별 평가)   심사자는 심사 논문에 대하여 영역별 평가를 감안하여 종합판정을 한다. 심사 소견에는 영역별 평가와 종합판정에 대한 근거 및 의견을 총괄적으로 기술함을 원칙으로 한다.

제 21 조 (수정 및 지적사항)   '수정 및 지적사항'란에는 심사용 논문의 면수 및 수정 내용 등을 구체적으로 지시하여야 한다.

제 22조 (심사 결과의 전달)   편집간사는 편집위원장의 지시를 받아 투고자에게 심사자의 논문심사서와 심사용 논문을 전자우편 또는 일반우편으로 전달하되, 심사자의 신원이 드러나지 않도록 각별히 유의하여야 한다. 논문 심사서 중 심사자의 인적 사항은 편집회의에서도 공개하지 않는다.

제 23 조 (수정된 원고의 접수)   투고자는 논문심사서를 수령한 후 소정 기일 내에 원고를 수정하여 편집위원장에게 송부하여야 한다. 기한을 넘겨 접수된 수정 원고는 학회지의 다음 호에 접수된 투고 논문과 동일한 심사 절차를 밟되, 논문심사료는 부과하지 않는다.

제 4 절 : 심사의 기준과 게재 여부 결정

제 24 조 (심사 결과의 종류)   심사 결과는 '종합판정'과 '영역별 평가'로 나누어 시행한다.

제 25 조 (종합판정과 등급)   종합판정은 ①게재 가, ②수정후 재심사, ③게재 불가 중의 하나로 한다.

제 26 조 (영역별 평가)   영역별 평가 기준은 다음과 같다.
   1. 학계에의 기여도
   2. 연구 내용 및 방법론의 참신성
   3. 논지 전개의 타당성
   4. 논문 구성의 완결성
   5. 문장 표현의 정확성

제 27 조 (게재 여부의 결정 기준)   심사용 논문의 학회지 게재 여부는 심사자의 종합판정에 의거하여 이들을 합산하여 시행한다. 게재 여부의 결정은 최종 수정된 원고를 대상으로 한다.

제 28 조 (게재 여부 결정의 조건)   게재 여부 결정의 조건은 다음과 같다.
   1. 심사자의 2분의 1 이상이 위 제25조의 '①게재 가'로 판정한 경우에는 게재한다.
   2. 심사자의 2분의 1 이상이 위 제25조의 '③게재 불가'로 판정한 경우에는 게재를 불허한다.

제 29 조 (게재 여부에 대한 논의)   위 제28조의 경우가 아닌 논문에 대하여는 편집회의의 토의를 거친 후에 게재 여부를 확정하되, 이 때에는 영역별 평가를 참조한다.

제 30 조 (논문 게재 여부의 통보)   편집위원장은 논문 게재 여부에 대한 최종 확정 결과를 투고자에게 통보하여야 한다.

제 5 절 : 이의 신청

제 31 조 (이의 신청)   투고자는 심사와 논문 게재 여부에 대하여 이의를 신청할 수 있다. 이 때에는 200자 원고지 5매 내외의 이의신청서를 작성하여 심사 결과 통보일 15일 이내에 편집위원장에게 송부하

여야 하며, 편집위원장은 이의 신청 접수일로부터 15일 이내에 이에 대한 처리 절차를 완료하여야 한다.

제 32 조 (이의 신청의 처리)   이의 신청을 한 투고자의 논문에 대해서는 편집회의에서 토의를 거쳐 이의 신청의 수락 여부를 의결한다. 수락한 이의 신청에 대한 조치 방법은 편집회의에서 결정한다.

제 4 장 게재 논문의 사후 심사 및 조치

제 1 절 : 게재 논문의 사후 심사

제 33 조 (사후 심사)   학회지에 게재된 논문에 대하여는 사후 심사를 할 수 있다.

제 34 조 (사후 심사 요건)   사후 심사는 편집위원회의 자체 판단 또는 접수된 사후심사요청서의 검토 결과, 대상 논문이 그 논문이 수록된 본 학회지 발행일자 이전의 간행물 또는 타인의 저작권에 귀속시킬 만한 연구 내용을 현저한 정도로 표절 또는 중복 게재한 것으로 의심되는 경우에 한한다.

제 35 조 (사후심사요청서의 접수)   게재 논문의 표절 또는 중복 게재와 관련하여 사후 심사를 요청하는 사후심사요청서를 편집위원장 또는 편집위원회에 접수할 수 있다. 이 경우 사후심사요청서는 밀봉하고 겉봉에 '사후심사요청'임을 명기하되, 발신자의 신원을 겉봉에 노출시키지 않음을 원칙으로 한다.

제 36 조 (사후심사요청서의 개봉)   사후심사요청서는 편집위원장 또는 편집위원장이 위촉한 편집위원이 개봉한다.

제 37 조 (사후심사요청서의 요건)   사후심사요청서는 표절 또는 중복 게재로 의심되는 내용을 구체적으로 밝혀야 한다.

제 2 절 : 사후 심사의 절차와 방법

제 38 조 (사후 심사를 위한 편집위원회 소집)   게재 논문의 표절 또는 중복 게재에 관한 사실 여부를 심의하고 사후 심사자의 선정을 비롯한 제반 사항을 의결하기 위해 편집위원장은 편집위원회를 소집할 수 있다.

제 39 조 (질의서의 우송)   편집위원회의 심의 결과 표절이나 중복 게재의 개연성이 있다고 판단된 논문에 대해서는 그 진위 여부에 대해 편집위원장 명의로 해당 논문의 필자에게 질의서를 우송한다.

제 40 조 (답변서의 제출)   위 제39조의 질의서에 대해 해당 논문 필자는 질의서 수령 후 30일 이내 편집위원장 또는 편집위원회에 답변서를 제출하여야 한다. 이 기한 내에 답변서가 없을 경우엔 질의서의 내용을 인정한 것으로 판단한다.

제 3 절 : 사후 심사 결과의 조치

제 41 조 (사후 심사 확정을 위한 편집위원회 소집)   편집위원장은 답변서를 접수한 날 또는 마감 기한으로부터 15일 이내에 사후 심사 결과를 확정하기 위한 편집위원회를 소집한다.

제 42 조 (심사 결과의 통보)   편집위원장은 편집위원회에서 확정한 사후 심사 결과를 7일 이내에 사후 심사를 요청한 이 및 관련 당사자에게 통보하여야 한다.

제 43 조 (표절 및 중복 게재에 대한 조치)   편집위원회에서 표절 또는 중복 게재로 확정된 경우에는 회장에게 지체 없이 보고하고, 회장은 운영위원회를 소집하여 다음 각 호와 같은 조치를 집행할 수 있다.
    1. 차호 학회지에 그 사실 관계 및 조치 사항들을 기록한다.
    2. 학회지 전자판에서 해당 논문을 삭제하고, 학회논문임을 취소한다.
    3. 해당 논문 필자에 대하여 제명 조치하고, 향후 5년간 재입회할 수 없도록 한다.
    4. 관련 사실을 한국연구재단에 보고한다.

제 4 절 : 제보자의 보호

제 44 조 (제보자의 보호)   표절 및 중복 게재에 관한 이의 및 논의를 제기하거나 사후 심사를 요청한 사람에 대해서는 신원을 절대적으로 밝히지 않고 익명성을 보장하여야 한다.

제 45 조 (제보자 보호 규정의 위배에 대한 조치)   위 제44조의 규정을 위배한 이에 대한 조치는 위 제17조에 준하여 시행한다.

부칙
제1조(시행일자) 본 규정은 2007년 11월 24일부터 시행한다.
제2조(시행일자) 본 규정은 2009년 1월 9일부터 시행한다.

학회지 논문의 투고와 원고 작성 요령에 관한 내규

제 1 조 (목적)   이 내규는 본 한국목간학회의 회칙 및 관련 규정에 따라 학회지에 게재하는 논문의 투고와 원고 작성 요령에 대하여 명시하는 것을 목적으로 한다.

제 2 조 (논문의 종류)   학회지에 게재되는 논문은 심사 논문과 기획 논문으로 나뉜다. 심사 논문은 본 학회의 학회지 논문의 투고와 심사에 관한 규정에 따른 심사 절차를 거쳐 게재된 논문을 가리키며, 기획 논문은 편집위원회에서 기획하여 특정의 연구자에게 집필을 위촉한 논문을 가리킨다.

제 3 조 (기획 논문의 집필자)   기획 논문의 집필자는 본 학회의 회원 여부에 구애받지 아니한다.

제 4 조 (기획 논문의 심사)   기획 논문에 대하여도 심사 논문과 동일한 절차의 심사를 시행하는 것을 원칙으로 하되, 편집위원회의 의결을 거쳐 심사를 면제할 수 있다.

제 5 조 (투고 기한)   논문의 투고 기한은 매년 9월 말로 한다.

제 6 조 (수록호)   9월 말까지 투고된 논문은 심사 과정을 거쳐 같은 해의 11월 30일에 발행하는 학회지에 수록하는 것을 원칙으로 한다.

제 7 조 (수록 예정일자의 변경 통보)   위 제6조의 예정 기일을 넘겨 논문의 심사 및 게재가 이루어질 경우 편집위원장은 투고자에게 그 사실을 통보해 주어야 한다.

제 8 조 (게재료)   논문 게재의 확정시에는 일반 논문 5만원, 연구비 수혜 논문 30만원의 게재료를 납부하여야 한다.

제 9 조 (초과 게재료)   학회지에 게재하는 논문의 분량이 인쇄본을 기준으로 30면을 넘을 경우에

는 1면 당 1만원의 초과 게재료를 부과할 수 있다.

  제 10 조 (원고료)　학회지에 게재되는 논문에 대하여는 소정의 원고료를 필자에게 지불할 수 있다. 원고료에 관한 사항은 운영위원회에서 결정한다.

  제 11 조 (익명성 유지 조건)　심사용 논문에서는 졸고 및 졸저 등 투고자의 신원을 드러내는 표현을 쓸 수 없다.

  제 12 조 (컴퓨터 작성)　논문의 원고는 컴퓨터로 작성함을 원칙으로 하며, 문장편집기 프로그램은 「흔글」을 사용할 것을 권장한다.

  제 13 조 (제출물)　원고 제출시에는 입력한 PC용 파일과 출력지 1부를 함께 송부하여야 한다.

  제 14 조 (투고자의 성명 삭제)　편집간사는 심사자에게 심사용 논문을 송부할 때 반드시 투고자의 성명과 기타 투고자의 신원을 알 수 있는 표현 등을 삭제하여야 한다.

  제 15 조 (출토 문자 자료의 표기 범례 등 기타)　출토 문자 자료의 표기 범례를 비롯하여 위에서 정하지 않은 학회지 논문의 투고와 원고 작성 요령 및 용어 사용 등에 관한 사항들은 일반적인 관행에 따르거나 편집위원회에서 결정한다.

  부칙
  제1조(시행일자) 이 내규는 2007년 11월 24일부터 시행한다.
  제2조(시행일자) 이 내규는 2009년 1월 9일부터 시행한다.
  제3조(시행일자) 이 내규는 2012년 1월 18일부터 시행한다.

韓國木簡學會 研究倫理 規定

제 1 장 총칙

제 1 조 (명칭)   이 규정은 '한국목간학회 연구윤리 규정'이라 한다.

제 2 조 (목적)   이 규정은 한국목간학회 회칙 및 편집위원회 규정에 따른 연구윤리 등에 관한 세부 사항을 규정하는 것을 목적으로 한다.

제 2 장 저자가 지켜야 할 연구윤리

제 3 조 (표절 금지)   저자는 자신이 행하지 않은 연구나 주장의 일부분을 자신의 연구 결과이거나 주 장인 것처럼 논문이나 저술에 제시하지 않는다.

제 4 조 (업적 인정)

1. 저자는 자신이 실제로 행하거나 공헌한 연구에 대해서만 저자로서의 책임을 지며, 또한 업적으로 인정받는다.

2. 논문이나 기타 출판 업적의 저자나 역자가 여러 명일 때 그 순서는 상대적 지위에 관계없이 연구에 기여한 정도에 따라 정확하게 반영하여야 한다. 단순히 어떤 직책에 있다고 해서 저자가 되거나 제1저자로서의 업적을 인정받는 것은 정당화될 수 없다. 반면, 연구나 저술(번역)에 기여했음에도 공동저자(역자)나 공동연구자로 기록되지 않는 것 또한 정당화될 수 없다. 연구나 저술(번역)에 대한 작은 기여는 각주, 서문, 사의 등에서 적절하게 고마움을 표시한다.

제 5 조 (중복 게재 금지)   저자는 이전에 출판된 자신의 연구물(게재 예정이거나 심사 중인 연구물 포함)을 새로운 연구물인 것처럼 투고하지 말아야 한다.

제 6 조 (인용 및 참고 표시)

　　1. 공개된 학술 자료를 인용할 경우에는 정확하게 기술하도록 노력해야 하고, 상식에 속하는 자료가 아닌 한 반드시 그 출처를 명확히 밝혀야 한다. 논문이나 연구계획서의 평가 시 또는 개인적인 접촉을 통해서 얻은 자료의 경우에는 그 정보를 제공한 연구자의 동의를 받은 후에만 인용할 수 있다.

　　2. 다른 사람의 글을 인용하거나 아이디어를 차용(참고)할 경우에는 반드시 註[각주(후주)]를 통해 인용 여부 및 참고 여부를 밝혀야 하며, 이러한 표기를 통해 어떤 부분이 선행연구의 결과이고 어떤 부분이 본인의 독창적인 생각·주장·해석인지를 독자가 알 수 있도록 해야 한다.

　　제 7 조 (논문의 수정)　　저자는 논문의 평가 과정에서 제시된 편집위원과 심사위원의 의견을 가능한 한 수용하여 논문에 반영되도록 노력하여야 하고, 이들의 의견에 동의하지 않을 경우에는 그 근거와 이유를 상세하게 적어서 편집위원(회)에게 알려야 한다.

제 3 장　편집위원이 지켜야 할 연구윤리

　　제 8 조 (책임 범위)　　편집위원은 투고된 논문의 게재 여부를 결정하는 모든 책임을 진다.

　　제 9 조 (논문에 대한 태도)　　편집위원은 학술지 게재를 위해 투고된 논문을 저자의 성별, 나이, 소속 기관은 물론이고 어떤 선입견이나 사적인 친분과도 무관하게 오로지 논문의 질적 수준과 투고 규정에 근거하여 공평하게 취급하여야 한다.

　　제 10 조 (심사 의뢰)　　편집위원은 투고된 논문의 평가를 해당 분야의 전문적 지식과 공정한 판단 능력을 지닌 심사위원에게 의뢰해야 한다. 심사 의뢰 시에는 저자와 지나치게 친분이 있거나 지나치게 적대적인 심사위원을 피함으로써 가능한 한 객관적인 평가가 이루어질 수 있도록 노력한다. 단, 같은 논문에 대한 평가가 심사위원 간에 현저하게 차이가 날 경우에는 해당 분야 제3의 전문가에게 자문을 받을 수 있다.

　　제 11 조 (비밀 유지)　　편집위원은 투고된 논문의 게재가 결정될 때까지는 심사자 이외의 사람에게 저자에 대한 사항이나 논문의 내용을 공개하면 안 된다.

제 4 장　심사위원이 지켜야 할 연구윤리

　　제 12조 (성실 심사)　　심사위원은 학술지의 편집위원(회)이 의뢰하는 논문을 심사규정이 정한 기간 내에 성실하게 평가하고 평가 결과를 편집위원(회)에게 통보해 주어야 한다. 만약 자신이 논문의 내용

을 평가하기에 적임자가 아니라고 판단될 경우에는 편집위원(회)에게 지체 없이 그 사실을 통보한다.

제 13 조 (공정 심사)　심사위원은 논문을 개인적인 학술적 신념이나 저자와의 사적인 친분 관계를 떠나 객관적 기준에 의해 공정하게 평가하여야 한다. 충분한 근거를 명시하지 않은 채 논문을 탈락시키거나, 심사자 본인의 관점이나 해석과 상충된다는 이유로 논문을 탈락시켜서는 안 되며, 심사 대상 논문을 제대로 읽지 않은 채 평가해서도 안 된다.

제 14 조 (평가근거의 명시)　심사위원은 전문 지식인으로서의 저자의 인격과 독립성을 존중하여야 한다. 평가 의견서에는 논문에 대한 자신의 판단을 밝히되, 보완이 필요하다고 생각되는 부분에 대해서는 그 이유도 함께 상세하게 설명해야 한다.

제 15 조 (비밀 유지)　심사위원은 심사 대상 논문에 대한 비밀을 지켜야 한다. 논문 평가를 위해 특별히 조언을 구하는 경우가 아니라면 논문을 다른 사람에게 보여주거나 논문 내용을 놓고 다른 사람과 논의하는 것도 바람직하지 않다. 또한 논문이 게재된 학술지가 출판되기 전에 저자의 동의 없이 논문의 내용을 인용해서는 안 된다.

제 5 장 윤리규정 시행 지침

제 16 조 (윤리규정 서약)　한국목간학회의 신규 회원은 본 윤리규정을 준수하기로 서약해야 한다. 기존 회원은 윤리규정의 발효 시 윤리규정을 준수하기로 서약한 것으로 간주한다.

제 17 조 (윤리규정 위반 보고)　회원은 다른 회원이 윤리규정을 위반한 것을 인지할 경우 그 회원으로 하여금 윤리규정을 환기시킴으로써 문제를 바로잡도록 노력해야 한다. 그러나 문제가 바로잡히지 않거나 명백한 윤리규정 위반 사례가 드러날 경우에는 학회 윤리위원회에 보고할 수 있다. 윤리위원회는 윤리규정 위반 문제를 학회에 보고한 회원의 신원을 외부에 공개해서는 안 된다.

제 18 조 (윤리위원회 구성)　윤리위원회는 회원 5인 이상으로 구성되며, 위원은 평의원회의 추천을 받아 회장이 임명한다.

제 19 조 (윤리위원회의 권한)　윤리위원회는 윤리규정 위반으로 보고된 사안에 대하여 제보자, 피조사자, 증인, 참고인 및 증거자료 등을 통하여 폭넓게 조사를 실시한 후, 윤리규정 위반이 사실로 판정된 경우에는 회장에게 적절한 제재조치를 건의할 수 있다.
단, 사안이 학회지 게재 논문의 표절 또는 중복 게재와 관련된 경우에는 '학회지 논문의 투고와 심사에 관한 규정'에 따라 편집위원회에 조사를 의뢰하고 사후 조치를 취한다.

제 20 조 (윤리위원회의 조사 및 심의)   윤리규정 위반으로 보고된 회원은 윤리위원회에서 행하는 조사에 협조해야 한다. 이 조사에 협조하지 않는 것은 그 자체로 윤리규정 위반이 된다.

제 21 조 (소명 기회의 보장)   윤리규정 위반으로 보고된 회원에게는 충분한 소명 기회를 주어야 한다.

제 22 조 (조사 대상자에 대한 비밀 보호)   윤리규정 위반에 대해 학회의 최종적인 징계 결정이 내려질 때까지 윤리위원은 해당 회원의 신원을 외부에 공개해서는 안 된다.

제 23 조 (징계의 절차 및 내용)   윤리위원회의 징계 건의가 있을 경우, 회장은 이사회를 소집하여 징계 여부 및 징계 내용을 최종적으로 결정한다. 윤리규정을 위반했다고 판정된 회원에 대해서는 경고, 회원자격정지 내지 박탈 등의 징계를 할 수 있으며, 이 조처를 다른 기관이나 개인에게 알릴 수 있다.

제6장 보칙

제 24 조 (규정의 개정)
1. 편집위원장 또는 편집위원 3인 이상이 규정의 개정을 發議할 수 있다.
2. 재적 편집위원 3분의 2 이상의 찬성으로 개정하며, 총회의 인준을 얻어야 효력이 발생한다.

제 25 조 (보칙)   이 규정에 정해지지 않은 사항은 학회의 관례에 따른다.

부칙
제1조(시행일자) 이 규정은 2007년 11월 24일부터 시행한다.

Wooden Documents and Inscriptions Studies No. 12.   June. 2014

[Contents]

The Korean Society for the Study of Wooden Documents

木蘭과 文字 연구 11

엮은이 | 한국목간학회
펴낸이 | 최병식
펴낸날 | 2014년 9월 29일
펴낸곳 | 주류성출판사
　　　　서울시 서초구 강남대로 435
　　　　전화 | 02-3481-1024 / 전송 | 02-3482-0656
　　　　www.juluesung.co.kr
　　　　e-mail | juluesung@daum.net

책　값 | 20,000원
ISBN　978-89-6246-223-4　94910
세트　978-89-6246-006-3　94910

* 잘못된 책은 바꿔 드립니다.